Daniel Goffart
Das Ende der Mittelschicht

Daniel Goffart

Das Ende der Mittelschicht

Abschied von einem deutschen Erfolgsmodell

BERLIN VERLAG

Mehr über unsere Autoren und Bücher:
www.berlinverlag.de

MIX
Papier aus verantwortungsvollen Quellen
FSC® C014496

ISBN 978-3-8270-1396-5
© Berlin Verlag in der Piper Verlag GmbH, München 2019
Satz: psb, Berlin
Gesetzt aus der Minion Pro
Druck und Bindung: GGP Media GmbH, Pößneck
Printed in Germany

Inhalt

Prolog – Von den Babyboomern bis zur Generation Golf:
Die Wohlstandskinder gerieten unter Druck   9

1. Der verkannte Charme des deutschen Durchschnitts –
Warum die Mittelschicht trotz ihrer Erfolge
zum Auslaufmodell wird   27

2. »Wir schaffen das!« – Wirklich? – Die Versäumnisse
der Politik und der selbstzufriedenen Deutschen   49

3. Jobkiller Digitalisierung – oder: Die Illusion
der Vollbeschäftigung   77

4. Wer bietet mehr? – Die gewagten Verheißungen
der digitalen Optimisten   105

5. Die Plattformökonomie – Zerstörer mit
beschränkter Haftung   135

6. Schöne neue Arbeitswelt – oder: Freiheit als Falle.
Von Clickworkern, digitalen Nomaden und
der Mensch-Maschine   161

7. Vom Auto zur App? – Warum die deutsche Industrie
in Lebensgefahr ist. Chancen und Risiken
der Revolution 4.0   181

8. Der perfekte Sturm – Warum Demografie,
Digitalisierung und Niedrigzinsen die Altersversorgung der arbeitenden Mitte zerstören　　　　　　211

9. Von der Kita bis zum Capital Club –
Die Privatisierung der Bildung entwertet
das Aufstiegsversprechen　　　　　　　　　　　　　　251

10. Geschlossene Gesellschaft – Members only –
Drei Generationen nach der »Stunde null«
bleibt die Elite in Deutschland wieder
unter sich – und wird immer reicher　　　　　　　　　267

11. Geht Demokratie ohne Mittelschicht? –
Eine breite Mittelschicht ist das Rückgrat
der Demokratie, aber Angst, Verunsicherung
und Wut lähmen die Politik und befördern
die Radikalen　　　　　　　　　　　　　　　　　　287

12. Marketing, Manipulation, Machtmissbrauch –
Die unheimliche Wirkung der Algorithmen reicht
von der digitalen Entmündigung der breiten Massen
bis zur Gefährdung der freien Marktwirtschaft und
der Demokratie　　　　　　　　　　　　　　　　　309

Ausblick: Was muss getan werden? – Revolutionen
kennen keine Regeln, aber ohne Regeln droht
die nächste Revolte. Roadmap für den Weg
zum digitalen Gesellschaftsvertrag　　　　　　　　　337

Zum Schluss: »Lassen Sie uns reden!« –
Interview mit Bundesarbeitsminister Hubertus Heil　　377

Quellenverzeichnis　　　　　　　　　　　　　　397

Für Tina, Marius, Golo und Anja

Prolog

Von den Babyboomern bis zur Generation Golf:
Die Wohlstandskinder geraten unter Druck

Wir waren immer viele – in der Klasse, im Hörsaal und später im Beruf. Die Geburtenrate stieg in den Sechzigerjahren steil an, der Höhepunkt wurde 1964 erreicht. Nie zuvor und auch nie mehr danach kamen in der Bundesrepublik so viele Kinder zur Welt. Wir Sechziger und später auch die Siebziger wurden jahrelang in Containerbauten unterrichtet, weil man mit dem Neubau von Schulen nicht nachkam. Vierzig und mehr Schüler in einem Klassenraum waren keine Ausnahme, sondern die Regel. Es war laut, eng und stickig. Wir lernten, uns im Gedränge zurechtzufinden und auch durchzusetzen.

Als wir erwachsen wurden, stapelten sich unsere Bewerbungsmappen in Wäschekörben, aber das war egal, denn irgendwie hat fast jeder aus der Generation der »Babyboomer« und der nachfolgenden Jahrgänge seinen Platz gefunden. Wir besuchten gute öffentliche Schulen, studierten kostenfrei an funktionierenden Universitäten oder erlernten wie unsere Väter und Mütter einen Beruf, der uns ernähren und die Ausbildung unserer Kinder sichern sollte. Irgendwann erfüllte sich vielleicht sogar der Traum vom Häuschen im Grünen oder von der eigenen Wohnung in der Stadt. Für unsere Gesundheit wurde gesorgt, wir konnten wochenlang in Urlaub fahren, und die Rente war sicher.

Wenn Ihnen das bekannt vorkommt, dann sind Sie vermutlich 40 Jahre oder älter, stammen aus der breiten deutschen Mittelschicht und merken seit Längerem, dass Ihnen dieses so erfolgreiche und vertraute Lebensmodell immer mehr abhandenkommt. Sie hören zwar von den riesigen Chancen der Globalisierung und lesen viel über den Segen der digitalen Zukunft; aber Sie sehen auch die wachsende Kluft zwischen den kühnen Visionen der Start-up-Philosophen und Ihren eigenen Berufserfahrungen. Sie horchen auf, weil in den Talkshows immer häufiger das Wort *disruption* geraunt wird. Und Sie vermuten völlig zu Recht, dass Politiker und Wirtschaftsführer uns über das wirkliche Ausmaß dieser angekündigten »Zerstörung« bewusst im Unklaren lassen.

Eigentlich wollen Sie sich von diesen Debatten nicht verunsichern lassen, denn Ihr Leben ist in den vergangenen zwanzig Jahren schon anstrengend genug geworden. Vielleicht hatten Sie im Stillen sogar einmal auf eine Atempause von der Globalisierung gehofft. Aber die rasanten Veränderungen an Ihrem Arbeitsplatz und der Blick in unsere Nachbarländer belehren Sie eines Besseren. Tief drinnen wissen Sie, dass wir trotz des bisherigen Wandels gerade erst am Anfang eines neuen Zeitalters stehen. Und Sie ahnen, dass zwischen Ihrer beginnenden Verunsicherung und der wachsenden Enttäuschung, Angst und Wut vieler Mitbürger ein Zusammenhang bestehen könnte.

Dabei ist vieles von dem, was uns in den kommenden zwanzig Jahren noch bevorsteht, schon von kritischen Wissenschaftlern, engagierten Managern und weitsichtigen Politikern erkannt und aufgeschrieben worden. Meist geschieht das aber nur isoliert und in einzelnen Sektoren. Die einen erforschen die umwälzenden Veränderungen der Arbeit und den ersatzlosen Wegfall ganzer Berufsbilder. Andere wiederum analysieren, ob und wie weit unsere auf Maschinen, Anlagen und Autos beruhende Industrie in der digitalen Revolution überleben kann. Wenn ein Mercedes künftig nur noch ein großes Handy mit Batterie und Rädern ist, werden die Deutschen nicht mehr viel daran verdienen.

Genauso drängend sind die Fragen nach den Konsequenzen dieser ökonomischen Umwälzungen für unsere Sozialsysteme. Diese beruhen vollständig auf dem nunmehr bedrohten Lebensmodell der Mittelschicht – dem jahrzehntelangen Dauerarbeitsverhältnis in Festanstellung. Biografische Brüche, Jobverlust oder Zeiten von Selbstständigkeit, Weiterbildung und beruflicher Neuorientierung sind im deutschen Sozialsystem eigentlich nicht vorgesehen. Sie werden bei der Rentenversicherung rein technisch als »Ausfallzeiten« betrachtet, weil in solchen Phasen keine regelmäßigen Beiträge gezahlt werden können. Auch der Schutz vor Lebensrisiken wie Krankheit oder Arbeitslosigkeit beruht auf regelmäßigen Beiträgen und ist für den ganz überwiegenden Teil der Berufstätigen nur finanzierbar, wenn sich Arbeitgeber und Arbeitnehmer die ständig steigenden Kosten teilen. Wie aber können diese Solidarsysteme überleben, wenn die klassische Festanstellung nicht mehr der Normalfall ist, sondern nur eine von vielen Beschäftigungsformen?

Hinzu kommt das bekannte, aber in absehbarer Zeit trotzdem kaum lösbare demografische Problem unserer überalterten Gesellschaft. Renten- und Lebensversicherungen sind jetzt schon unter starken Druck geraten. Und natürlich fragen sich jenseits von Rentenberechnungen und Versicherungsstatistiken viele Sozial- und Politikwissenschaftler mit wachsender Sorge, wie dieser massive Wandel der Arbeitswelten auf unser Zusammenleben und auf unsere Demokratie einwirkt.

Nicht zuletzt müssen wir künftig mit einer massiven Einschränkung unserer bürgerlichen Freiheit leben. Sie ist bereits in vollem Gange und geschieht schrittweise, fast unbemerkt. Doch es ist nicht der Staat, der unsere Freiheitsräume beschneidet. Das von Liberalen und Linken lange gepflegte Feindbild der übermächtigen Staatsmacht ist zumindest in Deutschland überholt. Heute sind es die großen Internetkonzerne, die unsere Selbstbestimmung bedrohen, die uns immer mehr erfassen, analysieren und manipulieren. Das Schlimme ist, dass wir das alles irgendwie wissen und trotzdem täglich an unserer digitalen Entmündigung mitwirken. Wer kennt nicht dieses Ohnmachtsgefühl, wenn beim Anklicken einer Website oder einer App wieder einmal dem neuesten Update zugestimmt werden muss? Manchmal rafft man sich auf und beginnt, in einem Akt digitalen Ungehorsams die mehrseitigen »Erläuterungen« zu lesen. Doch was folgt daraus? Vielleicht verweigert man einmal die erbetene Zustimmung und verlässt aus Protest die betreffende Seite. Aber oft genug gibt es keine sinnvolle Alternative, oder es fehlt gerade wieder einmal die Zeit, um danach zu suchen. Also bleibt man bei Google, Amazon & Co. Man stimmt allen Updates »freiwillig« zu und ahnt, dass sich unser Freiheitsraum damit jedes Mal ein Stückchen mehr verengt.

Das ist nicht übertrieben. Wer den entsprechenden Einstellungen bei Google und anderen Anbietern nicht ausdrücklich widersprochen hat, wird jetzt schon bei jedem Schritt und bei jeder Fahrt »getrackt«, also digital verfolgt oder, freundlich gesagt, »begleitet«. Natürlich erhält man dann irgendwann als »Service« auch jede Menge »Angebote« entlang seiner Wegstrecke und wird ständig mit bezahlten »Informationen« versorgt. Doch was ist das, wenn man genauer hinsieht? Eine gut gemeinte »Empfehlung«? Eine Erweiterung meiner Möglichkeiten? Oder die mit Algorithmen gesteuerte Überwachung der Nutzer, um sie zu besseren, sprich gefügigen Konsumenten zu machen?

Wir stehen damit erst am Anfang. Angesichts der neuen

Dimensionen in der virtuellen Welt kann ich nur mit einem müden Lächeln an 1987 zurückdenken. Damals wurde mit großen Demonstrationen gegen die »Volkszählung« protestiert, weil sie als Ausforschung durch den Staat empfunden wurde. Waren wir früher zu naiv, oder ist man heute zu sorglos? Vermutlich beides.

Dabei stellen sich die Fragen des Persönlichkeitsschutzes dringender denn je. Allerdings bestehen die Antworten der allermeisten Konsumenten nur in gleichgültigem Schulterzucken, vor allem bei jungen Leuten. »Ist halt so«, heißt es dann, »kostet ja auch nichts« oder »kann man eh nichts gegen machen«. Doch was geschieht mit meiner persönlichen Freiheit, wenn ich in der neuen Welt überall digitale Spuren hinterlasse? Wo bleiben meine Rechte als Kunde, wenn ich schon beim zweiten Aufruf eines Produkts im Internet erkennen muss, dass der Preis für das Angebot gestiegen ist? Wie kann es sein, dass Firmen wie Cambridge Analytica und Facebook durch das Sammeln und Verknüpfen von Millionen Daten sogar die Wahlen in den USA manipulieren können – ohne dass dies zu irgendeiner rechtlichen Konsequenz führt? Werden wir überhaupt noch in der Lage sein, unsere fortschreitende digitale Entmündigung in allen Lebensbereichen zu verhindern?

Es ist absehbar, dass jede Tätigkeit, jede Transaktion künftig digital erfasst wird. Spätestens mit der Abschaffung des Bargelds sind wir dann in der Hand großer Unternehmen, die unsere Einkäufe abwickeln, unsere Transaktionen beobachten und unsere Finanzen analysieren. Eine Horrorvorstellung. Dagegen ist die düstere Vision von George Orwells *1984* nicht mehr als ein etwas altbacken klingender Science-Fiction-Roman.

Wir müssen gar nicht weit in die Zukunft schauen, um die vielen bedenklichen Veränderungen zu erkennen. Sie sind nicht nur auf die digitale Welt beschränkt. Unbestreitbar ist schon jetzt ein Auseinanderdriften der Gesellschaft zu spüren, nicht nur bei der Vermögensverteilung. Die einst so homogene Mittelschicht spaltet sich auf. Sie zerfällt in einzelne Gruppen, die sich am höchst unterschiedlichen Erfolg der verschiedenen Bildungswege und Berufsbilder orientieren. Damit verbunden sind stärkere Spreizungen bei den Einkommen sowie eine zunehmende Ausdifferenzierung der Lebensstile. Die wachsende Kluft zwischen Stadt und Land spielt dabei eine bedeutende Rolle. Regelmäßig beklagen Politiker, Verbände und Unternehmer, dass die ländlichen Lebensräume den Anschluss verlieren und immer mehr zurückfallen. Aber eine Entwicklung zum Besseren oder gar eine Trendumkehr ist nicht erkennbar.

Jahrzehntelang wurde die deutsche Nachkriegsgesellschaft auf Grafiken in Form einer Zwiebel dargestellt. Die Ober- wie die Unterschicht waren nur als kleine Zipfel erkennbar; die überwiegende Zahl der Menschen fand sich in der großen bauchigen Mitte wieder. Heute müssten die Grafiker die Form unserer Gesellschaft eher als Birne zeichnen. Aus dem kleinen Zipfel der Unterschicht ist eine breite Masse geworden, die sich ohne großen Übergang bis zur schmaler gewordenen Mitte fortsetzt.

Auch der abnehmende Kontakt und Austausch zwischen den verschiedenen Gruppen deutet auf die Erosion der Gesellschaft hin. Während in der alten Bundesrepublik die Ober- und Mittelschichten noch direkte Berührungen bei der Ausbildung, der Kultur und auch beim Sport hatten, ist heute ein zunehmender Absonderungsprozess zu beobachten. Das beginnt bereits im frühen Kindesalter. Die explosionsartige Zunahme privater Kitas, privater Schulen und privater Universitäten entwertet nicht nur den seit Jahrzehnten chronisch unterfinanzierten öffentlichen Bildungsbereich; sie führt im weiteren Lebensverlauf auch zur Herausbildung abgeschirmter Zirkel und Gesellschaftskreise, in denen die Elite und ihre Zöglinge weitgehend unter sich bleiben können.

Die ehemals breite Mittelschicht hingegen schrumpft kontinuierlich, wie alle einschlägigen Studien belegen. Das Versprechen auf »Wohlstand für alle«, ausgelöst durch das »Wirtschaftswunder« und eine jahrzehntelange Kultur der Stabilität und Teilhabe, ist schon jetzt Vergangenheit. Kaum noch eingelöst wird auch das »Aufstiegsversprechen«, das jedem unabhängig von seiner Herkunft soziale Mobilität ermöglichen sollte. Unsere Eltern empfanden den Satz »Mein Kind soll es einmal besser haben« noch als Verpflichtung und Lebensauftrag. Davon ist nur wenig geblieben. Die soziale Durchlässigkeit nimmt immer weiter ab. Wer heute in den sogenannten bildungsfernen Schichten zur Welt kommt oder in Deutschland mit einem Migrationshintergrund aufwächst, hat nur geringe Chancen auf einen sozialen Aufstieg.

Bereits Ende der Neunzigerjahre wurde die »Deutschland AG« zerschlagen, ein Netzwerk von Verflechtungen zwischen großen Banken, Versicherungen und Industrieunternehmen. Mit ihr verschwand das ausbalancierte und konsensorientierte Modell des »rheinischen Kapitalismus«, das auch in der Wirtschaft von dem rheinischen Motto »Leben und leben lassen« geprägt war. An seine Stelle trat das Diktat des Shareholder Value. Der Untergang des Traditionskonzerns Mannesmann und die Invasion der »Heuschrecken« in Gestalt von Firmenjägern und Investmentfonds waren die für jedermann sichtbaren Zeichen einer radikalen Veränderung.

Die garantierten Beschäftigungssicherheiten der arbeitenden Mittelschicht schwanden, und der bundesdeutsche Wohlfahrtsstaat alter Prägung wurde durch einen »Gewährleistungsstaat« ersetzt. Dieser gewährleistet inzwischen nur noch eine Grundversorgung als Absicherung gegen Lebensrisiken wie Krankheit und Arbeitslosigkeit, ermöglicht aber nicht mehr den Statuserhalt. Ausschlaggebend waren die Hartz-IV-Gesetze der Agenda 2010. Das Reformpaket war zwar ökonomisch erfolgreich; dennoch sind die Sozialkürzungen bis zum heutigen Tag umstritten, weil sie zum Sinnbild für die neue Zeit der Unsicherheit und Auflösung wurden. Kein Wunder, dass die SPD als selbst ernannte Partei der Arbeitnehmer immer noch schwer an diesem Erbe trägt und ständig neue Versuche unternimmt, den als solchen empfundenen »Agenda-Fluch« abzuschütteln.

Schon mit Einsetzen der Globalisierung hörte Deutschland auf, eine Mittelstandsgesellschaft im klassischen Sinne zu sein. Mittlerweile übt die Mittelschicht fast überhaupt keinen echten Einfluss mehr auf die gesellschaftliche und wirtschaftliche Entwicklung des Landes aus. Das Kapital und seine Eigentümer lassen sich von den traditionellen Machtinstrumenten und Interessenvertretern der Mittelschicht nicht mehr beherrschen. Sichtbarster Ausdruck dafür ist der massive Bedeutungsverlust von Gewerkschaften und Volksparteien.

Die Globalisierung löste die Mittelschicht aus ihrer alten nationalen Wirtschafts- und Binnenordnung heraus und setzte sie einem scharfen internationalen Wettbewerb aus, dessen weltweite »Wertschöpfungsketten« Flexibilität und Anpassung erzwangen. Für den Großteil der deutschen Arbeitnehmer hatte diese Entwicklung einen Verlust an Sicherheit und Wohlstand zur Folge. Die lange Phase der Reallohnverluste in Deutschland zwischen den Jahren 2000 und 2010 spricht für sich. Oftmals wird dabei übersehen, dass durch die Koppelung der Altersversorgung an die Lohnentwicklung auch Millionen Rentner unter dem Strich mit weniger Geld auskommen mussten.

Dass die Deutschen und damit vor allem die arbeitende Mitte sich nicht gegen diese Lohnspirale nach unten wehrten, ist wohl nur mit der langen Konsens- und Stabilitätskultur der Bundesbürger zu erklären – mit der wir in Europa allerdings eine bemerkenswerte Sonderstellung einnehmen. Während nämlich neben den deutschen Arbeitnehmern nur noch Griechen und Portugiesen nach Abzug der Inflation weniger Geld erhielten, stiegen die Reallöhne seit Einführung des Euro in Spanien, Irland, Italien und Frankreich deutlich an.

Diese besondere Form des »Maßhaltens« und die enorme Verdichtung und Rationalisierung der Arbeitsprozesse sind gewichtige Gründe, warum die deutsche Industrie international so wettbewerbsfähig ist. Qualitativ hochwertige Produkte, gepaart mit einer optimierten Herstellung bei insgesamt moderaten Personalkosten im Verhältnis zur Produktionsmenge, sind die Ingredienzen des deutschen Exporterfolgs. Doch der gute Wille, die Zuverlässigkeit und die lange Bescheidenheit beim Thema Lohnzuwachs haben der deutschen Mittelschicht nicht genützt. Am Erfolg ihrer Arbeitgeber sind die allermeisten Beschäftigten nicht beteiligt. Sie profitieren weder von den kräftig gestiegenen Aktienkursen noch von den guten Gewinnen ihrer Unternehmen. Das ist einzig und allein den Eigentümern und den Vorständen vorbehalten. Die angestellten Manager lassen sich ihre Arbeit nicht nur mit üppigen Gehältern, sondern zusätzlich noch mit Aktienoptionen und Bonuszahlungen vergolden. Dagegen ist die seit Jahren geforderte »Beteiligung der Arbeitnehmer am Produktivkapital« eine Phantomdebatte geblieben.

Während sich zwischen 2000 und 2010 die Gehälter in den deutschen Vorstandsetagen mehr als verdoppelten, lebt der Großteil der Arbeitnehmer inzwischen von der Hand in den Mund. Eine Familie mit Durchschnittseinkommen hat heute kaum noch die Möglichkeit, ihre angespannte Lage durch Sparen und Vermögensbildung zu verbessern oder angesichts der demografischen Bedrohung etwas für das Alter zurückzulegen. Der finanzielle Abstieg dieser Menschen ist absehbar. Immer mehr Ökonomen warnen vor der Gefahr einer grassierenden Altersarmut, ohne dass jedoch etwas Durchgreifendes passiert.

Die »Normalität« ist das Fundament des Mittelstands, doch diese Normalität bröckelt. Zu verschwinden drohen die Normalarbeitsverhältnisse, die Normalbürger, die Normalbiografien, der Normalarbeitstag und der als »Otto Normalbürger« bezeichnete Durchschnittskonsument. Immer mehr Menschen arbeiten stattdessen in »unnormaler«, also in sogenannter »atypischer Beschäftigung«. Dazu zählen geringfügige und befristete Arbeitsverhältnisse, Zeit- und Leiharbeiter sowie Teilzeitkräfte mit weniger als 20 Wochenstunden. Ihre Zahl steigt von Jahr zu Jahr. Heute trifft es mehr als jeden fünften Beschäftigten, was insgesamt 7,7 Millionen Menschen entspricht.

Dabei stehen die wirklich umwälzenden Veränderungen noch bevor. Die Digitalisierung aller Lebensbereiche wird die beschriebene Entwicklung zu einer armen neuen Mittelschicht noch einmal radikal beschleunigen. Die Revolution 4.0 ist nicht bloß eine nahtlose Fortführung der vorangegangenen wirtschaftlichen Umbrüche, sondern ein radikaler und in seiner Geschwindigkeit und Ausbreitung gemeinhin völlig unterschätzter Wandel. Wir stehen am Beginn der digitalen Epoche und wollen nicht wahrhaben, dass es die Welt, wie wir sie kannten, in wenigen Jahren nicht mehr geben wird.

Warum? Dutzende Studien prophezeien die Vernichtung von Millionen Jobs sowie einen durch digitale Transparenz und Vergleichbarkeit erzwungenen gnadenlosen Wettbewerb. Hunderte Berufe, die jetzt noch einen festen Platz in unserem Alltag haben, werden durch künstliche Intelligenz und die Verknüpfung der Computersysteme überflüssig.

Am Anfang dieses digitalen Vernichtungsfeldzugs stehen die einfachen Jobs. Aber auch die Berufe im Dienstleistungssektor übernimmt künftig Kollege Computer. Im Touristikbereich ist das schon deutlich zu erkennen, und auch bei Banken und Versicherungen vollzieht sich ein tief greifender Wandel. In vollem Gange ist die Veränderung bereits bei den Medien – kaum eine Branche wurde durch den Siegeszug des Internets so früh und so nachhaltig durchgeschüttelt wie das Geschäft mit Zeitungen, Büchern und Magazinen.

Auf die westlichen Industrieländer rollt ein digitaler Tsunami zu. Das McKinsey Global Institute schätzt, dass allein durch hoch entwickelte Algorithmen und denkende Maschinen in den kommenden Jahren weltweit 140 Millionen Wissensarbeiter (!) durch Technik ersetzt werden. Die einfachen Tätigkeiten sind da schon gar nicht mehr mit eingerechnet.

Natürlich werden durch die Digitalisierung aller Produkte und Lebensbereiche auch neue Arbeitsplätze entstehen. Es fällt zwar schwer, den Prophezeiungen der Optimisten über eine angeblich bevorstehende Vollbeschäftigung zu glauben. Aber ein Blick in die Wirtschaftsgeschichte zeigt in der Tat, dass im Zuge der Umbrüche vergangener Jahrhunderte stets die Beschäftigung zunahm und auch ganz neue Arbeitsbereiche entstanden. Möglich wurde das, weil die Produktivität der Arbeit durch den technischen Fortschritt kontinuierlich erhöht wurde. Diese steigende Produktivität schlug sich auch in einer wachsenden Zahl von Arbeitsplätzen nieder.

Als Beispiel mag der berühmte »Heizer auf der E-Lok« dienen, der in den politischen Debatten der Vergangenheit stets als Sinnbild des Strukturwandels galt. Zwar wurden durch die Umstellung von Dampf- auf Elektrozüge alle Männer arbeitslos, die zuvor die Kohle vom Tender in die

Heizkessel der Lokomotiven geschaufelt hatten; umgekehrt aber führte die Elektrifizierung der Eisenbahnen dazu, dass immer mehr Züge fuhren, immer mehr Gleise gebaut und immer mehr Stellwerke erforderlich wurden. Das alles war nur mit mehr Arbeitskräften zu schaffen.

Bei diesem Beispiel aus der alten Industriewelt gibt es allerdings einen gewaltigen Unterschied zur Digitalisierung: Während man früher den arbeitslos gewordenen Heizer nahtlos für den Bau neuer Gleisstrecken und Bahnhöfe einsetzen konnte, ist es in unserer komplexen technischen Welt von morgen mehr als fraglich, ob solche direkten, gleichzeitig stattfindenden Jobwechsel noch gelingen.

Ein Berufskraftfahrer, der in naher Zukunft durch selbstfahrende Autos arbeitslos wird, oder eine Verkäuferin, die durch automatische Kassen ihren Job verliert, schaffen wohl nur in Ausnahmefällen eine Umschulung zum Webdesigner oder zur Programmiererin. Im Zuge der Digitalisierung werden gleichzeitig alte Jobs verschwinden und neue entstehen. Aber diejenigen, die ihre alte Arbeit verlieren, werden nicht diejenigen sein, die den Anforderungen der neuen Arbeitsplätze gerecht werden.

Diese »Ungleichzeitigkeit« wird in wenigen Jahren zuerst jene treffen, deren Tätigkeit durch Maschinen ersetzbar ist oder deren Berufsbilder durch technische Neuerungen verschwinden. Massiv gefährdet sind alle, die heute nur eine gering qualifizierte Arbeit ausüben und älter als 40 Jahre sind, mithin eine Umschulung oder Weiterbildung nur sehr viel schwerer absolvieren können als junge Menschen.

Damit stellt sich die große gesellschaftliche und politische Frage der digitalen Zukunft: Was soll mit der enormen Anzahl von Menschen geschehen, denen der digitale Wandel die Arbeit nimmt und für die es in der neuen Arbeitswelt keine Alternative oder keine neue berufliche Perspektive gibt?

Natürlich wird man versuchen, so viele Betroffene umzuschulen, wie es nur geht. Aber es ist eine Illusion zu glauben, dass die Mehrheit der heute Geringqualifizierten in der hochkomplexen Welt der Hochleistungs-IT vermittelbar sein wird. Überlässt man diese digital Aussortierten dann sich selbst und riskiert damit eine weitere Verarmung eines wachsenden Teils der Gesellschaft? Oder alimentiert man die Opfer der Ungleichzeitigkeit, so weit es geht, aus den sozialen Sicherungssystemen, bis diese irgendwann unter der Last Millionen Betroffener zusammenbrechen?

Ganz neu wird sich in der nahen digitalen Zukunft auch die Frage stellen, ob unsere heute schon polarisierte, gereizte und in Teilen sogar gespaltene Gesellschaft eine weitere Verschärfung der sozialen Situation aushalten würde. Welche Wahlentscheidungen wären zu erwarten? Was würde es für die politischen Entscheidungsträger und unsere Demokratie bedeuten, wenn die populistischen und radikalen Parteien weiteren Zulauf durch das wachsende Heer enttäuschter und hoffnungsloser Menschen erhielten, denen sich in der neuen Welt kaum noch eine Perspektive bietet?

Selbst diejenigen, die im Arbeitsleben bleiben und sich in ihrem Job behaupten können, müssen mit einer ganz neuen Berufswelt zurechtkommen. Vor allem die Struktur der Arbeit wird sich vollkommen verändern. Aus den verbleibenden Arbeitnehmern werden »Projektteilnehmer«. Die noch von Menschen zu erledigenden Dienstleistungen werden in immer kleinere Einheiten zerlegt und in weitaus stärkerem Maße als bisher an Fremdfirmen beziehungsweise Selbstständige vergeben.

Die Arbeit der Zukunft wird entweder in Mega-Konzernen oder Mikro-Unternehmen stattfinden, die auf ein industrielles Öko-System mit Millionen wertschöpfender Einzelunternehmer zurückgreifen können. Dieses Heer der

Digitalnomaden wird in einer global vernetzten Plattformökonomie im weltweiten Wettbewerb ihre mobile und jederzeit verfügbare Dienstleistung zum günstigsten Preis anbieten müssen. Die sozialversicherungspflichtige Festanstellung als klassische Lebensgrundlage der Mittelschicht ist damit endgültig Vergangenheit. Wir werden uns künftig nicht nur auf eine sehr viel höhere Zahl von Modernisierungsverlierern und auf ein digitales Prekariat einstellen müssen, sondern auch auf eine neue, aber ärmere und wesentlich kleinere Mitte. Die Digitalgesellschaft der Zukunft wird ein äußerst heterogenes und fragiles Gebilde darstellen, das mit der Stabilität und der Größe der klassischen Mittelschicht nicht mehr zu vergleichen ist.

Man kann dieser These sicher einige ökonomische, technische oder sozialpolitische Argumente entgegensetzen – sie werden im weiteren Verlauf des Buchs genannt. Volkswirte, Informatiker und Politikwissenschaftler beschäftigen sich höchst kontrovers mit diesem Thema. Streit und Konflikte sind programmiert. Es gibt aber auch kluge und gebildete Menschen, die der technischen Veränderung mit Ruhe und philosophischer Gelassenheit entgegenblicken. Sie lassen sich nicht von der Sorge um die Zukunft anstecken, denn ihre Hoffnung ist die Utopie.

Sie stellen ungewöhnliche Fragen wie diese: Was ist so schlimm daran, wenn die Computer künftig die Arbeit übernehmen? Haben wir Menschen dann nicht viel mehr Zeit und bedeutend weniger Stress? Besteht dann nicht die einmalige Gelegenheit, unsere freigesetzte Energie wesentlich sinnvoller einzusetzen als für die schnöde Erwerbsarbeit – etwa für ehrenamtliche Aktivitäten, für gesellschaftliche, künstlerische oder karikative Aufgaben? Oder einfach nur für unsere persönlichen Belange, für die Pflege von Freundschaften, für die Vertiefung familiärer Bindungen. Könnten wir dann nicht endlich einmal mit echter Muße unsere Bildung auffrischen, kreativ sein und den persönlichen Horizont erweitern? Und wäre die Welt nicht eine viel bessere, wenn möglichst viele Menschen so leben könnten, ohne Erwerbszwang, befreit von eintöniger und sinnentleerter Arbeit? Würde so nicht der Bildung, der Erkenntnis und einem neuen, altruistischen Zeitgeist zum Durchbruch verholfen? Ist am Ende nicht sogar die Digitalisierung die entscheidende Voraussetzung für eine wirklich humane Arbeitswelt und die Herausbildung einer Gesellschaft, die nach humanistischen Idealen strebt?

Der Nachteil an sozialen Utopien ist, dass sie selten mit ökonomischen Grundlagen in Übereinstimmung gebracht werden. Karl Marx ist die wohl berühmteste Ausnahme unter den Philosophen, und er hat es auf eine intellektuell eindrucksvolle Weise versucht. Aber wir mussten weder seine gesammelten Werke lesen noch seinen 200. Geburtstag abwarten, um den dramatischen Misserfolg seiner Utopie im realen Leben zu verfolgen. Mit der Berliner Mauer brach nicht nur ein schändliches Bauwerk zusammen, sondern auch das marxistische Theoriegebäude. Die klassenlose Gesellschaft ist nicht nur gescheitert, sie hat nie existiert, denn auch im Sozialismus sicherten sich Parteikader und Funktionäre weitgehende Privilegien.

Die Menschen sind eben nicht gleich, sondern höchst unterschiedlich. Sie wollen Freiheit, aber auch Sicherheit. Beide Wünsche stehen in einem enormen Spannungsverhältnis zueinander.

Von den vielen Gesellschaftsmodellen im Verlauf unserer Geschichte ist es der Demokratie mit einer freien, sozialen und ökologischen Marktwirtschaft bislang noch am besten gelungen, die widerstreitenden Interessen zwischen wirtschaftlicher und individueller Freiheit sowie sozialer Sicherheit und Gerechtigkeit auszutarieren. Die spannende Frage wird sein, ob dieser Ausgleich in der digitalen Marktwirtschaft der Zukunft auch noch gelingt. Die Folgen eines Scheiterns will man sich nicht ausmalen.

Wir brauchen deshalb viele kluge Köpfe, die neue Ideen und sicher auch Utopien entwickeln, damit wir passende Antworten auf die veränderten ökonomischen und sozialen Bedingungen der digitalen Gesellschaft finden. Vielleicht wird es mithilfe der künstlichen Intelligenz möglich sein, unsere Computer und Maschinen eines Tages so zu programmieren, dass sie weitgehend autonom Dienstleistungen und Produkte hervorbringen, von deren Verwertung wir dann unser Leben in einer weitgehend arbeitsfreien Welt finanzieren können. Wer weiß?

Möglich ist vieles, wenn neue Technik und neues Denken zusammentreffen. Als 1972 der Bericht des Club of Rome die vermeintlichen Grenzen des Wachstums aufzeigte, sahen viele im Verzicht die einzige Möglichkeit, eine weitere Zerstörung des Planeten abzuwenden. Die Wissenschaftler waren in ihren Untersuchungen zu dem Ergebnis gelangt, dass bei anhaltendem Bevölkerungswachstum und einer stetigen Zunahme von Industrialisierung, Umweltverschmutzung, Nahrungsmittelproduktion und Rohstoffausbeutung die absoluten Wachstumsgrenzen auf der Erde im Verlauf der nächsten hundert Jahre erreicht werden.

Die weitgehende Entkopplung von Wirtschaftswachstum und Umweltverbrauch galt damals noch als Utopie. Knapp fünfzig Jahre später wissen wir es besser. Mittlerweile ist es in vielen Industriezweigen durch technische Entwicklungen gelungen, Herstellung und Nachhaltigkeit zu vereinen. Mehr Wohlstand und weniger Umweltverschmutzung sind möglich. Die Energiebranche beispielsweise ist auf dem besten Weg, immer mehr Strom zu produzieren, ohne die Luft zu verpesten.

Vielleicht ermöglicht in weiteren fünfzig Jahren ein Quantensprung bei der Entwicklung künstlicher Intelligenz die Schaffung einer weitgehend arbeitsfreien Welt mit einer ausreichenden Lebensgrundlage für alle Menschen. Allerdings stellt sich bei dieser Utopie die Frage, wo dann das Zentrum der künftigen Entscheidungen liegen wird: in den mit künstlicher Intelligenz vollgestopften Hochleistungscomputern gewaltiger Rechenzentren oder immer noch im menschlichen Gehirn? Werden dann die Computer herrschen oder noch die Menschen?

Ich bin kein Philosoph. Mit diesem Buch soll der nüchterne Versuch unternommen werden, die vielen absehbaren Veränderungen in unserem Leben zu einem realistischen Gesamtbild zusammenzufassen. Es soll keine Schwarzmalerei betrieben werden. Aber ohne Zahlen und Fakten und vor allem ohne eine gehörige Portion kritischer Nachdenklichkeit wird es auch nicht gehen. Es gilt, den interessengeleiteten Verharmlosern und Beschwichtigern in Politik und Wirtschaft ebenso entgegenzutreten wie den professionellen Gesundbetern und grundlosen Optimisten.

1. Der verkannte Charme des deutschen Durchschnitts

Warum die Mittelschicht trotz ihrer Erfolge
zum Auslaufmodell wird

Wer eine klassische Mittelstandsfamilie der alten Bundesrepublik kennenlernen will, der könnte meine Eltern in Aachen besuchen. Sie wurden geprägt durch eine Kindheit im Krieg, die traumatische Erfahrung der totalen Zerstörung und die Aufbaujahre nach 1945. Wie bei Millionen anderer Menschen ihrer Generation standen »typisch deutsche« Werte im Vordergrund: Fleiß, Zuverlässigkeit und Bescheidenheit sowie natürlich Disziplin und Ordnung. Hochgehalten wurden auch Hilfsbereitschaft und Höflichkeit. Wir Kinder sollten immer »tüchtig sein« und »etwas erreichen« wollen. Das knapp bemessene Taschengeld erhielten wir mit der obligatorischen Mahnung zur Sparsamkeit.

Im Laufe der späteren Jahre lernten wir dann noch, dass man stets »für später« vorsorgen und überhaupt »immer an morgen denken« sollte. Die Bemerkung »Du lebst einfach in den Tag hinein!« galt als schlimmer Vorwurf, ebenso wie die Feststellung, man habe »einfach die Hände in den Schoß gelegt«. Es wurde hart gearbeitet, ohne zu klagen. Niemand sprach über »Stress« oder gar »Burn-out«, dieser Anglizismus war damals noch unbekannt. Die Feststellung, man sei »urlaubsreif«, galt schon als Eingeständnis äußerster Schwäche; ansonsten hieß es »Zähne zusammenbeißen«. Die ganze Schufterei hatte keinen »Sinn«, sondern höchstens einen Zweck, schließlich wolle man ja »irgendwann auch mal etwas vom Leben haben«. Wann dieses »irgendwann« eintreten würde, blieb allerdings offen. Anders als heute war Hedonismus kein Alltagsphänomen, sondern bestenfalls ein theoretischer Begriff aus dem Lexikon. In Umkehrung zum beliebten Millenniumsmotto »Das gönne ich mir« lebte die bundesdeutsche Gründergeneration eher nach der Devise: »Arbeite jetzt, lebe später.«

Natürlich sollten wir Kinder es »einmal besser haben« als unsere Eltern, obwohl es denen eigentlich zunehmend gutging. Wenn ich mich heute in meinem weiteren Bekanntenkreis umsehe, gewinne ich immer häufiger den Eindruck, dass sich der elterliche Wunsch nach Aufstieg nicht bei allen ihren Kindern erfüllt hat. Die allermeisten meiner Kollegen, Freunde und Bekannten im Alter zwischen 30 und 60 Jahren arbeiten in guten Berufen. Sie konnten oft auch den formalen Bildungsstand ihrer Eltern übertreffen, nicht aber deren Wohlstand erreichen. Das gilt nicht nur für die Chefarztkinder, sondern auch für mittlere Karrieren. Ohne Zweifel leben wir heute besser, freier und vielfältiger als unsere Eltern; wir geben inflationsbereinigt wahrscheinlich auch mehr Geld aus als sie, zumindest für persönlichen Luxus. Aber beim Blick in die Zukunft stellen sich heute mehr Fragen als früher. Und es gibt im Gegensatz zu früher eine wachsende Zahl von Akademikern, die höchstens mittelmäßig verdienen und deshalb kein Vermögen bilden können.

Bleiben wir bei dem durchaus typischen Beispiel meiner Eltern. Mein Vater, 1933 geboren, musste in den Kriegswirren zwar immer wieder die Schule verlassen, schaffte aber nach dem Krieg eine Lehre als Werkzeugmacher und arbeitete sich dann mit Abendschule und viel Fleiß zum technischen Zeichner und danach zum Maschinenbau-Konstrukteur bei einem Tochterunternehmen der Weltfirma

Bosch hoch. Diesen für ihre Generation typischen Aufstiegswillen zeigte auch meine Mutter, geboren 1936. Sie absolvierte eine Lehre als Kauffrau und arbeitete zunächst im Lohnbüro einer Aachener Süßwarenfabrik, bis es ihr dort zu eintönig wurde. Sie mochte Sprachen, lernte Englisch, belegte Kurse in Französisch und Italienisch und büffelte zusätzlich Stenografie und Maschinenschreiben. Sich einfach mit dem Erstbesten zufriedenzugeben war ihre Sache nicht. Schließlich fand sie ihren Traumjob als Büroleiterin eines Anglistik-Professors an der Universität Aachen. Die Atmosphäre dort an der Hochschule und die vielen Begegnungen mit den Studenten gefielen ihr wesentlich besser als die langweilige Arbeit in einer klassischen Buchhaltungsabteilung.

Meine Eltern zogen vier Kinder groß, weshalb meine Mutter auch immer wieder aus dem Beruf ausschied, um sich der Erziehung zu widmen, während mein Vater arbeitete und viele Überstunden machte. Drei von uns vieren studierten, meine ältere Schwester machte eine Ausbildung als Biologie-Laborantin. Wir fuhren jedes Jahr im Sommer in den Familienurlaub, manchmal waren sogar noch zusätzliche Skiferien im Winter möglich. Meine Eltern kauften von ihrem Ersparten und einem großen Kredit ein geräumiges Reihenendhaus am Aachener Stadtrand, mit Garten, Kirschbaum und einer Garage, in der das Familienauto stand.

Unsere Nachbarn waren normale Angestellte, Techniker, Lehrer, mittlere und höhere Beamte in der Stadtverwaltung, Juristen, Handwerker und ein Redakteur. Man grillte zusammen, und die Kinder des Schulrats und des promovierten Oberstaatsanwalts spielten mit denen des Schreiners, des Schmieds und des Buchbinders. Auch die Erwachsenen waren miteinander im Austausch. Man half sich gegenseitig, bei der Aufsicht über die Kinder, bei Reparaturen oder wenn es einmal Ärger mit den Ämtern gab. Später nutzten wir die Beziehungen in der Nachbarschaft, wenn einer von uns Jugendlichen einen Ferienjob brauchte. Wir bekamen Arbeit in Fabriken, auf dem Bau oder in Handwerksbetrieben. Es war ziemlich anstrengend, aber wir verdienten auch gut. Wochenlange Ferienpraktika ohne Bezahlung machte damals niemand von uns. Warum auch? Wir brauchten Geld für unsere Mopeds, das nächste Interrail-Ticket nach Italien oder den Griechenland-Urlaub mit Rucksack, Isomatte und ohne Eltern.

Bei allen Unterschieden in Temperament, Ausbildung und Geschmack verband uns Nachbarn damals das Bewusstsein, dass wir alle mehr oder weniger aus einem Holz geschnitzt sind. Wir kannten keine Hierarchie und keinen Dünkel, weil wir uns nicht auf verschiedenen Stufen sahen. Natürlich gab es ökonomische Unterschiede. Der einfache Beamte in der Stadtverwaltung, dessen Frau damals nicht zur Arbeit ging, sondern sich als klassische Hausfrau noch ausschließlich um Kinder und Eigenheim kümmerte, konnte sich nicht das Leben leisten, das andere Nachbarn, ein paar Reihenhäuser weiter, führten, die eine recht gut gehende Anwaltskanzlei betrieben. Und ich lernte damals schon, dass ein funktionierender Dachdeckerbetrieb weitaus mehr einbringt als ein Lehrergehalt, die Akademiker mithin finanziell nicht von vornherein besser dastanden.

Trotzdem fühlten sich alle in der Reihenhauszeile meiner Eltern nicht nur räumlich eng verbunden. Man fand sich auch in einem Leben wieder, das nach gleichen Regeln und Werten funktionierte und das auf einem Fundament solidarischer Nachbarschaft stand. Wir waren einfach Teil einer breiten Mittelschicht, die vom kleinen Buchhalter bis zum promovierten Studienrat reichte. Niemand fühlte sich als etwas Besseres.

Oberschicht? Das waren die anderen, zum Beispiel die

Vorstände von Bosch, die mein Vater gelegentlich bei der Arbeit erlebte und von denen er sprach wie über Menschen vom Mars. Die Oberschicht war weit weg, für uns unerreichbar, so wie die Filmschauspieler, die man nur aus dem Fernsehen kannte, oder wie die Eigentümer von Unternehmen, die so hießen wie die Gründer. Ich kann mich noch gut daran erinnern, dass ich als Junge mit glänzenden Augen die Geschichte von Ferdinand Porsche im Lexikon verschlungen habe. Es gab tatsächlich einen Mann, der die Traumautos meiner Kindertage einfach nach seinem Familiennamen benannt hatte! Ja, das war die Oberschicht, die Porsches, die Siemens-Sippe oder die Grundigs und Neckermanns.

Noch heute fällt es mir schwer, die Finanzen meiner Eltern nachzuvollziehen. Oder besser gesagt: Mir ist es absolut schleierhaft, wie sie mit dem mittleren Angestelltengehalt meines Vaters und der periodischen Halbtagsarbeit meiner Mutter ein Haus, viele Urlaube sowie das Studium und die Ausbildung ihrer vier Kinder finanzieren konnten. »Wir waren sparsam«, antwortet mein Vater heute auf entsprechende Fragen von mir. Aber wenn wir die damaligen Gehälter unter Einrechnung der Inflation mit denen von heute vergleichen oder den damaligen Kaufpreis für unser Reihenhaus in Bezug zu den heutigen Immobilienpreisen setzen, dann räumt mein Vater ein: »Wir haben damals offenbar mehr bekommen für unser Geld.«

Eine 45-jährige Freundin von mir ist gelernte Bauzeichnerin. Sie hat neben ihrer Arbeit noch einen zusätzlichen Abschluss als Bautechnikerin gemacht und verfügt somit über eine vergleichbare berufliche Qualifikation wie mein Vater damals. Außerdem hat sie schon eine Reihe von Berufsjahren im In- und Ausland hinter sich. Sie arbeitet in einem technischen Planungsbüro und ist mit sehr komplexen Bauausführungen und anspruchsvollen Kunden aus der Großindustrie betraut. Telefonkonferenzen in englischer Sprache mit den Bauherren sind an der Tagesordnung. Ihr Gehalt liegt knapp über 2100 Euro netto – viel mehr wird in der Branche nicht gezahlt. Ein befreundeter Architekt verdient wenig mehr als sie – rund 2300 Euro netto bei einer Menge unbezahlter Überstunden.

Ein Auto fährt meine Freundin nicht, sie hat auch kein teures Hobby. Ihre Urlaube fallen eher bescheiden aus. Der einzige Luxus, den sie sich leistet, ist eine hübsche Drei-Zimmer-Altbauwohnung in Berlin-Mitte, die fast die Hälfte ihres Gehalts verschlingt. Vier Kinder hätte sie weder in ihrer Wohnung unterbringen noch ihnen ein Studium finanzieren können. Eigentlich ist es auch nur sehr schwer möglich, mit diesem Gehalt eine größere Familie einfach nur zu ernähren und zu versorgen.

Der Vergleich soll nicht überbewertet werden, zumal die Lebenshaltungskosten in den Zentren deutscher Großstädte heute sicherlich andere sind als damals am Aachener Stadtrand. Dennoch zeigt er deutlich, wie sehr sich die Dinge verschoben haben. Die Mittelschicht hat es heute ungleich schwerer, ein kleines Vermögen zu bilden, als zur aktiven Zeit unserer Elterngeneration. Die Bezahl- und Vergütungssysteme haben sich zum Nachteil der arbeitenden Mitte kontinuierlich nach unten entwickelt, während Mieten und Immobilienpreise förmlich explodiert sind – zumindest in den Städten. Insgesamt liegt die Eigenheimquote in Deutschland zwar konstant bei 43 Prozent. Aber seit dem Jahr 2000 sind die durchschnittlichen Kaufpreise für Wohnimmobilien um ein Viertel gestiegen. Das bedeutet, dass ein Eigenheim oder eine Eigentumswohnung zunehmend unerschwinglich geworden ist – von den extremen Preisentwicklungen in den Ballungszentren gar nicht erst zu reden. Nicht zuletzt ist die Belastung der arbeitenden Mitte durch Steuern und Abgaben im Laufe der Jahre immer mehr gewachsen.

Aufschlussreich ist das Beispiel eines Freundes von mir aus dem oberen Bereich der Mittelschicht. Er hat eine mustergültige akademische Ausbildung durchlaufen und an mehreren Universitäten gearbeitet, wobei seine Forschungsaufenthalte im Ausland unter dem Strich immer mehr Geld verschlungen haben, als er verdiente. Mit seinen 39 Jahren kann er jetzt auf anerkannte Forschungsarbeiten verweisen, weshalb er es nach vielen Bewerbungen endlich geschafft hat, an der Universität Potsdam eine Stelle als Junior-Professor zu ergattern. Sein Bruttogehalt dort liegt bei 4169 Euro. Das ist einerseits kein schlechtes Gehalt, aber andererseits für einen Professor mit seinen Qualifikationen doch recht bescheiden.

Seit zwei Jahren sucht mein Freund in Potsdam eine größere Wohnung. Leider sind die Kaufpreise in der Landeshauptstadt durch die Decke gegangen, und nennenswertes Eigenkapital hat er bislang noch nicht bilden können. Wenn aber sogar ein Universitätslehrer keine angemessene Wohnung mehr kaufen kann, dann stimmt etwas nicht.

Dieses Gefühl hatte auch Timm Bönke, Professor für Öffentliche Finanzen an der Freien Universität Berlin. Anhand der Daten der Rentenversicherer hat er die Erwerbsbiografien von westdeutschen Männern der Jahrgänge 1935 bis 1972 ausgewertet. So konnte er sich ein Bild davon machen, welches reale Gesamteinkommen die einzelnen Jahrgänge in den ersten vierzig Jahren ihres Lebens erzielt haben.

Bis 1950 ging es mit jedem Geburtsjahrgang bergauf, und zwar für alle Verdienstklassen, egal ob Arbeiter oder leitender Angestellter. Der in den Aufbaujahren der jungen Bundesrepublik erwirtschaftete Wohlstand kam bei allen Männern an, die heute 69 bis 84 Jahre alt sind.

Die erste Spaltung setzte nach den Zahlen von Bönke bei denen ein, die nach 1950 geboren wurden. Das obere Fünftel der Einkommensbezieher erzielte weiterhin steigende Gehälter und mehrte seinen Wohlstand. Die unteren Lohngruppen dagegen stagnierten zunächst und fielen dann weiter zurück. Die breite Schicht der mittleren Verdiener blieb ab dem Geburtsjahr 1958 mit ihrem Einkommen zunächst noch auf dem steigenden Niveau der Älteren. Dann aber erreichten die Jahrgänge der Babyboomer das erwerbsfähige Alter, und man kann genau verfolgen, dass ab dem Jahrgang 1965 ein Niedergang bei den Löhnen und Gehältern einsetzte. Die späteren Jahrgänge schafften es in aller Regel nicht mehr, das Lebenseinkommen ihrer Vorgänger zu halten. Es ging im Gegenteil immer stärker bergab.

Als Gründe nennt Bönke die steigende Arbeitslosigkeit ab den Siebzigerjahren und ein generell sinkendes Gehaltsniveau. Auch die kontinuierlich gestiegene Steuer- und Abgabenlast spielt eine erhebliche Rolle. Aus dem Zahlenwerk wird deutlich, was viele beim Vergleich der Generationen schon lange spüren: Die besten Jahre der Mittelschicht liegen bereits in der Vergangenheit.

Der Berliner Wirtschaftswissenschaftler Marcel Fratzscher teilt diesen Befund. Er kann die vielen Zahlen in einem einzigen Satz zusammenfassen: »Die Mitte bröckelt.« Das von Fratzscher geleitete Deutsche Institut für Wirtschaftsforschung (DIW) befasst sich seit einigen Jahren intensiv mit der wachsenden Ungleichheit und der Veränderung der Gehalts- und Einkommensstrukturen in der Bundesrepublik. Die Mitte definiert das DIW so wie auch die OECD in Paris: Dazu gehört, wer über ein Einkommen verfügt, das zwischen 70 und 150 Prozent des Median-Einkommens liegt, also des Mittelwerts dessen, was alle arbeitenden Menschen in Deutschland verdienen. Die Spanne reicht dabei von der Aushilfsputzkraft bis hin zum Millionengehalt eines Topmanagers.

Kritiker wenden bei dieser Median-Methode oft ein,

dass »unten« sehr viele mitgezählt werden, die eigentlich gar nicht dazugehören, also beispielsweise die Minijobber unter den Studenten, obwohl diese später einmal wesentlich besser verdienen. Dadurch werde, so die Argumentation, mit ökonomischen Daten ein falsches Gesellschaftsbild gezeichnet. Die Kritik gipfelt in dem Vorwurf einer statistischen »Umdefinition der Mitte«.

Dieser Behauptung muss entgegengehalten werden, dass jede Median-Berechnung immer nur eine Momentaufnahme darstellen kann. Würde man in solche Statistiken eine Sozialprognose für Studenten einrechnen, also beispielsweise einen »Aufstiegsfaktor für zeitweilige Minijobber mit akademischem Hintergrund«, dann könnte man die Statistik getrost vergessen. Studenten sind statistisch und methodisch gesehen nun einmal arm, auch wenn sie zum Glück berechtigte Hoffnung hegen dürfen, dass es ihnen nach dem Examen finanziell einmal besser gehen wird.

Natürlich ist es auch schwierig, zum Kreis der armen Menschen die Ehefrau eines gut verdienenden Anwalts zu zählen, die mit einem Minijob in der Galerie oder dem Modegeschäft ihrer Freundin eher einem Hobby nachgeht als dem unverzichtbar notwendigen Lebenserwerb. Wenn die Wissenschaftler aber saubere Zahlen ermitteln wollen, können sie weder die Motivation der Beschäftigten noch deren Aufstiegschancen in späteren Jahren mit einrechnen. Ebenso unsauber wäre es, ganze Gruppen wie zum Beispiel die Minijobber aus der Berechnung herauszunehmen. Es hat ja auch noch niemand vorgeschlagen, die Einkommensmillionäre zu ignorieren, weil deren Top-Verdienste die Löhne von sehr vielen einfachen Angestellten statisch nach oben verzerren.

Bleibt man also bei der Methode zur Ermittlung des Median-Einkommens, dann fällt das Ergebnis in Deutschland sehr ernüchternd aus. Die Einkommensgrenze, bis zu der es die gesamte untere Hälfte der arbeitenden Bevölkerung schafft, liegt für einen Single bei gerade einmal 22 000 Euro pro Jahr, das sind etwas mehr als 1800 Euro pro Monat. Die Behauptung konservativer und liberaler Sozialstaatskritiker, Deutschland sei ein Paradies mit 40-Stunden-Woche und eingebauter sozialer Hängematte, lässt sich vor dem Hintergrund dieser Zahlen einfach nicht halten.

Rechnet man die in der OECD-Definition zugrunde gelegte Spanne von 70 bis 150 Prozent auf die Einkommen um, dann verfügt die ökonomische Mitte in Deutschland über Einkommen zwischen 16 000 und 33 000 Euro pro Person. Für Haushalte mit zwei Erwachsenen und zwei Kindern sind die Beträge gut doppelt so hoch. Unverkennbar hat sich der von Fratzscher attestierte Schrumpfungsprozess der Mitte vor allem in diesem Einkommensbereich niedergeschlagen. Vom Ende der Neunzigerjahre bis 2015 ging diese Gruppe um sieben Prozent auf gut 41 Prozent Anteil an der Gesamtbevölkerung zurück.

Lenkt man den Blick auf die gesamte Breite der Mittelschicht, ergibt sich kein anderes Bild. Nach einer neuen Studie des DIW setzt sich der Trend zur Auflösung der Mittelschicht sogar ungebrochen fort. Seit 1991 ist diese einst so dominante Gruppe um mehr als drei Millionen Menschen geschrumpft. Ihr Anteil an der Gesamtbevölkerung sank von 60 auf 54 Prozent. Noch stärker zurück ging der Anteil der Mittelschicht am Gesamteinkommen der Bevölkerung. Die neue Mitte schrumpft nicht nur, sie ist auch wesentlich ärmer.

Am Arbeitsmarkt schwindet die Bedeutung der Mittelschicht ebenfalls, obwohl es immer mehr Jobs gibt. Im Jahr 2018 waren in Deutschland fast 45 Millionen Menschen in Beschäftigung – davon knapp 33 Millionen sozialversicherungspflichtig. Das ist ein absoluter Rekordwert. Nie zuvor hatten so viele Frauen und Männer eine Arbeit. Vergleicht man die Zahlen mit denen von 2005, dem tiefsten Stand seit der Wiedervereinigung, wird die Dimension des Beschäftigungsaufbaus deutlich: Mehr als 6,5 Millionen Menschen sind seitdem zusätzlich auf dem Arbeitsmarkt aktiv.

Von diesem robusten Aufschwung hat die Mitte allerdings nicht profitiert. Für die DIW-Forscher ist es »ein überraschender Befund, dass der relativ starke Beschäftigungsaufbau bislang nicht zu einer Stabilisierung der Bezieher mittlerer Einkommen in Deutschland geführt hat«. Dabei hätte die arbeitende Mitte eine Verbesserung ihrer Situation mehr als verdient, denn sie ist der Lastesel des deutschen Sozial- und Steuerstaates. Legt man das durchschnittliche Brutto-Haushaltseinkommen von rund 49 000 Euro zugrunde, dann fällt auf, dass in keiner anderen Einkommensgruppe die relative Belastung so hoch ist wie in dieser. Allen politischen Sonntagsreden zum Trotz wird die arbeitende Mitte vom Fiskus seit vielen Jahren gnadenlos ausgebeutet. Die letzte spürbare Erleichterung bei den Steuertarifen stammt noch aus der rot-grünen Regierungszeit von Bundeskanzler Gerhard Schröder und ist fünfzehn Jahre her.

Während der dreizehn Regierungsjahre von Angela Merkel haben sich CDU, CSU und FDP zwar in jedem Wahlkampf mit dem Versprechen überboten, die Steuern zu senken; herausgekommen ist dabei jedoch das Gegenteil, nämlich eine kräftige Erhöhung der Mehrwertsteuer und der Energiesteuern. Zwar soll jetzt nach dem Beschluss der Großen Koalition der Solidarzuschlag ab dem Jahr 2021 für 90 Prozent der Steuerpflichtigen gesenkt werden. Aber bis heute gibt es eben nur eine entsprechende Ankündigung im Koalitionsvertrag. Papier ist geduldig – vor allem in der Politik. Bis zur Einlösung des Versprechens im Jahr 2021 fließt noch viel Wasser den Rhein und die Spree hinunter. Außerdem weiß man nie, ob diese Bundesregierung überhaupt noch eine vierjährige Legislaturperiode durchhält.

Dabei könnte sich der Fiskus eine stärkere Entlastung seiner Bürger durchaus leisten. Die Einnahmen des Staates sind in den vergangenen Jahren förmlich explodiert und haben sich deutlich besser entwickelt als die allgemeinen Lohnzuwächse und das nationale Wirtschaftswachstum. Vergleicht man die Steuerbelastung der Mittelschicht mit anderen europäischen Ländern, dann liegt Deutschland weit in der Spitzengruppe. Die ohnehin geringen Gehaltssteigerungen der letzten beiden Jahrzehnte wurden durch Inflation und kalte Progression aufgezehrt, also durch den Effekt, dass ein höherer Verdienst oft auch zu einer höheren Besteuerung führt. Das bedeutet im Ergebnis, dass heute immer mehr Menschen vom Finanzamt wie Spitzenverdiener eingestuft werden, obwohl sie das nun wirklich nicht sind.

Der nachdrücklichste Beweis für die permanente Ausplünderung der Mittelschicht durch den Staat spiegelt sich in der Tatsache wider, dass man ab einem Jahresgehalt von 54 950 Euro bereits mit dem Spitzensteuersatz belegt wird. »Die Steuersätze steigen zu schnell und zu stark an«, sagt Michael Hüther, der Chef des Deutschen Instituts für Wirtschaft (IW) in Köln. Dass inzwischen vier Millionen Menschen und damit jeder zehnte Arbeitnehmer in Deutschland steuerlich in die Reihe der Spitzenverdiener eingruppiert und entsprechend abkassiert wird, hält Hüther für »steuerpolitisch unvertretbar und schädlich«. Vor sechzig Jahren musste man noch das Zwanzigfache des Durchschnittseinkommens verdienen, ehe man den Spitzensteuersatz bezahlen musste. Heute reicht dafür das 1,3-Fache.

Hinzu kommt, dass der unersättliche Fiskus auch bei allen Reserven zulangt, die sich die Mittelschicht für die Ausbildung der Kinder oder das eigene Alter mühsam abspart. Die ab 2005 geltende nachgelagerte Besteuerung und die Sozialversicherungspflicht von Erträgen aus Lebensversicherungen oder Versorgungswerken vernichtet bei der Auszahlung einen guten Teil des extra Ersparten. Dagegen werden Erbschaftsteuern fast gar nicht mehr erhoben und die Kapitalerträge der wirklich Reichen pauschal mit 25 Prozent besteuert.

Aber das ist noch nicht alles. Die arbeitende Mitte zahlt neben den viel zu hohen Steuern auch noch sehr hohe Abgaben für Renten-, Arbeitslosen-, Kranken- und Pflegeversicherung. Auch hier ist keine Entlastung in Sicht – im Gegenteil: Steigende Lebenserwartung und medizinischer Fortschritt kosten immer mehr Geld und müssen von den Beitrags- und Steuerzahlern finanziert werden. Im Ergebnis wird das dazu führen, dass die Beiträge für die Sozialversicherungen unweigerlich steigen werden. Im Gegenzug hat die Mitte vom Staat nicht viel zu erwarten. Mit einem Durchschnittseinkommen verdient man zu viel, um Fürsorgeleistungen oder Hilfen wie BAföG für die studierenden Kinder zu erhalten. Aber man verdient auch zu wenig, um von Steuersparmodellen und Beitragsbemessungsgrenzen bei den Sozialversicherungen zu profitieren.

In einem klaren Missverhältnis zu den immer größeren Steuereinnahmen des Staates stehen die damit finanzierten Leistungen für die Bürger. Schulen, Universitäten und Straßen sind in einem schlechten Zustand, Spielplätze und Parks verkommen, Sportanlagen und Schwimmhallen werden geschlossen. Verwaltungen und Justiz sind kaum noch in der Lage, die Bedürfnisse der Bürger (und der kleinen Unternehmer und Selbstständigen) angemessen zu erfüllen. Der Rechtsstaat, das höchste Gut in einer Demokratie, ist permanent überfordert und deshalb in seiner Funktionsfähigkeit zunehmend eingeschränkt.

Dass man in Berlin beim Standesamt monatelang auf einen Hochzeitstermin warten muss, zählt da eher noch zu den skurrilen Beispielen. Schlimmer ist es, wenn Polizisten in Brennpunkten nicht mehr jede Straftat verfolgen können oder wenn überforderte Staatsanwälte sich Luft verschaffen, indem sie massenhaft Verfahren einstellen, also kriminelles Handeln im Kern nicht bestrafen. Eigentlich kennt man den deutschen Staat als regelwütig und akkurat. Er verlangt Mülltrennung, stellt Parksündern an jeder Ecke und zu jeder Stunde saftige Strafzettel aus und schreibt die Zeiten fürs Rasenmähen vor. Aber wirklich wichtige Dinge funktionieren kaum mehr. Die Jugendämter schaffen es nicht, sich um Kinder und Jugendliche zu kümmern, die dringend Hilfe brauchen. Allein in diesem Bereich fehlen bundesweit 16 000 Stellen. Auch einfache Verwaltungsakte dauern inzwischen Monate, man wartet mitunter Jahre auf Bescheide und Auskünfte.

Am schlimmsten geht es in Bau- und Planungsämtern zu. Die Beamten dort ersticken in einer wahren Regelungswut und in einer lebensfremden Detailgenauigkeit. Trotz Wohnungsnot werden Bauanträge penibel bis zur Zurückweisung geprüft; im ersten Durchgang erhält kaum jemand eine Genehmigung. In Berlin warten Bauherren bei größeren Projekten mittlerweile bis zu drei Jahre auf eine Bewilligung – und das, obwohl zehntausende Wohnungen fehlen.

Chronisch überlastet bis zur Grenze der Funktionsfähigkeit ist die Justiz. Jens Gnisa, der Vorsitzende des Deutschen Richterbundes, hat alarmierende Zahlen gesammelt. Deutschlandweit fehlen mindestens zweitausend Richter und Staatsanwälte. Neben den Kriminalgerichten versinken auch Sozial-, Arbeits- und Zivilgerichte in unerledigten Verfahren. Am schlimmsten hat es wegen der vielen Flüchtlinge die Verwaltungsgerichtsbarkeit getroffen. Sie wird mit hunderttausenden Klagen von Ausländern und abgelehnten Asylbewerbern regelrecht blockiert. Was aber ist der Rechtsstaat wert, wenn man als Otto Normalbürger sein Recht gar nicht mehr oder nur nach jahrelangem Warten durchsetzen kann? Das Buch von Richter Gnisa, in dem er all diese Versäumnisse auflistet, trägt nicht ohne Grund den bezeichnenden Titel: *Ende der Gerechtigkeit.*

Kein Wunder, dass es in der Mitte gärt. Viele strampeln sich ab wie im Hamsterrad, ohne eine Aussicht auf Besserung. Im Gegenteil: Man schuftet und leistet Überstunden, aber von jedem zusätzlich verdienten Euro bleiben nur 50 Cent übrig. Das schafft Unzufriedenheit und Wut auf »die da oben«, deren Kapitaleinkünfte aus Vermögen oder Aktienbesitz nur mit 25 Prozent versteuert werden, während die Arbeitnehmer bis zu 42 Prozent zahlen.

Zur Unzufriedenheit treten Frustration und Unsicherheit. Jeder bemerkt an seinem Arbeitsplatz die Veränderungen, sieht, wie Geschäftsmodelle zusammenbrechen, Firmen geschlossen und Kollegen und Bekannte entlassen werden. Und jeder kann im Fernsehen hören und in den Zeitungen lesen, dass noch ungleich größere Veränderungen bevorstehen. Doch kaum jemand begehrt in so einer Lage auf, es gibt kaum Demonstrationen gegen den wachsenden Druck bei der Arbeit oder die Ausbeutung der Mittelschicht durch Steuern und Abgaben. Die meisten Arbeitnehmer halten es vielmehr für klüger, den Mund zu halten und mitzumachen. »Wer weiß, wie lange es meinen Job oder meine Firma noch gibt«, lautet einer der Standardsätze der verunsicherten Mitte.

Der Soziologe Heinz Bude spricht in diesem Zusammenhang von »Statuspanik«. Wer sich bedroht fühlt, achtet mehr auf eigene Erfolge, setzt persönlichen Nutzen vor Solidarität. Wer nicht absteigen will, verteidigt seinen Platz mit allen Mitteln, er tritt nach unten und buckelt nach oben.

Der Mittelstandsforscher Berthold Vogel von der Universität Kassel sagt, dass viele Menschen die Zuversicht verlieren, ihren bisherigen Platz in der Gesellschaft behaupten oder einen neuen finden zu können. Eindeutig schwindet das »Zukunftsvertrauen«, also die bislang immer begründete Annahme, die Dinge würden sich schon irgendwie richten.

Diese Eintrübung der gesellschaftlichen Stimmung gilt auch als einer der Gründe dafür, dass seit einigen Jahren der Ton rauer und der Umgang gereizter wird – bis hin zu Misstrauen und Verachtung gegenüber den Eliten. Politiker können ein Lied davon singen. Was sie in Bürgersprechstunden zu hören und auf ihren Internetseiten zu lesen bekommen, kann man oft nur noch als Beleidigung bezeichnen. Gleiches gilt für Leserbriefe an Zeitungsredaktionen oder Äußerungen auf Internetforen. Vor allem der Bundeskanzlerin und vielen Politikern aus dem Mitte-links-Spektrum schlägt seit der Flüchtlingswelle Zorn und Wut, ja sogar unverhohlener Hass entgegen. Eine unzufriedene, verunsicherte und von Zukunftsängsten geplagte Mitte reagiert offenkundig besonders gereizt, wenn eine Million Ausländer ins Land kommen und Hilfsleistungen benötigen, die viele Milliarden Euro Steuergelder kosten. Zudem fühlen sich viele Einheimische bedroht – nicht nur durch Terroranschläge, extreme Islamisten und Migrantenkriminalität. Zuwanderung bedeutet auch immer soziale Konkurrenz. Deren Auswirkung spürt zuerst die untere Hälfte der Bevölkerung, wenn es beispielsweise um einfache Jobs geht oder um eine der wenigen bezahlbaren Wohnungen, die es heute noch gibt.

Für den Soziologen Stefan Liebig sind diese Entwicklungen in der Gesellschaft keine Überraschung. Der Gerechtigkeitsforscher, der zuletzt an der Universität Bielefeld lehrte, ist im Besitz eines riesigen Datenschatzes, der ihm belastbare Rückschlüsse auf die Seelenlage der Nation ermöglicht. Als Direktor des Sozio-Oekonomischen Panels (SOEP) befragen Liebig und seine Leute jedes Jahr rund 20 000 Menschen in Deutschland zu ihrer finanziellen und beruflichen Lage, aber auch zu ihrer Gefühlslage. Seine Erkenntnis aus diesen Befragungen fügt sich ein in das Bild seiner Forscherkollegen: »Die Bezieher mittlerer Einkommen empfinden vor allem ihr Nettoeinkommen im Vergleich zu ihrem Bruttogehalt zunehmend als ungerecht«, sagt Liebig. Das hat Folgen. Wenn sich das Gefühl ausbreitet, dass es nicht gerecht zugeht, zielt das auf die Fundamente unserer Gesellschaft und unserer Demokratie. Der Wille zur Regeltreue nimmt ab, die Bereitschaft zu Regelverletzungen steigt. Die grassierende Schwarzarbeit und der deutsche Volkssport Steuerhinterziehung sind entsprechende Beispiele. Auch beruflicher Ehrgeiz und soziales Engagement lassen nach, wenn sich der Eindruck verfestigt, Anstrengung und ehrliche Arbeit lohne sich nicht mehr.« Das Gefühl von Ungerechtigkeit ist Gift für moderne Gesellschaften«, sagt Liebig.

Es wächst die Gefahr, dass immer weniger Menschen ihr Bestes geben. Nach den neuesten Umfragen des Sozio-Oekonomischen Panels ist die »innere Kündigung« eine der möglichen Antworten auf die immer stärker empfundene Ungerechtigkeit. Weniger Engagement, weniger Einsatz, geringere Arbeitszeit bis hin zum Dienst nach Vorschrift – das ist genau das, was Wirtschaft und Arbeitgeber fürchten, zumal sie wegen des grassierenden Fachkräftemangels eigentlich auf Arbeitnehmer angewiesen sind, die gern einmal Überstunden machen, um Auftragsspitzen und fehlende Arbeitskräfte auszugleichen.

Einen durchgreifenden Stimmungswandel hat der französische Soziologe François Dubet auch in seinem Heimatland ausgemacht. Die vom Aufbau her mit der in Deutschland recht vergleichbare französische Mittelschicht galt über Jahrzehnte hinweg als stabilisierendes politisches Element. Die Arbeiterschaft verbürgerlichte und richtete sich

1. Der verkannte Charme des deutschen Durchschnitts

auch in ihrem Wahlverhalten nach der breiten Mitte der Gesellschaft aus. Die Angestellten, kleinen Selbstständigen und Beamten schwankten permanent zwischen links und rechts ohne allzu große Ausschläge zu den extremen Rändern. Noch vor zehn Jahren hätte sich niemand vorstellen können, dass die traditionelle Parteienlandschaft in Frankreich einmal fast vollständig verschwinden und durch eine »Bewegung« wie »En Marche« und eine rechtspopulistische Partei wie den »Front National« ersetzt würde.

»Viele Stammwähler der Sozialdemokraten und Kommunisten sind zur extremen Rechten abgedriftet«, beobachtet Dubet. »Sie lehnen die Globalisierung genauso ab wie Europa, misstrauen allen Ausländern und Flüchtlingen und klammern sich jetzt an den Begriff der Nation. Ein anderer Teil der Mitte ist fasziniert von der extremen Linken, wünscht sich einen starken Staat zurück, der sie bitte schützen soll, und agitiert gegen das liberale, globalisierte, kapitalistische Europa.«

Eine der möglichen Erklärungen dafür findet der französische Soziologe in dem nicht mehr funktionierenden Aufstiegsmechanismus seines Landes. »Während es früher fließende Übergänge zwischen Arbeiterschaft und Mittelschicht gab, tut sich heute ein tiefer Graben auf«, sagt Dubet. »Die alte Arbeiterklasse in Frankreich wurde abgelöst von einer Unterschicht, die assoziiert wird mit den Banlieus, mit Einwanderung, Armut, Kleinverbrechen.« Diese neue Unterschicht bleibt arm, lebt in prekären Verhältnissen und ist oft identisch mit den Einwanderermilieus. Die untere Mittelklasse in Frankreich hat ähnlich wie die deutsche Mittelschicht große Angst davor, in dieses prekäre untere Milieu abzusteigen, während sich die obere Mittelschicht davor fürchtet, allmählich in die untere Mittelklasse wegzurutschen.

Es herrscht eine »kollektive stille Panik« sowie die Bereitschaft, sich um jeden Preis gegen einen sozialen Abstieg zu wehren, sagt Dubet. Anzeichen dafür sind nicht nur die Erfolge radikaler Parteien in Frankreich, sondern auch die mit großer Härte ausgetragenen Arbeitskämpfe. Auch die landesweiten und gewaltsamen Proteste der »Gelbwesten« Ende 2018 in Frankreich sind ein Symptom für die Unsicherheit und die Wut vieler Bürger, die weitere Belastungen und Verschlechterungen ihres Status quo nicht mehr akzeptieren wollen.

Der Blick auf die andere Seite des Rheins zeigt, welchen Wert der soziale Frieden in Deutschland darstellt. Bei uns gibt es noch keine politischen Streiks gegen die Reformen der Regierung. In Frankreich hingegen wird erbittert und oft wochenlang gegen Gesetzesvorhaben gestreikt, die als Bedrohung oder gar Verschlechterung der eigenen Lage gelten. Die deutsche Ruhe an der Tarif- und Streikfront sollte uns jedoch nicht zu sehr in Sicherheit wiegen. Auch bei uns brodelt es gewaltig unter der Oberfläche. Die Erfolge der AfD und die stabilen Werte der Linkspartei bei gleichzeitiger Schwindsucht von SPD und CDU gehen in die gleiche beunruhigende Richtung wie in Frankreich.

Grund für die Radikalisierung und die zunehmenden gesellschaftlichen Spannungen sind die wachsenden Zukunftssorgen der Menschen. Eine *Handelsblatt*-Umfrage zeigt, dass diese Sorgen vor allem in wirtschaftlichen Lebensbereichen ständig zunehmen. So fürchten 60 Prozent der deutschen Arbeitnehmer, dass sie ihren Lebensstandard im Alter nicht halten können. 44 Prozent plagt die Sorge, dass ihr Einkommen in den nächsten Jahren nicht mehr ausreichen wird. Auch die Angst vor Arbeitslosigkeit ist angesichts des derzeitigen Beschäftigungsbooms mit 29 Prozent erstaunlich hoch. Allen Werten gemeinsam ist, dass sie in den Vorjahren deutlich geringer ausfielen, die Zukunftsängste der Deutschen mithin erkennbar wachsen.

Ähnliche Beobachtungen und Analysen in der verunsicherten Mitte hat der deutsche Historiker und Demokratieforscher Paul Nolte in den USA gemacht. Deren Mittelschicht beschreibt Nolte noch als wesentlich anfälliger und verwundbarer. Man fühle sich dort innerlich ausgehöhlt und als Opfer von Globalisierung und Freihandel, schrieb Nolte in einem Magazinbeitrag über den Wahlerfolg von Donald Trump. Am meisten getroffen habe es in den USA aber nicht die Ärmsten oder die Millionen illegaler Einwanderer mit prekärem Status – diese gelten ohnehin als Sündenböcke für alle möglichen Fehlentwicklungen. Nein, von »Not und Abstieg bedroht ist vielmehr die breite Mittelschicht, auf die Amerika in seinen Glanzzeiten so stolz war«, warnt Nolte. Diese *middle class* umfasste früher große Teile der industriellen Arbeiterschaft und der kleinen Angestellten, die in den US-Großunternehmen einst sichere Jobs und gute Sozialleistungen hatten.

Doch damit ist es vorbei. Am Ende eines jahrelangen Auszehrungsprozesses stehen deprimierende Zahlen: So ist das mittlere Einkommen der US-Industriearbeiter zwischen 1980 und 2012 preisbereinigt um 1,30 Dollar auf nur noch 15,61 Dollar pro Stunde gesunken. Ein Fünftel der Amerikaner, insgesamt 46 Millionen Menschen, bezieht Lebensmittelmarken. Selbst Schalterkräfte in Banken, die selbstverständlich noch im Anzug zur Arbeit erscheinen, brauchen bei einem mittleren Einkommen von zwölf Dollar pro Stunde oft diese zusätzlichen *food stamps*, um über die Runden zu kommen. Gerade in großen Unternehmen werden Arbeiter häufig ganz bewusst unter der Grenze von 40 Stunden pro Woche beschäftigt. Der Grund: Ab einer Arbeitszeit von 40 Stunden werden in den USA zumindest rudimentäre Sozialleistungen wie Krankenversicherung und ein paar wenige Tage Lohnfortzahlung im Krankheitsfall gewährt.

Trumps populistische und nationalistische Masche *Make America great again* holte nicht zufällig die entscheidenden Stimmen in den Staaten des alten industriellen Rostgürtels der USA entlang der Großen Seen, von Pennsylvania bis Wisconsin. Inzwischen ist der gute Job des *American middle class man* verschwunden, irgendwo in Mexiko oder China. Weil das soziale Netz in den USA noch nie der Rede wert war, mussten in der Folge Millionen Amerikaner erleben, was es bedeutet, binnen kürzester Zeit von einem guten Lebensstandard bis ganz nach unten abzustürzen.

Diese amerikanischen Ängste wachsen auch in Europa und erfassen immer größere Teile der Bevölkerung. Letzten Endes war die Brexit-Kampagne vor allem deshalb erfolgreich, weil in Großbritannien ähnliche Abstiegsängste und Stimmungen durchgeschlagen sind wie in den USA. Der frühere britische Premierminister Tony Blair sieht den Brexit als Ergebnis gesellschaftlicher und kultureller Verwerfungen, die ihren Ursprung in den Sorgen der Mittelschicht finden. In den Niederlanden, Belgien und einigen skandinavischen Staaten ist es nicht anders. Fast überall dort, wo die Ängste der Mittelschicht zunehmen und ihre Existenz in Gefahr gerät, bebt das politische System und feiern radikale Parteien Erfolge. Und in allen diesen Ländern erlebt man auch mit Erstaunen, wie fragil der gesellschaftliche Zusammenhalt ist und wie schnell der Grundkonsens der freien westlichen Wertegemeinschaft infrage gestellt wird.

Aber ist die Lage in Deutschland angesichts von Rekordbeschäftigung und Wirtschaftswachstum nicht viel besser?

Wir sollten vorsichtig sein. Trotz guter Zahlen und regierungsamtlicher Zuversicht gibt es ein wachsendes Misstrauen in der Bevölkerung. Nach einer 2017 veröffentlichten Umfrage des Meinungsforschungsinstituts Allensbach sieht ein Drittel der Deutschen das Land auf dem Weg in eine große Krise. Nur 46 Prozent und damit weniger als die Hälfte blicken der Zukunft hoffnungsvoll entgegen. Für Allensbach-Chefin Renate Köcher ein fast unverständlicher Wert. »Angesichts unserer wirtschaftlichen Entwicklung wäre ein Optimismus-Pegel in der Bevölkerung von etwa 60 Prozent normal«, sagt die Demoskopin. Zwar seien die Deutschen sehr risikobewusst und sicherheitsorientiert. Allerdings habe die Politik auch »zu lange zu vieles schleifen lassen«.

Die seit Jahren bestehende Strategie des Beschwichtigens und das »Nicht-ernst-Nehmen« von Negativszenarien sind nicht auf Politiker beschränkt. Auch Manager und Wissenschaftler versuchen, unübersehbare gesellschaftliche Probleme kleinzureden oder vollständig zu ignorieren. Dabei ist es höchste Zeit, den bisherigen Versäumnissen ebenso ins Auge zu blicken wie den enormen Umwälzungen, die uns noch bevorstehen.

2. »Wir schaffen das!« – Wirklich?

Die Versäumnisse der Politik
und der selbstzufriedenen Deutschen

Jeremy Rifkin staunte nicht schlecht, als an einem frühen Morgen sein Telefon klingelte und sich ein höflicher Beamter aus Deutschland meldete. Er arbeite für das Bundeskanzleramt in Berlin, sagte der Mann, und er würde sich sehr freuen, wenn Mister Rifkin es in nächster Zeit einmal einrichten könnte, nach Deutschland zu reisen. Die Bundeskanzlerin wolle sich gern mit ihm austauschen.

Zwar zählt der amerikanische Ökonom und Soziologe Rifkin zu den führenden Vordenkern und Zukunftsforschern der Welt; dass aber sogar die deutsche Regierungschefin seinen Rat hören wollte, wunderte und freute ihn zugleich. Wenige Wochen nach dem Anruf saß Rifkin gut vorbereitet im Flugzeug nach Berlin. Die deutsche Regierungszentrale hatte ihm genau mitgeteilt, was Angela Merkel wissen wollte und in welche Richtung das mehrstündige Gespräch gehen sollte.

»Sie suchte nach einem Weg, wie Deutschland mehr Jobs schaffen könnte«, erinnerte sich Rifkin später an dieses erste Zusammentreffen mit der Kanzlerin. »Meine wichtigste Frage an sie war: Wie wird Europa wachsen, wenn die bisherige Plattform nicht mehr funktioniert: die zentralisierte Telekommunikation, die Atomkraft und Kohle sowie der Verbrennungsmotor? Diese Plattform hat ihr Produktivitätspotenzial bereits in den 1990ern aufgebraucht. Wenn man nur irgendein neues Geschäftsmodell an diese alte

2. »Wir schaffen das!« – Wirklich?

Plattform anschließt, steigt die Produktivität insgesamt nicht.«

Was immer man von Rifkins Analysen und Prophezeiungen hält: Es spricht sehr für Angela Merkel, dass sie die wichtigsten Denker der Welt regelmäßig zum Austausch einlädt und von sich aus ihren Rat sucht. Die entscheidende Frage lautet allerdings, was daraus folgt. Dieses erste Gespräch mit Rifkin über die bevorstehenden Umwälzungen unserer Industrie fand bereits 2005 statt – wenige Wochen nach Merkels Amtsantritt. Seitdem hat die Kanzlerin Rifkin wie auch viele andere internationale Experten wiederholt getroffen. Was aber ist das Ergebnis? Wo stehen wir vierzehn Merkel-Jahre später? Ist Deutschland inzwischen bereit für die digitale Welt 4.0? Kann unsere Industrie diesen Wandel überleben? Oder um die entscheidende Frage mit Merkels eigenen Worten zu formulieren: »Schaffen wir das?«

Schon in der Flüchtlingskrise ist es der Kanzlerin nicht gelungen, die unübersehbaren Probleme und Defizite ihrer Asylpolitik mit jener Zuversicht zu überdecken, die ihr berühmtes »Wir schaffen das« ausdrücken sollte. Der gleiche Eindruck drängt sich auf, wenn man den aktuellen Stand der Vorbereitungen in Sachen Digitalisierung betrachtet. Zwar wurden unzählige Kommissionen und Arbeitskreise gegründet, es gab bereits hunderte Fachforen und Konferenzen, und natürlich haben fleißige Experten in den Ministerien und Unternehmen tausende Seiten Papier beschrieben. Aber wie groß das Ausmaß der Versäumnisse immer noch ist, zeigt sich schon an der schlechten digitalen Infrastruktur. Bei der Flächenabdeckung mit Breitbandtechnik rangiert Deutschland im OECD-Vergleich auf Platz 32 unter den Industrienationen. Das ist nicht nur blamabel, sondern für den Wirtschaftsstandort und damit für den Wohlstand in Deutschland brandgefährlich. Wie sollen jemals selbstfahrende Autos sicher ans Ziel kommen, wenn es kein flächendeckendes Hochleistungsnetz gibt? Wie viel ist das Versprechen vom mobilen Internetzugang wert, wenn bei der Fahrt durch deutsche Mittelgebirge immer noch regelmäßig die Mobilfunkverbindung zusammenbricht?

Lässt man die zahlreichen Darbietungen auf der politischen Bühne einmal weg und orientiert sich an harten Fakten, dann hat die deutsche Politik bislang nur wenig zustande gebracht, um uns als eine der (noch) führenden Industrienationen der Welt auf das digitale Zeitalter vorzubereiten.

Das Schlimme ist: Es gibt keinen Mangel an Erkenntnissen, an klugen Analysen oder wichtigen Ratgebern. Aber es gibt leider große Probleme bei der Umsetzung. Allen voran die Kanzlerin weiß sehr genau, worauf es ankommt. Ihre vielen Gespräche mit renommierten Wissenschaftlern und Topmanagern haben ihr deutlich vor Augen geführt, woran es hapert, wo die Gefahren und Defizite liegen. Es gibt wohl kaum einen Regierungschef auf dieser Welt, der in Sachen Digitalisierung und Technik so viele Kenntnisse aufweisen kann wie die Naturwissenschaftlerin und promovierte Physikerin Angela Merkel. Aber im vierzehnten Jahr ihrer Kanzlerschaft muss man leider feststellen, dass diesem großen Wissen bislang wenig konkrete Politik gefolgt ist.

Mir ist bei den Recherchen für dieses Buch eines der vielen Notizbücher in die Hände gefallen, in denen ich im Laufe der Jahre alle direkten Gespräche mit Angela Merkel festgehalten habe. Vor allem bei Auslandsreisen gibt es die schöne Sitte und das Privileg, dass die mitreisenden Journalisten in einem kleinen Konferenzraum der Regierungsmaschine direkt mit der Kanzlerin sprechen können. Auf dem Hinflug geht es dabei immer um die Themen und Termine des aktuellen Besuchsprogramms und auf dem Rückflug dann um allgemeine politische Fragen. Bei diesen Briefings und Hintergrundrunden wird sehr offen geredet, denn es gilt die Regel der Vertraulichkeit. Die Kanzlerin will die Journalisten an ihren Plänen und Überlegungen teilhaben lassen, ihre Reaktionen auf neue Ideen testen und sie durch die vertrauliche Atmosphäre sicher auch ein Stück weit mit einbinden und überzeugen. Weil die Medienvertreter sie nicht direkt zitieren dürfen, kann sie relativ frei reden und offen auf kritische Fragen und Einwürfe reagieren. Auf diese Weise entstehen manchmal regelrechte Diskussionen, die den Journalisten tiefe Einblicke in die Gedankenwelt der Regierungschefin gewähren.

Eines meiner Notizbücher stammt vom 29. Oktober 2007 und ist auf Merkels erstem Flug nach Indien entstanden. Die Kanzlerin besuchte dort den damaligen Premierminister Manmohan Singh. Sie war tief beeindruckt von dem weisen Politiker, der als Sohn eines einfachen Bauern zur Welt gekommen war und mithilfe von Stipendien in Cambridge Ökonomie studieren und in Oxford promovieren konnte, bevor er Universitätslehrer in Neu Delhi wurde und schließlich die Laufbahn des Politikers einschlug. Merkel sprach lange mit Singh darüber, wie er es schafft, ein Land mit Hunderten Volksgruppen und mehr als 1,3 Milliarden Menschen demokratisch zu regieren und trotz der extremen Ungleichheit immer weiter in Richtung Wohlstand und Gerechtigkeit zu entwickeln. Sein größter Schatz, sagte Singh, seien die vielen jungen Menschen in Indien, die trotz tiefer Armut jeden Tag mit Fleiß und Beharrlichkeit versuchten, ein besseres Leben für sich und ihre Familien zu erreichen.

Die Kanzlerin flog sehr nachdenklich von diesem Besuch zurück nach Berlin. Sie fragte sich, ob wir in Deutschland die gleiche Energie aufbringen würden oder schon zu satt seien. Ob wir noch die richtigen Prioritäten setzen oder viel zu viel Zeit für Larmoyanz und nutzlose Debatten verschwenden. Schon damals klagte Merkel über die zunehmende Unfähigkeit der föderalen Bundesrepublik und der Europäischen Union, trotz ihres hohen Wohlstands die wirklich wichtigen Dinge voranzubringen. Und schon 2007 warnte sie davor, dass sich die selbstzufriedenen Deutschen nicht zu sehr auf ihrem Erfolg als Exportweltmeister ausruhen dürfen. Bei diesem sehr ernsten Gespräch im Flugzeug skizzierte Merkel erstmals ihr persönliches Schreckensszenario vom »Technikmuseum Deutschland«. Dahinter steckt ihre Befürchtung, dass wir als erfolgsgesättigte Nation irgendwann den Schwung verlieren und Gefahr laufen, den technologischen Anschluss zu verpassen, und im Wettkampf der Nationen Stück für Stück zurückfallen.

So richtig und hellsichtig diese Analyse schon 2007 war, so ernüchternd ist die Tatsache, dass Merkel zehn Jahre später bei ihrer Regierungserklärung am 5. September 2017 immer noch die fast gleichen Warnungen aussprach: Deutschland dürfe sich beim digitalen Fortschritt nicht abhängen lassen, mahnte sie im Bundestag. »Wir wollen vorne mit dabei sein, wenn es um die Entwicklung neuer Güter und Produktionsmöglichkeiten geht.« Zwar habe es die Bundesregierung geschafft, vier Jahre lang keine neuen Schulden zu machen, aber »wir dürfen uns auf diesen Erfolgen keinesfalls ausruhen«. Es gelte, so Merkel, Deutschland fit für die nächsten zehn bis fünfzehn Jahre zu machen. Dazu bedürfe es »noch großer Anstrengungen«. Und dann sprach sie öffentlich aus, was sie schon zehn Jahre zuvor im Flugzeug als ihre größte Sorge formuliert hatte: »Wir wollen nicht im Technikmuseum enden mit Deutschland.«

Man kann sich in der Rolle des klugen Mahners schnell erschöpfen, vor allem als Regierungschefin. Zwar ist Merkel nicht allein verantwortlich für den schleppenden digitalen Fortschritt in Deutschland. Die Innovationskraft der Unternehmen ist Sache der Wirtschaft, und da gibt es neben viel Licht auch noch reichlich Schatten. Aber nach einer so langen

Regierungszeit möchte man doch schon etwas mehr von Angela Merkel hören als sich wiederholende Klagen und Mahnungen. Nach unserem Grundgesetz bestimmt die Kanzlerin die Richtlinien der Politik. Das bedeutet, sie muss die entscheidenden Rahmenbedingungen und die politischen Grundlagen schaffen, damit ihre Angstvision von Deutschland als Technikmuseum eben nicht Wirklichkeit wird.

Was fehlt? Die lange Liste der deutschen Versäumnisse beginnt mit der chronischen Investitionsschwäche der öffentlichen Hand. Je nach Betrachtung müssten jedes Jahr zwischen 80 und 100 Milliarden Euro mehr in Straßen, Breitbandnetze, Bildung, Forschung und andere wichtige Bereiche investiert werden, als es derzeit der Fall ist. Das ist eine gewaltige Summe. Deutschland, im Ausland oft für seine gute Infrastruktur gelobt, schert sich in Wahrheit nur wenig um morgen. Der gefühlte Superstar lebt eigentlich von seiner Substanz. Und die bröckelt. Nach einer Umfrage des Instituts der Deutschen Wirtschaft werden zwei Drittel der Unternehmen regelmäßig von Infrastrukturmängeln behindert; 16 Prozent der Befragten sprechen sogar von einer »deutlichen Beeinträchtigung«.

Christoph Schmidt, Vorsitzender des Sachverständigenrats der Bundesregierung zur Begutachtung der gesamtwirtschaftlichen Lage, lässt es denn auch nicht an Deutlichkeit fehlen. »Die Regierung müsste jetzt alles daransetzen, unseren Wohlstand und unsere Stellung in den nächsten Jahren zu sichern«, sagte er in einem Interview. Anstatt sich um mehr Zukunftsinvestitionen zu kümmern, setze die Große Koalition aber falsche Anreize wie etwa eine Erleichterung von Frühverrentung.

Die Zahlen hinter der Kritik des Wirtschaftsweisen sind eindeutig: Kaum ein Industrieland gibt so wenig Geld für seine Zukunft aus wie Deutschland. Die Investitionsquote liegt hierzulande gerade einmal bei 17 Prozent, nur in den USA ist sie noch niedriger. Dagegen ist die gesamtwirtschaftliche Nettosparquote in Deutschland mit 7,3 Prozent so hoch wie kaum irgendwo sonst. Rund 200 Milliarden Euro legen die Bundesbürger jedes Jahr zurück. Der größte Teil dieser Gelder liegt auf Spar- und Firmenkonten und bringt nicht einmal halbwegs vernünftige Zinseinnahmen. Geld für privatwirtschaftliche Investitionen wäre also genug da. Das gilt ebenso für öffentliche Investitionen – der Staat erzielt Jahr für Jahr neue Einnahmerekorde bei den Steuern. Dennoch wird das Geld nicht nachhaltig investiert, zum Beispiel in die digitale Infrastruktur, Bildung oder Verkehrsnetze.

Die Basis aller Anstrengungen zum Thema Digitalisierung ist unbestritten ein flächendeckendes und hochleistungsfähiges Breitbandnetz. Jeder weiß das. Dennoch liegt Deutschland hier wie erwähnt weit zurück. Und das bei einer Infrastruktur, die über die Zukunftsfähigkeit des Landes entscheidet wie keine andere!

Es gibt viele Gründe dafür. Einer liegt sicher darin, dass die Bundesregierung unter Finanzminister Wolfgang Schäuble zu lange an dem Fetisch von der »schwarzen Null« festgehalten hat. Obwohl die Zinsen historisch niedrig sind und der Bund für seine Anleihen zeitweilig sogar noch Geld erhielt, also am Schuldenmachen verdiente, wurde so lange eisern gespart, bis der Haushalt des Bundes ohne neue Kredite auskam. Diese »schwarze Null« war Schäuble und der Kanzlerin am Ende wichtiger als Zukunftsinvestitionen etwa in ein neues, flächendeckendes Glasfasernetz.

So sinnvoll eine nachhaltige Finanzpolitik auch ist, so sehr muss gleichzeitig auf die richtige Balance geachtet werden. In der Niedrigzinsphase so stark zu sparen, dass die Investitionsquote der öffentlichen Hand über Jahre hinweg unter das volkswirtschaftlich erforderliche Maß fällt, war sicher die falsche Prioritätensetzung.

Ein weiterer Grund für unseren Rückstand in Sachen digitaler Netze findet sich in der breit verteilten politischen Zuständigkeit. Für das Thema Digitalisierung und Breitband sind gleich mehrere Bundesministerien verantwortlich. Abstimmungsprobleme, Kämpfe und Profilierungsstreitigkeiten zwischen den Ressorts sind da unvermeidlich, auch wenn jetzt ein »Digitalkabinett« und eine eigene Staatsministerin im Kanzleramt für eine bessere Koordinierung sorgen sollen. Das alles bringt aber wenig, wenn die Prioritäten falsch gesetzt werden. Der frühere Bundesverkehrsminister Alexander Dobrindt als Hauptzuständiger für den Breitbandausbau war ab 2013 während seiner gesamten Amtszeit fast vier Jahre lang ausschließlich damit beschäftigt, auf Geheiß der CSU die ökonomisch völlig unsinnige Pkw-Maut durchzusetzen, die dem Fiskus nach Abzug aller Kosten vermutlich kaum einen Euro einbringen wird.

Aber es gibt noch tiefer liegende Gründe für den jahrelang verschleppten Breitbandausbau. Der Kern des Problems liegt in der historisch bedingten Verquickung der Deutschen Telekom AG mit dem Staat. Die Politik hat 1995 richtigerweise das Monopol der alten Bundespost gebrochen und drei neue Unternehmen daraus geformt, die sich im freien Wettbewerb behaupten sollten: die Deutsche Telekom für Telekommunikation, die Deutsche Post (mittlerweile Deutsche Post DHL Group) für Logistik sowie die Postbank (inzwischen eine Tochter der Deutschen Bank) für Finanzdienstleistungen.

Allerdings verlief diese Post-Privatisierung nicht wirklich konsequent. So ist die Bundesrepublik heute mit einem Aktienpaket von rund einem Drittel immer noch der größte Anteilseigner der Telekom und als solcher auch im Aufsichtsrat des Unternehmens vertreten. Die Folge ist ein schwieriger Spagat zwischen Politik und Unternehmensführung: Einerseits soll die Telekom möglichst hohe Kurswerte und Gewinne erzielen, damit der Bundesfinanzminister als Anteilseigner zufrieden ist. Andererseits soll aus ordnungspolitischen Gründen möglichst viel Wettbewerb anderer Unternehmen gegen die Telekom ermöglicht werden, damit die Preise für die Konsumenten, Kunden (und Wähler) sinken. Letzteres geht aber nur, wenn die Telekom auf dem Markt der Kommunikationsdienstleistungen immer mehr Anteile an ihre Konkurrenten abgibt. Dies wiederum hat zur Folge, dass die Gewinne und Investitionen der Telekom sinken und auch Arbeitsplätze gestrichen werden müssen – was der Regierung und den Politikern nun auch wieder nicht recht ist.

Diese ständigen Zielkonflikte werden dadurch vergrößert, dass der Staat bei der Privatisierung das gesamte Telefonnetz der alten Bundespost an die Telekom übertragen hatte. Auf diese Weise sollte sich der einstige Monopolist im rauen Wind des Wettbewerbs besser behaupten können. Außerdem wurde so verhindert, dass ausländische Konkurrenten wie etwa Vodafone oder Telefonica die Telekom überflügeln und eines Tages zum nationalen Champion in Deutschland aufsteigen würden. Seitdem verteidigt die Telekom die Nutzung ihres Netzes natürlich mit Zähnen und Klauen.

Als es nun darum ging, in Deutschland ein neues leistungsfähiges Breitband auszurollen, traf die Politik eine verhängnisvolle Entscheidung. Im Gegensatz zum Autobahnnetz wurde der Ausbau des Breitbandnetzes nicht als Staatsaufgabe verstanden, sondern einfach den verschiedenen Telekommunikationsunternehmen und Kabelanbietern überlassen. Diese sollten, so die Hoffnung, den Netzausbau im marktwirtschaftlichen Wettbewerb vorantreiben, ohne dass der Staat dafür Geld in die Hand nehmen müsste. Im Gegenteil ließ sich Vater Staat für den Verkauf der UMTS-

Mobilfunklizenzen noch Milliarden Euro von den Telekommunikationsunternehmen auszahlen.

Das Ergebnis ist bekannt. Die Mobilfunkverbindungen in Deutschland sind immer noch lückenhaft, und beim Breitband ist ein Flickenteppich mit enormen Löchern entstanden. Bis heute ist nur ein Drittel der deutschen Landbevölkerung an das schnelle Internet angebunden – eine wichtige Ursache für das oft beklagte Ausbluten der ländlichen Räume. Ohne Internet lassen sich weder Firmen anlocken noch Arbeitsplätze aufbauen.

Dagegen wurden in einigen wenigen Großstädten relativ rasch neue, superschnelle Glasfaserverbindungen gebaut. Wegen der hohen Kundendichte in den Ballungsräumen lohnte sich dort stellenweise sogar die Investition in ein zweites Netz. Im großen Rest der Republik aber blieb es beim alten Kupfernetz der Telekom. Um dessen Leistung zu steigern, hat der Bonner Konzern es immer weiter überbaut, teilweise auf erheblichen Druck der Regulierungsbehörde und der Politik. *Vectoring* heißt diese Art von Netz-Tuning, aber eine zukunftsfähige Lösung ist das auch nicht. Das Überbauen der alten Kupferkabel stößt an physikalische Grenzen. Telekom-Chef Timotheus Höttges räumt deshalb auch offen ein, dass es nur eine Übergangstechnologie hin zur wesentlich leistungsfähigeren Glasfaser ist. Allerdings sind mit Glasfaser nur rund 700 000 Haushalte direkt versorgt. Von den insgesamt 32,5 Millionen Breitbandanschlüssen in Deutschland bestehen 24,3 Millionen aus DSL-Verbindungen; das heißt, sie basieren noch auf den alten Kupferkabeln und können Daten nur wesentlich langsamer durchleiten als Glasfaserkabel.

Inzwischen hat die Bundesregierung ihren Irrtum erkannt. Eine lebenswichtige Infrastruktur kann als flächendeckendes und vor allem leistungsfähiges Netz eben niemals im Wettbewerb einzelner Unternehmen entstehen.

Mit einem Mix aus staatlichen Investitionen und regulatorischem Zwang will der Bund nun das Versäumte nachholen. Ziel ist ein vollständig neues Glasfasernetz. Um ihre Kritiker zu besänftigen, hat sich die Kanzlerin bereits weit aus dem Fenster gelehnt. »Schnelles Internet in ganz Deutschland bis 2025 – das steht jedem zu wie Wasser und Elektrizität«, versprach sie auf dem CDU-Parteitag 2018.

Wir werden sehen. Solche Ankündigungen gab es – mit anderen Jahreszahlen – auch schon in der Vergangenheit. Doch selbst wenn man unterstellt, dass die Bundesregierung jetzt den Schalter umlegen will, so werden die Bürger und Unternehmen bis 2025 immer noch eine ganze Reihe von Jahren warten müssen. Angesichts des Tempos, mit dem die Digitalisierung aller Lebensbereiche voranschreitet, ist das eine viel zu lange Zeitspanne. Wir haben schon etliche Jahre verloren und liegen weit zurück. Man kann deshalb nur mit dem Kopf schütteln, wenn die von der Bundesregierung gebildete »Unabhängige Expertenkommission Forschung und Innovation« noch Ende 2015 ein Gutachten vorlegte, dessen Fazit in der bahnbrechenden Erkenntnis bestand, wie wichtig es sei, bei der Digitalisierung nicht den Anschluss zu verlieren.

Was soll man mit solchen Banalitäten anfangen? Zweieinhalb Jahre später im Sommer 2018 legte die Bundesregierung dann »Eckpunkte für eine Strategie Künstlicher Intelligenz« vor. In diesem Papier aus gleich drei Bundesministerien finden sich jede Menge Gemeinplätze zur Bedeutung der »KI« und noch mehr Absichtserklärungen. Man werde Fördermittel ausgeben, eine Vielzahl von Kooperationen eingehen, eine »Agentur für Sprunginnovationen« gründen und eine »Denkfabrik Digitale Arbeitsgesellschaft« aufbauen, heißt es darin. Das alles ist sicher nicht falsch und wird von den mitberatenden Wirtschaftsverbänden auch brav als »vernetzter Ansatz« gelobt. Aber was geschieht am

Ende mit diesen ganzen »Ergebnissen« und »Empfehlungen« der unzähligen Arbeitskreise und Expertengremien? Was folgt aus den vielen Erklärungen der Ministerien?

Die meisten dieser Papiere werden mit großem Tamtam der Presse vorgestellt und dienen als Beweis politischer Aktivität. Aber nach spätestens einer Legislaturperiode verschimmeln sie in Aktenschränken. Wie schlecht es bei der künstlichen Intelligenz (KI) als Basistechnologie des 21. Jahrhunderts in Deutschland bestellt ist, zeigt schon ein Blick auf die Verteilung der Investitionen. Fabian Westerheide vom Risikokapitalgeber Asgard hat in einer Studie alarmierende Zahlen zusammengetragen. »Von 7500 KI-Firmen in aller Welt haben nur drei Prozent ihren Sitz in Deutschland«, sagte er 2018 auf dem Empolis Executive Forum in Berlin. »Wenn wir uns in Europa nicht stärker um die Werte der KI bemühen, werden wir bald eine KI-Technologie haben, die Entscheidungen auf der Basis amerikanischer oder chinesischer Werte trifft«, warnte Westerheide.

Beunruhigt hat ihn auch der Umgang der Politik mit diesem Zukunftsthema. Als er von Bundestagsabgeordneten zur KI befragt wurde, lautete die erste Frage, ob man KI nicht verbieten könne. »Wenn alles so bleibt, wie es ist, verlieren wir weiter den Anschluss. In der KI sind wir bereits schon in der 70. Minute eines Fußballspiels, in dem Deutschland 0:4 zurückliegt«, warnte Westerheide. Damit bestätigte er eine These des deutschen Informatikers Jürgen Schmidhuber, der heute Direktor eines Schweizer Forschungsinstituts für künstliche Intelligenz ist. Schon 2016 warnte er davor, dass Deutschland die weltverändernde Kraft der KI nicht erkenne. Zwar gilt Deutschland als guter Forschungsstandort für die KI, weshalb viele Digitalkonzerne aus den USA auch deutsche KI-Experten anwerben. Aber wie so oft hapert es in Deutschland an der Umsetzung des Wissens in erfolgreiche Produkte.

An dieser Umsetzungsschwäche krankt auch die deutsche Forschungs- und Innovationspolitik. Aufbruch, mutige Entschlossenheit und der Wille, die Digitalisierung zu einem echten Leuchtturmprojekt zu machen, lässt sich in dem bunten Mix der vielen kleinen Maßnahmen nicht finden. Und die wenigen Projekte, die begonnen wurden, sind entweder noch nicht fertig oder endeten mit einer Pleite. Das wohl traurigste Beispiel für die Unfähigkeit von Unternehmen und Politik, ein großes Projekt gemeinsam zum Erfolg zu führen, ist die elektronische Gesundheitskarte. Das Projekt wurde 2003 beschlossen, scheiterte in mehreren Anläufen und ersetzte erst 2014 die traditionelle Krankenakte. Interessengegensätze zwischen den mächtigen Verbänden der Krankenkassen, Ärzte und der Pharmaindustrie verursachten die jahrelangen Verzögerungen ebenso wie datenschutzrechtliche Bedenken.

Inzwischen hat zwar fast jeder in Deutschland eine elektronische Gesundheitskarte, doch das System hat mit der stürmischen Entwicklung der Technik nicht Schritt gehalten und liegt weit hinter den Anforderungen und Wünschen der Anwender zurück. »Man hat außen eine moderne Hülle, aber innen drin steckt eigentlich nicht mehr als ein Taschenrechner«, sagt ein Manager von T-Systems, der sich lange mit dem Projekt beschäftigt hat. Dieses Problem taucht fast immer auf, wenn Staat und Informationstechnologie aufeinandertreffen. Verwaltungsverfahren, Genehmigungen, Ausschreibungen und Entscheidungen dauern Jahre. Das bestellte Computersystem für eine Stadtverwaltung oder Landesbehörde ist meistens schon veraltet, ehe es zur Anwendung kommt. So bleiben auch bei der elektronischen Gesundheitskarte die vielen Möglichkeiten der digitalen Technik weitgehend ungenutzt – etwa für Anwendungen im Bereich der Telemedizin oder der Diagnostik.

Jens Baas, der Vorstandsvorsitzende der Techniker Krankenkasse, kann sich angesichts dieses Schneckentempos nur wundern. Der studierte Arzt hat bei seiner Mediziner-Ausbildung in der Mayo-Klinik in Rochester, USA, erlebt, wie permanente Modernisierung organisiert werden kann. Die Mayo-Klinik leistet sich eine eigene Abteilung, die nichts anderes tut, als wissenschaftliche Veröffentlichungen auf Innovationen hin zu durchkämmen. Die interessantesten Neuheiten werden dann diskutiert und in die eigene Arbeit integriert. »Dort habe ich gelernt, was die Zusammenführung von Daten für gute Therapie bedeuten kann«, sagt Baas. Es wäre »viel mehr möglich«, und deshalb grämt er sich über die deutsche Langsamkeit. »Wir warten seit mehr als zehn Jahren vergeblich darauf, dass die von der Politik angestoßene elektronische Gesundheitskarte einen Stand erreicht, in dem sie als zentraler Speicher für alle Gesundheitsdaten genutzt werden kann«, sagt er. Mittlerweile preschen private Konzerne vor und bieten Systeme an, die deutlich mehr Funktionen aufweisen. Er sehe die große Gefahr, dass diese Systeme künftig breit genutzt werden, sagt der TK-Chef, und zwar ohne Datenschutzbedenken. »Gesundheitsdaten«, davon ist Baas überzeugt, »gehören nicht in die Hände privater Konzerne«.

Ein trauriges Kapitel im Bereich staatlicher Innovationen ist auch das sogenannte »Bürgerportal«. Auf dieser einheitlichen elektronischen Plattform wollen Bund und Länder künftig sämtliche Verwaltungsdienstleistungen online zur Verfügung stellen. Der lästige und zeitraubende Gang zum Amt fiele dann ebenso weg wie die Beschränkung auf behördliche »Sprechstunden«. Das Projekt klingt vielversprechend und sollte in einem modernen Land, das Spitzentechnik erfolgreich in alle Welt exportiert, eigentlich schon längst zum Alltag gehören. Doch auch hier schleppt sich die Umsetzung seit Jahren hin, obwohl ein solches Portal im

Grunde genommen technisch nicht besonders anspruchsvoll ist. Es sind eher die langwierigen politischen Prozesse und die schwerfälligen Abstimmungen in unserem föderalen System, die große Projekte und damit auch großes Denken immer mehr in Verzug bringen.

Entsprechend unentschieden ist auch die deutsche Innovationspolitik. Ähnlich wie der Bereich Bildung sind Forschung und Innovation auf den Bund und die sechzehn Länder verteilt. Jeder Beteiligte achtet wie ein Luchs auf die Wahrung seiner Zuständigkeiten und kämpft für die Interessen seines Landes, seiner Hochschulen, Forschungseinrichtungen und Unternehmen. Herausgekommen ist dabei ein Modulbaukasten mit einer Unzahl von Gremien, Fördertöpfen und einer inzwischen erheblichen Bürokratie. Es wird ein bisschen evaluiert, ein wenig nachgesteuert oder etwas ergänzt. Wirklich Neues entsteht daraus nicht. Es fehlt ein Ansatz zum *think big*, es fehlt der Mut, ein oder zwei Prioritäten zu setzen und diese dann mit aller politischen Kraft und viel Geld auch durchzusetzen. Der Flickenteppich beim Breitband ist das beste Beispiel für die politische Verschleppung von Innovation.

Die Politik will vieles, vielleicht zu viel. Jede Stadt erklärt sich zum »Hotspot für Start-ups«, jedes Land und jedes Ministerium pflegt seine eigene Spielwiese. Darauf wachsen zwar auch einige schöne Blumen, aber selten ein großer Baum. Die Politik mischt überall ein bisschen mit, verteilt mit der Gießkanne Fördergelder, versäumt es aber, die deutschen Universitäten von dem Korsett der hochschulrechtlichen Bürokratie zu befreien. Eine Top-Universität wie das MIT oder Stanford wären niemals so erfolgreich, wenn sie für jede Schreibkraft oder für jede Kooperation mit der Industrie die Genehmigung eines Ministeriums einholen müssten. Im kleinteiligen Klima deutscher Forschungspolitik gedeihen leider auch viele Bedenkenträger. Wenn alles von zig Zuständigkeiten und einer komplexen Bürokratie überwuchert wird, ist es oft leichter, zu erklären, was alles nicht geht, anstatt einen freien Blick auf die Chancen zu werfen und sich an große Projekte heranzutrauen.

Deutschland liegt nicht nur bei der digitalen Infrastruktur zurück, sondern auch in anderen ökonomischen Zukunftsfeldern, allen voran in der Informationstechnologie. Die SAP aus Walldorf ist die einzige deutsche Firma, die als Software-Entwickler international vielleicht noch einigermaßen mitspielen kann. Dominiert wird die Welt seit Jahren von den großen US-Konzernen aus dem Silicon Valley. Namen wie Apple, Google, Facebook, Microsoft und Amazon sind nur wenige von vielen Beispielen, die durch ihre Größe und ihren Erfolg beweisen, dass die Amerikaner im Bereich der gesamten digitalen Wirtschaft weit vorne liegen. Je mehr es um kreative digitale Dienste geht, aus denen man massenhaft den Rohstoff Daten ernten kann, desto mehr ist Deutschland, ja ganz Europa abgehängt.

Die US-Firmen sind heute in allen Belangen überlegen. Sie haben die Cloud Services, sie haben die Plattformen und vor allem die Kreativität zehntausender junger High-Performer, die im Silicon Valley mit schier grenzenlosen Geldmitteln forschen und neue Ideen ausprobieren dürfen. Wenn man dagegen die berechtigten Klagen der deutschen Wirtschaft über den gravierenden Mangel an Fachkräften und Nachwuchs hört, kann man vielleicht erahnen, welchen enormen Wettbewerbsvorteil das exzellente Human-Kapital im Silicon Valley bietet. Die US-Internetriesen ziehen Jahr für Jahr die besten Absolventen der weltweiten Top-Unis an, damit sie unter der Sonne Kaliforniens in die Zukunft schauen und in neue Welten vorstoßen.

Nicht zuletzt verfügen die US-Internetkonzerne über eine milliardenschwere Marktkapitalisierung und ein Umfeld kreativer Start-ups, die recht unkompliziert in die riesigen Töpfe mit Wagniskapital greifen können, die im Silicon Valley buchstäblich an jeder Ecke stehen. Auch der weitaus geringere Datenschutz und der wesentlich leichtere Zugriff auf Big Data werden in den USA zu Recht als Wettbewerbsvorteil verstanden. Obwohl Deutschland versucht aufzuholen, sind andere Länder schneller. Nach Einschätzung des Weltwirtschaftsforums rangieren neben den USA vor allem Singapur, Finnland, die Schweiz, Schweden, Israel und die Niederlande auf den vorderen Plätzen, wenn es um die positiven Auswirkungen der Investitionen in die Informationstechnologie auf die gesamte Volkswirtschaft geht. In dem entsprechenden »Networked Readiness Index« des Weltwirtschaftsforums rangiert Deutschland auf Platz 15 zwischen Kanada und Island; ein Resultat, das niemanden zufriedenstellen kann.

Aber nicht nur bei der Schlüsselbranche der Informations- und Kommunikationstechnologie ist Deutschland weit von einem internationalen Spitzenplatz entfernt. Auch in anderen Zukunftsfeldern liegen wir nicht oder nicht mehr auf den vorderen Plätzen. Ein weiteres Beispiel ist die Bio- und Gentechnik. Man kann das Thema durchaus kritisch betrachten; unstrittig ist aber, dass diese Techniken und Verfahren ihren Siegeszug in den Bereichen Landwirtschaft, Ernährung, Pharmazie, Medizin und Chemie bereits angetreten haben. Der Furor, mit dem eine kleine Gruppe radikaler Gegner in Deutschland die Aussaat auf Erprobungsflächen zerstört oder Versuchslabore angreift, hat im Laufe der Jahre dazu geführt, dass die Forschungsarbeiten und die industrielle Wertschöpfung in andere Länder verlagert wurden. Wir schauen uns das dann von außen an – und werden trotzdem nicht verhindern können, dass gentechnisch veränderte Produkte in unseren Supermarktregalen landen. Gleiches gilt für Arzneimittel. Welcher

Schwerkranke in Deutschland möchte auf Medikamente verzichten, deren Wirkung mithilfe der Bio- oder Gentechnologie verbessert oder erst hergestellt werden konnte?

Deutschland war einmal weltweit führend in der Pharmazie, wir wurden lange als »Apotheke der Welt« bezeichnet. Zwar gibt es hierzulande immer noch großartige Unternehmen in diesem Sektor; der globale Spitzenplatz wird jedoch lange schon von Firmen in anderen Nationen wie der Schweiz und den USA eingenommen.

Auch in der Energietechnik waren wir einmal besser. Zwar gilt Deutschland wegen der Energiewende und dem Wechsel zu erneuerbaren Energien als globales Großversuchslabor. Aber wenn man genau hinschaut, ist beispielsweise der deutsche Spitzenplatz in der Solartechnik mit dem Verschwinden der entsprechenden Firmen schon wieder verloren. Hier liegen, sicher auch wegen unfairer staatlicher Subventionierung ihrer Anbieter, inzwischen die Chinesen vorn. Beim Thema Fracking hingegen, also bei der Gewinnung von Erdgas durch hydraulischen Druck in tieferen Gesteinsschichten, sind wir gar nicht erst eingestiegen. Zu groß war in der deutschen Politik die Sorge vor dem Protest der Umweltschützer, um das in den USA mittlerweile sehr erfolgreiche Fracking auch in Deutschland zu genehmigen.

Gleiches gilt für das sogenannte CCS, also das *carbon dioxid capture and storage*. Darunter versteht man ein Verfahren zum Abscheiden von Kohlendioxid direkt an Kraftwerken und die anschließende Speicherung des Stoffs in tieferen Gesteinsschichten. Nach jahrelanger Diskussion über die Frage, ob von den unterirdischen Speichern irgendwelche Gefahren ausgehen können, wurde schließlich ein einziger kleiner Testspeicher im brandenburgischen Ketzin genehmigt. Obwohl mit dieser CCS-Technologie verhindert werden kann, dass Millionen Tonnen Kohlendioxid in die Luft gelangen, wird sie hierzulande kaum eine Chance auf breite Anwendung erhalten. Damit ist aber auch eine technische Weiterentwicklung in Deutschland und der anschließende Export dieser Technologie so gut wie ausgeschlossen.

Andere Länder, die noch einen großen Anteil an Kohleverstromung aufweisen, stehen dem Nutzen der CCS-Technik für den Klimaschutz wesentlich aufgeschlossener gegenüber. Natürlich gibt es auch hier Einwände von Umweltschützern. Wenn wir uns aber bei der Entwicklung von neuen Technologien immer nur auf die Kritiker konzentrieren und auch die Politiker sich aus Angst vor Protesten und schlechter Presse um mutige Entscheidungen drücken, kommen wir nicht weiter. Deutschland ist als Land der Ingenieure und der Technik erfolgreich geworden – und nicht als Land der Bedenkenträger. Insofern ist Merkels Warnung vor einem Deutschland als Technikmuseum nicht übertrieben. Ökonomische und gesellschaftliche Regressionsprozesse vollziehen sich fast unmerklich in vielen kleinen Schritten. Wenn man erst bemerkt, wie groß der Abstand zu den Wettbewerbern geworden ist, wird der Aufholprozess entweder äußerst mühsam oder gelingt gar nicht mehr.

Die Regression von Staaten und Völkern ist nicht auf die Moderne beschränkt. Die Geschichte ist voll mit Beispielen erfolgreicher Länder und Regionen, die nach einer Blütezeit wieder abstiegen. Man kann ihren früheren Reichtum und Erfolg heute nur noch an großartigen alten Bauten oder im Museum bewundern. Die US-Wissenschaftler Daron Acemoglu und James A. Robinson haben dem Thema ein beeindruckendes Buch gewidmet: *Warum Nationen scheitern. Die Ursprünge von Macht, Wohlstand und Armut.* Zwar werden darin Demokratien, Machtbalance und die faire Teilung von Wohlstand als wichtigste Erfolgsparameter beschrieben, aber auch die Rolle der Technik für das Schicksal ganzer Nationen hervorgehoben.

Man kann die historische Bedeutung des technologischen Wandels auch in Deutschland an vielen Orten besichtigen. In fast jeder deutschen Stadt gibt es Industriedenkmäler oder Heimatmuseen, in denen an die vielfältigen Quellen einstigen Wohlstands erinnert wird. Teilweise reicht die Geschichte weit zurück zu alten Silberbergwerken, Ziegeleien, Spielzeugwaren oder Tuchfabriken. Aber es gibt auch Beispiele, die gar nicht so weit entfernt sind und an denen die Aktualität und die Geschwindigkeit des Wandels unmittelbar deutlich werden. Dazu gehören vor allem die zahlreichen Museen im Ruhrgebiet, die an die goldenen Zeiten von Kohle und Stahl erinnern – viele Menschen in Deutschland haben sie noch erlebt. Andere Branchen wiederum sind eigentlich zu jung für das Museum, aber sie existieren trotzdem schon nicht mehr.

Beispielsweise erinnern Namen wie Nordmende oder Grundig daran, dass die moderne Unterhaltungselektronik einst maßgeblich von deutschen Unternehmen geprägt wurde. Die Ingenieure von Telefunken haben in den Sechzigerjahren sogar das Farbfernsehen entscheidend mitentwickelt. Es gelang ihnen, PAL als dritten Weltstandard für Farb-TV zu etablieren. Allerdings hat der technologische Vorsprung in dieser boomenden Branche nicht lange angehalten. Die Deutschen verpassten in den Achtzigerjahren viele neue Trends oder waren nicht in der Lage, aus ihren vielen Erfindungen und Patenten auch marktfähige Produkte zu formen – ein Problem, das bis heute in allen möglichen Branchen besteht. In der Unterhaltungselektronik war Sony ab 1979 mit dem »Walkman« über Jahre extrem erfolgreich. Der Erfinder dieses millionenfach verkauften Geräts war allerdings ein Deutscher. Andreas Pavel, so sein Name, hatte bereits 1977 eine »körpergebundene Kleinanlage für hochwertige Wiedergabe von Hörereignissen« als Patent angemeldet.

Zu den verpassten Trends kam das Problem, dass die

deutschen Elektronikunternehmen irgendwann zu teuer waren, um gegen japanische Konzerne wie Sony bestehen zu können. Später traten dann noch koreanische und chinesische Anbieter hinzu, die mit Kampfpreisen den Weltmarkt eroberten.

Heute ist die Unterhaltungselektronik fest in asiatischer Hand, wobei Apple gerade dabei ist, diese Vormachtstellung auf dem sich rasant wandelnden Markt wieder zu erschüttern. Das klassische Fernsehen gerät immer mehr in den Hintergrund, ebenso wie die Musikanlage zu Hause. Die Konsumenten laden sich ihre Filme von Netflix, Amazon oder YouTube einfach herunter und schauen sie an jedem beliebigen Ort und zu jeder beliebigen Zeit auf ihren I-Pads, I-Phones oder Laptops an. Auch die Musik kommt inzwischen per App aus dem Apple Music Store direkt vom I-Phone oder dem I-Pod. Allein von diesem kleinen digitalen Walkman hat Apple mittlerweile mehr als 100 Millionen Stück verkauft – zum Leidwesen von Sony. Die Japaner dominierten mit ihrem Kassetten-Walkman zwar zwei Jahrzehnte lang den Markt, aber sie verpassten den Eintritt in die digitale Welt. Apple nahm dem Weltkonzern Sony binnen weniger Jahre ein Milliardengeschäft aus der Hand. So schnell kann es gehen.

Und Deutschland? Hierzulande erinnert nur noch ein kleiner, aber feiner Qualitätsanbieter wie Sennheiser an ein kurzes Kapitel deutscher Industriegeschichte in der Unterhaltungselektronik.

Ein besonders nachdrückliches Beispiel für *disruption*, also für Zerstörung oder besser gesagt für die umwälzende Wirkung neuer Techniken findet sich in der Fotoindustrie. Das 1888 in den USA gegründete Unternehmen Kodak wuchs über Jahrzehnte zum bedeutendsten Hersteller für fotografische Ausrüstung sowie Film- und Fotomaterial heran. Kodak produzierte in der ganzen Welt, die Firma entwickelte zahlreiche technische Neuerungen, aber auf die Digitalisierung wusste sie keine Antwort. Mit dem Vormarsch der digitalen Bilder verlor Kodak den Anschluss. Im Jahr 2012 ging der Riese mit einst 145 000 Mitarbeitern in die Insolvenz. Warum gelang es Kodak nicht, von der analogen in die digitale Welt zu wechseln? Warum war das lange Zeit so innovative Unternehmen nicht in der Lage, eine Foto-App wie beispielsweise Instagram zu entwickeln?

Das Management war offenbar zu sehr auf das eigene Geschäftsmodell fixiert, zu sehr beschäftigt mit der Art von Geldverdienen, die immer schon funktioniert hatte. Schließlich hätte der Sprung hinüber in die digitale Welt bedeutet, sich selbst Konkurrenz zu machen und das eigene, analoge Modell mit Rollfilmen und Fotomaterial infrage zu stellen – ja irgendwann ganz aufzugeben. Letzten Endes ist Kodak also gescheitert, weil das Unternehmen nicht den Mut hatte, sich selbst zu zerstören und neu anzufangen.

Man kann die Angst der Manager vor solchen radikalen Einschnitten gut verstehen. Schließlich stellt man nicht nur Bewährtes und Erprobtes infrage, sondern geht mit dem Schritt ins digitale Neuland auch erhebliche Risiken für sich, die Beschäftigten, die Aktionäre und das gesamte Unternehmen ein.

Die Idee des fortwährenden Wandels der Wirtschaft in Form einer »kreativen Zerstörung« ist schon lange vor dem Hightech-Zeitalter entstanden. Sie geht zurück auf den österreichischen Nationalökonomen Joseph Schumpeter, der den Kapitalismus als System ständiger Unordnung beschrieb. In seinem bereits 1912 erschienenen Buch *Theorie der wirtschaftlichen Entwicklung* lenkte er als einer der ersten Ökonomen das Augenmerk auf die bahnbrechende Wirkung von Innovationen. Diese würden ständig neu in den Markt getragen und dadurch andere Produkte und

Hersteller verdrängen. Altes wird zerstört, weil Neues wächst. Aus dieser ständigen Unordnung an den Märkten, so Schumpeter, entstehen Fortschritt und Wachstum.

Das große Problem an dieser Erkenntnis ist, dass man als Manager nicht viel daraus lernen kann. Grundig, Telefunken, Kodak, Sony – sie haben im betriebswirtschaftlichen Sinne alles richtig gemacht. Die Produkte wurden weiterentwickelt, verfeinert, es wurde rationalisiert und verlagert, aber trotzdem landete man irgendwann in einer Sackgasse oder gar in der Insolvenz. Weniger wegen eigener Fehler, sondern weil andere eine neue Idee hatten und ein neues Produkt verkauften, das mehr Menschen anzog als die bisherigen Angebote.

Der moderne Theoretiker der Disruption, Clayton Christensen, hat dies 1997 als »Dilemma des Innovators« bezeichnet. Der Professor an der Harvard Business School glaubt, dass etablierte Unternehmen über kurz oder lang immer damit scheitern, sich an der Spitze zu halten – obwohl sie aus ihrer Sicht alles Erforderliche tun. Als Beispiel nannte Christensen die Hersteller von Disketten. Sie konzentrierten sich lange auf ihr Produkt, verbesserten es und gaben sich alle Mühe, ihre Kunden und deren Bedürfnisse zu erkennen und zu befriedigen. Trotzdem wurde die Diskette aufgrund technischer Neuerungen immer weniger gebraucht und schließlich in ihrer ursprünglichen Form überflüssig. Warum wurde nicht umgesteuert?

Die Diskettenindustrie konnte einfach nicht auf ihr bisheriges Erfolgsprodukt verzichten und stattdessen in neue Märkte mit neuen Angeboten vorstoßen. Die Branche war nicht in der Lage, ihr Verhalten, ihre Denkmuster und Gewohnheiten so radikal zu verändern. Das Dilemma des Innovators wurde ihr zum Verhängnis: Man wollte sich nicht selbst zerstören, um Platz für Neues zu schaffen.

Wenn man heute mit Wissenschaftlern, Unternehmensberatern und Vertretern des deutschen Mittelstands über den Stand der Digitalisierung in Deutschland spricht, dann findet man nur wenige, die glauben, dass sie noch im traditionellen Stil weitermachen können. Die meisten haben verstanden, dass die Unternehmenslandschaft zu einer Industrie 4.0 umgewandelt werden muss und dass die Digitalisierung so etwas ist wie eine Epochenwende, die Großkonzerne ebenso erfasst wie kleine Firmen. Aus dieser theoretischen Erkenntnis folgt aber noch lange nicht bei jedem ein entsprechendes Handeln in der eigenen Firma.

Experten glauben deshalb, dass man den Mittelstand mehr oder weniger in drei Gruppen einteilen kann. Die einen verweisen mit Stolz darauf, dass ihre Unternehmen bereits mittendrin stecken in der digitalen Transformation. Die Manager und Ingenieure dort sind mit Feuereifer dabei, die traditionellen Erfolgsprodukte entweder umzustellen oder zu digitalisieren. Vor allem im Bereich des Maschinenbaus sind entsprechende Veränderungen in vollem Gang. Die Bestätigung dafür lässt sich nicht nur in den weiterhin vollen Auftragsbüchern der Branche finden, sondern auch in der Anerkennung von Topmanagern wie Joe Kaeser. »Deutsche Ingenieure sind führend, wenn es darum geht, Software in Maschinen zu integrieren«, sagt der Siemens-Chef nicht ohne Stolz. Als Beispiel verweist er gern auf einen Auftrag, den Siemens aus den USA erhalten hatte. Das deutsche Vorzeige-Unternehmen soll dort für 100 Millionen Dollar die Fertigung von General Motors digitalisieren. Der amerikanische Siemens-Konkurrent General Electrics ging leer aus.

Reimund Neugebauer, selbst ausgebildeter Ingenieur und Präsident der Fraunhofer Gesellschaft, zählt zu den Optimisten. Er ist im Gegensatz zur Kanzlerin fest davon überzeugt, dass die Deutschen den Anschluss nicht verpassen werden. Auch wenn das Silicon Valley das weltweite

Zentrum für die Computerindustrie bleiben werde, so müsse sich »die deutsche Wirtschaft beim Thema Industrie 4.0 nicht hinter der amerikanischen Wirtschaft verstecken«.

Das zweite Drittel der Mittelständler in Deutschland bereitet sich gerade auf die Digitalisierung ihrer Firmen und Produkte vor. Dazu gehören nicht nur die fast obligatorischen Erkundungsreisen ins Silicon Valley, sondern vor allem deutlich ausgeweitete Forschungsaktivitäten. Die deutschen Firmen stecken mehr Geld als je zuvor in Forschung und Entwicklung. Die Zahl der Mitarbeiter in den entsprechenden Abteilungen und Instituten ist in den vergangenen zehn Jahren um mehr als ein Viertel gestiegen – von gut 300 000 auf über 400 000 Menschen.

Auch die Banken bemerken solche Planungen; schließlich ist eine Anpassung an digitale Standards oft mit erheblichen Kosten verbunden, über deren Finanzierung die Mittelständler natürlich mit ihren Hausbanken sprechen.

Sorge bereitet das letzte Drittel der kleinen und mittelständischen Unternehmen, vor allem jener mit weniger als fünfzig Mitarbeitern. In diesem Sektor geschieht nach Einschätzung von Experten nichts oder nur wenig mit Blick auf die Digitalisierung. »Der Mittelstand schöpft das Potenzial der Digitalisierung bei Weitem noch nicht aus«, sagt Jörg Zeuner, Chefvolkswirt der Kreditanstalt für Wiederaufbau. Das hängt oft mit dem Umstand zusammen, dass vor allem kleine Spezialanbieter mit ihren Nischenprodukten über lange Zeit schon sehr erfolgreich sind. Sie glauben nicht, dass sich der Bedarf für ihre Produktpalette in nächster Zeit grundlegend wandeln wird. Sie sehen deshalb auch keinen Zwang für Umstellungen im Herstellungsprozess. Das bedeutet zwar nicht, dass die Produkte und Verfahren nicht laufend verbessert werden – der Mittelstand ist äußerst innovativ. Aber Produkt-Optimierung ist eben noch keine Digitalisierung.

Typischerweise findet man diese Haltung nach dem Motto »Weitermachen wie bisher und ansonsten erst mal abwarten« häufig in Firmen, die seit Jahren vom Eigentümer selbst gelenkt werden. Der Chef beobachtet aufmerksam das Marktumfeld und bemerkt auch die Veränderungen, sieht aber für sich und sein Unternehmen noch keine Notwendigkeit zu handeln. Das »Dilemma des Innovators« lässt grüßen.

Die gesellschaftliche Debatte über die Digitalisierung und ihre wirtschaftlichen wie politischen Konsequenzen verläuft nach einem ähnlichen Muster wie die Diskussion über die Folgen der Globalisierung in den Achtziger- und Neunzigerjahren. Unter den Experten kursieren viele Szenarien und Prognosen, aber niemand hat eine genaue Vorstellung davon, wie man den vermuteten Gefahren und Schattenseiten dieser Entwicklungen begegnen kann. Entsprechend groß ist die allgemeine Verunsicherung. Die Ratlosigkeit wird mit Schlagworten überdeckt. Begriffe wie »Disruption«, »Industrie 4.0«, »künstliche Intelligenz«, »Mensch-Maschine« oder »Brainhacking« sind schwer in Mode. Sie erschrecken mehr, als dass sie erklären. So wie früher keine Talkshow zu Ende ging, ohne dass irgendwann über die Globalisierung gesprochen wurde, so ist es heute mit der »digitalen Revolution«.

Gemeinsam ist beiden Veränderungsprozessen, dass sie für unabänderlich gehalten werden. Sie geschehen nach Ansicht des politischen und ökonomischen Mainstreams mit der Zwangsläufigkeit von Naturgesetzen. Widerstand ist zwecklos, so die Botschaft, weder die Globalisierung noch die Digitalisierung lassen sich von irgendeiner Macht der Welt aufhalten. Das gilt natürlich auch für die Folgen dieser Veränderungen. Alles, was passiert ist oder noch passieren wird, geschieht »wegen der Digitalisierung« oder geschah

»wegen der Globalisierung«. Es war und ist – so der Mainstream – deshalb völlig sinnlos, sich dem Wandel in den Weg zu stellen. Im Gegenteil raten uns alle Experten, wir müssten möglichst vor die Welle kommen, um uns nicht von ihr überrollen zu lassen.

Mitmachen, gestalten, anpassen – das war und ist der Imperativ des Diskurses. Wer zweifelt, warnt oder sich nicht widerspruchslos mit jeder Entwicklung abfinden will, deren Eintritt eine angeblich zwangsläufige Folge »der Globalisierung« oder »der Digitalisierung« ist, gilt schnell als Schwarzmaler, linker Nostalgiker oder Ewiggestriger, der die moderne Welt eben noch nicht verstanden hat.

Wenn die Digitalisierung alles ändert, wie die FDP im letzten Bundestagswahlkampf plakatiert hat, dann stellt sich doch in einer angeblich nicht alternativlosen Politik die Kernfrage: Wer ändert die Digitalisierung?

Wenn die Politik den Anspruch aufgibt, solche umwälzenden Prozesse mitzugestalten und zu steuern, dann kann sie sich gleich selbst aufgeben. Die politische Energie wird jedoch nicht für die Zukunftsfragen verbraucht, sondern für rückwärtsgewandte Debatten. Beispielsweise wird heute – vier Jahre nach der Grenzöffnung 2015 – immer noch mit Ausdauer und Energie über die Flüchtlingspolitik gestritten. Der Streit um die Zurückweisung von bereits registrierten Asylbewerbern hätte im Sommer 2018 fast zum Bruch der Union und der Bundesregierung geführt. Über Wochen hinweg waren die Kanzlerin und die wichtigsten Minister geradezu paralysiert. Der absehbare Verlust der absoluten Mehrheit der CSU in Bayern beanspruchte alle politische Aufmerksamkeit. Für die vielen offenen Fragen zur Digitalisierung blieb da keine Zeit mehr. Dabei wären wir in Deutschland wesentlich weiter, wenn sich die Spitzen der Koalition mit der gleichen Hingabe und Verve den Kopf darüber zerbrochen hätten, wie ein »Masterplan Digitalisierung« anstelle eines »Masterplans Migration« aussehen könnte.

Bis heute gibt es kein durchdekliniertes, durchdachtes Szenario zur Digitalisierung, sondern nur Behauptungen. Bei den Parteien, Medien und Wirtschaftsverbänden haben die bezahlten Optimisten das Ruder übernommen. Sie prägen die Talkshows und den gesellschaftlichen Mainstream. Sie fordern Flexibilität und »neues Denken«, ohne zu erklären, was sie darunter verstehen. Sie schwärmen von Produktivitätssteigerungen, virtuellen Produkten und ungeahnten Möglichkeiten. Sie spotten über »alte Gewohnheiten« und präsentieren sich in ihren Turnschuhen und zerbeulten Maßanzügen bereits als Pioniere einer neuen Zeit. Gefahren wie die digitale Entmündigung und der Wegfall von Millionen Arbeitsplätzen werden kurz als »Herausforderungen« zusammengefasst, die man aber bitte schön »nicht übertreiben« darf, sondern bestehen muss. Wer nachfragt, entsprechende Studien anführt oder einfach einmal wissen will, ob diese Veränderungen für die Mehrheit der Menschen denn auch von Vorteil sind, wird in die Pessimistenecke gedrängt.

Natürlich ist es für die Politik schwer, die Folgen der Digitalisierung offen und ehrlich zu debattieren. Man müsste dann zugeben, dass auch die Regierung noch nicht genau weiß, wie sie die absehbaren Probleme lösen soll. In so einer Situation kann man als Politiker nichts versprechen. Vor allen Dingen aber würde eine offene und ehrliche Debatte vielen Menschen Angst machen. Und mit Angst kann man keine Wahlen gewinnen.

3. Jobkiller Digitalisierung

oder: Die Illusion der Vollbeschäftigung

Als der Erfinder des Schachspiels im alten Indien zu seinem Fürsten ging und das neue Brettspiel erklärte, war der Herrscher so begeistert, dass er ihm als Belohnung einen freien Wunsch zugestand. Der Legende nach bat der Erfinder um ein Reiskorn auf das erste Feld des Schachbretts und dann auf jedes weitere der 64 Felder die jeweils doppelte Menge. Der Fürst lachte über diesen so bescheiden anmutenden Wunsch, aber das Lachen ist ihm dann schnell vergangen. Schon nach 32 Verdopplungen waren mehr als zwei Milliarden Reiskörner und damit bereits die Ernte eines riesigen Reisfeldes fällig. Der Fürst hätte diese Belohnung wohl gern noch ausgezahlt, aber 32 Felder sind ja erst die Hälfte des Schachbretts. Am Ende wäre der Reisberg höher als der Mount Everest gewesen. Als der Fürst merkte, dass er den Wunsch niemals würde erfüllen können, wurde er so wütend, dass der den Erfinder enthaupten ließ; seine List und Gier kosteten den Mann das Leben.

Diese Geschichte wird gern erzählt, um das Ausmaß des exponentiellen Wachstums zu verdeutlichen. Auch wenn man nur mit einer 1 beginnt, werden durch die fortwährende Verdopplung in wenigen Schritten fantastisch anmutende Zahlen erreicht. Selbst einem Fachpublikum fällt es schwer, diese Dimension zu erfassen und in die Realität zu übertragen. Hannes Ametsreiter, der Chef von Vodafone Deutschland, zog bei der »Pathfinder«-Konferenz des *Handelsblatts* 2018 in Berlin einen Fingerhut aus der

3. Jobkiller Digitalisierung

Jacket-Tasche, um das Tempo der Innovationen zu erklären.

»Stellen Sie sich vor, der Fingerhut wäre mit Wasser gefüllt und ich würde es hier im Tempodrom auf den Boden gießen. Und dann würde sich diese Wassermenge jede Minute verdoppeln. Wie lange dauert es, bis das ganze Gebäude bis zum Dach unter Wasser stünde?«, fragte der Manager. Das Gemurmel im Publikum verriet Spannung und Ratlosigkeit gleichermaßen. Immerhin ist das Tempodrom in Berlin eine riesige Halle mit 3500 Sitzplätzen – und Ametsreiter wollte mit nur einem Fingerhut Wasser beginnen! Doch niemand traute sich, laut eine Zahl zu nennen. »Es dauert 49 Minuten«, verriet der Vodafone-Chef schließlich. »Nach 45 Minuten stünden wir hier knietief im Wasser und hätten dann nicht einmal vier Minuten, um das Gebäude zu verlassen.«

Exponentielles Wachstum ist schwer zu erfassen. Man kennt diese erst langsam, dann aber unvermittelt steil ansteigenden exponentiellen Kurven vielleicht noch aus dem Mathematikunterricht. Aber die Übertragung dieses Phänomens in die Wirklichkeit gelingt den wenigsten. Dabei passiert gerade genau das. »Wir unterschätzen die Geschwindigkeit von Veränderungen – nicht nur im Einzelfall, sondern systematisch«, warnt der Trendforscher Yuri van Geest. »Wir schauen uns die Vergangenheit an und übertragen sie auf die Zukunft.« Doch das ist der Grund, warum tief greifende Veränderungen in den Unternehmen, aber vor allem in der Politik nicht erkannt werden, glaubt van Geest.

Dabei ist die geradezu schwindelerregende Geschwindigkeit der digitalen Entwicklung schon 1965 beschrieben worden. Nach der Beobachtung von Gordon Moore, dem Mitbegründer des US-Chip-Herstellers Intel, verdoppelt sich die Zahl der Transistoren, die man auf einem Silizium-

Chip unterbringen kann, alle 18 bis 24 Monate. Auch wenn sich die Produktion von Schaltkreisen und Chips völlig verändert hat und Moore seine Prognose im Laufe der Jahre mehrfach variierte, so handelt es sich bei diesem oft zitierten Moore's Law um eine echte Exponentialfunktion. Das Frappierende daran ist, dass Moore nicht nur recht behalten, sondern die gewaltige Entwicklung der Rechenleistung sogar noch unterschätzt hat.

Daraus ergeben sich zwei spannende Fragen: Wie weit sind wir bei Digitalisierung und künstlicher Intelligenz schon vorangeschritten – und was kommt noch? Welche neuen Dimensionen warten auf ihre Entdeckung, und wohin führt uns eine sich exponentiell entwickelnde Computertechnik in der Zukunft? Diese Frage ist vor allem deshalb so spannend, weil wir nicht mehr auf dem ersten Feld des Schachbretts stehen, sondern uns nach mehr als einem halben Jahrhundert Computertechnologie schon auf Feld 32 befinden. Das bedeutet, dass sich die exponentielle Dynamik der Digitalisierung ab jetzt in einer extrem steil ansteigenden Kurve ausdrückt – und damit in einer rasenden Veränderungsgeschwindigkeit.

Verständlicherweise gibt es zur Frage des digitalen Status quo sehr unterschiedliche Einschätzungen. Erik Brynjolfsson und Andrew McAfee haben in ihrem wegweisenden Buch *The Second Maschine Age* anhand von Rechnerleistungen und anderen Faktoren die These aufgestellt, dass wir ungefähr bei der Hälfte des Schachbretts angekommen sind. Andere Experten sind etwas zurückhaltender. Aber selbst wenn wir noch im ersten Drittel der sich potenzierenden Entwicklung stehen: Es genügt ein kurzer Blick zurück, um zu erkennen, wie grundlegend die Computer unser Leben bereits in den vergangenen fünfzig Jahren verwandelt haben. Und sicher ist: Die weitaus größte Veränderung steht uns noch bevor.

Was aber bedeutet das für die Arbeit, fragt man sich zum Beispiel bei einem Rundgang durch das BMW-Werk in Regensburg. In den hellen Hallen des Autoherstellers greifen Roboterarme in bereitgestellte Container, holen das zu verbauende Teil heraus, setzen es auf das am automatischen Fließband vorbeigleitende Fahrwerk, bis der Arm eines Schweißroboters millimetergenau heranfährt und das Metallstück an der halb fertigen Karosserie festschweißt. Alles geschieht hier wie von Zauberhand, kaum ein Mensch ist in dieser Gespensterfabrik zu sehen, die Tag und Nacht rund um die Uhr betrieben werden kann. Die Roboterarme werden nicht müde, die automatischen Schweißgeräte nicht krank, sie brauchen keinen Urlaub, und streiken tun sie auch nicht.

Nun sind Roboter, automatische Schweißanlagen, Greifarme mit optischer Sensorik und automatische Logistiksysteme inzwischen Standard in vielen Fabriken. Die Zahl der Maschinen in den Fertigungsanlagen ist ebenso gewachsen wie die Produktivität. Trotzdem gibt es in Deutschland Rekordbeschäftigung, ja die Unternehmen klagen sogar über wachsenden Facharbeitermangel. Wo also liegt das Problem?

Wer es wissen will, muss nur von Regensburg weiter nach Stuttgart-Sindelfingen fahren. Hier »beim Daimler«, wie man in Schwaben sagt, entsteht gerade die Factory 56. Hinter dem englischen Namen steckt der Plan für die modernste Autofabrik der Welt. Im Sommer 2018 war noch nichts zu sehen außer einer riesigen Baustelle, aber wenn das Werk einmal fertig ist, werden hier zahllose Roboter so selbstständig einen Mercedes zusammenbauen wie nie zuvor. Daimler dringt damit in eine neue Dimension vor und geht auf dem Schachbrett der Innovationen wieder ein Feld weiter. Möglich wird das wegen der sich exponentiell entwickelnden Rechnerkapazität der Computer. Jedes Stück

Die Illusion der Vollbeschäftigung

Blech, das ein Roboter künftig in der Factory 56 greift, wird mit einem eigenen Funkchip ausgestattet sein. Die zahllosen Teile und Komponenten werden dann vollautomatisch durch die Fertigungsanlagen bis zu der Stelle transportiert, wo sie verbaut werden. Dank der hochintelligenten Computer kommunizieren die Maschinen nicht nur miteinander, sie planen und verteilen sogar selbstständig die Arbeit, fast ohne menschliche Mitwirkung.

Das Konzept soll am Ende so aussehen, dass sich ein bestelltes und vom Kunden individuell konfiguriertes Auto alle seine Einbauteile bei den Zulieferfirmen automatisch bestellt und seine Montagemaschinen bei der Endfertigung im Daimler-Werk praktisch selbst sucht. Ermöglicht wird das aufgrund der totalen Vernetzung aller Teile und Beteiligten innerhalb der gesamten Produktionskette. Im Fachjargon heißt dieses Prinzip »360-Grad-Vernetzung«. Es wird die industrielle Produktion revolutionieren. Von der Konfiguration über die Konstruktion, von der Bestellung und Bezahlung bis hin zur pünktlichen Anlieferung der Bauteile im Montagewerk wird alles von einer Software mit künstlicher Intelligenz gesteuert werden. Zu jeder Zeit, an jedem Ort. Vom Computer des Mercedes-Händlers bei der Bestellung des Autos bis zur Endfertigung in Stuttgart-Sindelfingen wird es künftig nur noch weniger Klicks bedürfen.

Die Ingenieure und Computerspezialisten von Daimler sind unglaublich stolz auf diesen Tempel der modernen Autoproduktion. Fragt man sie aber, wie viele Menschen nach der Fertigstellung des Werks noch gebraucht werden, um die neuesten Mercedes-Modelle zu bauen, werden sie einsilbig. Angeblich könne man das noch nicht genau sagen. Vor diesem Hintergrund ist es verständlich, dass die Factory 56 in Stuttgart-Sindelfingen bereits einen Spitznamen trägt: *fear factory*, nennen sie die Daimler-Beschäftigten, »Fabrik der Angst«.

Noch arbeiten zehntausende Menschen bei BMW, Daimler und den anderen großen Autokonzernen. Die Manager dort versuchen mit großer Verve, Ängste über einen bevorstehenden Job-Abbau infolge der digitalen Technik zu zerstreuen. Die Robotik habe doch schon lange Einzug in die Fertigung gehalten, heißt es dann. Trotzdem seien in den vergangenen Jahren immer wieder neue Mitarbeiter eingestellt worden. Also alles halb so schlimm?

Der immer noch hohe Personalbestand bei den deutschen Automarken hat eher mit dem enormen Erfolg beim Verkauf der Fahrzeuge zu tun. Entsprechend viele Fabriken werden gebaut – weltweit. Das größte Werk von BMW beispielsweise steht schon lange nicht mehr in Deutschland, sondern in Spartanburg im amerikanischen Bundesstaat South Carolina. Auch Mercedes und Volkswagen verkaufen mittlerweile mehr Autos in China als in Deutschland. Solange die immense Nachfrage nach deutschen Autos anhielt, konnte auf großflächigen Personalabbau verzichtet werden. Doch das kann nicht darüber hinwegtäuschen, dass die Autowerke der Zukunft kaum noch Mitarbeiter benötigen – die Factory 56 zeigt das überdeutlich. Wo heute noch gelernte Mechaniker, Werkzeugmacher, Schweißer oder Schlosser an den automatisierten Fließbändern der Montagewerke stehen, arbeiten bald Roboter. Damit sind hunderttausende gut bezahlte Jobs von qualifizierten Facharbeitern unmittelbar bedroht. Selbst wenn in den künftigen Geisterfabriken noch ein paar Leute arbeiten – ihre Zahl wird radikal sinken.

Was aber machen diese Autobauer dann? Vielleicht können einige in umliegenden Autowerkstätten arbeiten, doch die Masse der Betroffenen wird dort kaum unterkommen, zumal auch in den Reparaturbetrieben die Automatisierung Einzug hält. Von der wesentlich schlechteren Bezahlung dort gar nicht zu reden.

Die Illusion der Vollbeschäftigung

Hinzu kommt gerade beim Auto die Auswirkung eines Trends, der ebenfalls ein Produkt der Digitalisierung ist: die *sharing economy* oder *shareconomy*, also das Teilen von Wirtschaftsgütern wie zum Beispiel Autos. BMW und Mercedes waren zwar so clever, aus diesem Trend gleich ein neues Geschäft zu machen und mit *car to go* und *drive now* Leihautos aus eigener Produktion in einigen großen Städten zur Verfügung zu stellen. Doch langfristig werden weniger Autos gebraucht, wenn sich mehrere Menschen einen Wagen teilen. Und die Autos werden auch nicht mehr so großvolumig sein wie die deutschen Parademarken.

Die digitale Technik erlaubt das Auto-Teilen schon jetzt in großem Stil. Die auf den Verleiher-Plattformen angemeldeten Nutzer können per Smartphone den nächsterreichbaren Standort der verfügbaren Leihautos herausfinden, den Wagen elektronisch reservieren und binnen weniger Minuten in Betrieb nehmen. Am Zielort angekommen kann man das Auto einfach abstellen – allerdings nur innerhalb des Stadtgebiets. Abgerechnet wird dann nach Dauer der Fahrt per elektronischem Einzug auf der Kreditkarte. Man behält stets die Übersicht, denn eine Mail, die unmittelbar nach der Fahrt eingeht, zeigt die angefallenen Kosten an. Die Fahrten sind teurer als mit öffentlichen Verkehrsmitteln, aber viel bequemer und immer noch deutlich billiger als ein Taxi. Das System funktioniert einwandfrei, wie ich aus eigener Erfahrung weiß. Man muss sich um nichts kümmern, noch nicht einmal tanken oder bei den E-Autos die Batterie aufladen.

Für eine wachsende Zahl von Menschen in Großstädten ist dieses Modell des geteilten Autos attraktiv, denn nicht jeder braucht ein eigenes Auto für die Fahrt zur Arbeit oder für andere Zwecke. Die teure Anschaffung und Unterhaltung eines Wagens oder zumindest eines Zweitwagens wird damit überflüssig.

Noch verkaufen die Autohersteller in Deutschland zwar jedes Jahr enorme Mengen an Neuwagen. Doch vor allem unter den jüngeren Leuten lässt die Begeisterung für das Auto ebenso nach wie die Bereitschaft, hohe Summen in den Kauf eines eigenen Pkw zu stecken.

Wirklich bemerkbar machen bei den Absatzzahlen der Autokonzerne wird sich der Trend zur *sharing economy* aber erst, wenn schon in wenigen Jahren das selbstfahrende Auto zum Alltag im deutschen Straßenverkehr gehören wird. Es bieten sich dann fantastische Möglichkeiten: Man kann zum Beispiel sein gewünschtes Fahrtziel in eine App eingeben und innerhalb kürzester Zeit in ein fahrerloses Fahrzeug einsteigen, das in die gewünschte Richtung fährt. Wahrscheinlich ist dieses autonome Taxi teurer, wenn man es allein haben will, und billiger, wenn es noch von anderen Personen mit einem Ziel genutzt wird, das auf derselben Strecke liegt. Gesteuert und abgerechnet wird elektronisch. Man kann während der Fahrt ausruhen, lesen, telefonieren oder mit etwas Glück nette Menschen unter den Mitfahrern kennenlernen. Diese Art Mini-Busse oder autonome Taxen werden mithilfe einer voll vernetzten Verkehrslogistik jeden Stau erkennen, bevor er entsteht, und immer den optimalen Weg finden. Das klingt alles wahnsinnig gut, aber eine Frage bereitet den Autokonzernen dabei arges Kopfzerbrechen: Wer wird sich unter diesen Bedingungen noch ein eigenes Auto anschaffen?

Es werden zumindest deutlich weniger Menschen sein. Gerade für die deutschen Premiumhersteller, die besonders viel Geld mit den großen und teuren Modellen verdienen, wird es im Verkehr der Zukunft deutlich schwieriger sein, ihre teuren Paradebaureihen in der gewohnten Zahl zu verkaufen.

Auch wenn wir heute schon wie selbstverständlich über das autonome Fahren sprechen, so ist das selbstlenkende

Auto einer der nachdrücklichsten Beweise für die exponentiell wachsenden Fähigkeiten der Computer. Als Google im Oktober 2010 mit einem Blogeintrag bekannt gab, dass es ein Auto entwickelt habe, das seit einiger Zeit schon voll autonom am Verkehr auf Amerikas Straßen teilnahm, war die Skepsis zunächst groß. Nur sechs Jahre zuvor war nämlich in der Mojave-Wüste in Kalifornien ein Rennen zwischen selbstfahrenden Autos jämmerlich gescheitert. Damals sollten 15 verschiedene Fahrzeuge eine 241 Kilometer lange Strecke in der menschenleeren Wüste befahren, aber keiner der Wagen erreichte das Ziel. Zwei der hoffnungsvollen Entwicklungsautos konnten noch nicht einmal allein an den Start fahren. Es war ein Desaster für die beteiligten Forscher und Entwickler. Und nur sechs Jahre danach wollte Google geschafft haben, was ernsthafte Wissenschaftler zuvor als Ding der Unmöglichkeit bezeichnet hatten?

Die weltweite Skepsis rührte daher, dass Computer lange Zeit nur Aufgaben erlernen konnten, die nach Regeln und einem festen Schema funktionieren. Man konnte diese Gesetzmäßigkeiten auf einen Algorithmus herunterbrechen und dem Computer »beibringen«, ihn also entsprechend programmieren. Die Teilnahme am Straßenverkehr aber erfordert situatives Verhalten, das nicht algorithmisch erlernbar schien. Das Einfädeln in den fließenden Verkehr, das Linksabbiegen bei entgegenkommenden Autos, der stockende Fahrfluss in der Stadt oder ein plötzlich über die Straße laufendes Kind waren so unterschiedliche und unvorhersehbare Situationen, dass sie im Jahr 2004 offenbar noch alle Computer überforderten. Dass Google wenige Jahre später mit dem autonomen Fahren der Sprung in eine neue Dimension gelang, zeigt, wie zutreffend die Beispiele für die Geschwindigkeit exponentiellen Wachstums sind. Mit dem autonomen Auto bewegen wir uns deutlich in die zweite Hälfte des Schachbretts hinein.

Wenn aber die Autos ohne Menschen am Steuer fahren, was machen dann die Menschen? Konkret gefragt: Was machen dann mehr als eine Million Männer und Frauen, die allein in Deutschland heute noch ihren Lebensunterhalt mit dem Steuern von Taxen, Bussen, Kurierfahrzeugen und Lastkraftwagen verdienen?

Nur wenige werden diesen Wandel im angestammten Beruf überstehen; der Trucker stirbt aus. Natürlich wird es immer Ausnahmen geben. Vielleicht will man für den Transport von Gefahrgut auch künftig nicht auf einen erfahrenen Berufskraftfahrer im Führerstand eines Lkw verzichten. Aber der allergrößte Teil der heutigen Fahrer wird seine bisherige Tätigkeit in wenigen Jahren verlieren. Auch das Transport- und Logistikgewerbe wird weitgehend ohne Menschen auskommen. Wer heute durch den Container-Terminal Altenwerder am Hamburger Hafen geht, wird auf diesem neunzig Fußballfelder großen Umschlagplatz des globalen Güterverkehrs kaum noch Beschäftigte finden. Eine komplexe Software und 19 000 Transponder entlang der Fahrstrecken des Hafengeländes steuern die 91 fahrbaren Containertransporter. Über 18 Stunden täglich werden hier Millionen Tonnen Waren umgeschlagen, ohne dass ein einziger Arbeiter den Rücken krumm machen muss. Dabei steht auch diese Technik erst am Anfang, wie die Prognosen mit immer größeren Gütermengen zeigen.

Nicht viel anders sieht es im neuen Logistikzentrum von Amazon im nordenglischen Manchester aus. Hunderte Roboter schleppen dort lautlos Regale durch die Räume, immer auf geraden Wegen. Wenn sie die Richtung ändern, tun sie das stets im rechten Winkel, nie in Kurven. Aber auch das wird nicht mehr lange dauern, sagen die Techniker dort. Alles eine Frage der Software. Diese Software und die Roboter stammen ursprünglich von einer Firma namens Kiva aus dem Raum Boston. Amazon fand die Logistik-Roboter aber so gut, dass man das Unternehmen Kiva und seine innovative Technik einfach übernahm. Den Kaufpreis von 750 Millionen Dollar zahlte Amazon, ohne mit der Wimper zu zucken.

Während früher Menschen im Dienste des Online-Riesen von Regal zu Regal eilten, um die geordneten Artikel einzusammeln und versandfertig zu machen, bringen heute die Roboter die Regale mit den bestellten Waren zu den Mitarbeitern. Allerdings wird auch das nicht so bleiben; Ziel ist der ständige Ausbau der Automatisierung. Der Einsatz von Robotern spart nicht nur die Löhne der Lagerarbeiter – er sichert auch einen Versand rund um die Uhr, 24 Stunden am Tag, sieben Tage die Woche. Die Welt der Roboter existiert ohne Pause, Feiertag, Urlaub und Krankentage.

Der Amazon-Standort in Manchester gilt als Blaupause; so wie hier soll es bald auch in allen anderen Verteilzentren des Konzerns aussehen. Weil Amazon jetzt schon der größte Onlinehändler der Welt ist, wird das Unternehmen Maßstäbe setzen. Andere Logistikkonzerne wie etwa die deutsche DHL müssen ebenfalls auf weitgehende Automatisierung setzen, um konkurrenzfähig zu bleiben.

Vor durchgreifenden Veränderungen stehen auch Geschäfte und Warenhäuser, allen voran Supermärkte. Wo heute noch hunderttausende meist weibliche Beschäftigte die Regale auffüllen oder an den Kassen sitzen und die Waren über die Scanner ziehen, werden künftig Roboter arbeiten. In einigen Märkten in England und den USA kann man bereits sehen, was bald überall Standard sein wird. Der Kunde kann entweder alles am Computer bestellen und sich nach Hause liefern lassen, oder er streift noch selbst durch die Auslagen und Regale. Mit dem vollen Warenkorb geht er dann an einen Scanner, der in wenigen Sekunden alle Waren erfasst und den Kaufpreis errechnet. Nach der elektronischen Bezahlung kann man mit seinen Einkäufen durch eine Schranke gehen und das Geschäft verlassen. Die modernen Scanner erfassen jede Ware, rechnen alles ab und machen auch Ladendiebstähle weitgehend unmöglich.

Allein im deutschen Einzelhandel gibt es heute noch rund drei Millionen Beschäftigte – ohne den Großhandel. Welchen Job sollen die vielen Verkäuferinnen künftig ausüben? Und was sollen Berufskraftfahrer und Lagerarbeiter in Zukunft tun?

Diese Frage stellt sich nicht nur in diesen drei Berufsgruppen, die ich jetzt einmal herausgegriffen habe. Sie stellt sich auch Millionen anderen Menschen, deren Tätigkeit in absehbarer Zeit von Computern übernommen wird. Es ist *die soziale Frage* des digitalen Zeitalters: Welche Arbeit bleibt denen, die das Rennen gegen die Roboter verlieren werden? Welche Perspektive haben sie?

Nach Einschätzung des amerikanischen Computerwissenschaftlers Martin Ford kann es bis zum Jahr 2100 in den USA eine Arbeitslosigkeit von bis 75 Prozent geben. Ford sieht einen vollständigen Wandel im Verhältnis von Mensch und Maschine. Roboter sind in seinen Augen nicht mehr nur Werkzeuge, sondern sie verwandeln sich selbst immer mehr in Arbeiter, und zwar in ausgesprochen fleißige und intelligente. Wenn Computer bereits Autos steuern oder Musik komponieren könnten, dann würden sie auch bald Geschäftsstrategien entwickeln und Managementaufgaben übernehmen, sagt Ford. Daraus folgt für ihn: »Fast jeder Job, bei dem jemand vor einem Bildschirm sitzt und Informationen verarbeitet, ist bedroht.«

Nur wenig zuversichtlicher sind die beiden US-Ökonomen Carl Benedikt Frey und Michael A. Osborne. Ihrer Studie zufolge wird in den USA fast jeder zweite Job verschwinden. In der schon 2013 veröffentlichten und mittlerweile viel zitierten Untersuchung hat das Forscher-Duo genau 702 Berufe auf die Frage hin analysiert, ob sie in absehbarer Zeit durch einen Computer oder Roboter ersetzt werden können. Das Ergebnis ist alarmierend. Laut Frey und Osborne gingen 2013 knapp 47 Prozent der US-Beschäftigten einer Tätigkeit nach, die es in absehbarer Zeit so nicht mehr geben wird.

Zwar gilt diese Untersuchung neben der von Ford als Worst-Case-Szenario, aber deshalb ist sie nicht falsch. Auch das Alter der Studie spricht nicht gegen das Ergebnis; im Gegenteil. Seit 2013 hat sich die Technik und ihre Fähigkeit, menschliche Arbeitskraft zu ersetzen, noch einmal rasant beschleunigt. Es werden künftig also eher mehr Berufe vom Computer ausgeübt als weniger. Und die Tatsache, dass man die wegfallenden Berufsbilder durchaus auf Europa übertragen kann, wird von keinem Experten bestritten.

Kaum jemand kann das Potenzial der Digitalisierung besser einschätzen als Siemens-Chef Joe Kaeser. Sein Unternehmen war einer der ersten deutschen Großkonzerne, der mit »MindSphere« eine offene Industrie-Cloud verfügbar machte. Diese »Siemens Cloud for Industry« ist eine internetbasierte Plattform, die im Sinne des »Internet der Dinge« Maschinen und Anlagen miteinander verknüpft – und zwar nicht nur die des eigenen Unternehmens, sondern auch die von anderen Firmen. »MindSphere« ist als offenes Computer-Ökosystem konzipiert, das heißt, Partnerfirmen von Siemens können sie als Basis für eigene Services einsetzen, etwa bei Reparaturen oder Erweiterungen.

Das System kann dank der künstlichen Intelligenz auch »mitdenken«; das bedeutet, es bemerkt, wenn eine Anlage oder Maschine nicht mehr volle Leistung bringt oder Störungen auftreten. Es weiß sogar schon vorab, wann möglicherweise etwas kaputtgeht. »Vorausschauende Instandhaltung« nennen das die Siemens-Ingenieure. »MindSphere« ermöglicht nicht nur eine ständige Überwachung von weltweit verteilten Anlagen und Maschinen, es übernimmt auch das Energiemanagement und trägt wesentlich zur Ressourcenschonung bei.

Es sind solche »denkenden Maschinen«, die den künftigen Standard der digitalen Industrietechnik setzen werden: komplexe Gebilde, die global miteinander vernetzt sind, dank künstlicher Intelligenz selbstständig kommunizieren und sich durch selbstlernende Software ständig weiterentwickeln. Auch für diese digitale Produktionstechnik braucht man Menschen – etwa IT-Experten und hoch spezialisierte Ingenieure. Aber es werden eben viel weniger Menschen benötigt und mit Sicherheit keine mehr, die nur noch mittlere Tätigkeiten mit hohem Routineanteil ausüben.

Siemens-Chef Joe Kaeser ist aber nicht nur ein Technikfreak und versierter Zahlenmensch, sondern auch einer der wenigen Topmanager in Deutschland, die über den Tellerrand ihrer Quartalsergebnisse hinausschauen und sich gelegentlich in politischen und gesellschaftlichen Debatten zu Wort melden. Auf der Digital Life Design Conference im Juni 2016 in München hatte er einen denkwürdigen Auftritt. In einem Gespräch mit dem damaligen DLD-Geschäftsführer Dominik Wichmann forderte der Siemens-Chef seine Zuhörer auf, einmal offen und ehrlich über die Konsequenzen der Digitalisierung nachzudenken. Es lohnt sich, das heute noch im Internet bei YouTube auffindbare Video anzusehen. Es ist die direkte, klare und von keinem PR-Berater weichgespülte Warnung eines Managers, der weiß, was er sagt. Und weil mutige und unbequeme Wahrheiten von Konzernchefs selten öffentlich ausgesprochen werden, gebe ich das auf Englisch frei gehaltene Statement hier einmal im übersetzten Wortlaut wieder. Nach einer kurzen Einführung in das Thema Digitalisierung sagte Kaeser Folgendes:

»Was passiert mit denen, die wegen der Digitalisierung

ihr Geschäft aufgeben müssen? Was geschieht mit denen, die gekündigt wurden und jetzt Probleme haben zu überleben? Was machen die? Die Digitalisierung wird die Mittelklasse vernichten. Die Digitalisierung ist 1-0-1-0-1-0 – und eben nicht die analoge Entwicklung über einen bestimmten Zeitraum. Folgendes wird passieren: Da nicht jeder ein Software-Ingenieur ist, schrumpft die Mittelklasse. Sie wird dünner. Es findet eine Art Polarisierung statt. Von zehn Menschen in der Mittelklasse steigt einer auf, und neun steigen ab. Und ich garantiere Ihnen: Wenn etwas den digitalen Fortschritt aufhalten kann, dann sind es soziale Unruhen. Denn die untergehende Klasse hat nichts, wovon sie in Zukunft profitieren kann. Selbst wenn sie ihre Schuhe bei Zalando kaufen oder ein Buch bei Amazon bestellen können – wenn sie nicht das Geld dafür haben, werden sie auch nicht denken, dass die Digitalisierung für sie eine gute Sache ist.

Unabhängig davon, wo die Menschen sind oder was sie tun, müssen wir ihnen deutlich machen, wie sie profitieren können. Wir müssen ihnen die Frage beantworten: Was ist da eigentlich für mich drin? Und das ist eine immense Verantwortung für die Führungskräfte. Denn es gibt viele Fälle, in denen man sagen muss: Du, das wird dir gar nichts bringen. Du könntest sogar deinen Job verlieren. Genau das ist die große Herausforderung, wenn man die Digitalisierung in die Gesellschaft hineintragen möchte. Wir müssen nämlich erklären, inwiefern uns die Digitalisierung etwas bringt – und zwar jedem von uns. Und diese Ehrlichkeit, diese Führungsverantwortung müssen wir in die Gesellschaft hinein vermitteln. Wenn wir das nicht tun, wird die Hölle über uns hereinbrechen. Dann spaltet sich die Gesellschaft in Gewinner und Verlierer. Das ist eine riesige gesellschaftliche Herausforderung, das garantiere ich Ihnen.«

Das saß. Im Publikum war es erst still, dann brandete

Applaus auf. Joe Kaeser hatte bei dieser drastischen Warnung nicht etwa einen schlechten Tag. Er war auch nicht in der Stimmung, sich zur Abwechslung einmal als Untergangsprophet zu inszenieren. Er wollte nur die oft naive Fortschrittsgläubigkeit der Digital-Apostel bremsen, diese fast zwanghafte Zuversicht der Start-up-Community, die völlig unkritisch alles Digitale feiert und jeden Zweifel an den Heilsversprechen des Silicon Valley ausblendet. Technik ist eben nicht alles, lautet die Botschaft des Siemens-Chefs. Wir müssen bei aller Begeisterung für technische Neuheiten auch darüber nachdenken, was die Technik mit der Gesellschaft macht!

Joe Kaeser reist seit vielen Jahren rund um die Welt, spricht mit vielen klugen Menschen und sieht die zahllosen Veränderungen klarer als andere. Vor allem kennt er im Unterschied zu den meisten Menschen auch die Pläne für die Zukunft – und er kann deren Potenzial ermessen. Die auf der DLD Conference ausgesprochene Warnung hinsichtlich des Auseinanderbrechens der Gesellschaft hat er auch bei vielen anderen Gelegenheiten im Gespräch mit Politikern, Managern und Journalisten wiederholt; ich habe das auf einem langen Flug mit ihm nach China selbst gehört. Auch mit der Kanzlerin hat Kaeser mehrfach über das Thema gesprochen – es treibt ihn um. Zu Recht.

Die ersten Opfer der Digitalisierung auf dem Arbeitsmarkt werden die ungelernten Kräfte sein, die einfache Arbeiten ausüben. Das sind mehr Menschen als gedacht. Mosche Vardi, Professor für Computerwissenschaften an der Rice University in Houston und viel zitierter Experte für künstliche Intelligenz, redet Klartext: »Wir vernichten generell die Jobs der Menschen, die keine hohe Ausbildung haben, und das betrifft zwei Drittel der Bevölkerung.« In Deutschland hat rund jeder neunte sozialversicherungspflichtig Be-

Die Illusion der Vollbeschäftigung

schäftigte keinen Berufsabschluss – das sind rund vier Millionen Menschen. Leider geht die Entwicklung nicht zurück, sondern verstärkt sich noch. Von den in Deutschland lebenden Jüngeren ist gut jeder Fünfte ohne Berufsabschluss ins Leben gegangen. Und das in einer Gesellschaft, die ohnehin viel zu wenig Nachwuchs hat! Was können wir mit diesen vielen ungelernten jungen Leuten tun? Welche Arbeit sollen sie künftig in einer hoch technisierten Welt übernehmen?

Nach Einschätzung des Computerwissenschaftlers Vardi stehen wir vor einer »Polarisierung der Jobs«. Auf der einen Seite überleben die hoch qualifizierten Berufe im technischen Bereich, für die nicht sehr viele Menschen die notwendigen Fähigkeiten mitbringen. Aber ebenso können jene ganz einfachen Tätigkeiten am unteren Ende der Skala bestehen bleiben, deren Automatisierung ökonomisch sinnlos wäre. Vardi nennt als Beispiel den gastronomischen Bereich im Flughafen Boston. Dort ist an jedem Sitz ein Tablet montiert, mit dem man Bestellungen aufgeben kann. Früher kam der Kellner, und er hatte drei Aufgaben: die Bestellung aufnehmen, das Gewünschte servieren und dann kassieren. Jetzt bestellt und bezahlt man am Tablet, der Kellner serviert nur noch.

Der Prozess wurde also entbündelt und in drei Teile zerlegt. Dabei sind zwei Jobs verschwunden. Zwar könnte man auch für das Servieren einen Roboter konstruieren. Doch das Bewegen in einem algorithmisch schwer kalkulierbaren Raum wie einem Restaurant oder einem Flughafen voller Menschen erfordert einen äußerst komplexen Roboter, der wahrscheinlich trotzdem kaum in der Lage wäre, vor dem Servieren den Tisch abzuwischen oder die Stühle wieder zurechtzurücken. Vor allen Dingen aber ist es ökonomisch sinnlos, einen so komplexen und teuren Roboter anzuschaffen, denn der Kellner am Flughafen in Boston verdient ohnehin nur wenig. In solchen Fällen ist der Mensch am unteren Ende der Wertschöpfungsskala also billiger als die Maschine. Auch diese wenigen schlecht bezahlten Jobs werden überleben.

Anders verhält es sich da schon bei der Ausweiskontrolle am Flughafen. Wer in Amsterdam, Paris oder anderen großen Airports die Grenzkontrollen passiert, hat das automatische Scannen von Gesicht und Reisepass schon erlebt. Wo frühere hunderte Grenzbeamte saßen, kontrolliert heute Kollege Computer.

Nicht nur die vielen einfachen Jobs der Ungelernten verschwinden. Auch mittlere Tätigkeiten sind zunehmend gefährdet, vor allem in Berufen mit Routinearbeiten wie etwa der Ausweiskontrolle am Flughafen. Insbesondere Frauen sind hier in einer Hochrisikozone unterwegs. Nach einer Untersuchung des Deutschen Instituts für Wirtschaftsforschung (DIW) werden die Top 10 der gefährdeten Berufe zu 80 Prozent von Frauen ausgeübt. Betroffen sind neben den bereits erwähnten Verkäuferinnen vor allem Sekretärinnen. Die Spracherkennung und die automatischen Schreibprogramme werden viele Damen in den Büros ersetzen. Aber auch Buchhalterinnen im weitesten Sinne sind durch die künstliche Intelligenz der Computer bedroht. Buchhaltung ist ein klassischer Frauenberuf: 78 Prozent der Beschäftigten in diesem Sektor sind weiblich.

Wer wissen will, wie weit die Digitalisierung in die Berufswelt eingreifen wird, muss mit John Kelly sprechen. Der IBM-Forschungsleiter ist einer von diesen Wissenschaftlern, deren Präsentationen normalen Arbeitnehmern den Schlaf rauben können. Bei einer Konferenz seines Konzerns vor einigen Jahren führte Kelly die Fähigkeiten des berühmten IBM-Super-Computers Watson vor. Er stellte ihm die Frage, ob der Verkauf von Computerspielen mit gewalttätigem Inhalt an Jugendliche verboten werden sollte. Das ist eine durchaus relevante Frage. Jeder, der etwas größere Kinder hat, vor allem Jungen, kennt dieses Problem. Stundenlang starren die Kids auf ihre Laptops, ohne dass man im Entferntesten wüsste, was sie da sehen, spielen, kommunizieren. Man diskutiert mit den Kindern, den Lehrern, anderen Eltern und schließlich mit dem Partner. Selten verlaufen die Debatten harmonisch, denn Computerkonsum ist heute eines der umstrittensten Themen in Familien. Was also hatte »Watson« zu dieser komplexen Frage zu sagen?

Der Computer scannte binnen weniger Sekunden vier Millionen Wikipedia-Artikel, erfasste davon die zehn wichtigsten zum Thema und hielt anschließend eine kurze Rede, um die wesentlichen Argumente seiner Recherche darzulegen. Ergebnis: Auch Watson riet dazu, den Computerkonsum bei Jugendlichen zu limitieren und mit ihnen über die konsumierten Inhalte zu sprechen. Glaubt man John Kelly, dann funktioniert eine solche Recherche und automatische Sachstandsdarstellung auch bei jeder anderen Frage.

Das Programm mit dem Namen »Debater« gibt es schon eine ganze Reihe von Jahren. Es kann immer noch keine Journalisten oder Redenschreiber ersetzen. Aber angesichts der stürmischen Entwicklung der künstlichen Intelligenz dürfte es nur noch eine Frage der Zeit sein, bis der Computer Sachverhalte in gut lesbarer Form zusammenstellt, Berichte schreibt und auch einfache Meldungen, Artikel oder Ansprachen verfasst.

Im Bankgewerbe sieht das nicht anders aus. Anfang März 2018 stellte die Firma Finastra auf einer Konferenz am Frankfurter Flughafen den Roboter Sophia vor. Finastra ist kein Start-up, sondern ein auf Finanzsoftware spezialisierter Konzern mit zwei Milliarden Dollar Jahresumsatz, der 48 der 50 größten Banken weltweit zu seinen Kunden zählt. Mit der Präsentation von Sophia wollte Finastra den eingeladenen Journalisten und IT-Spezialisten der deutschen Banken einmal die enormen Umwälzungen verdeutlichen, denen die Finanzwelt schon recht bald ausgesetzt sein wird. Der Roboter Sophia hatte ein menschenähnliches Antlitz, trug eine dunkle Bluse und einen rot-violetten Schal. Einfache und kurze Fragen aus dem Standardbereich am Bankschalter beantwortet Sophia mit einer melodischen Frauenstimme schnell und präzise – dabei kann sie sogar noch lächeln. Fragt man sie allerdings nach den besten Aktientipps, erhält man lediglich den Hinweis, dass sie dafür keine Genehmigung besitze.

Noch, muss man sagen. Denn der in Hongkong von Hanson Robotics entwickelte humanoide Roboter soll seine Fähigkeiten dank künstlicher Intelligenz und maschinellem Lernen permanent ausbauen. Schon jetzt ist in den Algorithmen der Banken viel Wissen über Aktien und andere Anlagemöglichkeiten gespeichert. Die elektronische Überspielung dieses Wissens an Bank-Roboter ist technisch längst kein Ding der Unmöglichkeit. Am Ende weiß jeder Computer mehr über Umsätze, Gewinne, Prognosen und Kursverläufe der weltweit notierten Unternehmen als der klügste Bankmitarbeiter. Es ist nicht das Wissen, das die Beziehung zum Kunden stört, sondern noch der »menschliche Faktor«. Wer möchte, wenn es um sein Geld geht, schon gern mit einem Roboter sprechen?

Doch diese Haltung wandelt sich. Nach Ansicht des Finestra-Marketing-Vorstands Martin Häring wird sich das Bankgeschäft im Zuge der Digitalisierung total verändern – und zwar anders, als die meisten Banken selbst glauben. Er vergleiche die künftigen Bankdienstleistungen mit dem Bezug von Strom aus der Steckdose, sagt Häring. »Man bezieht Strom, aber es ist egal, woher er kommt.« Sein Kalkül: Die Digital Natives, also die Generation, die mit dem Internet aufgewachsen ist, legt heute kaum noch Wert auf die

Marke einer Bank. Ob die Bank-App, mit der sie ihre Finanzgeschäfte tätigen, das Logo der Commerzbank, der Deutschen Bank oder der örtlichen Sparkasse trägt, ist ziemlich egal. Entscheidend ist, was die App zu leisten vermag – zu möglichst geringen oder besser noch gar keinen Kosten.

Anlagetipps und die Bearbeitung von Kreditanträgen können vom Computer in absehbarer Zeit genauso gut erledigt werden wie von Menschen. Ob jemand kreditwürdig ist, ergibt sich aus einer mehr oder weniger festgelegten Anzahl von Faktoren. Einkommen, bisheriger Schuldenstand, Lebenshaltungskosten, Unterhaltspflicht für Kinder und andere Dinge können Computer sehr gut analysieren und daraus mit großer Treffsicherheit eine Kreditempfehlung herleiten. Das gilt auch für die Ermittlung des Zinssatzes, der sich bei Krediten nach dem Risiko der Bank bemisst und künftig wesentlich individueller ausfallen wird.

In diesem Zusammenhang sollte nicht der Hinweis fehlen, dass Amazon.pay bereits einen Zahlungsdienst anbietet und sich auf mittlere Sicht wohl auch um eine Banklizenz bemühen wird. Kein Wunder – warum sollte sich der größte Onlinehändler der Welt mit Millionen Kundenkontakten jeden Tag das lukrative Geschäft mit Konsumentenkrediten und anderen Finanzdienstleistungen entgehen lassen?

Das Potenzial in diesem Geschäft kann man bei PayPal studieren. Allein dieser Bezahldienst wickelt über seine Plattform inzwischen zwei Drittel aller Bezahlungen bei Onlinebestellungen ab. Logisch, dass auch Apple und Google schon eigene Bezahldienste gegründet haben. Vom Kaufen und Bezahlen bis zum Kredit ist es nur ein kurzer Schritt. Und dass eine »Amazon-Bank« oder ein mögliches »Google Global Banking« irgendwann auch Aktien verkaufen, Anlageberatung bieten oder als Investment-Banker im Hightech-Sektor auftreten könnte, ist mehr als wahrscheinlich. Den traditionellen Geschäftsbanken erwächst in der digitalen Welt eine Konkurrenz, mit deren Vernetzung, Datenbestand und Kundenkontakten sie kaum mithalten können.

Wenn solche Banking-Apps für die breite Masse der Kunden erst einmal Standard sind, werden nicht nur massenhaft Bankfilialen geschlossen; auch die freundliche Frau am virtuellen Schalter oder der Berater beim Online Consulting wird dann eher aussehen wie Sophia oder ihr männliches Roboter-Pendant. Man muss kein Prophet sein, um vorhersagen zu können, dass sich dann zehntausende Bankangestellte in Deutschland und anderen Ländern nach neuen Jobs umschauen müssen. Die neuen Fintechs wie Vaamo oder Quirion werden nur einen Bruchteil der Angestellten benötigen, die heute noch in den traditionellen Bankhäusern arbeiten.

Nicht viel anders sieht es in anderen Wirtschaftsbereichen aus. Die Digitalisierung macht vor keinem Beruf halt, da sind sich alle Experten einig. Man kann die Entwicklung zum »Internet der Dinge« schon seit einiger Zeit beobachten. Immer mehr Hardware wird durch Software ersetzt oder ergänzt. Immer häufiger verbauen die Hersteller digitale Komponenten auch in Alltagsgegenstände. Vom Kühlschrank bis zum Staubsauger, vom Sportgerät bis zum Auto – es hat sich bereits eine »digitale Schicht« über fast alle Bereiche des Lebens und der Arbeit gelegt.

Zwar kennen wir die Automatisierung schon aus den Siebzigerjahren. Bereits damals löste das Vordringen der Computer die brisante Debatte »Mensch gegen Maschine« aus. Im Gegensatz zu früher aber ist die digitale Entwicklung heute nicht nur exponentiell und damit geradezu explosionsartig. Sie ist auch nicht mehr auf einzelne Sektoren und Tätigkeiten begrenzt, sondern sie erfasst nahezu alle Branchen und Arbeitsbereiche.

Das gilt sogar für ausgesprochen spezialisierte Berufe wie Dolmetscher, Lehrer oder Ärzte. Zwar lässt die Sprach-

Die Illusion der Vollbeschäftigung

erkennung mit automatischer Übersetzung heute noch zu wünschen übrig. Doch wenn man eine Parallele zur rasanten Entwicklung des autonomen Fahrens zieht oder an die Vermehrung der Reiskörner auf dem Schachbrett denkt, dann dürfte der perfekte Übersetzungscomputer nur noch eine Frage weniger Jahre sein.

Mit ähnlich gemischten Gefühlen wie die Dolmetscher verfolgen Lehrer ihre fortschreitende Ersetzung durch Computer im Bildungssektor. Spezielle Software erstellt Aufgaben, korrigiert die Hausarbeiten der Schüler und erkennt auch deren Schwächen. Onlinevorlesungen in der Weltsprache Englisch werden heute schon in fast jedes Land übermittelt. Das trägt zwar viel zur Chancengleichheit und Wissensverbreitung bei und führt mittlerweile auch dazu, dass die besten Absolventen der US-Elite-Unis regelmäßig digitale Fernstudenten aus Entwicklungs- und Schwellenländern sind. Aber wenn tausende Menschen überall auf der Welt Unterricht online von einem einzigen Lehrer erhalten und vermehrt mit einer Lernsoftware studieren, dann braucht es künftig weniger Lehrer. Es sei denn, die sogenannte »Erste Welt« nimmt den technischen Fortschritt als Bildungsauftrag und als demokratische Verpflichtung mit hinaus in die »Zweite« und »Dritte« Welt und versetzt mithilfe der enormen Profite aus ihren digitalen Geschäften auch die Menschen ärmerer Regionen in die Lage, sich und ihre Kinder gut auszubilden.

Aber nicht nur Lehrer, auch Ärzte müssen davon ausgehen, dass große Teile ihrer Arbeit von Computern übernommen werden können. Wie das konkret aussieht, ist heute schon in einem New Yorker Krebsforschungszentrum zu besichtigen. Dort werden Hochleistungscomputer für die Diagnose der Krankheitsbilder eingesetzt. Anhand von millionenfachen Datenvergleichen erstellen sie einen bestmöglichen Behandlungsplan und erzielen zur Verblüffung des medizinischen Personals erstaunliche Erfolge. Bereits vor einigen Jahren erreichte ein IBM-Forschungscomputer in einem Pilotprojekt eine extrem hohe Trefferquote bei der Krebsdiagnostik.

Der Computer wurde mit tausenden Lehrbüchern, Fachartikeln und Patientenakten gefüttert. Außerdem beschrieben Ärzte die Symptome erkrankter Patienten samt Angaben aus deren Familiengeschichte. Innerhalb kürzester Zeit bot der Computer eine Diagnose sowie eine Behandlungsempfehlung an. Der Erfolg fiel unerwartet gut aus. Bei der Diagnose Lungenkrebs lag der Computer in 90 Prozent der Fälle richtig; Ärzte erzielten in der Testphase dagegen nur eine Trefferquote von etwas über 50 Prozent. Dadurch werden Mediziner natürlich nicht komplett überflüssig. Aber ein wichtiger Teil ihrer Tätigkeit, nämlich die Diagnostik und die medizinische Behandlungsempfehlung, wird künftig wohl dem Computer überantwortet.

Nicht viel anders sieht es bei Anwälten aus. In einigen großen Kanzleien in den USA ist bereits der Rechtsberater »Ross« unterwegs. Die Anwälte können mit ihm sprechen und ihm vor allem juristische Fragen stellen. Wenn man zum Beispiel wissen will, ob eine Firma, die zahlungsunfähig ist, noch wirtschaftlich tätig sein kann, durchsucht Ross in wenigen Sekunden eine Milliarde Dokumente, liest komplizierte Formulierungen in Gesetzen, Kommentaren oder höchstrichterlichen Urteilen und gibt dann seine Antwort – auf Wunsch in zwanzig verschiedenen Sprachen. Selbstverständlich kennt sich »Ross« nicht nur im Insolvenzrecht aus, sondern auch in Dutzenden anderen relevanten Rechtsgebieten.

Was Computer und künstliche Intelligenz generell für die Arbeitswelt der Zukunft bedeuten, ist umstritten. Das McKinsey Global Institute schätzt, dass allein durch hoch entwickelte Algorithmen und denkende Maschinen in den

Die Illusion der Vollbeschäftigung

kommenden Jahren weltweit 140 Millionen Wissensarbeiter durch Technik ersetzt werden. Das sind beängstigende Zahlen, die sehr abstrakt klingen, aber eine gewaltige soziale und politische Sprengkraft entfalten können. Übertrieben sind die Analysen sicher nicht – die McKinsey-Berater sind nüchterne Analytiker und neigen nicht dazu, sich als Pessimisten zu inszenieren.

Gleiches gilt mit Blick auf Deutschland. Anfang 2018 stellte der IT-Verband Bitkom eine Umfrage vor, wonach die Digitalisierung bis 2022 allein in Deutschland 3,4 Millionen Arbeitsplätze kosten werde. Das wäre mehr als jede zehnte versicherungspflichtige Stelle. Bitkom hatte 500 deutsche Unternehmen mit mehr als 20 Mitarbeitern befragt, wie sie die Digitalisierung mit Blick auf die eigene Firma einschätzen und ob sie künftig eher mehr oder weniger Leute beschäftigen würden. Das Ergebnis ist nicht nur wegen der hohen Zahl offensichtlich gefährdeter Stellen brisant. Bei der Umfrage kam auch heraus, dass sich jedes vierte Unternehmen aufgrund der Digitalisierung in seiner Existenz bedroht sieht.

Bitkom-Präsident Achim Berg kritisierte bei der Vorstellung der Umfrage vor allem die Politik. Deren Diskussionen um Soli-Abbau, Arzthonorare oder Renten komme ihm »seltsam entrückt« vor. Die Dimension der Digitalisierung werde in Berlin entweder nicht verstanden oder verdrängt, sagt Berg. Bislang betreibe die Politik zu diesem Thema nicht mehr als »Buzzword-Bingo«.

Ähnlich wie die McKinsey-Leute ist auch Achim Berg kein Untergangsprophet oder Fortschrittsfeind, sondern ein ins Gelingen verliebter Technikfreak. Ich kenne ihn noch aus der gemeinsamen Arbeit bei einem großen deutschen Konzern. Berg hat Wirtschaftsinformatik studiert und fast sein gesamtes Leben als Topmanager in Unternehmen der

Informations- und Kommunikationstechnologie verbracht. Es gibt kaum jemanden, der so begeistert und mitreißend über Technik sprechen kann wie er. Achim Berg nutzt digitale Technologie auch in der Freizeit, wo es nur geht. Sein Haus ist vollgestopft mit allem, was der Stand der Technik hergibt. Wenn jemand wie er über die Folgen der Digitalisierung spricht, muss man das ernst nehmen. Schon der Blick auf die Mitgliedsunternehmen des Bitkom-Verbands zeigt eine klare Entwicklung auf: Mitte der Neunzigerjahre gab es in der deutschen Kommunikationstechnik noch 200 000 Stellen. Inzwischen sind es nur noch 20 000. »Wir haben in nur fünfzehn Jahren 90 Prozent der Arbeitsplätze in diesem Bereich verloren – durch die Digitalisierung«, sagt Berg.

Bedroht sind nicht nur zahlreiche Mitarbeiter – in der neuen Arbeitswelt 4.0 müssen sich sogar die Chefs Sorgen machen. Wenn Computer besser und vor allem schneller entscheiden als der Mensch, wozu braucht es dann noch Vorgesetzte, vor allem im mittleren Management?

Der mittlerweile verstorbene US-Forscher Jay Galbraith sah bereits einen »Machtwechsel von erfahrenen und urteilsstarken Führungskräften in heutiger Form zum digitalen Entscheider« voraus.

Ist der Chef also künftig ein Algorithmus? Zumindest wird der Boss der Zukunft laut Galbraith eine »hybride Führungskraft« sein. Das heißt, dass er im Regelbetrieb auf der Basis von Software-Ergebnissen entscheiden und nur in Ausnahmefällen auf persönliche Erfahrung und Intuition zurückgreifen kann.

Die im Zuge der Digitalisierung stark zunehmende Unterteilung und Zerlegung der Dienstleistungen in einzelne Schritte und Projekte verändert aber nicht nur die traditionellen Strukturen der Arbeit, sondern auch die der Unternehmen. Nach einer Untersuchung von Lynda Gratton,

Professorin für Management Practice an der London Business School, wird die Arbeit der Zukunft entweder in Mega-Konzernen oder in Mikro-Unternehmen stattfinden. In den großen Einheiten würden die immer komplexeren Tätigkeits- und Geschäftsfelder von festangestellten High Potentials gebündelt und gemanagt. Die Micro-Unternehmen und das Heer neuer Selbstständiger hingegen würden zu einem »industriellen Ökosystem mit Millionen wertschöpfender Einzelunternehmer und ihren Partnerschaften«, schreibt Gratton. Alle diese neuen Selbstständigen arbeiten dann an einzelnen Projekten, die später in Großkonzernen zusammengeführt werden.

Die Aufträge für das Millionenheer der Dienstleister und Einzelunternehmer werden von den Großunternehmen auf ihren globalen Plattformen weltweit ausgeschrieben und an den günstigsten Anbieter vergeben.

Das »Büro« der Zukunft wird für den Großteil der arbeitenden Mitte nur noch aus einem überall einsetzbaren Laptop bestehen. Die Digitalisierung führt nach Einschätzung von Gratton und anderen Wissenschaftlern zu einer globalen Infrastruktur, die an jedem Ort und zu jeder Zeit Dienstleistungen, Ressourcen und Anwendungen bietet. Jeder vernetzte Arbeitnehmer oder Unternehmer kann dann auf diesen Plattformen seine Arbeitskraft anbieten, Angebote einstellen, seine Produkte vermarkten oder auf Minutenbasis Rechnerkapazitäten mieten. Selbstverständlich kann er auch Geldgeber online finden, Berater engagieren oder Arbeitskräfte rekrutieren.

Die Chancen dieser offenen Ökosysteme sind gewaltig, aber ebenso die Risiken. Das Problem: Geld verdient nur, wer die digitale Ausschreibung gewinnt, wer sich im Kampf um einen Auftrag gegen andere Bewerber weltweit durchsetzt. Das Outsourcing der Arbeit und ihre flexible Beschaffung über globale Plattformen verringert nicht nur die

Komplexität der eigenen Organisation, sie ist in aller Regel auch billiger. Der Nutzen dieser digitalen Marktplätze für »Clickworker« ist zugleich der Schaden der teuren Angestellten in Europa und den USA: Sie können bei Löhnen und Gehältern nicht mehr mithalten, denn das »Cloudworking« externer Dienstleister aus Indien, Korea oder China kann zu wesentlich geringeren Preisen eingekauft werden.

Schon heute existieren zahlreiche Internetplattformen als eine Art eBay für Arbeitskräfte. Sie bieten den Unternehmen einen weltumspannenden Talentpool, den man mit maximaler Flexibilität nutzen kann. Ob Projekte nun Tage, Monate oder Jahre dauern: Für jedes Bedürfnis wird sich künftig auf dem globalen Markt etwas finden lassen.

Die Sphären der Arbeit verschwimmen. Die Prozesse changieren zwischen Festanstellung und befristeten Jobs, zwischen Mitarbeit und Projektarbeit, zwischen inhouse und extern. Die Arbeit in den heutigen Unternehmen entweicht immer mehr nach draußen, sie wird zusehends aufgeteilt, portioniert und Stück für Stück verlagert. Die schützende Hülle einer Firma als vertrauter Arbeitgeber bekommt Risse. Die Festanstellung als ökonomische Lebensbasis und soziales Fundament der Mittelschicht wird unaufhaltsam zur seltenen Ausnahme.

4. Wer bietet mehr?

Die gewagten Verheißungen der digitalen Optimisten

Wird es wirklich so schlimm? Fallen tatsächlich so viele Arbeitsplätze weg?

Wie bei jeder großen Frage teilt sich auch bei der Digitalisierung die Welt in zwei Lager auf, in Apokalyptiker und Optimisten, in Zweifler und Fortschrittsgläubige. In der Tat kann niemand komplexe Entwicklungen exakt vorhersagen. Die Geschichte ist voll von legendären Irrtümern. Gerade über die Auswirkungen technischer Erfindungen gibt es zahlreiche Fehlprognosen prominenter Menschen. Einer von ihnen ist Gottlieb Daimler. Der Erfinder des Automobils sagte 1901: »Die weltweite Nachfrage nach Kraftfahrzeugen wird eine Million nicht überschreiten – allein schon aus Mangel an verfügbaren Chauffeuren.«

Heute schmunzelt man darüber. Aber wie kam Gottlieb Daimler zu dieser Einschätzung? Der geniale Erfinder hatte nur an einer einzigen Stelle falsch gedacht – und zwar bei einer Frage, für die er keine genuine Kompetenz besaß. Daimler ging als Kind seiner Zeit nämlich davon aus, dass keiner seiner reichen Kunden jemals selbst die teuren Automobile steuern würde, die den Namen seiner Tochter Mercedes trugen. Daimlers Kunden waren von der Kutsche auf das Auto umgestiegen, und natürlich hielt man aus Gewohnheit, Bequemlichkeit oder Standesdünkel daran fest, dass jemand vom Personal das Gefährt lenken würde und man sich nicht selbst um die Fortbewegung kümmern musste. Wie wir wissen, kam es anders. Die Veränderung der mobilen Gesellschaft, die Freude am Fahren und die Entwicklung des Autos zum Massenprodukt hatte Daimler nicht vorausgesehen – er war halt Tüftler und kein Soziologe oder Konsumforscher.

In der Reihe der Fehlprognosen ist auch Harald Watson in Erinnerung geblieben. Der CEO der Computerfirma IBM sagte 1946 voraus, dass es »einen Weltmarkt für vielleicht fünf Computer gibt«. Watson unterlag dem gleichen Irrtum wie Ken Olsen. Der Präsident von Digital Equipment meinte noch 1977, »es gibt keinen Grund, warum jemand zu Hause einen Computer haben sollte«.

Dass selbst geniale Menschen das Potenzial ihrer eigenen Entdeckung falsch einschätzen können, wird auch bei Albert Einstein deutlich. Der Nobelpreisträger behauptete 1932: »Es gibt nicht das geringste Anzeichen dafür, dass wir jemals Atomenergie entwickeln können.« Was für ein Irrtum! Nur wenige Jahre später begannen in Berlin bereits die ersten wissenschaftlichen Entwicklungsarbeiten, die den Weg zum Bau der Atombombe ebnen sollten. Und schon 1945 fielen die ersten auf Hiroshima und Nagasaki.

Weitaus weniger tragisch ist dagegen die Fehleinschätzung von Bill Gates. Als Reaktion auf die vielen Kundenbeschwerden behauptete der Microsoft-Gründer 2004, dass das Problem mit dem Spam in zwei Jahren gelöst sein würde.

Hinter der Aussage von Bill Gates steckte wohl ebenso viel Wunschdenken wie hinter der Einschätzung von Darryl Zanuck, dem Chef der Filmproduktionsfirma 20th Century Fox. Der Hollywood-Magnat sah Ende der Vierzigerjahre in der Entwicklung des Fernsehens natürlich eine Gefahr für sein boomendes Kino-Geschäft. Wahrscheinlich sagte er deshalb den bemerkenswerten Satz: »Der Fernseher wird sich auf dem Markt nicht durchsetzen. Die Menschen werden es sehr bald müde sein, jeden Abend auf eine Sperrholzkiste zu starren.«

Die Beispiele aus der historischen Galerie der Fehlprognosen zeigen zweierlei: Zum einen wird das positive wie negative Potenzial technischer Neuheiten oft völlig falsch eingeschätzt. Zum anderen stehen hinter vielen Prognosen häufig massive ökonomische oder politische Interessen. Nach dem Motto: Es kann nicht sein, was nicht sein darf!

Wer heute die vielen Diskussionen zum Thema Digitalisierung verfolgt, kann sich dieses Eindrucks ebenfalls nicht erwehren. Die digitalen Optimisten lassen sich in drei Gruppen unterteilen, die aus verschiedensten Interessenlagen heraus alle negativen Aspekte der Digitalisierung kleinreden, verharmlosen oder gar völlig bestreiten. Da sind zum einen die Politiker, denen nichts mehr zuwider ist, als drängende Probleme offen zu besprechen und dabei einräumen zu müssen, dass sie auch keine Patentlösung haben. Ob Altersversorgung, Umweltverschmutzung oder Digitalisierung – alle diese Langzeitthemen sorgen für Unruhe und Ängste, ohne dass sie aus der Welt geschafft werden können. Mit diesen Negativbotschaften kann man vielleicht als Opposition wirkungsvoll agitieren, aber als Regierung keine Wahlen gewinnen. Die Strategie der Politiker besteht deshalb darin, Probleme dieser Art entweder zu ignorieren, zu verharmlosen oder sie unter einem Schwall von zuversichtlich klingenden Schlagworten zu verstecken.

Die zweite Gruppe der Verharmloser besteht aus den digitalen Berufsoptimisten. Das betrifft vor allem die technisch ausgerichteten Unternehmen, ihre Verbände und Lobbyisten sowie die daranhängenden Institute, Denkfabriken und Beratungsfirmen. Der Job all dieser Leute besteht darin, Zweifel zu zerstreuen und Ängste abzubauen. Sie sollen für ein technik- und wirtschaftsfreundliches Großklima sorgen, in dem es möglichst wenig störende Elemente gibt. Zu viele Sorgen um Datenschutz, eine wachsende Zahl von Digitalisierungsverlierern oder gar gesellschaftliche Spannungen, die am Ende noch unkalkulierbare rechts- oder sozialpolitische Korrekturen provozieren, sind das Letzte, was die Berufsoptimisten brauchen können. Kritiker und hartnäckige Fragesteller werden deshalb als Störenfriede behandelt oder von oben herab darum gebeten, keinen »naiven Technik-Determinismus zu verbreiten«.

Zur dritten Gruppe der digitalen Optimisten zählen schließlich die Protagonisten aus der Start-up-Szene selbst. Zu ihrem Image und Erscheinungsbild gehören nicht nur die obligatorischen Turnschuhe, sondern auch eine hundertprozentige Technikbejahung. Wer im Internet-Business arbeitet und sich öffentlich auf Diskussionsforen oder in Medienbeiträgen äußert, will dadurch sein Profil schärfen und den eigenen Erfolg herausstellen. »Yes, we can«, lautet auch ihr Motto, oder »Everything is possible«. Zu dieser Art von Digitalisierungsjüngern passen weder Zweifel noch irgendwelche Argumente, die der personifizierten Erfolgsstory abträglich sein könnten. Modernität wird in dieser Gruppe oft als digitaler Konformismus verstanden; wer sich anders äußert, ist entweder altmodisch, analog oder hat die Welt von heute eben noch nicht verstanden.

Auf die Argumente der Pessimisten gehen die Internet-Gurus und Technikfreaks ebenso wenig ein wie auf die zahlreichen Studien kompetenter Wissenschaftler. Alle Prognosen, die eine völlige Umwälzung der Arbeitswelt vorhersagen, werden als »Horrorszenarien« lächerlich gemacht oder als »kleingeistig geführte Angstdebatte« ins Abseits gestellt, wie es Siemens-CTO Roland Busch 2018 in einem Beitrag für die *Wirtschaftswoche* tat. Der Mann sollte einmal mit seinem Boss reden, denn Joe Kaeser schätzt die Auswirkungen der Digitalisierung bekanntlich völlig anders ein.

Am Ende kommt keine Diskussion über die Konsequenzen der Revolution 4.0 ohne den Hinweis der Optimisten auf die Geschichte aus. Dieser sogenannte »historische Beweis« geht in etwa so: Ja, es stimmt, dass technische Veränderungen immer schon Umwälzungen verursacht und Arbeitsplätze gekostet haben. Aber bislang sind eben immer mehr neue Arbeitsplätze geschaffen worden, als alte wegfielen.

Diese Sichtweise ist leicht zu kommunizieren, weil sie auf das Erlebte abzielt. Ja, jeder kann sich gut an wichtige technische Veränderungen erinnern, und gleichzeitig ist jedem ersichtlich, dass wir heute mehr Beschäftigte haben als jemals zuvor. Was dabei unterschlagen wird, ist die neue Dimension der Digitalisierung, genauer gesagt ihre exponentielle Geschwindigkeit. Wurden früher nur Maschinen für Menschen eingesetzt, so ist es heute die totale Vernetzung der Maschinen selbst, die den Menschen in vielen Fällen überflüssig machen wird. Die Auswirkungen der künstlichen Intelligenz können deshalb nicht mit den bisherigen technischen Veränderungen und der bislang eingesetzten Digitalisierung verglichen werden. Der Abgleich des Kommenden mit dem Erlebten und Bekannten ist allzu menschlich, aber falsch. Wir unterliegen damit dem gleichen Irrtum, der schon dem Fürsten passiert ist, als er den Erfinder des Schachspiels belohnen wollte: Wir erkennen nicht die Dimension der exponentiellen Steigerung.

Dennoch findet man das Muster dieses »historischen Vergleichs« in zahlreichen Studien wieder, die im Auftrag von Ministerien, Unternehmen oder Lobby-Verbänden angefertigt werden. So wie die Pessimisten bewerten auch die Optimisten die Lage der Wirtschaft – nur dass sie zu ganz anderen Ergebnissen gelangen. Wie kann das sein? Es lohnt sich, einmal genauer hinzuschauen.

Das Schweizer Unternehmen Prognos beispielsweise ist in aller Regel für seriöse Untersuchungen bekannt. Manchmal jedoch machen es sich die Volkswirte dort schon ein wenig einfach. In einem »Fachbeitrag« für einen Prognos-Trendletter beispielsweise wurden negative Beschäftigungseffekte durch die Digitalisierung mit folgender Frage in Zweifel gezogen: »Wie kann es sein, dass Deutschland heute den höchsten bislang erreichten Digitalisierungsstand und zugleich den historisch höchsten Beschäftigungsstand aufweist?«

Diese rhetorisch gestellte Frage erinnert in ihrer Naivität an ein Kind, das im Winter ohne Jacke und Mütze aus der warmen Wohnung hinaus ins Freie rennt und die Bitte der Mutter um wärmere Kleidung mit den Worten beantwortet: »Mir ist aber gar nicht kalt.« Für den Moment mag das noch zutreffen, aber schon nach wenigen Minuten in der winterlichen Kälte dürfte das Kind ordentlich frieren.

Dementsprechend ist auch der aktuelle Beschäftigungsrekord kein Beleg dafür, dass die Digitalisierung in naher Zukunft nicht doch zum Jobkiller werden kann. Schließlich hat die digitale Verbindung der Maschinen und Komponenten und ihre Steuerung durch künstliche Intelligenz ja gerade erst begonnen. Um im Bild des Schachbretts zu bleiben: Bei der Erforschung und Weiterentwicklung der künstlichen Intelligenz stehen wir zwar im Begriff, die zweite Hälfte des Schachbretts zu betreten. Wenn es aber um die aktuelle Verbreitung und die tatsächliche Anwendung in der Industrie und anderen Wirtschaftsbereichen geht, befinden wir uns erkennbar noch in der ersten Hälfte. Das bedeutet, dass sich die negativen Folgen auf dem Arbeitsmarkt erst in den nächsten Jahren zeigen werden – dann aber wegen der exponentiellen Effekte in rasanter Geschwindigkeit.

Trotzdem gehört der Hinweis auf die aktuell gute Beschäftigungslage zum durchgängigen Argumentationsmuster der digitalen Optimisten. Auch die Forscher des Mannheimer Zentrums für Europäische Wirtschaftsforschung (ZEW) mochten nicht darauf verzichten, als sie der Frage nachgingen, warum das »Ende der Arbeit« trotz des Siegeszugs von Computern und Industrierobotern hartnäckig auf sich warten lässt. Auftraggeber der im April 2018 vorgestellten Studie war das Bundesministerium für Bildung, Wissenschaft und Forschung. Man kann sich gut vorstellen, dass die Erwartungshaltung der Ministerin an das ZEW bestimmt nicht darin bestand, die Bürger durch allzu viele Negativbotschaften zu verunsichern. Entsprechend war das »Design« der bestellten Studie ausgefallen. Untersucht werden sollten nämlich nicht die künftigen Verdrängungspotenziale der Digitalisierung auf den Arbeitsmärkten, sondern lediglich die bislang eingetretenen Rationalisierungseffekte. Also nahmen die ZEW-Forscher jene Betriebe in Augenschein, die seit 2011 (!) vernetzte Produktionstechnologien eingesetzt haben, und zählten nach, wie sich das bis zum Jahr 2016 (!) auf die Zahl der Jobs insgesamt ausgewirkt hatte.

Das ist ungefähr so, als ob man kurz vor einem Gewitter die Niederschlagsmenge misst und später behauptet, es habe kaum geregnet. Entsprechend fiel auch das Ergebnis der Studie aus: Zwar hätten die Roboter in den untersuchten Firmen schon zwischen 2011 und 2016 rund fünf Prozent der Belegschaft ersetzt, heißt es dort. Gleichzeitig aber wären durch die Investitionen in die digitale Technik weitere ökonomische Prozesse in Gang gesetzt worden, die sich wiederum positiv auf die Zahl der Beschäftigten ausgewirkt hätten. So habe der Einsatz der Roboter die Unternehmen wettbewerbsfähiger gemacht, was zu neuen Produktionen an anderer Stelle und somit zu neuem Personaleinsatz geführt habe. Unter dem Strich, so das Fazit, habe die Digitalisierung zwischen 2011 und 2016 dazu geführt, dass die Zahl der Arbeitsplätze sogar um ein Prozent wachsen konnte.

Dieses Plus von einem Prozent mag vor dem Hintergrund einer boomenden Konjunktur während der Zeitspanne der Untersuchung durchaus zutreffen. Aber man möchte die Wissenschaftsministerin doch schon gern fragen, wen dieser weite Blick zurück in die Vergangenheit heute noch interessieren soll. Besteht gute Politik nicht vielmehr in vorausschauender Planung? Warum hat die Ministerin nicht nach vorn geguckt und mit den Geldern des Steuerzahlers und der Kompetenz der ZEW-Wissenschaftler einen Blick in die Zukunft gewagt? Wäre das Ergebnis möglicherweise nicht genehm oder gar politisch unerwünscht gewesen?

Immerhin haben auch die ZEW-Forscher nicht verschwiegen, dass vor allem Jobs weggefallen sind, die durch wiederkehrende Routinetätigkeit geprägt waren. Außerdem wird offen eingeräumt, dass sich die Struktur der Beschäftigung stark verändern wird. »Hoch entlohnte, analytische und interaktive Berufe gewinnen an Bedeutung«, heißt es in der ZEW-Studie. Die Kehrseite der Entwicklung bestehe in einer wachsenden Ungleichheit bei der Entlohnung. Die Gehälter der Hochentlohnten stiegen bereits in dem sechsjährigen Untersuchungszeitraum deutlich stärker an als die mittel- und niedrig entlohnten Bereiche.

Politische Wünsche und Erwartungen stehen hinter vielen Gutachten. Ein erheblicher Teil der Studien außerhalb der Universitäten wird nur deshalb in Auftrag gegeben, weil man sich vom mehr oder weniger vorhersehbaren Ergebnis »neue« Argumente und Vorteile für die politische oder ökonomische Kommunikation erhofft. Nicht umsonst wird bei der Auftragsvergabe immer sehr genau auf das »Studiendesign« geachtet – schließlich will man nicht »überrascht« werden. Meine jahrelange Erfahrung in der Industrie und im politischen Journalismus hat mich gelehrt, der Aussagekraft von Auftragsstudien mit einer gesunden Portion Skepsis zu begegnen.

Selten aber sind Studien so durchschaubar wie die der Initiative Neue Soziale Marktwirtschaft (INSM). Die in Berlin ansässige Organisation sieht sich selbst als »Denkfabrik«, ist aber im Kern eine marktliberale Lobby-Organisation, die im Jahr 2000 vom Arbeitgeberverband Gesamtmetall gegründet wurde und seitdem mit mehreren Millionen Euro jährlich finanziert wird. Die wissenschaftliche Begleitung der INSM erfolgt in vielen Fällen durch das ebenfalls von Arbeitgebern und Unternehmen getragene Institut der Deutschen Wirtschaft (IW) in Köln. Weder die Positionierung der INSM noch deren Finanzierung sind irgendwie kritikwürdig – im Gegenteil. Man muss aber diese Hintergründe kennen, wenn es um die inhaltliche Stoßrichtung der Organisation geht, denn diese ist bei Weitem nicht so neutral und unabhängig, wie man mit der Selbstdarstellung als »Denkfabrik« gern glauben machen will.

Im Juni 2016 stellte die INSM eine beim IW in Auftrag gegebene Studie vor, die sich mit den Auswirkungen der Digitalisierung beschäftigte. Man muss wissen, dass ungefähr zur gleichen Zeit im Ressort der damaligen Bundesarbeitsministerin Andrea Nahles (SPD) ein Weißbuch entstand, das sich unter dem Titel *Arbeit weiter denken* ebenfalls mit den Folgen der Industrie 4.0 beschäftigte. Offenbar fürchteten die Arbeitgeber, dass die sozialdemokratische Ministerin zum Schutz der bedrohten Arbeitsplätze unliebsame Regulierungen vorbereitete, die es schon im Vorfeld zu verhindern galt. Wenig überraschend kam dann die Studie der INSM zu dem Ergebnis, dass sich die Beschäftigten in Deutschland nicht vor der Digitalisierung der Arbeitswelt fürchten müssen. »Die Möglichkeit negativer Beschäftigungseffekte wird zwar immer wieder politisch thematisiert und diskutiert, wissenschaftlich lassen sich aber bisher keine Belege für diese Vermutung finden«, heißt es in der Zusammenfassung. Ausdrücklich wurde auch vor »voreiligen Regulierungsmaßnahmen« gewarnt: »Für politischen Aktionismus besteht keine Notwendigkeit«. Die Analyse zeige, dass sich »derzeit keine gravierenden Veränderungen in der Arbeitswelt abzeichnen«. Weder gebe es empirische Anhaltspunkte für die Ausbreitung von Solo-Selbstständigkeit, noch sei das »Phänomen der Crowdworker« relevant.

Man muss nur in die Statistik der Bundesanstalt für Arbeit schauen, um zu sehen, dass beide Behauptungen so nicht stimmen. Dennoch lautete das mit unerschütterlicher Gewissheit vorgetragene Fazit der »Studie«: »Arbeitgeber und Arbeitnehmer haben sich bislang gut an die Digitalisierung angepasst, und sie werden auch in Zukunft selber wissen, wie sie sich auf den weiteren digitalen Wandel einstellen müssen. Der Gesetzgeber wird vorerst nicht gebraucht. Die Politik wäre gut beraten, wenn sie ihre Rolle als Zuschauer akzeptiert ...«

Hier waren nicht nur ein paar politische Schamanen als Gesundbeter aktiv, sondern auch eine Lobby-Organisation mit einem recht dreisten Autonomieanspruch. So wie die meisten Verharmloser bewertete die INSM lediglich die bisherige Ausbreitung der Digitalisierung und blickte nicht weiter nach vorn. Gleichwohl erhebt man den Anspruch, jetzt schon zu wissen, dass in Zukunft alles nicht so schlimm wird und man die Dinge dann ohnehin unter sich ausmache.

Eine dreistere Beschwichtigung ist schwer vorstellbar. Die Aufforderung an die gewählte Bundesregierung, sich bei einem der brisantesten Zukunftsthemen herauszuhalten und bei der Digitalisierung auf der Zuschauerbank zu verharren, offenbart zudem ein recht grobes Demokratieverständnis.

Auch die Boston Consulting Group (BCG) hat im Laufe der vergangenen Jahre eine ganze Reihe von Studien zum

Thema Revolution 4.0 erstellt. Die meisten befassen sich mit dem Ausmaß des Produktivitätsfortschritts – eine entscheidende Frage für die BCG-Kunden in der Wirtschaft. Aber auch die Arbeitsplatzfrage steht im Mittelpunkt einer Studie, die Ende 2017 vorgestellt und breit zitiert wurde. Im Gegensatz zu anderen Untersuchungen wurde hier nicht nur zurückgeschaut, sondern auch ein Blick in die Zukunft geworfen. Einer der Kernsätze lautet: »Durch die Industrie 4.0 werden insgesamt mehr Jobs entstehen als verloren gehen.«

Das klingt erst einmal gut, aber die Wahrheit ist wie immer komplex: Die BCG-Leute haben sich 23 Branchen genauer angesehen und darin 40 sogenannte Stellenprofile definiert. Danach rechnen die Autoren der Studie bis zum Jahr 2025 mit dem Verlust von 610 000 Arbeitsplätzen in den untersuchten Industriebereichen. Wie viele Jobs in den anderen Sektoren wegfallen, ist nicht untersucht worden – der Anspruch auf ein vollständiges Bild ist also fraglich. Bei den wegfallenden Jobs handelt es sich nicht nur um die üblichen Verdächtigen, also um die einfachen Tätigkeiten, sondern ebenso um anspruchsvollere Arbeiten. »Auch Qualitätsjobs werden verschwinden«, heißt es bei BCG.

Entscheidend ist aber die gute Botschaft, und die lautet: Rund eine Million neue Stellen werden durch die Digitalisierung geschaffen. Natürlich entfällt der Löwenanteil dieser neuen Arbeitsplätze auf Menschen, die Computerwissenschaften studiert haben oder einen Abschluss in der Informationstechnologie vorweisen können. Ein Maschinenbaustudium oder eine betriebswirtschaftliche Ausbildung reicht nach Einschätzung der BCG-Autoren für ein Überleben in der neuen digitalen Arbeitswelt bei Weitem nicht mehr aus. Ohne »digitale Kompetenz« geht künftig gar nichts mehr. Das Problem an der Beschreibung der neuen Stellenprofile wird nicht verschwiegen: Die Arbeitgeber wissen zwar genau, wen sie in Zukunft brauchen (und wen nicht) – aber sie haben keine Ahnung, wo sie die hunderttausende IT-Experten und Computerfachleute hernehmen sollen. Rund 120 000 Absolventen dieser Fachrichtungen werden bis 2025 fehlen, heißt es in der Studie. »Strategische Personalplanung wird wichtiger sein als die Finanzplanung.«

Das ist bestimmt richtig (und sichert den Strategieplanern bei BCG auch künftig genügend Beratungsmandate). Der Kampf um die wenigen Talente stellt aber nicht nur die Personalchefs der Unternehmen vor große Probleme. Auch volkswirtschaftlich kann sich der Fachkräftemangel zu einer echten Wachstumsbremse entwickeln. Laut Expertenschätzungen könnte das jährliche Wirtschaftswachstum um bis zu 0,9 Prozent höher ausfallen, wenn genügend qualifiziertes Personal vorhanden wäre. Aktuell fehlen rund 400 000 Fachkräfte. Allein im Bereich der Informationstechnologie sind derzeit knapp 40 000 Stellen unbesetzt, außerdem werden zehntausende Ingenieure, Mathematiker und andere Naturwissenschaftler gesucht.

Auf der anderen Seite werden sehr, sehr viele Menschen ihre Arbeit verlieren; laut BCG rund 610 000 bis 2025, nach anderen Studien mehrere Millionen. Das Kernproblem des Arbeitsplatz-Saldos hat also zwei Seiten: Auf der einen Seite fehlen massenhaft Hochqualifizierte, weil die Demografie und lange Ausbildungszeiten uns einen Strich durch die Rechnung machen. Auf der anderen Seite weiß niemand, was wir mit der extrem hohen und schnell wachsenden Zahl von Digitalisierungsopfern anfangen sollen.

In der Verantwortung für eine Lösung stehen Wirtschaft und Politik gleichermaßen. Allerdings ist die Wirtschaft vor allem dann aktiv, wenn es um die Behebung des Fachkräftemangels geht; das Schicksal der Aussortierten kümmert die Unternehmen naturgemäß weniger. Für diese Menschen sind aus Sicht vieler Manager der Staat und die sozialen Sicherungssysteme zuständig; als Reparaturbetrieb ist die Politik immer noch gut genug.

Leider beschäftigen sich nur wenige Wirtschaftsführer mit der Frage, was nach einer Entlassung mit den betroffenen Menschen passieren soll. Der Horizont in den Unternehmen reicht in der Regel nur bis zum Kündigungstermin oder einem fertig verhandelten Sozialplan. Ist die Zahl der bedrohten Arbeitsplätze im Zuge einer digitalen Automatisierung besonders hoch, zieht man am ehesten noch eine Agentur für Krisenkommunikation hinzu.

Die wenigen darüber hinausgehenden Beiträge aus dem Management lassen sich nach Abzug aller Schlagwortpoesie und Chancenlyrik auf den Begriff »Weiterbildung« reduzieren. Dass aber nur die wenigsten Menschen aus dem einfachen und mittleren Tätigkeitsbereich in der Lage sind, die hohen Anforderungen einer komplexen digitalen Welt zu erfüllen, wird regelmäßig ausgeblendet. Nur wenige Unternehmen kümmern sich explizit um diese Leute. Immerhin versuchen manche Firmen, das Problem bei der Wurzel zu packen, das heißt bei jungen Leuten mit schlechten Schulergebnissen helfend einzugreifen. Mit einem speziellen Programm richtet sich zum Beispiel das Energieunternehmen Innogy gezielt an Schüler, die nach ihren bisherigen Noten keine Chance auf einen Ausbildungsplatz gehabt hätten und deren Abstieg schon vorgezeichnet schien. Doch über 1200 dieser Schüler ließen sich von dem Motto »Ich pack das!« motivieren. Rund 80 Prozent von ihnen konnten durch gezielte Hilfestellungen und eine Betreuung durch Mentoren eine Lehrstelle finden, ein Viertel davon hat Innogy sogar selbst ausgebildet.

Solche Aktionen sind vorbildlich, aber sie beheben nicht das Problem derjenigen, die 40 oder 50 Jahre und älter sind und es im digitalen Wandel nicht mehr schaffen, vom Buchhalter auf Webdesign oder Programmierer umzuschulen. Und die Zahl der Älteren steigt von Jahr zu Jahr, während der Anteil der Jungen im Arbeitsmarkt erkennbar zurückgeht.

Oft wird behauptet, dass auch eine Maschine, die den Menschen ersetzt, für neue menschliche Arbeit sorgen kann. Das betrifft zum einen die Frage, ob und wie weit die Investition in Roboter zu mehr Wachstum und damit zu neuen Jobs an anderer Stelle führen kann. Diesem Thema nähern wir uns am Ende dieses Kapitels. Zum anderen sind Roboter selbst ein riesiger Markt. Sie müssen gewartet, repariert und vor allem weiterentwickelt und gebaut werden. In diesem Milliardengeschäft der Zukunft werden entscheidende Weichen gestellt. Wer hier die Nase vorn hat, übernimmt zwangsläufig auch die industrielle Führerschaft in der Welt 4.0.

Und ja, hier an dieser Stelle ist auch die Zuversicht der digitalen Optimisten berechtigt: In diesem Sektor werden in der Tat die viel diskutierten neuen Jobs heranwachsen. Und hier besteht vielleicht auch die Chance, sogar noch einen Teil der heute vorhandenen Berufe in die digitale Zukunft hinüberzuretten – durch Weiterentwicklung und Anpassung der Abläufe und Anforderungsprofile. Manager wie der Siemens-Technik-Vorstand Roland Busch reden in diesem Zusammenhang gern vom »digitalen Kumpel«, der als eine Art »Intelligenzverstärker des Menschen« agieren werde.

Arbeit findet dieser »digitale Kumpel« allerdings nur in einer »industriellen KI«, also in der Kombination von künstlicher Intelligenz mit Domänenwissen, sagt Busch. Seiner Prognose nach wird sich die KI vom Handwerk über den Mittelstand bis in die Großkonzerne ausbreiten. Mit dieser Einschätzung ist der Siemens-Manager nicht allein – unabhängig von der Frage, ob dann die Job-Bilanz in ihrer Gesamtheit positiv ausfallen wird.

Fast alle Experten sagen eine geradezu fieberhafte Ausbreitung der künstlichen Intelligenz in den nächsten Jahren voraus. Die KI-Welle wird sehr schnell die gesamte Unternehmenswelt erfassen. Traditionelle Leistungsschauen der deutschen Wirtschaft wie die Industriemesse in Hannover künden von der KI bereits als Revolution in der Revolution. Ging es bis vor Kurzem noch vor allem um Daten und Vernetzung, so sind es nun intelligente und selbstlernende Systeme, die den nächsten Technologiesprung bringen. Damit einher gehen neue Produkte, neue Firmen, neue Absatzmärkte und neue Geschäfte, die bislang unbekannt waren oder als undenkbar galten.

Die entscheidende Frage lautet also, ob Deutschland seine heutige Stellung als größter Industrieausrüster der Welt auch in der vernetzten Wirtschaft mindestens halten, besser sogar erweitern kann. Nur dann können in diesem Bereich überhaupt neue Jobs entstehen.

Diese Frage ist sehr komplex und ihre Beantwortung hängt von vielen Faktoren ab. Eine Verteidigung des Status quo kann gelingen, wenn die entscheidenden Entdeckungen und Entwicklungen auf dem Gebiet der künstlichen Intelligenz künftig nicht alle in Kalifornien oder China gemacht werden, sondern zu einem erheblichen Teil auch in Deutschland. Voraussetzung dafür wiederum ist, dass der »Standort D« seinen guten internationalen Rang in der KI-Forschung behaupten kann.

Das Zentrum dieser weltweit anerkannten Wissenschaftsschmiede ist das Deutsche Forschungszentrum für Künstliche Intelligenz (DFKI). Dieses bereits 1988 gegründete und an vier Standorten verteilte Zentrum beschäftigt 900 Mitarbeiter und ist ein Public-Privat-Partnership-Projekt von drei Bundesländern und über zwanzig Unternehmen, darunter bekannte Namen wie SAP, Airbus und Bosch. Wie gut die Deutschen im DFKI sind, zeigt sich am brennenden Interesse der großen US-Internetkonzerne. Immer wieder versuchen die Hightech-Milliardäre aus dem Silicon Valley, die wichtigsten Köpfe des DKKI abzuwerben; angeblich gab es sogar schon den Versuch, das gesamte Institut zu kaufen und nach Kalifornien zu verlegen. Auch wenn das bisher zum Glück noch nicht gelungen ist, so zeigen diese Bemühungen, dass Deutschland wie so oft in der Technikgeschichte auch bei der KI durchaus führend ist, aber bis heute nicht in der Lage war, die Erfindungen seiner Pioniere auch in erfolgreiche Produkte und internationale Marktmacht umzusetzen.

Bislang haben die USA und China die Nase vorn. Deren milliardenschwere Internetkonzerne sind schneller beim Markteintritt und können zudem wesentlich mehr Geld aufbringen, um ein Produkt auch durchzusetzen. Allerdings ist der Kampf um die vorderen Plätze noch nicht endgültig entschieden. Es wäre sehr zu hoffen, dass es Deutschland zumindest bei der Verankerung der KI in der Industrie gelingt, weiter vorne mitzuspielen. Nicht weniger als die Zukunft der Exportnation Deutschland hängt davon ab – und damit die Frage, ob zumindest ein Teil der heutigen Mittelschicht ihren Wohlstand halten kann.

Gemessen an der Bedeutung dieses Themas ist dazu in der Politik bislang nur wenig zu hören, was über das Niveau einer Schlagwortdiskussionen hinausgeht. Aufregerthemen wie Asyl, Islam oder Burka sorgen für weitaus mehr Titelzeilen und politische Aufmerksamkeit.

Eine Ausnahme bildet das bereits erwähnte Weißbuch der damaligen Bundesarbeitsministerin Andrea Nahles. Die SPD-Politikerin beschäftigte sich ausführlich mit der »Arbeit 4.0«. Aber ihr Vorstoß blieb nach einer kurzen Debatte im Jahr 2016 weitgehend unter dem Radar der öffentlichen Wahrnehmung. Das ist nicht nur der medialen Dominanz der damaligen Flüchtlingskrise geschuldet. Die schwache Wahrnehmung des Weißbuchs liegt auch an seiner Mehrdeutigkeit. Das 234 Seiten lange Werk entstand wie üblich in einem breiten Dialog mit Gewerkschaften, Arbeitgebern, Wissenschaftlern, Unternehmen und Verbänden. Das Ergebnis ist ein typisches Produkt der deutschen Konsensdemokratie; vermittelnd nach allen Seiten, gespickt mit »einerseits« und »andererseits« und so geschrieben, dass sich fast jeder darin wiederfinden kann. Gemeinsam ist zudem allen Beteiligten die professionelle Zuversicht; niemand aus dem Kreis der mitwirkenden Organisationen hat ein Interesse daran, die spürbar vorhandene Unsicherheit der Menschen noch zu vergrößern. Entsprechend harmlos fällt die Prognose zum Arbeitsmarkt aus: Im Jahr 2030 wird es lediglich 23 000 weniger Jobs geben als heute, glauben die Autoren.

Interessant ist, wer nach Einschätzung des Bundesarbeitsministeriums zu den Verlierern und Gewinnern der Digitalisierung zählen wird, wer aufsteigt oder absteigt. Verlieren werden laut Weißbuch vor allem Beschäftigte aus den Sektoren Öffentliche Verwaltung, Maschinenbau, Hotel- und Gastgewerbe sowie Metallerzeugung und -bearbeitung. Profitieren werden dagegen Beratungsberufe, Gesundheits- und Sozialwesen sowie Betreuung. Dieses Ergebnis stimmt nur sehr grob mit den Prognosen anderer Untersuchungen überein. Den drittstärksten Zuwachs verzeichnet laut Weißbuch beispielsweise der Sektor Jobvermittlung und Organisation von Leiharbeit. Mehr als eine Viertelmillion Jobs sollen allein in diesem Bereich entstehen; eine Zahl, die mehr als zweifelhaft ist. In keiner anderen Studie zur Verschiebung von Beschäftigungsfeldern wird dieser Berufsgruppe eine derartige Bedeutung zugemessen.

Das größte Plus von 425 000 Arbeitsplätzen sehen die Autoren des Weißbuchs in dem Bereich »sonstige Unternehmensdienste«; eine angesichts der Größe ziemlich schwammige Beschreibung. In anderen Studien, etwa vom Fraunhofer-Institut für Arbeitswirtschaft und Organisation (IAO) in Stuttgart, werden diese neuen Dienstleistungen und ihre Anforderungsprofile konkreter beschrieben. Als einer der »Gewinner-Berufe« der digitalen Zukunft gilt etwa der Data Scientist. In diesem Berufsbild vereinigen sich zahlreiche Kompetenzen, um unterschiedlichste Aufgaben zu bewältigen. Der Datenwissenschaftler ist eine Art Mischwesen aus Hacker, Analyst, Kommunikator und vertrauenswürdigem Berater mit großem Wissen. Entscheidend für diesen Topjob in der neuen Arbeitswelt 4.0 sind nach Einschätzung der Berufsforscher die Fähigkeit zu programmieren, eine hohe Affinität zu Statistik und Mathematik, wissenschaftliche Experimentierfreude, aber auch ein tiefes Verständnis für den Kontext des Geschäftsmodells, aus dem die zu verarbeitenden Daten stammen. Man ahnt beim Lesen schon, dass nur ein kleiner Teil der heutigen Beschäftigten diese Qualifikationen besitzt oder in der Lage sein wird, sich entsprechende Fähigkeiten im Rahmen einer Umschulung anzueignen. Insofern ist das Buzzword »Weiterbildung« zwar richtig, aber ebenso theoretisch wie wirklichkeitsfremd.

Erheblichen Raum nehmen in dem Weißbuch *Arbeit 4.0* der Bundesregierung sozialpolitische Fragestellungen ein. Vorgeschlagen wird zum Beispiel ein »Wahlarbeitszeitgesetz«, das den Beschäftigten in der digitalen Welt der Zukunft mehr Möglichkeiten bei der Wahl von Arbeitszeit und Arbeitsort bietet. Ferner sollen die Selbstständigen, deren Zahl nach den Prognosen erheblich steigen wird, in die gesetzliche Rentenversicherung einbezogen werden. Nicht zuletzt wird ein »Persönliches Erwerbstätigenkonto« vorgeschlagen, das alle Berufsanfänger erhalten sollen und das die »Eigenverantwortung der Beschäftigten stärken« soll. Der

Staat könnte, so die Idee, dieses Konto mit einem Guthaben ausstatten, das jeder Arbeitnehmer während seines Erwerbslebens für Weiterbildung, Existenzgründung oder einen flexiblen Ruhestand nutzen dürfte. Angesichts der ungleich verteilten Startchancen in der Gesellschaft könnte durch eine Staffelung des Guthabens außerdem noch für mehr Gerechtigkeit gesorgt werden: Alle, die kein vom Steuerzahler finanziertes Studium genossen haben, sollten zum Ausgleich ein höheres Startguthaben erhalten.

Man kann über alle diese Vorschläge (und deren Finanzierung) sicherlich lange diskutieren – gemeinsam ist ihnen aber, dass sie bis heute nur auf dem Papier stehen. Zwar versichert auch die neue Bundesregierung, dass sie die Gedanken des Weißbuchs weiterhin verfolge, aber entsprechende Maßnahmen kommen nur langsam in Gang. Auch der im November 2018 vorgestellte »Masterplan künstliche Intelligenz« besteht erst einmal aus vielen Absichtserklärungen. Die Finanzierung der zahlreichen Maßnahmen ist noch ebenso offen wie die konkrete Umsetzung an den Forschungseinrichtungen.

Dieser Befund passt leider zum generellen Umgang der Politik mit dem Zukunftsthema Digitalisierung: Es wird – wenn überhaupt – nur punktuell behandelt und dann entweder verharmlost oder mit folgenlosen Vorschlägen garniert.

Eine der beliebtesten Beruhigungspillen zum Angstthema »Mensch gegen Maschine« ist der Hinweis, dass auch computergesteuerte Roboter nicht alles können. Es werde, so die Versicherung, immer noch genug Arbeit für den Menschen übrig bleiben. Einer dieser Positivpropheten aus dem Lager der digitalen Optimisten heißt Sven Behnke und zählt zu den renommiertesten Roboterforschern Deutschlands. »Die menschliche Hand ist dem Roboter noch immer überlegen«, sagt Behnke, vergleichbare Fähigkeiten könne auch künftig kein Roboter aufweisen. Zudem gebe es ökonomisch hohe Hürden für deren Einsatz. »Menschliche Arbeit ist häufig preiswerter als die Anschaffung eines Roboters.«

Diese Rechnung stimmt – allerdings nur für Arbeiten im Niedriglohnsektor. Das Beispiel der einzig verbliebenen menschlichen Servierkraft im ansonsten vollautomatischen Schnellrestaurant am Flughafen Boston steht da für viele andere. Behnke und sein Team von der Uni Bonn haben schon viele Preise gewonnen, aber als Trost taugen ihre Erkenntnisse nicht. Natürlich sind Servierkellner oder Zimmermädchen im Hotel wegen ihrer geringen Löhne billiger als jeder Roboter. Aber für überflüssige Buchhalter in traditionellen Banken ist diese alternative Berufsperspektive nicht besonders erfreulich.

Zweifelhaft ist schließlich auch die Einschätzung, dass Roboter nicht alles können. Ein Blick auf die bisherigen Erfolge der Robotertechnik zeigt, dass die Automatisierung des Geistes erstaunliche Fortschritte macht und mit hoher Geschwindigkeit unaufhaltsam voranschreitet. So ist die künstliche Intelligenz bereits in der Lage, die Absichten, Gefühle und Kommunikation von Menschen zu erkennen und zu deuten. Übertragen auf Berufsfelder bedeutet das je nach Sichtweise eine Gefahr oder Unterstützung für Menschen, die heute noch in den Bereichen Kundenservice, Marketing oder Social-Media-Analyse arbeiten. Weil Roboter inzwischen auch sehen können, erkennen sie Objekte, Gesichter und Strukturen in Videoaufzeichnungen. Das ist wichtig für die Qualitätskontrolle, für Sicherheit und Überwachungsaufgaben sowie für die Gesichtserkennung.

Einen Durchbruch gibt es auch in der maschinellen Spracherkennung und Sprachanalyse. Die Computer können gesprochene wie geschriebene Sprache lesen und beliebig weiterverarbeiten. Dadurch können Chatbots, also

Service-Roboter, künftig Menschen bei den vielfältigsten Dienstleistungen ersetzen. Das gilt nicht nur für die Telefonauskunft oder die klassische Textverarbeitung, sondern auch für Übersetzungen oder die normale Kundenarbeit in Bankfilialen oder Versicherungsunternehmen. Die fortschreitende mathematisch-logische Intelligenz der Computer führt dazu, dass Zusammenhänge in Daten automatisch erkannt und Prozesse selbstständig optimiert werden. Die vorausschauende Wartung und Reparatur von Maschinen ist bereits Wirklichkeit und ersetzt schon manchen Monteur. Auch Marktprognosen im Vertrieb und Marketing oder finanzielle Risikobewertungen bei der Vermögensverwaltung und dem Kreditgeschäft sind bereits Realität und dringen immer mehr in die entsprechenden Unternehmen vor. Maschinelles Hören, das Erkennen von Sprache und Musikstücken und die Fähigkeit der Roboter, sich in ihrer Umgebung zu orientieren, sind ebenfalls schon Teil der fortschreitenden Automatisierung des Geistes.

Seitdem es 1997 der ersten Maschine gelungen ist, einen Großmeister im Schach zu schlagen, reißen die Siege des Computers über den Menschen nicht mehr ab: 2013 erkannten Computer das Alter von Menschen, 2014 schätzten sie ihren Charakter auf Facebook-Profilen ein, 2015 erkannten sie Objekte auf Fotos, 2016 konnten sie Lippen lesen, Auto fahren und die Meister des chinesischen Brettspiels Go besiegen. Eine bedeutende Stufe wurde 2017 erklommen: Seitdem können Computer selbstständig *machine learning codes* schreiben, was sie auch in die Lage versetzt, meisterhaft Poker zu spielen. Ein letztes Beispiel: Im Jahr 2018 gelang es dank künstlicher Intelligenz, Stimmen aus Umgebungslärm zu filtern und zu erkennen. So viel nur zu der Behauptung, dass Roboter nicht alles können ...

Das nächste Feld auf dem Schachbrett der digitalen Innovationen berührt die Grenze des Unvorstellbaren: die Verbindung von digitaler und menschlicher Intelligenz, mithin das Vordringen des Computers in unser Gehirn. Die großen Technologiekonzerne aus dem Silicon Valley arbeiten bereits daran. Sie wollen das menschliche Gehirn zur neuen Eroberungszone ihrer unternehmerischen Aktivitäten machen. Das menschliche Gehirn soll durch Technik verbessert werden. Unmöglich ist das nicht, wie schon erste Erfolge in der Medizin beweisen. So gelingt es beispielsweise, über eine Computer-Hirn-Schnittstelle zu sogenannten Locked-in-Patienten vorzudringen, also zu Menschen, die in ihrem Körper gefangen sind. Ihr Gehirn funktioniert, aber sie können weder sprechen noch sich bewegen.

Die Erfolge dieser neurotechnologischen Entwicklungen oder neudeutsch »Brainhacking« sind beeindruckend. Und wie immer, wenn der Mensch eine Entdeckung macht, will er nicht stehen bleiben, sondern seine Erkenntnisse ausweiten. Und so soll auch die Neurotechnologie nicht auf die Medizin und kranke Menschen beschränkt werden, sondern auch gesunde Hirne erreichen und verbessern. Die Journalistin und Kommunikationswissenschaftlerin Miriam Meckel hat diesem Optimierungswahn ein spannendes Buch gewidmet. *Mein Kopf gehört mir. Eine Reise durch die schöne neue Welt des Brainhacking* lautet der Titel.

Die Manipulation des Gehirns und seine digitale Verknüpfung mit dem Computer ist nicht eine verrückte Idee verschrobener Wissenschaftler, die in einem versteckten Frankenstein-Labor heimlich an einer digitalen Mensch-Maschine basteln. Vielmehr reift das Brainhacking im Silicon Valley bereits zum Geschäftsmodell heran. So hat Facebook 2018 ein Projekt vorgestellt, mit dem es möglich werden soll, Nachrichten direkt ins Smartphone zu denken. »Wir arbeiten an einem System, das es euch erlauben wird, direkt aus eurem Gehirn heraus zu tippen, und zwar fünfmal so schnell, wie ihr heute auf euren Telefonen tippen könnt«, schrieb Facebook-Chef Mark Zuckerberg 2017 in einem Blogpost. Was viele nicht wissen: Das Schreiben per Gehirn geht schon heute, aber deutlich langsamer. Für wenige Worte braucht man oft ein paar Minuten. Doch dieses Schneckentempo ist offenbar Vergangenheit. Einhundert Wörter pro Minute soll das Facebook-Gerät leisten können, das man außen am Kopf anlegt, um die neuronalen Signale des Gehirns auszulesen und in Text zu verwandeln.

Was dem einen als bedrohliche Frankenstein-Utopie erscheinen mag, ist für Elon Musk eine Frage des Überlebens. Der Multi-Erfinder und Hightech-Unternehmer fordert eine Symbiose von kollektiver Humanintelligenz und künstlicher Intelligenz. Nur dann, so sagte Musk bei einer Rede auf einem Technikfestival in den USA, könne die Menschheit sich gegen die superintelligenten Computer behaupten und ihr Schicksal selbstbestimmt in der Hand halten. Ob Apokalypse oder reale Zukunft – Musk glaubt jedenfalls so sehr an diese Vision, dass er bereits viel Geld in die Neurotechnologie investiert hat. In seiner Firma »Neuralink« wird an der Entwicklung eines Implantats gearbeitet, mit dem sich das Gehirn an einen Computer anschließen lässt.

Elon Musk ist nicht der Einzige. Derzeit arbeiten weltweit mehr als dreißig Unternehmen an neurotechnischen Forschungsprojekten. Dabei wird es nicht bleiben. Der globale Markt der Neuroindustrie wird seriösen Schätzungen zufolge in zehn Jahre bereits einen Umfang von 30 Milliarden Dollar haben. Ziel der Forschung ist die Erweiterung und Übertragung der menschlichen Denkfähigkeit durch eine direkte Verschaltung auf den Computer. Dazu bedarf es einer beherrschbaren Neurostimulation, Neuromodulation und der Entwicklung von Schnittstellen zwischen Gehirn und Computern.

Ungewiss ist, was dann eines Tages am Ende dieser manipulativen Technik stehen wird. Der moderne Mensch akzeptiert keine Grenzen mehr. Weder eine göttliche Ordnung noch Ethik oder Moral haben im Laufe der Geschichte zu einer dauerhaft funktionierenden Selbstbeschränkung geführt, wie zahlreiche Beispiele zeigen. Im Mittelalter schreckte die Angst vor einem teuflischen Abgrund am Rande der als Scheibe vorgestellten Welt die Seefahrer nicht davon ab, einfach immer weiter in den Horizont zu segeln – die Neugier und Abenteuerlust waren stärker. Auch die Entdeckung des Atoms wurde von den Menschen so lange vorangetrieben, bis es eine funktionsfähige Bombe gab. Dem geklonten Tier wird irgendwann der reproduzierte Mensch folgen – in China wurden im November 2018 die ersten genveränderten Designbabys geboren. Und was aus uns Normalbürgern der Mittelschicht wird, wenn wir alle irgendwann Chips im Körper tragen und per Gehirn-App von Maschinen gesteuert werden können, will man sich gar nicht ausmalen.

Armin Grünwald, Philosophie-Professor am Karlsruher Institut für Technologie, sieht im Brainhacking bereits eine Grenzüberschreitung. »Wir akzeptieren uns Menschen nicht mehr als ein von der Evolution oder von Gott oder von wem auch immer geschaffenes Wesen«, sagt er. »Wir verändern uns – und zwar absichtlich.« Es gebe weder Grenzen noch eine regelnde Instanz, die global geltende Stoppschilder aufstellen könnte, stellt der Technikphilosoph fest. Nationale Politiker seien machtlos, und eine Weltregierung gibt es nicht. Mehr als je zuvor folge die Welt im digitalen Zeitalter den Regeln des globalen Kapitalismus. »Der basiert auf Wettbewerb, und Wettbewerb spricht dagegen, bewusst auf manchen Fortschritt zu verzichten. Das ist eine dominante Kraft«, sagt Grünwald. »Es gibt eine globalisierte Wirtschaft, aber keine globalisierte Institution, die Grenzen und Standards setzen könnte. Im Gegenteil, die Apologeten des Fortschritts treiben uns mit ihrem Technikdeterminismus immer weiter voran.« Danach werden technische Entwicklungen wie Naturgewalten behandelt. Sie kommen über uns, und man kann nichts dagegen machen – außer sie zu akzeptieren.

Nun wird niemand bestreiten, dass selbst eine so unheimliche Entwicklung wie die Neurotechnologie auch positive Seiten haben kann. Die Kommunikation der Menschheit stünde vor einer neuen Dimension. Auch zahlreiche Krankheiten ließen sich wohl wesentlich erfolgreicher bekämpfen als heute. Und natürlich schafft diese Technik – unabhängig von philosophischer oder ethischer Betrachtung – auch neue Arbeitsplätze, und sei es nur im absoluten Spitzenbereich von Informatik, Ingenieurwissenschaften, Biologie und Medizin.

Entscheidender für die Gesamtwirtschaft und die Jobbilanz ist jedoch die Frage, ob durch die künstliche Intelligenz und Neurotechnik auch ein signifikanter Wachstumsschub ausgelöst werden kann. Die großen technischen Umwälzungen seit Beginn der Industrialisierung haben trotz großer Arbeitsplatzverluste in Teilbereichen immer einen positiven Saldo aufweisen können. Der Grund: Sie erzeugten stets so viel Wachstum, dass unter dem Strich mehr neue Jobs entstanden, als alte wegfielen. Und selbst wenn das in der digitalen Zukunft nicht mehr gelingen kann, so wird ein deutlich höheres Wachstum schon allein deshalb gebraucht, weil die Regierungen viel Geld aufwenden müssen, um die sozialen Reparaturkosten der Digitalisierung zu finanzieren und gesellschaftliche Verteilungskonflikte nicht ausufern zu lassen.

Nun ist es mit Prognosen so eine Sache, vor allem mit Vorhersagen über das künftige Wirtschaftswachstum. Niemand Geringeres als der weltberühmte Ökonom John

Maynard Keynes war schon 1930 inmitten der Weltwirtschaftskrise der festen Überzeugung, dass in Zukunft das größte Problem der Menschheit darin bestehen werde, ihre Freizeit sinnvoll auszufüllen. Keynes sah die vielen technischen Neuerungen seiner Zeit, dachte hundert Jahre voraus und behauptete, dass 2030 dank gewaltiger Produktivitätsfortschritte die Menschheit von allen wirtschaftlichen Sorgen befreit sein würde. Niemand müsse im 21. Jahrhundert mehr als drei Stunden pro Tag oder 15 Stunden in der Woche arbeiten, um seine Wünsche erfüllen zu können, glaubte Keynes.

Nicht ganz so euphorisch, aber ebenfalls zuversichtlich zeigten sich 2017 die Volkswirte der Unternehmensberatung Price Waterhouse Coopers (PwC), auch wenn ihr Prognosezeitraum deutlich kürzer ausfiel als der von Keynes. Die PwC-Leute kamen in ihrer Studie zu dem Ergebnis, dass die künstliche Intelligenz das Wachstum in den nächsten Jahren deutlich stimulieren wird. Bis 2030 könne die KI eine zusätzliche globale Wertschöpfung in Höhe von 1500 Milliarden Dollar auslösen, schreiben die Experten der Unternehmensberatung. Weil künftig kaum ein Produkt wettbewerbsfähig sein werde, das nicht mit Chips und KI-Komponenten ausgerüstet ist, sei das Wachstum praktisch im Kern angelegt. Und da die Technik bis in alle Sektoren der Volkswirtschaft hineinreiche, werde sie wie ein Wachstumstreiber für die gesamte Wirtschaft wirken.

Ganz anderer Meinung ist der US-Ökonom Robert J. Gordon. Der Wissenschaftler gilt als einer der führenden Experten auf dem Gebiet der Produktivitätsforschung. Seinen Berechnungen zufolge gibt es seit 2005 kaum noch Produktivitätsfortschritte in der Wirtschaft. Nach einem steilen Anstieg in den späten Neunzigerjahren herrsche jetzt weitgehend Stagnation vor. Gordon argumentiert, dass sich die Arbeitsweise in den Büros durch die Einführung der

Computer von 1970 bis 2000 zwar enorm stark verändert habe. Danach aber sei nicht mehr viel passiert. Die Transformation zum modernen Büro sei mit der Einführung der Flachbildschirme 2005 im Wesentlichen abgeschlossen; jedenfalls habe es danach keine echten Veränderungen der Arbeitsweisen und dementsprechend auch keine Fortschritte mehr bei der Produktivität gegeben. Einen Stillstand konstatiert Gordon auch im Finanz- und Bankensektor. Zwar sorgte die Informationstechnologie für Verbesserungen wie den Geldautomaten oder den Hochfrequenzhandel an den Börsen. Seit diesen Phänomenen der Achtziger- und Neunzigerjahre habe sich aber nicht mehr viel getan, meint Gordon. Trotz Geldautomaten und künstlicher Intelligenz unterhalten die US-Banken nach wie vor ein System von 97 000 Bankfilialen, von denen viele die meiste Zeit leer seien. Die künstliche Intelligenz sieht Gordon noch ganz am Anfang. Die neuen Computertechnologien würden bislang nur an der Seite des Menschen funktionieren – diesen aber nicht ersetzen. Dementsprechend gering seien Rationalisierungseffekte und Produktivitätswachstum.

Ob Gordon mit seinen Einschätzungen recht behält, mag man angesichts der Geschwindigkeit der digitalen Entwicklung bezweifeln. Er scheint den exponentiellen Faktor der Digitalisierung ebenso zu unterschätzen wie einst der indische Fürst die Verdopplung der Reiskörner auf dem Schachbrett. Die US-Ökonomen Erik Brynjolfsson und Andrew McAfee sehen zwar auch die von Gordon beschriebene Verzögerung. Sie glauben aber, dass technische Innovationen erst mit beachtlicher zeitlicher Verzögerung durchschlagen, dann aber mit hohem Tempo.

Diese »Verzögerung« hält allerdings schon ziemlich lange an. Seit etwa zwei Jahrzehnten sinkt in allen entwickelten Industriestaaten das Produktivitätswachstum. Das gilt nicht nur für den Industriesektor, sondern erstaunlicherweise auch für die Kommunikation, Information und das Finanzwesen – mithin also in Bereichen, in denen aufgrund der zahlreichen digitalen Innovationen eigentlich besonders deutliche Steigerungen der Produktivität zu erwarten gewesen wären. In Deutschland beispielsweise ging das gesamtwirtschaftliche Produktivitätswachstum je Arbeitsstunde von 1,87 Prozent im Jahr 1995 auf 0,58 Prozent 2015 zurück. Und das, obwohl der technologische Wandel voranschritt, das Bildungsniveau stieg und sich die Unternehmen immer stärker in die globalen Wertschöpfungsketten integrierten. Nicht nur die OECD, auch die Zunft der Makro-Ökonomen stand vor einem Rätsel. Robert Solow, der für seine bahnbrechenden Beiträge zur Wachstumstheorie mit dem Nobelpreis geehrt wurde, wies als einer der Ersten auf dieses Paradoxon hin, das seither mit seinem Namen verbunden wird und als Solow-Paradoxon in die Wirtschaftswissenschaft einging.

Ob sich also am Vorabend der digitalen Verwandlung der Welt wirklich ein neuer Wachstumsschub ankündigt oder ob sich das Solow-Paradoxon noch eine Weile fortsetzen wird, ist nicht entschieden. Der bisherige Verlauf deutet eher darauf hin, dass man mit allzu großer Wachstumseuphorie schnell danebenliegen kann. Einen interessanten neuen Aspekt brachte Bert Rürup in die Diskussion ein. Der frühere Vorsitzende des Sachverständigenrats und heutige Präsident des Handelsblatt Research Institut wies 2018 in einem Aufsatz darauf hin, dass die noch aus analoger Zeit stammende amtliche Statistik für das schwache Produktivitätswachstum verantwortlich sein könnte. Die volkswirtschaftliche Gesamtrechnung könne den Ersatz teurer analoger Produkte (Lexika) durch kostenlose digitale Produkte (Wikipedia) nicht richtig messen, schrieb Rürup. Das gelte auch für App-basierte neue Geschäftsmodelle wie Uber, die kostenlosen Such- und Bewertungsportale oder die Share

Economy. Da die amtliche Statistik auf einem Messsystem beruhe, das auf Zahlungen und Preise abstelle, werde der ökonomische Nutzen kostenloser Onlinedienste gesamtvolkswirtschaftlich nicht ausreichend erfasst, so die These.

Rürup, der immer noch zu den bekanntesten Ökonomen Deutschlands zählt, wies ergänzend auf eine Schätzung des MIT hin, wonach kostenlose Onlinedienste wie Facebook, Google oder Wikipedia für die Verbraucher einen Nutzen von rund 300 Milliarden Dollar pro Jahr haben – ein Betrag, der ebenfalls in keiner volkswirtschaftlichen Statistik auftaucht. Rürup spricht mit Blick auf die bisherigen Wachstumserwartungen der Digitalisierung zwar von einer »großen Ernüchterung«. Im Gegensatz zum US-Ökonomen Robert Gordon glaubt er aber daran, dass die digitale Revolution ihre Wirkung erst noch entfalten werde – und dann sogar »ein gewaltiges ökonomisches Potenzial« in sich birgt.

Das bestreitet auch der Technikphilosoph Armin Grünwald nicht. Der Professor vom Karlsruher Institut für Technologie beklagt aber eine generelle Schieflage in der Digitalisierungsdebatte. »Leider herrscht in unserer Gesellschaft oft ein naives Fortschrittsdenken vor«, sagte Grünwald in einem Gespräch mit der *Süddeutschen Zeitung*. »Das wird vor allem davon angetrieben, dass die deutsche Wirtschaft stark vom Maschinenbau abhängig ist, also auch vom Export solcher Roboter. Entsprechend wird in Kauf genommen, dass ganze Bevölkerungsgruppen aus dem Modell herausfallen können.« Die, deren Jobs wegfallen, sind nicht diejenigen, die für die neuen Arbeitsplätze qualifiziert sind, prognostiziert auch Grünwald. »Da droht uns ein großes soziales Problem.« In der öffentlichen Debatte werde aber immer so getan, als wäre das Ganze eine Win-win-Situation. »Über die Verlierer redet man halt nicht gern. Das ist Teil unserer verdrängten gesellschaftlichen Realität.«

5. Die Plattformökonomie

Zerstörer mit beschränkter Haftung

Die erste Stellenanzeige, die das Unternehmen Amazon veröffentlichte, endete mit großen Worten: »Es ist einfacher, die Zukunft zu erfinden, als sie vorauszusehen.« Der Satz stammt zwar ursprünglich von dem Informatiker Alan Kay, aber es ist kein Zufall, dass Amazon ihn übernahm – schließlich gibt es keine bessere Formulierung für die Firmenphilosophie des größten Onlinehändlers der Welt. Anders formuliert könnte es auch heißen: Die Zukunft ist das, was man daraus macht. In der Plattformökonomie muss man der Erste sein, schnell wachsen, die Standards setzen und auf diese Weise andere zwingen, einem zu folgen.

Nichts anderes tut Amazon. Tag für Tag erobert der Konzern neue Märkte und übernimmt Geschäftsmodelle oder ganze Firmen. Der Umsatz steigt unaufhörlich, es scheint keine Grenzen mehr zu geben. Der ungebremste Expansionsdrang lässt tausende Händler und Produzenten zittern, weil sie Amazons Marktmacht fürchten. Am anderen Ende der Kette jubeln die Aktionäre. Anfang September 2018 stieß der Konzern in eine neue Dimension vor, als er beim Börsenwert die magische Grenze von einer Billion Dollar überschritt – nur Apple ist bislang noch wertvoller. Dahinter steckt ein explosionsartiges Wachstum: Wer 1997 beim Börsenstart 2000 Dollar investiert hat, ist heute Millionär – und hat gute Chancen, es zu bleiben, denn die Prognosen der Analysten für Amazon klingen geradezu euphorisch. Allein im zweiten Quartal 2018 lag der Gewinn von Amazon bei 2,5 Milliarden Dollar.

Der ökonomische Erfolg hat allerdings Schattenseiten. Tausende Unternehmen, darunter viele kleine und mittelständische Firmen, wurden durch Amazon zerstört. Führende amerikanische Zeitungen, die bei sozialökonomischen Fragen sonst nicht besonders zimperlich sind, prangerten in langen Artikeln die rüden Geschäftsmethoden und die schlechten Arbeitsbedingungen des Handelsgiganten an. Im Januar 2018 wurde bekannt, dass zehn Prozent der Amazon-Mitarbeiter in Ohio für die staatliche Lebensmittelhilfe qualifiziert sind, die Menschen unterhalb der Armutsgrenze hilft. Auch die zunehmende Verdrängung von Fachgeschäften und die damit einhergehende Verödung der Innenstädte wird Onlinehändlern wie Amazon angelastet. Das Ausmaß der Verdrängung ist umstritten, aber die Umsätze im Internet sind ein Spiegelbild der Geschäfte, die dem Einzelhandel durch das Onlineshopping entgehen.

Dennoch: Wenn es ein herausragendes Beispiel gibt für die umwälzende und zerstörerische, aber auch unglaublich erfolgreiche Wirkung der Plattformökonomie, dann ist es die Geschichte von Amazon und seinem rastlosen Gründer Jeff Bezos.

Der Triumphzug des hochbegabten Princeton-Absolventen begann 1994 äußerst unspektakulär in einer Garage in Bellevue, einem Vorort von Seattle. Der Mann mit der Glatze und den lebhaften braunen Augen verkaufte Bücher, die er auf seiner Internetseite amazon.com als preisgünstiges Angebot präsentierte. Da es in den USA keine Buchpreisbindung gibt, konnte er seine Wettbewerber leicht unterbieten. Das Risiko dieses Geschäftsmodells war überschaubar. Im Gegensatz zum traditionellen Buchhandel brauchte Bezos weder ein teures Geschäftslokal anzumieten noch geschultes Personal zu bezahlen. Auch die Ladenöffnungszeiten konnten ihm egal sein – *amazon is always online*. Die Investitionen waren zu Beginn noch vergleichsweise gering; das Erstellen einer Internetplattform verschlingt keine großen Summen. Außerdem war Bezos nicht auf einen Standort beschränkt, sondern konnte die Bücher im World Wide Web bis in den hintersten Winkel der USA verkaufen. Das klassische Risiko der Produzenten und Händler, auf ihrer Ware sitzen zu bleiben, trug er ebenfalls nicht. Erst wenn das Geld der Besteller auf dem Amazon-Konto eingetroffen ist, werden die gewünschten Bücher bei den einzelnen Verlagen geordert. Kein Wunder, dass dieses Geschäftsmodell so viele Nachahmer fand: Das weltweite Plattform-Business ermöglicht unbegrenzte Umsätze – bei äußerst beschränkter Haftung.

Bezos, mit einem Vermögen von geschätzten 200 Milliarden Dollar inzwischen der reichste Mann der Welt, hatte erkannt, wie er aus der Bequemlichkeit der Menschen Profit schlagen konnte. Warum extra in die Stadt fahren, um ein Buch zu kaufen? Das ging doch viel einfacher im Internet!

Das Einkaufen per Klick war natürlich nicht Bezos' eigene Erfindung. Aber kein anderer hat das Onlineshopping zu einem solchen Erfolg geführt wie der Amazon-Gründer. Was ihn bis heute von allen anderen Firmen dieser Branche unterscheidet, ist sein unermüdlicher Expansionsdrang. Bezos gab sich nicht mit dem Verkauf von gedruckten Büchern zufrieden, sondern er stieg in die gesamte Wertschöpfungskette des Verlagsgeschäfts ein. Er erweiterte sein Sortiment um gebrauchte Bücher, nahm Zeitschriften und Magazine hinzu und brachte im Jahr 2007 schließlich das elektronische Lesegerät Kindle auf den Markt. Damit entfiel für ihn nicht nur das aufwendige Versenden gedruckter Bücher und Magazine; mit dem Kindle wurden auch die beiden größten Kostenfaktoren im traditionellen Verlagsgeschäft obsolet, nämlich das Drucken und das Vertreiben der Bücher im analogen Handel. Entsprechend hoch ist beim Kindle die Profitspanne für Amazon.

Doch auch dabei blieb es nicht. Mittlerweile stellt Amazon eigene Tablets und Smartphones her und natürlich auch die Kindle-Software, die den Vertrieb auf Android- und Apple-Geräten ermöglicht. Außerdem ist Amazon heute selbst als Buchverleger und Produzent für Spielfilme und Fernsehserien aktiv. Quasi als Hobby legte sich Bezos 2013 noch die einflussreiche *Washington Post* zu und ist seitdem auch Zeitungsverleger – übrigens dank ausgefeilter Onlinestrategie ein ökonomisch erfolgreicher, was die meisten anderen Tageszeitungsverleger in den USA nicht von sich behaupten können.

Das größte Missverständnis wäre es, Amazon ähnlich wie Google oder Apple als Internetunternehmen zu bezeichnen. Amazon ist lediglich ein Händler auf einer digitalen Plattform. Er bedient die analogen Konsum- und Unterhaltungsbedürfnisse der Menschen und macht sich dabei als daten- und technikgetriebener Unternehmer die Mittel des Internets zunutze – dies allerdings mit den Methoden der Piraten. Amazon manövriert nah an ein analoges Schiff heran und kapert es dann, indem entweder ein Teil der Wertschöpfungskette oder gleich das ganze Geschäft übernommen wird.

Die Verlage und Buchhändler waren die ersten Opfer, was auch Bezos indirekt einräumt. »Was den Buchhändlern passiert«, sagte er einmal, »ist nicht Amazon. Es ist die Zukunft.« So unsympathisch der Spruch klingt – er stimmt. Einkaufen per Internet und Lesen auf kleinen, mobilen Bildschirmen ist eine neue Wirklichkeit, und sie gilt auch für das alte Kulturgut Buch. Entweder man erkennt, akzeptiert und nutzt diese neuen Realitäten – oder andere tun es. Ich habe mich oft gefragt, warum die Verlage und Buchhändler in den USA und vor allen Dingen in Deutschland nicht auch auf die Idee gekommen sind, ihr eigenes Amazon zu gründen, also ein gemeinsames Onlinekaufhaus für alle ihre Bücher zu eröffnen. Man hätte sich leicht einig werden können, denn die gesamte Branche ist im Börsenverein des Deutschen Buchhandels organisiert. Wahrscheinlich hätte die Entwicklung einer entsprechenden Internetplattform weniger gekostet als die vielen Prozesse, die man später gegen Amazon geführt und größtenteils verloren hat. Von den entgangenen Umsätzen und Gewinnen gar nicht erst zu reden.

Amazon wirkt wie ein Strudel. Alles, was in seine Nähe gerät, wird angezogen und aufgesogen. Waren, Dienstleistungen, Produzenten, Händler und Preise bewegen sich in einem ständigen, sich selbst vergrößernden Wirbel rund um die Internetplattform. »Je mehr Waren wir zu günstigen Preisen anbieten, desto mehr Menschen besuchen unsere Internetseite«, hat Jeff Bezos einmal gesagt. »Je mehr Kunden uns besuchen, desto mehr Händler interessieren sich für uns und wollen ihre Angebote bei uns listen.« Und je mehr Waren angeboten und verkauft werden, desto effektiver ist die hinter der Plattform stehende Logistik. Eine perfekt ausgelastete Logistik wiederum erlaubt eine Senkung der Kosten, das Unterbieten der Wettbewerber und somit das Vordringen in neue Märkte. Die Entdeckung immer neuer Geschäftsfelder bei steigender Effektivität und sinkenden Preisen ist der Kreislauf, in dem sich Amazon bewegt und unaufhörlich wächst. Der Firmenname ist zum Synonym für Disruption und schöpferische Zerstörung geworden, zur Metapher für grenzenloses Wachstum und die Wucht wirtschaftlicher Umbrüche.

Bezos managt das Unternehmen wie ein Start-up im Dauerzustand. Jeden Tag wird eine neue Firma gegründet, eine neue Idee ausprobiert, eine neue Ware gelistet. Amazon will alles verkaufen und alles liefern, was sich verkaufen und liefern lässt – egal wo. Erst übernahm der Händler die gesamte Wertschöpfungskette der Verlage, dann folgten Medien, Textilien, Modehäuser und viele andere Branchen. Da, wo es sich lohnt, greift man nach dem ganzen Prozess von der Herstellung bis zum Endverkauf; in anderen Fällen konzentriert sich Amazon auf einzelne lukrative Glieder innerhalb der Wertschöpfungskette. Anfangsverluste nimmt das Management in Kauf; Geld wird bei Amazon nicht primär verdient, sondern investiert, es muss ständig zirkulieren, vom Konto zurück in den Strudel der Waren und Händler, damit sich der Strudel immer weiter und schneller dreht und dabei immer mehr anschwellen kann. Wichtiger als Reichtum ist Wachstum; Bezos hat jahrelang Milliardenverluste in der Logistik akzeptiert, um das Geschäft ständig ausweiten zu können.

Im Mittelpunkt steht der Kunde. Seine Zufriedenheit ist das höchste Gebot, denn nur zufriedene Kunden kommen wieder und kaufen erneut. Deshalb wird alles Wichtige rund um den Kunden digital erfasst, jede Bestellung und jede persönliche Konsumgewohnheit. Quelle dieses ständig wachsenden Wissens ist das Surfverhalten der Kunden; es wird genau ausgelesen, gespeichert und analysiert. Das Ganze verdichten die IT-Manager dann zu Algorithmen, die verblüffend genaue Vorhersagen über die nächsten Käufe eines Kunden erlauben. Etwas überspitzt könnte man sagen: Bevor der Kunde weiß, was er will, macht Amazon ihm schon das entsprechende Angebot.

Da ein erfolgreicher Kauf aber nur mit einer pünktlichen Lieferung perfekt ist, werden auch Wohnort, Adresse, die Zahl der Treppen und Etagen des Hauses sowie die Erreichbarkeit der Kunden registriert. Letzteres ist von zentraler Bedeutung, wenn man so wie Amazon fresh in den USA auch frische Lebensmittel ausliefert. In Deutschland, dem für Amazon wichtigsten Markt nach den USA, laufen bereits entsprechende Vorbereitungen. Die Manager von Edeka, Rewe oder Lidl sehen mit Unbehagen zu, wie sich der Pirat ihren Schiffen nähert. Die Enterhaken sind schon zu erkennen. Rewe immerhin ist so mutig, rasch noch einen eigenen Lieferservice aufzubauen, um Amazon zuvorzukommen.

Was bislang kaum in das Bewusstsein der Öffentlichkeit vorgedrungen ist und von Amazon auch sorgfältig verborgen wird, ist die katastrophale Umweltbilanz des Handels mit frischen Lebensmitteln, aber auch mit Textilien. Obwohl gerade junge Leute diesen Service nutzen und sich in aller Regel für umweltbewusste Menschen halten, gibt es kaum eine ökologisch unsinnigere Form des Einkaufs als das Zusenden von Paketen mit Kleidung und Essen. Ein erheblicher Teil der Lebensmittel muss weggeworfen werden, weil entweder der Kunde nicht angetroffen wird oder beim Transport etwas schiefgeht. Und von den Textilien, die nach Anprobe wieder zurückgeschickt werden, landet auch ein erheblicher Teil auf dem Müll.

Weil der Transport der bestellten Waren ein entscheidender Faktor für ein Onlinekaufhaus ist, verlässt sich Amazon in der Logistik längst nicht mehr auf vorhandene Anbieter wie UPS in Amerika oder DHL in Deutschland. Da, wo es sich lohnt, kauft der Konzern fremde Paketdienstleister einfach auf oder investiert in eigene Zustelldienste und Transportmittel. Inzwischen besitzt Amazon mehr als vierzig Flugzeuge, um die Waren schneller transportieren zu können. Die bisherigen Cargo-Airlines wurden aussortiert.

Wer Millionen Kundendaten besitzt und dreistellige Milliardenumsätze abwickelt, steigt dann irgendwann auch in das Geschäft mit Bezahldiensten und Konsumentenkrediten ein – und nimmt dafür den Banken und Sparkassen ein attraktives Segment ihres Kerngeschäfts weg. Entsprechende Pläne gibt es bereits. Und weil im normalen Geschäftsverlauf von Amazon immer mehr Daten verarbeitet und gespeichert werden müssen, lag auch die Gründung einer eigenen Cloud und eines eigenen Dienstleisters nahe. Mittlerweile ist Amazon Web Services (AWS) klarer Marktführer bei der Vermietung von Rechnerkapazitäten – weit vor den Angeboten namhafter Konkurrenten wie Microsoft, IBM und Google.

Der Erfolg ist frappierend. Binnen weniger Jahre ist das Cloud Computing bereits zum größten Gewinnbringer von Amazon aufgestiegen. Allerdings beschäftigt der Webservice gemessen am Umsatz und Gewinn eine geradezu lächerlich kleine Anzahl von Mitarbeitern. Dabei hat der Höhenflug gerade erst begonnen. Analysten zufolge wird sich das jetzt schon milliardenschwere Geschäft mit den Datenspeichern in den kommenden fünf Jahren noch einmal mehr als verdoppeln.

Die Amazon-Story ist lange nicht zu Ende erzählt, aber schon jetzt gehört sie zu den faszinierendsten Unternehmensgeschichten des 21. Jahrhunderts. Jeff Bezos hat das Prinzip der Plattformökonomie nicht entdeckt, aber er hat es als Erster im Buchmarkt umgesetzt und dann auch konsequenter als jeder andere ausgeweitet. Amazon ist jedoch eine Besonderheit, nicht nur wegen des unglaublichen Erfolgs. Inzwischen ist das Unternehmen auch im analogen Geschäft aktiv, es produziert eigene Waren und eröffnet eigene Läden und ist damit in beiden Welten präsent, in der elektronischen Welt des Internets und der analogen, herkömmlichen Welt der Produktion und des Handels. Im September 2018 kündigte Amazon an, bis 2021 in den USA rund 3000 eigene Läden eröffnen zu wollen.

Neue Arbeitsplätze dürften dadurch kaum entstehen; die Läden sollen mit vollautomatischen Kassen, einer perfekten

Scannertechnik und einem digital gesteuerten Nachschub- und Regalsystem ausgestattet werden. Der Einstieg des Onlineriesen in den stationären Handel wird von den lokalen Geschäften als Bedrohung empfunden – zu Recht. Da Amazon bei seinen Läden erkennbar nicht auf Fachberatung oder ein individuelles Einkaufserlebnis setzt, wird der Wettbewerb ausschließlich über den Preis ausgetragen – und das mit der vollen Wucht des Internetgiganten.

Rein digital sind andere Plattformkonzerne unterwegs – mit ebenfalls beeindruckenden Wachstumszahlen und Aktienwerten. Allen gemeinsam ist, dass sie die bisherigen Regeln des Wirtschaftens auf den Kopf gestellt haben. In der Plattformökonomie führen die Kunden ihre Geschäfte selbst, sei es bei eBay, YouTube, Airbnb oder anderen Anbietern. Die »User«, wie die Kunden heute genannt werden, suchen Produkte, Informationen und Dienstleistungen ohne die Beratung von Fachpersonal aus, sie buchen selbst ihre Flüge, Unterkünfte oder Konzertkarten, sie erledigen das Ausfüllen der Formalitäten und tätigen sämtliche Bankgeschäfte ohne Hilfe von Angestellten. Es ist so wie bei Ikea.

Der schwedische Möbelhändler konnte seine Kunden schon vor über sechzig Jahren mit niedrigen Preisen anlocken, weil er sie als Erster dazu brachte, ihre neu gekauften Schränke, Tische und Kommoden selbst zusammenzubauen. Es war eine Revolution, die vielen traditionellen Möbelhäusern die Existenz kostete. In der digitalen Welt ist es nicht anders. Der Kunde macht, so weit es eben geht, alles selbst; das spart Kosten und erlaubt Preise unter denen der Konkurrenz – jedes klassische Reisebüro, das es heute noch gibt, kann ein Lied davon singen. Von der im Internet vereinbarten Kaufsumme, Miete oder Nutzungsgebühr zweigen die Plattformbetreiber ihre Vermittlungsgebühr ab –

und werden damit reich. Über den volkswirtschaftlichen Nutzen lässt sich streiten: Die Firma eBay in Deutschland beschäftigt bei drei Milliarden Euro Umsatz gerade einmal achtzig Menschen; bei YouTube sind es noch weniger.

Wie sehr sich die traditionellen Kräfte unseres Wirtschaftssystems verschoben haben, zeigt sich auch in der völligen Neuverteilung von Macht und Geld. Im Gegensatz zu früher befinden sich das Kapital und das Eigentum an Produktionsmitteln nicht mehr in der Hand eines einzelnen Unternehmens, sondern verteilen sich auf mehrere Mitspieler. Die Firma Uber beispielsweise, der größte Fahrdienst der Welt, besitzt kein einziges Auto und bezahlt keine einzige Reparatur. Uber investiert nichts in die Fahrzeuge oder in die Ausbildung und Gesundheit der Fahrer, sondern nur in Werbung und die Perfektionierung seiner App. Der Konzern ist an der Börse inzwischen 72 Milliarden Dollar wert, aber für diejenigen, die die Arbeit machen müssen, ist er ein Alptraum.

Uber zwingt Millionen Taxifahrer weltweit dazu, ihre Leistungen zu Dumpingpreisen anzubieten. Die Touren sind so billig, dass Uber in Deutschland auf großen Plakaten allen Ernstes damit wirbt, man könne sich zwischendurch doch einfach mal ein Eis mit dem Taxi holen. Die Verachtung, die in dieser Werbung steckt, und die Geringschätzung für die Taxifahrer und ihre Dienstleistung ist den Uber-Managern offenbar gar nicht aufgefallen. Die Fahrer allerdings werden zu digitalen Sklaven der Plattform; sie müssen Tag und Nacht verfügbar sein, damit sie gelistet bleiben und von dem schmalen Fahrgeld nach Abzug aller Unkosten überhaupt noch leben können. Vor allem liegen – wie fast überall in der Plattformökonomie – auch bei Uber Risiko und Profit nicht mehr in der Hand des Unternehmers, sondern die beiden Sphären werden sorgfältig getrennt. Uber kassiert immer seine Provision und verwertet die Daten. Das Risiko und die Kosten dagegen werden auf den einzelnen Fahrer oder, wie bei anderen Service-Apps, auf den jeweiligen Händler, Dienstleister oder Produzenten abgewälzt.

Nicht anders verhält es sich mit Airbnb. Auch diese Plattform ist ein Beispiel für die Umwälzung klassischer Branchen und für die Neuverteilung von Kapital, Arbeit und Risiko. Airbnb ist der größte Bettenanbieter der Welt und in 190 Ländern vertreten, besitzt aber kein einziges Hotel, kein einziges Pensionszimmer und keine einzige Ferienwohnung. Der Wert des erfolgreichen Start-ups wird auf 31 Milliarden Dollar geschätzt, aber die Firma muss keine einzige Immobilie kaufen, erhalten und versichern – für all das sind andere verantwortlich. Airbnb geht bei den weltweiten Vermietungen auch kein Risiko ein, denn das Risiko liegt einzig und allein beim Besitzer der Wohnung selbst.

An den Börsen sammeln die Plattformgiganten gewaltige Beträge ein, aber neue Arbeitsplätze schaffen sie kaum: Gemessen an Umsatz und Wert arbeiten auch bei Uber und Airbnb nur sehr wenige Menschen. Das Geschäft der großen Service-Apps besteht ausschließlich in der maschinellen Verknüpfung riesiger Datenbestände und ihrer »Veredelung« durch Algorithmen. Unberechenbar ist lediglich das Auf und Ab an den Börsen. Im Geschäft selbst bleibt das Risiko gering und die Haftung so gut wie ausgeschlossen.

Auch die sozialen Auswirkungen sind nicht zu vernachlässigen: Die Taxifahrer fürchten in einem ohnehin schon harten Geschäft um ihre schmalen Gewinne, wenn nach der Uber-Philosophie jeder mit einem Auto nach Lust und Laune überall Leute aufsammeln und gegen geringes Geld mitnehmen kann. Die Bundesregierung jedenfalls stellte sich sehr eindeutig gegen die Versuche von Uber, das Taxigewerbe in Deutschland in den Bankrott zu zwingen. Auf die gleichermaßen provokante wie arrogante Frage des damaligen Uber-Chefs Travis Kalanick, warum Deutschland so erpicht darauf sei, das »Auslaufmodell Taxi zu beschützen«, antwortete das Bundeswirtschaftsministerium, man strebe »vorrangig die Schaffung vollwertiger Arbeitsplätze an« und nicht die Vermehrung von »Minijobs für Selbstständige«. Eine »Verdrängung sozialversicherungspflichtiger Beschäftigung« sei »wenig wünschenswert«. Auch die Behauptung von Uber, man schaffe durch die Plattform tausende neue Arbeitsplätze, ist nach Einschätzung des Wirtschaftsministeriums in Berlin »nicht nachvollziehbar«.

Auch Airbnb bekommt mittlerweile den Gegenwind der Betroffenen zu spüren. Vor allem in den beliebten Touristenstädten Europas arbeiten immer mehr Verwaltungen an Konzepten, um das rasante Wachstum der Plattform zu begrenzen. Die betroffenen Städte klagen darüber, dass vor allem in den beliebten Innenbereichen immer mehr reine Touristenwohnungen entstehen. Die Folgen sind nicht nur ständiger Lärm und Streit mit den Anwohnern, sondern vor allem eine Preisexplosion der Mieten. Außerdem wird den Einwohnern durch Airbnb immer mehr dringend benötigter Wohnraum entzogen. Die Behörden in Barcelona, München, aber auch in New York drängen Airbnb dazu, alle Vermietungen bei den Behörden zu registrieren und Zugang zu den Daten aller Vermieter zu gewähren. Das Unternehmen wehrt sich und verweist auf sein Recht zur freien Geschäftsausübung – in Wahrheit aber fürchtet Airbnb um den Erfolg seines Modells.

Es spricht nämlich sehr viel für die Vermutung, dass die wenigsten Vermieter bei Airbnb, die rein rechtlich meistens selbst nur Mieter sind, eine entsprechende Genehmigung des Wohnungseigentümers zur temporären Untervermietung besitzen. Außerdem lohnt sich das Geschäft mit der Untervermietung auch für viele Eigentümer nur, weil es ohne Kenntnisse der Behörden und damit sehr häufig steuerfrei läuft.

Die Gesetze der Plattformökonomie gelten auch bei den wohl bekanntesten Unternehmen des Internets, Google und Facebook. Die beiden Digitalkonzerne sind die größten Informations- und Nachrichtenkanäle der Welt. Aber auch sie beschäftigen keinen Journalisten, bezahlen keine Recherchen, unterhalten keine Zeitung und besitzen keinen Radio- oder Fernsehsender. Sie tragen in diesem Sektor auch kein Risiko. Google übernimmt ohne Bezahlung einfach die wichtigsten Nachrichten der weltweiten Medien und macht damit sein Geschäft. Die Zeitungs- und Zeitschriftenverlage kommen inzwischen gegen die Marktmacht von Google und Facebook nicht mehr an. Weil die Verlage mehr und mehr auf Onlinekanäle angewiesen sind und nur dort Reichweite und neue Werbeumsätze generieren können, sind sie zu einem »Burgfrieden« gezwungen, der bei Lichte betrachtet einer Kapitulation gleicht.

Mittlerweile ist die Marktmacht der »Super Companies« sogar den Notenbanken der Industriestaaten aufgefallen. Man ist misstrauisch geworden, weil Apple, Google, Facebook, Amazon und einige andere Unternehmen ihre jeweilige Branche dominieren, den Arbeitnehmern ihre Löhne diktieren und der Politik die Spielregeln vorgeben. Da auch der Wettbewerb in diesen Märkten immer weiter abnimmt, haben die Notenbanker eine Untersuchung gestartet. Der Verdacht des unlauteren Wettbewerbs steht damit unübersehbar im Raum.

In Deutschland werden diese Aktivitäten vom Bundeskartellamt ergänzt. Andreas Mundt, der Präsident der Wettbewerbsbehörde, hat im Sommer 2018 entsprechende Schritte gegen Facebook angekündigt. Bereits seit zweieinhalb Jahren wird in einem aufwendigen Verfahren untersucht, ob Facebook seine Marktmacht missbraucht. Dabei geht es in erster Linie um das Sammeln von Nutzerdaten aus Drittquellen wie beispielsweise den firmeneigenen Töchtern WhatsApp und Instagram. Am Ende wollen die Wettbewerbshüter das Netzwerk zwingen, bestimmte Praktiken beim Verknüpfen der gesamten Nutzerdaten zu unterlassen.

Auch Amazon ist in das Visier der Wettbewerbshüter geraten. Sie wollen untersuchen, ob der weltgrößte Onlinehändler auf seiner Plattform den Wettbewerb anderer Händler behindert. Konkret geht es um die Frage, welche Beziehungen zwischen der Plattform und den Händlern herrschen, die die Plattform nutzen. Allein durch eine ungünstige Platzierung können Wettbewerber verdrängt oder gefügig gemacht werden.

Auf das Ergebnis dieser zahlreichen Untersuchungen darf man ebenso gespannt sein wie auf die Frage, welche tatsächlichen Konsequenzen aus diesen Erkenntnissen gezogen werden. Die Kartellstrafen sind auf den ersten Blick hoch; angesichts der gewaltigen Gewinne jedoch fehlt ihnen eine wirklich abschreckende Wirkung.

Die Politik jedenfalls tut sich schwer im Umgang mit den Internetgiganten. Kaum eine Regierung in Europa nimmt ernsthaft den Kampf mit Firmen auf, deren Umsätze größer sind als das nationale Haushaltsbudget der meisten EU-Staaten. Der Einfluss dieser Giganten lässt sich nicht nur an der Tatsache ablesen, dass sie ein gutes Drittel der Weltbevölkerung erreichen. Auch die Marktkapitalisierung der GAFAs (Google, Apple, Facebook und Amazon) ist gewaltig. Bereits 2018 waren es mehrere Billionen Dollar – 2050 sollen es bereits 50 Billionen sein. Damit übersteigen sie das Bruttosozialprodukt der allermeisten Länder. Kein Wunder, dass sich die überaus selbstbewussten Chefs dieser Unternehmen von der Politik nicht hineinreden lassen wollen; sie nehmen auch kaum einen Politiker ernst. Wenn überhaupt, dann ist es vielleicht noch EU-Wettbewerbskommissarin Margrethe Vestager, die den Internetkonzernen im eng begrenzten Bereich des Kartellrechts Grenzen setzt und im Extremfall auch Milliardenstrafen verhängt.

In den meisten anderen Bereichen jedoch gilt nicht die Stärke des Rechts, sondern das Recht des Stärkeren. Grundsätzlich unterwerfen sich weder Google noch Facebook freiwillig einer nationalen Mediengesetzgebung. Sie lehnen jede Verantwortung für die Inhalte auf ihren Plattformen ab und weigern sich, so weit es geht, auch, Datenschutz, Urhebergesetze und Persönlichkeitsrechte einzuhalten. Nur auf massiven politischen oder juristischen Druck hin bewegen sich die Verantwortlichen, etwa bei der Pflicht zur Löschung eindeutig rechtswidriger Inhalte. Bevor sie aber nachgeben, investieren sie lieber noch viel Geld in Lobbykampagnen, mit denen der Öffentlichkeit weisgemacht werden soll, dass die Aufforderung zur Rechtstreue und die Einhaltung von Gesetzen eine Beschneidung der Freiheitsrechte des Internets darstellt.

Google, Facebook und andere verdienen Milliarden, weil sie den Menschen mit immer besserer Technik und immer perfideren Tricks ihre persönlichen Daten abluchsen, ihre Standorte und Gewohnheiten analysieren und dieses manipulative Wissen der Wirtschaft als perfekte Zielgruppenwerbung verkaufen. Das Besondere an dieser Form der Digitalökonomie ist, dass die Erweiterung der Geschäfte fast ohne Mehrkosten auskommt, wenn man von der Erweiterung von Rechenleistung und Speicherkapazitäten einmal absieht. Facebook, Google, Instagram oder YouTube brauchen keine neuen Investitionen in Maschinen, Grundstücke oder Anlagen zu tätigen, um weiter wachsen zu können. Selbstlernende Software, Automatisierung und künstliche Intelligenz lassen überall in der Wirtschaft die Investitionen in Humankapital sinken. Vor allem im Digitalbereich ist Wachstum weitgehend unabhängig von Neueinstellungen. Der ohnehin bescheidene Personalbestand muss nicht aufgestockt werden, wenn immer mehr Menschen im Internet auf die Plattformen zugreifen und deren Services in Anspruch nehmen.

Nirgendwo sind die Skaleneffekte größer als in der digitalen Wirtschaft. Die Produktivität, wenn man in der Plattformökonomie überhaupt noch davon sprechen kann, wird durch Algorithmen und künstliche Intelligenz in einem Maße gesteigert, das die Grenzkosten vieler Güter und Dienstleistungen auf nahezu null drückt. Der US-Ökonom Jeremy Rifkin hat diesen Effekt in seinem Buch *Die Null-Grenzkosten-Gesellschaft* beschrieben. Auch wenn man seine Vision der Share Economy und des kollaborativen Gemeinguts nicht teilt, so sind die Veränderungen im Wirtschaftssystem unübersehbar. Man muss nicht wie Rifkin an »die Befreiung vom Diktat des Eigentums« glauben. Aber unverkennbar ist, dass zweihundert Jahre nach der Geburt von Karl Marx unsere einst auf Knappheit gegründete und industriell geprägte Ökonomie allmählich abgelöst wird von einer Wirtschaft des Überflusses – zumindest in den Industrieländern.

Hinzu kommt in der Digitalwirtschaft ein fortschreitender Bedeutungsverlust des Faktors Kapital. Im Industriezeitalter gab es immer mehr attraktive Investitionsmöglichkeiten als Geld. Das Kapital war deshalb knapp und hatte in Form recht hoher Zinsen einen erkennbaren Preis. Heute ist es umgekehrt, wie man allein schon an der Tatsache erkennen kann, dass die Finanzprofis der Banken und Fondsgesellschaften den Start-ups weltweit zig Milliarden Euro Wagniskapital geradezu aufdrängen. Vor allem im Silicon Valley sind die Kapitalgeber fast schon zu Bittstellern geworden. Geld gibt es dort in Hülle und Fülle, wie man an den fantastischen Börsenbewertungen der Digitalfirmen erkennen kann. Die Zahl der »Einhörner«, also der Start-ups, die an den Aktienmärkten den Wert von einer Milliarde Dollar überschreiten, ist sprunghaft gestiegen. Die Gründer können sich ihre Kapitalgeber praktisch aussuchen – und das, obwohl lange nicht jedes Start-up ein funktionierendes Geschäftsmodell vorlegen kann. Das 2010 gegründete US-Unternehmen Magic Leap zum Beispiel bringt es auf eine Bewertung von mehreren Milliarden Dollar, obwohl es kein einziges Produkt am Markt platziert hat.

Der Überfluss des billigen Geldes und der Mangel an attraktiven und sicheren Anlage- und Investitionsmöglichkeiten zeigt sich auch an den vielen Aktiengesellschaften, die durch Aktienrückkaufprogramme Kapitalwerte in Milliardenhöhe an ihre Aktionäre zurückgeben. Von 2009 bis 2017 haben die 30 Konzerne im Dow-Jones-Index ihre Ausgaben für Dividenden und Aktienrückkäufe um 85 Prozent auf 341 Milliarden Dollar gesteigert. Im gleichen Zeitraum erhöhten sich die Ausgaben der Big-30 für Investitionen, Forschung und Entwicklung lediglich um ein Drittel auf 239 Milliarden Dollar.

In der Digitalökonomie sind Daten beziehungsweise die darauf beruhenden Geschäftsmodelle inzwischen wichtiger als Geld. Der Wirtschaftsjournalist Christian Rickens hat 2018 in einem Essay für das *Handelsblatt* ein eindrückliches Beispiel für diese These beschrieben. Das New Yorker Start-up Harry's der beiden Gründer Andy Katz-Mayfield und Jeff Raider beruht auf einer simplen Idee: Die beiden bieten ein Abo-Modell für Rasierklingen an, das online abgeschlossen werden kann und Lieferung frei Haus garantiert. Anders als die vielen Drogerien und Supermärkte, die ebenfalls Rasierklingen verkaufen, lernt Harry's durch die digitalen Bestelldaten die Rasiergewohnheiten seiner Kunden mit der Zeit immer besser kennen und kann ihnen immer passgenauere Zusatzangebote machen, etwa für Parfüms und

Hautpflegeprodukte. Die sind wesentlich teurer als Rasierklingen und bieten eine ordentliche Profitspanne.

Allein die mit diesem direkten Kundenkontakt verbundenen Wachstumsaussichten haben dem New Yorker Start-up nach Angaben der Datenbank Crunchbase knapp 500 Millionen Dollar Wagniskapital eingebracht. Das war genug Geld, um in Deutschland die Feintechnik GmbH Eisfeld zu übernehmen, ein fast hundert Jahre altes Traditionsunternehmen für Rasierklingen. Die Thüringer Firma mit heute 600 Mitarbeitern ist einer der wichtigsten Lieferanten für die Handelsmarken der Drogerie- und Supermarktketten in Europa. Der gesamte Maschinenpark, die Lieferverträge, das Know-how der Mitarbeiter und das gesamte Eigentum der Feintechnik GmbH Eisfeld waren am Kapitalmarkt weniger wert als die Kundendaten eines kleinen Start-ups, das lediglich aus einer Idee, einem Büro und einer Website besteht. Ein bedrückendes Beispiel dafür, dass die Macht der Daten die des klassischen Kapitals übertrifft. Und auch ein gutes Beispiel dafür, dass die steigenden Ängste der arbeitenden Mittelschicht und ihre Sorgen um den Arbeitsplatz mehr als berechtigt sind. Nicht jeder versteht diese Verschiebungen in den ökonomischen Regeln, aber jeder fühlt, dass sich die Dinge aus der Sicht der allermeisten Menschen in bedrohlicher Weise verändern.

So umstritten die »Erfolge« und Geschäftspraktiken der Digitalwirtschaft und die Dominanz der GAFAs auch sind – sie werden in aller Regel erst laut beklagt und dann still hingenommen. Es ist fast so wie beim Klimawandel. Jeder weiß davon, viele spüren ihn, alle bedauern ihn – aber kaum einer will auf billige Flugreisen oder auf Produkte verzichten, die einmal rund um die Welt transportiert oder mit hohem Umweltverbrauch hergestellt worden sind.

Auch die Politik ist viel zu spät aufgewacht. In den Neunziger- und frühen 2000er-Jahren hätte man in Europa und den USA die langsam wachsende Macht der Quasi-Monopolisten wie Google oder Facebook noch begrenzen können. Doch die Regierungen und auch die großen Wirtschaftsverbände nahmen die Bedrohung entweder nicht ernst oder wollten in der Öffentlichkeit nicht als altmodische Kämpfer gegen die Vorboten einer neuen Zeit erscheinen. So versäumte man es, die Integrität und am Ende die Freiheit der Bürger zu beschützen und das Ausschlachten und Verwerten der individuellen Privatsphäre als sittenwidriges Geschäftsmodell zu untersagen oder zumindest einzuschränken.

Dabei hat es an Warnungen nicht gefehlt. »Wir wissen, wo du bist. Wir wissen, wo du warst. Wir wissen mehr oder weniger, worüber du nachdenkst.« Diese Worte sagte Google-Topmanager Eric Schmidt schon 2011. Zwar löste er damit eine gewisse Verwirrung und Besorgnis aus; sie hielt aber nicht lange an. Kritikern, die dem Google-Manager mangelnden Respekt vor der Privatsphäre vorhalten, begegnet Schmidt gern mit einer Mischung aus Dreistigkeit und Nonchalance. »Wenn es etwas gibt, wovon Sie nicht wollen, dass es irgendjemand erfährt, sollten Sie es vielleicht ohnehin nicht tun.«

Mit dem Missbrauch der Privatsphäre und der Illusion unserer westlichen Freiheitsrechte verhält es sich wie mit der Verschmutzung der Umwelt. Genauso wie wir uns an schlechte Luft in den Städten oder an Lichtschutzfaktor 50 am Strand gewöhnt haben, sind Datenmissbrauch, mobile Standortmeldungen, Sensoren, Drohnen, Kameras und individualisierte Werbung zum Alltag im Internet geworden. Die Veränderungen gehen schrittweise vor sich und bleiben deshalb meist unbemerkt. Wir erschrecken erst dann über das inzwischen erreichte Ausmaß der Manipulationen und Ausforschungen, wenn ein ebenso mutiger wie verzweifelter Mann namens Edward Snowden die Weltbühne betritt.

Der ehemalige CIA-Mitarbeiter war über die Datensammelwut und die Praktiken der US-amerikanischen Geheimdienste so entsetzt, dass er sie veröffentlichte und damit im Sommer 2013 die Welt erschütterte. Durch seine Enthüllungen kam heraus, dass praktisch die gesamte globale Kommunikation überwacht und jeder Bürger grundsätzlich als verdächtig eingestuft wird. Auch die wichtigsten Politiker und Unternehmer wurden demzufolge von den US-Diensten und ihren Kollegen in Großbritannien bespitzelt. Sogar das Handy von Bundeskanzlerin Angela Merkel wurde offenbar abgehört. Dieser Skandal ist nie offiziell bestätigt worden, aber entsprechende Berichte wurden von Merkel auch nie dementiert. Zwar hatte sich der damalige Präsident Barack Obama bei der Kanzlerin entschuldigt. Trotzdem ließ seine Administration später alle Bemühungen und Bitten der Bundesregierung um Aufklärung ins Leere laufen. Dass sich die unglaublichen Praktiken der US-Geheimdienste unter dem aktuellen Präsidenten Donald Trump zum Besseren hin verändert haben, ist wenig wahrscheinlich.

Unklar ist bis heute allen Dementis zum Trotz auch die Rolle der großen Internetkonzerne bei der Bespitzelung und Ausforschung der Weltbevölkerung. Zwar helfen Apple und Google eigenen Bekundungen zufolge den Geheimdiensten nicht aktiv bei den Überwachungen, aber sie sind oft per Gesetz gezwungen, gewisse Untersuchungen und Verbindungen zuzulassen und sich im weitesten Sinne »kooperativ« zu verhalten.

Dass Regierungen nach wie vor die Daten ihrer Bürger missbrauchen, zeigte sich beispielsweise 2016, als russische Hacker im Auftrag Moskaus den US-amerikanischen Wahlkampf manipulierten. Ein Einbruch in das Datennetz des Bundestags wurde 2017 ebenfalls russischen Geheimdiensten zugeordnet.

Auch dem demokratischen Westen sind solche Praktiken nicht fremd. Das unheilvolle Zusammenwirken von staatlichen Stellen, Parteien und privaten Unternehmen ließ sich bei der mittlerweile insolventen britischen Firma Cambridge Analytica genau beobachten. Über harmlos scheinende Persönlichkeitstests zu angeblich wissenschaftlichen Zwecken hatte die Firma Zugriff auf 320 000 Facebook-Profile und die darin gespeicherten Kontakte erlangt, die am Ende 50 Millionen Datensätze ergaben. Außerdem erwarb die Firma Nutzerdaten vom Kurznachrichtendienst Twitter, dessen Tweets ausgelesen und analysiert wurden. Insgesamt erstellte Cambridge Analytica aus diesen Datenmassen Millionen Persönlichkeitsprofile, die Rückschlüsse auf politische Präferenzen und mutmaßliches Wahlverhalten erlaubten. Die Republikaner unter Donald Trump nahmen im Wahlkampf die Hilfe des Unternehmens in Anspruch; das Team von Trump überwies dafür knapp sechs Millionen Dollar. Trumps Wahlsieg wird zu wesentlichen Teilen auf die Einflussnahme und die Manipulationen der Datensammler zurückgeführt. Auch in diesem Fall war die Empörung groß, aber Konsequenzen gab es nicht.

Das Fatale ist, dass wir uns an solche Ereignisse offenbar gewöhnt haben. Ob Geheimdienste, Großkonzerne, Regierungen oder Parteien – der Missbrauch unserer Daten und die Manipulation der Menschen ist fast alltäglich geworden. Der öffentliche Druck auf die Übeltäter sinkt von Skandal zu Skandal. Die Erregungswellen verebben immer schneller, das Schulterzucken ist zur typischen Bewegung geworden. Mit einer nie da gewesenen Mischung aus Trägheit, Gleichgültigkeit und Resignation entmündigen sich die Menschen selbst – mit jedem Klick bei Apple, Google, Facebook und all den anderen Plattformgiganten.

Wir können auch gar nicht mehr anders: Heute sind wir so abhängig von diesen Kommunikationskanälen geworden, dass es keine ernsthafte Gegenwehr mehr gibt. Die einzige Alternative wäre der Verzicht, aber der würde eine weitgehende private wie wohl auch berufliche Isolation mit sich bringen. Jeder, der daran zweifelt, möge bitte einmal 24 Stunden auf sein Smartphone verzichten. Der entsprechende Selbstversuch endet schon nach kurzer Zeit mit der deprimierenden Erkenntnis des völligen Ausgeliefertseins.

Im denkbar stärksten Kontrast dazu steht der fast schon religiöse, mindestens aber missionarische Anspruch des Silicon Valley und seiner großen Gurus: »Unser Ziel ist es, die Welt besser zurückzulassen, als wir sie vorgefunden haben«, hat Apple-Chef Tim Cook nach dem Tod des Gründers Steve Jobs als Losung ausgegeben. Das klingt nach Aufklärung, Erweckung und fast schon spirituellem Altruismus. Als Jünger dieser frohen neuen Botschaft treten die Apple-Beschäftigten selbst hervor – lauter kluge junge Menschen in T-Shirts und Turnschuhen, die freundlich lächeln, mit großer Selbstgewissheit über fantastische Ziele reden und dabei unglaublich viel Geld verdienen. Nicht viel anders ist es bei Google, auch wenn das Firmenmotto »Don't be evil«, also »Sei nicht böse« mittlerweile aufgegeben wurde.

Die Wahrheit sieht ganz anders aus: Hinter Apple und Google stecken beinharte, von nackten Finanzinteressen gelenkte Hightech-Konzerne. Sie geben vor, das Gute zu wollen, und brechen doch bedenkenlos mit Gesetzen und Regeln. Die Konzerne der Weltverbesserer aus dem sonnigen Kalifornien sind zu beängstigend machtvollen Unternehmen herangewachsen, die unser gesamtes Wissen vereinnahmen, neu sortieren und nur nach eigenen Regeln wieder herausgeben: nämlich gegen die Überlassung von immer mehr Daten, die immer perfekter und perfider verknüpft werden. Hinter allem steht das Ziel, die monopolartige Vormachtstellung weiter zu festigen, immer mächtiger zu werden und immer mehr Profit zu machen.

Apple war das erste Unternehmen der Welt, das den Börsenwert von einer Billion Dollar überschritt. Die Kriegskasse ist heute prall gefüllt: Tim Cook verfügt über Barreserven von 270 Milliarden Dollar – niemand sonst im Silicon Valley hortet mehr Geld als der stets beherrschte grauhaarige Brillenträger. »Dank monopolitischer Gewinne sitzt Apple auf einem Berg von Geld und kann sich damit Talente kaufen«, sagt der bekannte US-Journalist und Valley-Kritiker Franklin Foer. »In jeder anderen Welt wäre das ein Fall für die Wettbewerbshüter.«

Zu den unausgesprochenen Prinzipien von Apple und den anderen Internetkonzernen zählt trotz gigantischer Gewinne die weitgehende Vermeidung von Steuerzahlungen. Mögen alle anderen dem Fiskus seinen Tribut entrichten – im Silicon Valley lässt man Legionen teurer Anwälte aufmarschieren, um sich nationalen Steuergesetzen zu entziehen. Der Anspruch, die Welt zu verbessern, lässt sich offenbar mühelos mit der Weigerung vereinbaren, sich an der Finanzierung des Gemeinwesens angemessen zu beteiligen. Obwohl Apple allein in Deutschland durch den Verkauf von Smartphones, Tablets und Musik satte Profite erwirtschaftet, zahlte der Konzern im Jahr 2016 nur rund 25 Millionen Euro an Steuern – eine geradezu lächerliche Summe. Seit Jahren streitet sich die Europäische Union mit den Amerikanern um unterlassene Steuerzahlungen. Im Jahr 2018 hat die EU-Kommission Apple dazu verurteilt, 13 Milliarden Euro an das Steuerparadies Irland zurückzuzahlen.

Wie verrückt diese Welt ist, zeigt sich an der Reaktion der irischen Regierung. Anstatt sich über diese gewaltige Steuernachzahlung zu freuen, hat das Finanzministerium in Dublin den Bescheid der EU-Kommission angefochten. Warum? Der Steuerkrieg mit Brüssel ist heikel für die irische Regierung, weil die Investitionen ausländischer Topkonzerne wie Apple lebenswichtig für die grüne Insel sind. Nur mit dem Geld der steuersparenden Investoren schaffte Irland den Aufstieg vom Armenhaus Europas zum keltischen Tiger. In keinem Industrieland ist der Anteil der Arbeitnehmer höher, die bei einem ausländischen Unternehmen beschäftigt sind. Etwa 80 Prozent der Einnahmen Irlands aus Unternehmenssteuern stammen allein von US-Konzernen. Die Amerikaner werden von der gut ausgebildeten englischsprachigen Bevölkerung und dem direkten Zugang zum riesigen EU-Markt angelockt. Vor allem aber winkt der niedrige Steuersatz von 12,5 Prozent auf Unternehmensgewinne. Umgekehrt kassiert Irland gewaltige Subventionen von der EU – die aus den Kassen von Ländern mit höheren Steuersätzen wie zum Beispiel Deutschland stammen.

Diese Schieflage ist nicht so leicht zu beseitigen. Ein großer Teil des Problems besteht darin, dass Apple so wie viele andere Unternehmen in Europa seine Gewinne auf Tochterunternehmen konzentriert, die in Irland und anderen Staaten mit besonders niedrigen Steuersätzen angesiedelt werden. Da kommt einiges zusammen, wenn das Prinzip weltweit angewandt wird. Nach Berichten der US-Organisation Citizens for Tax Justice hat allein Apple auf diese Weise 239 Milliarden Dollar auf Konten in verschiedensten Offshore-Steuerparadiesen angesammelt. Diese gewaltige Summe »ersparter Steuern« bildet den Großteil der Barreserven des Konzerns – und sie fehlen in den Kassen der Länder, in denen die Gewinne eigentlich gemacht worden sind.

Dafür werden kleine und mittelständische Unternehmen und die arbeitende Mittelschicht besonders konsequent und gründlich vom Fiskus abkassiert – irgendwo muss das Geld ja herkommen. Das Unwesen der international organisierten Steuerflucht von Großkonzernen kann allerdings nicht lange gutgehen. Es widerspricht nicht nur jedem Gefühl für Gerechtigkeit und Verantwortung, sondern wird irgendwann auch von der Mehrheit der arbeitenden Menschen nicht mehr akzeptiert werden. Auf Dauer muss jedes System scheitern, in dem sich die Großen von der Steuer weitgehend befreien können und dafür die gesamte Last dem Mittelstand und der Mittelschicht aufgebürdet wird.

6. Schöne neue Arbeitswelt

oder: Freiheit als Falle. Von Clickworkern,
digitalen Nomaden und der Mensch-Maschine

Der erste Schachcomputer der Welt wurde nicht, wie man meinen sollte, im 20. Jahrhundert gebaut, sondern schon 1769 von Wolfgang von Kempelen, einem hohen Beamten am Hofe von Königin Maria Theresia in Wien. Die Maschine bestand aus einer türkisch aussehenden lebensgroßen Kunstfigur, die auf einem Stuhl hinter einem schreibtischgroßen Schrank saß, in dem sich eine komplizierte Mechanik verbarg. Das vor ihm liegende Brettspiel beherrschte der berühmte »Schachtürke« so gut, dass er zur Verblüffung des Wiener Hofstaats auch ausgesprochen versierte Gegner besiegte.

Nun war der Erbauer Wolfgang von Kempelen sicher ein begabter Mechaniker und Tüftler, der die beginnende Technikbegeisterung seiner Zeitgenossen durch allerlei Maschinen und Konstruktionen zu beflügeln vermochte. Aber als früher Erfinder der künstlichen Intelligenz ist der Wiener Hofrat nicht in die Geschichte eingegangen. Der Grund: Sein Schachautomat war eine Fälschung, er war »getürkt«, wie es seitdem heißt. Im Innern der Konstruktion saß nämlich gut versteckt ein kleinwüchsiger Mann, der das Spiel der Könige meisterhaft beherrschte. Sogar Napoleon soll gegen den »Schachtürken« gespielt und drei Partien verloren haben.

In Anlehnung an diese Geschichte hat Amazon eine Plattform mit dem Namen »Amazon Mechanical Turk« geschaffen. Laut Selbstbeschreibung auf der Website ist der »mechanische Türke« des Onlinekonzerns ein »Crowdsourcing-Internet-Marktplatz, auf dem Einzelpersonen und Unternehmen die Nutzung menschlicher Intelligenz koordinieren können, um Aufgaben auszuführen, zu denen Computer derzeit noch nicht in der Lage sind«. Auf gut Deutsch bedeutet das: Da, wo der Computer versagt, springt der Mensch ein. Zum Beispiel bei der Beurteilung von Bildern: Schaut eine Person interessiert, freundlich, skeptisch oder eher ablehnend? Oder: Wirkt eine Formulierung in einem Kundenanschreiben eher einladend, nichtssagend oder sympathisch? Oder: Weisen Videos jugendgefährdende Inhalte auf, oder stellen sie eine Urheberrechtsverletzung dar, weil etwa eine populäre Comic-Figur oder eine bekannte Schauspielerin für Werbung oder Kampagnen benutzt werden?

Zwar sind einige Roboter durch die künstliche Intelligenz inzwischen schon so »klug«, dass sie auch solche Aufgaben übernehmen könnten. Aber oft genug ist die Maschine bei der Bewertung subjektiver und emotionaler Fragen noch langsamer als der Mensch mit seinen individuellen Erfahrungen und seiner Intuition. Oder die Computer weisen bei automatischen Kategorisierungen dieser Art eine zu hohe Fehlerquote auf. Dann ist es billiger und zuverlässiger, solche Aufgaben über digitale Serviceplattformen wie Mechanical Turk an Menschen zu übergeben, die in Heimarbeit am eigenen Laptop etwas Geld verdienen wollen.

Der Trick: Die künstliche Intelligenz wird eben nur künstlich herbeigeführt oder »getürkt«. In Wahrheit ist der Mensch als Lösung oder Zwischenstufe in einem ansonsten weitgehend automatisierten Prozess unverzichtbar. So wie bei anderen Plattformen auch wird bei Amazon Mechanical Turk die künstliche Intelligenz also lediglich simuliert.

»Human intelligence tasks« heißt das dann, »menschliche Intelligenzaufgaben«.

Auf dem Portal stellen weltweit alle möglichen Firmen solche Aufgaben und Aufträge ein, die sich binnen weniger Minuten oder Stunden erledigen lassen. Die Entlohnung variiert zwischen einem Cent und ein paar Euro, je nach Schwierigkeitsgrad. Die Plattform ist 24 Stunden am Tag und sieben Tage die Woche »geöffnet«; weltweit konkurrieren in Echtzeit über alle Zeitzonen hinweg tausende Clickworker um dieselben Aufträge. »A global, on-demand, 24x7 workforce«, schreibt Amazon Mechanical Turk auf seiner Homepage. Schaut her, soll das wohl heißen, wir haben weltweit Arbeitskräfte im Angebot, die jederzeit verfügbar sind, rund um die Uhr, ohne Ausnahme.

Fest angestellt ist dort natürlich niemand, es gibt keine Pflichten für die Auftraggeber und keine Rechte für die Auftragnehmer. Die Entlohnung erfolgt nur, wenn die Aufgabe zufriedenstellend gelöst wurde. Die Unternehmen, die den »Marktplatz« nutzen, können sich die »selbstständigen Auftragnehmer« nach ihrem eigenen Ermessen aussuchen; wer aus irgendeinem Grunde nicht passt oder negativ auffällt, erhält künftig einfach keine Aufträge mehr. Begründungen sind nicht erforderlich. Auch »Arbeitnehmerrechte«, »Mitbestimmung« oder »Kündigungsfristen« sind in der Welt der Plattformökonomie unbekannte Kuriositäten aus längst vergangenen, analogen Zeiten. Aldous Huxley, der berühmte Verfasser dystopischer Romane wie *Brave New World*, hätte es sich nicht schlimmer ausmalen können: schöne neue Arbeitswelt!

Einer der großen Auftraggeber für die simplen Massenaufgaben, die über Amazon Mechanical Turk ausgeschrieben werden, ist die US-Firma Expensify. Das Unternehmen brachte 2009 eine App auf den Markt, um Spesenabrechnungen zu automatisieren. Die Idee dahinter ist einfach:

Die Kunden fotografieren lediglich ihre Quittungen ab und laden die Fotos auf der App hoch. Expensify erfasst dann laut Eigenwerbung die Daten und macht daraus fertige Spesenabrechnungen. Die dahinterstehende Technik heißt »SmartScan« und begeisterte die Investoren. Seit ihrer Gründung hat Expensify schon mehr als 30 Millionen Dollar Wagniskapital einsammeln können. Im Jahr 2017 wurde allerdings bekannt, dass die SmartScan-Technik wohl nicht immer so »smart« ist wie gedacht; denn oft genug werden noch Menschen gebraucht, um die Quittungen mit der Hand abzutippen – ein Fall für die Clickworker bei Amazon Mechanical Turk.

Im Prinzip kann sich jeder auf der Plattform anmelden und um Aufträge buhlen, zum Beispiel um für ein paar Cent Adressen, Telefonnummern oder jene Quittungen abzuschreiben, die SmartScan nicht richtig erfassen konnte. Die extrem niedrige Entlohnung ist zwar für Europäer oder Amerikaner wenig verlockend – in Indien aber und in anderen Schwellenländern reißen sich tausende Menschen um Aufträge dieser Art.

Allerdings muss man als potenzieller Auftragnehmer eine unsichtbare Prüfung über sich ergehen lassen. Amazon schaut sich jeden Bewerber genau an – und nach wenigen Tagen erhält man per Mail eine Benachrichtigung, ob die Bewerbung erfolgreich war oder nicht. Wer abgelehnt wird, muss das hinnehmen; Gründe dafür nennt Amazon auch auf Nachfrage nicht. Wer hingegen angenommen wird, ist ein »Turker«, so nennen sich die rund 500 000 Clickworker der globalen Plattform selbst.

Wie das Arbeitsleben dieser Menschen in der Praxis aussieht, hat die Journalistin Laura Meschede in einer Reportage anschaulich beschrieben. Nach dem Vorbild des investigativen Reporters Günter Wallraff hatte sich Meschede im Januar 2017 undercover bei Amazon Mechanical Turk angemeldet und dort eine ganze Zeit als Clickworkerin gearbeitet. Sie berichtet ausführlich von den verschiedenen Aufträgen, angefangen vom stupiden Übertragen irgendwelcher Zahlen bis hin zur Bewertung von Computerstimmen, mit denen offenbar Service-Bots und ihre Wirkung auf Telefonkunden getestet werden sollen. Was die Jobs und die einzelnen Aufgaben für einen Zweck haben, erfahren die »Turker« allerdings nicht. Sie erhalten nur die Anweisung, was sie zu tun haben. Und immer ist die Arbeit gleich zu erledigen.

Fehler dürfen die »Turker« natürlich nicht machen. Sie verlieren bei fehlerhafter oder unzulänglicher Auftragserledigung nicht nur ihre ohnehin schon geringe Entlohnung, sondern sie handeln sich auch eine sogenannte »Rejection« ein, also eine Ablehnung. Im Profil des Clickworkers wird die Zahl der Ablehnungen genau gespeichert. Wenn mehr als ein Prozent der Jobs mit einer Rejection endet, wird man für bestimmte Aufträge gesperrt – meistens für die besseren, lukrativeren. Handelt man sich schließlich bei mehr als fünf Prozent der Arbeiten eine Ablehnung ein, wird es extrem schwierig, überhaupt noch neue Aufträge zu bekommen. Auch hier müssen Ablehnungen nicht begründet werden. Es gibt angeblich Firmen, die solche Rejections wahllos versenden, um die Clickworker zu erschrecken und so zu höchster Konzentration anzuspornen.

Die »Digitalisierung führt in vielen Bereichen dazu, dass die Arbeitsabläufe stark vereinfacht werden und es zu sehr monotonen (Rest-)Arbeiten kommen kann. Übrig bleiben dann nur Tätigkeiten, die die Maschinen mechanisch (noch) nicht ausführen können.« Dieses Zitat stammt aus dem Heft des Bundesministeriums für Arbeit und Soziales zur Zukunft der Arbeit und bezieht sich auf eine Untersuchung des Handelsverbands Deutschland. Man ist geneigt, schnell über diese Formulierung hinwegzulesen, ohne ihre bedauerliche Tendenz zu erfassen. Wenn nämlich selbst im zuständigen Ministerium so offen über »monotone Restarbeiten« gesprochen wird, dann fragt man sich schon, ob das für die wachsende Schar der Clickworker wirklich die Arbeitswelt der Zukunft sein soll. Zumindest steht dieser Befund im klaren Widerspruch zu den Versicherungen der Digitaloptimisten, dass die Computer uns zwar die Jobs wegnehmen, wir dabei aber auch von den eintönigen und ermüdenden Routinearbeiten entlastet werden.

Nun gibt es auf den vielen Marktplätzen und Auftragsplattformen im Internet auch anspruchsvollere Arbeiten. Ausgeschrieben werden zum Beispiel Aufträge wie die Gestaltung und Bearbeitung von Webpages, das Erstellen von Grafiken oder die Formulierung von Werbetexten oder Berichten. Auch größere Projekte werden angeboten, um die man sich bewerben kann. Jeder ist dann aufgefordert, Ideen, Vorschläge oder gar fertige Konzepte einzureichen, um sich für den Auftrag zu empfehlen. Da weltweit um solche Jobs gerangelt wird, ist die Konkurrenz gnadenlos. Keiner der Bewerber erfährt, was mit seinen Vorschlägen und Anregungen passiert, keinem wird mitgeteilt, warum man einen Auftrag nicht bekommt.

Es herrscht vollkommene Anonymität. Weder die Auftraggeber noch die Betreiber solcher Plattformen wie etwa Amazon reagieren auf Mails. Anrufe bei den jeweiligen Unternehmen sind, wie mittlerweile fast überall bei internetbasierten Dienstleistungen, so gut wie sinnlos; bei den meisten dieser Seiten findet man noch nicht einmal mehr eine Telefonnummer. Selbst wenn ein Kontakt per Telefon angeboten wird, landet man fast immer in einer endlosen Warteschleife. Warum sollten die Digitalkonzerne das auch anders machen? Solche Telefonservices kosten nur Geld, und die

Arbeit wird auch ohne sie gemacht – schließlich gibt es mehr als genug willige Crowdworker überall auf der Welt. Vor allem in den ärmeren Ländern finden sich hunderttausende, die für acht, neun oder zehn Euro am Tag auch die eintönigsten Arbeiten am Bildschirm gern übernehmen. Obwohl diese simplen Aufträge wie das monotone Abtippen von Zahlen schlechter bezahlt werden als anspruchsvollere Angebote, sind sie in ärmeren Ländern beliebt. Der Grund: Man macht dabei weniger Fehler und riskiert nicht, seinen Job beim »digitalen Türken« zu verlieren oder für neue Aufträge der Plattform gesperrt zu werden. Und auch der Lohn ist für Schwellenländer vergleichsweise gut: Wer beispielsweise in Indien auf dem Land lebt und 200 Euro bei Amazon verdient, liegt klar über dem Durchschnitt. Die Kehrseite: In Europa kann niemand, der von seiner Arbeit leben will, mit dieser niedrigen Bezahlung konkurrieren.

Weil es technisch möglich ist, dass mehrere Personen mit verschiedenen Laptops über einen Amazon-Account arbeiten, gibt es in den Schwellenländern auch schon Auswüchse wie »Subunternehmer«. Deren »Mitarbeiter« verdienen dann noch weniger, weil sie ihrem »Chef« einen Teil des Lohns dafür bezahlen müssen, überhaupt mitarbeiten zu dürfen. Auf die eine Ausbeutung folgt direkt die nächste.

Ob nun in Indien oder in den USA, ob in Afrika oder Europa: Die auf den globalen Plattformen angebotenen Aufträge für die Clickworker und »Mensch-Maschinen«, wie Laura Meschede sie genannt hat, sind im Prinzip nichts anderes als digitale Fließbandarbeit. Allerdings gibt es kein Fließband, keinen Betrieb und auch keinen direkten Arbeitgeber. Rein juristisch betrachtet ist es ausgesprochen schwierig, in diesem Sektor die rechtliche Stellung der einzelnen Beteiligten zueinander zu bestimmen. Ist der Auftragnehmer bei Amazon Mechanical Turk ein Selbstständiger oder ein freier Mitarbeiter, bei häufiger Beschäftigung gar ein fester Freier? Oder ist er dem Unternehmen verbunden, für das er gerade die jeweiligen Aufträge bearbeitet? Die meisten Arbeitsrechtler, die sich mit diesem Problem beschäftigen, sehen eher eine juristische Verbindung zwischen der Auftragsplattform und dem Auftragnehmer als eine zwischen Clickworker und der auftraggebenden Firma.

Das Geschäftsmodell sieht jedenfalls so aus, dass die Plattform einen festen Prozentsatz der Entlohnung vom Auftraggeber erhält. Wie immer auch die Rechtsbeziehungen zu bewerten sind – sie passen von ihrer Konstruktion her nicht in das traditionelle Arbeitsrecht mit Arbeitgebern und Arbeitnehmern. Es gibt auch keine »Arbeitsstätte« und keinen »Betrieb« im Sinne des Betriebsverfassungsgesetzes, keine Belegschaft, von deren Größe beispielsweise abhängt, ob man einen Betriebsrat bilden kann oder nicht. Auch das Kündigungsschutzrecht kommt hier nicht zur Anwendung, weil es schon an einem festen Arbeitsverhältnis mangelt, das man kündigen könnte. Für die Plattformbetreiber gibt es nur hopp oder top; entweder man macht sofort und fehlerfrei seine Arbeit, oder man erhält keine Aufträge mehr und wird gesperrt.

Diese Regeln, die bei Lichte betrachtet nichts anderes sind als ein Diktat, gelten weltweit – in Indien und Pakistan genauso wie in Deutschland oder den USA. Besser hätten es sich die Manchester-Kapitalisten auch nicht wünschen können – nur dass sie keine Computer kannten und deshalb bei Weitem nicht so effektiv waren wie die heutigen Plattformbetreiber, denen manche Kritiker schon eine »digitale Versklavung« der Clickworker vorhalten.

Es ist die Digitalisierung, die bei allem positiven Fortschritt die Auswüchse des Turbokapitalismus erst möglich gemacht hat. An den Börsen etwa haben die von Algorithmen gesteuerten Milliardenwetten der Investmentbanken schon 2008 mit zum Ausbruch der Weltfinanzkrise beigetragen – und hunderte Milliarden an Vermögen vernichtet. Leider sieht es heute, mehr als zehn Jahre danach, nicht so aus, als wäre die Gefahr einer erneuten Blasenbildung gebannt. Und im Bereich der Arbeitsorganisation ermöglicht die Digitalisierung jetzt den härtesten Wettbewerb in der Geschichte der modernen menschlichen Arbeit, denn erstmals treten die Arbeitskräfte weltweit direkt miteinander in Konkurrenz – bei lückenloser Überwachung: Ihre Arbeitsergebnisse werden genau gemessen und digital erfasst, ebenso der Workflow, die Menge der geleisteten Arbeit, ihre Dauer, das Ergebnis und die begangenen Fehler – was eine sofortige und unvermeidbare Sanktionierung mit sich bringt.

Im Prinzip ermöglicht die digitale Zerstückelung von Arbeitsprozessen nicht nur ein Comeback des eigentlich überwunden geglaubten Fließbands. Nein, die Verteilung und weltweite Ausschreibung von Aufträgen hat auch eine viel verhängnisvollere Wirkung: Sie führt in der Praxis zur vollständigen Abschaffung des Arbeitsrechts und aller Schutzrechte, die bislang das Berufsleben der Mittelschicht begleitet, gesichert und in Konfliktfällen zumindest erträglich gemacht haben. Die Festanstellung als Existenzgrundlage eines gesicherten bürgerlichen Lebens ist in der Welt der Plattformökonomie bereits zum Auslaufmodell geworden.

Man muss übrigens nicht in weit entfernte Schwellenländer reisen, um die Auswirkungen dieser Entwicklung besichtigen zu können; sie sind auch in Deutschland schon klar erkennbar. Während sich die Zahl der Selbstständigen mit Angestellten seit zwanzig Jahren nicht signifikant verändert hat, werden die Solo-Selbstständigen immer mehr. Allein seit dem Jahr 2000 ist ihre Zahl in Deutschland um eine halbe Million gestiegen – auf 2,31 Millionen. Diese sprunghafte Zunahme geht ganz wesentlich auf die internetbasierte Arbeit zurück. Eine Studie der Universität Kassel von 2017 beziffert die Zahl der registrierten Crowdworker hierzulande auf rund eine Million. Die Zahl der Vollzeit-Crowdworker dürfte weit darunterliegen, aber die Entwicklung ist unverkennbar.

Nicht zuletzt kehrt mit der Digitalisierung eine Beschäftigungsform zurück, die wir noch aus den 1950er-Jahren der alten Bundesrepublik kannten: die Heimarbeit. Nur dass heute eben keine Spielsachen mehr geschnitzt, keine Haushaltswaren verpackt oder keine Tüten mehr geklebt werden, sondern am Computer gearbeitet wird. Nach Aussage von Christiane Benner von der IG Metall leben in Deutschland rund zwei Prozent der Menschen bereits vom Clickworking – in den USA sind es deutlich mehr, auch wenn es keine validen Zahlen gibt. Angesichts der Entwicklung bemüht sich die IG Metall darum, über die Plattform faircrowdwork.org wenigstens etwas Transparenz in den Markt zu bringen und nach Möglichkeit Mindeststandards durchzusetzen. »Es darf hier nicht zu einem Unterbietungswettbewerb kommen«, mahnt die Gewerkschafterin Benner, wohl wissend, dass manche Geschäftsmodelle der weltweiten Plattformen genau darauf beruhen.

Im Bundesarbeitsministerium gibt es bereits Überlegungen, den bislang ziemlich rechtsfreien Raum des Clickworking mithilfe des guten alten Heimarbeitsgesetzes zumindest etwas zu regulieren. Der Vorläufer dieser Bestimmungen, das Hausarbeitsgesetz, wurde schon 1911 geschaffen, um die im Boom der Gründerzeit wachsende Zahl der zu Hause arbeitenden Menschen zu schützen. Allerdings ist die Materie heikel. Zum einen will Bundesarbeitsminister Hubertus Heil (SPD) nicht von vornherein alles regulieren und mit Gesetzen belegen, weil auch die Flexibilität ein hohes Gut ist. Außerdem nutzen viele Menschen die Plattformen gern, um neben einem regulären Job oder einem Studium noch etwas dazuzuverdienen. Andererseits ist unverkennbar, dass der Trend in eine Richtung geht, die mittel- bis langfristig auf eine Entrechtung der Arbeitnehmer hinausläuft. Nicht zuletzt sind nationale Arbeitsrechtsnormen leicht zu unterlaufen und schwer einzuklagen, wenn sie auf ausländische Plattformen mit Sitz in den USA oder anderen Ländern außerhalb der EU angewandt werden sollen.

Nicht kampflos aufgeben will Kerstin Jürgens, Professorin für Mikrosoziologie an der Universität Kassel. Die Erscheinungsformen des Digitalkapitalismus kommen ihr gleichermaßen faszinierend wie bedrohlich vor. Klar ist allerdings auch für sie, dass »der digitale Wandel alle Kategorien unserer Arbeitswelt radikal infrage stellt«. Zwei Jahre lang wirkte die Professorin als Vorsitzende einer Kommission zur Zukunft der Arbeit mit, die von der gewerkschaftsnahen Hans-Böckler-Stiftung einberufen worden war und mit einem 200 Seiten starken Abschlussbericht mit zahlreichen Empfehlungen für die Politik endete. Auch Jürgens' Fazit zielt darauf, dass die Begriffe des Betriebs und des Arbeitgebers nicht mehr mit der digitalen Welt in Einklang stehen. Gleiches gilt für die Tatsache, dass die Absicherung der Arbeitnehmer heute immer noch von der kontinuierlichen Vollzeitarbeit abhängt, sagt Jürgens. Erforderlich ist ihrer Ansicht nach nicht nur eine Generalüberholung des Arbeitsrechts. »Es wird höchste Zeit, auch den Betriebs- und Arbeitnehmerbegriff neu zu definieren«. Das ist vor allem eine Angelegenheit der Sozialpartner und nicht nur der Politik, sagt die Professorin. Denkbar wäre es etwa, Projektmitarbeiter juristisch den Arbeitnehmern gleichzustellen. So könne Sicherheit, aber auch das Bedürfnis vieler nach Selbstbestimmtheit ausgeglichen werden.

6. Schöne neue Arbeitswelt

Wie schwer das in der Praxis ist, zeigt schon die geringe und immer weiter abnehmende Tarifbindung in der deutschen Wirtschaft; von den Digitalunternehmen ist so gut wie niemand in diesen Verbänden. Wer aber soll die Vereinbarungen über eine bessere Rechtsstellung der Clickworker schließen? Auch deutsche Internetfirmen sind in puncto Arbeitsrecht oft schwer zu fassen; die meisten von ihnen beschäftigen nur wenige feste Mitarbeiter, dafür aber umso mehr Clickworker. In Berlin beispielsweise residiert in einem alten Fabrikensemble in der Schlesischen Straße in Kreuzberg ein Unternehmen mit dem Namen Crowd Guru. Wo früher einmal Tagelöhner schufteten, finden sich heute Medienschaffende, Start-ups und kleine Gewerbetreibende. Die Atmosphäre der alten Hallen scheint die digitalen Jungunternehmer geradezu magisch anzuziehen. Wer seinen Workspace nicht in einer weiß getünchten ehemaligen Fabriketage hat, entspricht schon nicht mehr dem Erfolgsklischee vom coolen Start-up.

Crowd Guru ist mittlerweile schon über die Start-up-Phase hinausgewachsen. Nach eigenen Angaben arbeiten 40 000 Menschen für die Firma, die 2008 gegründet wurde und lediglich 15 Festangestellte zählt. Geschäftsführer Hans Speidel nennt die 40 000 Clickworker in Anlehnung an den Firmennamen einfach »Gurus«. An einer Wand hängt eine Weltkarte, auf der farbige Pins die Standorte der »Gurus« markieren. Diese digitalen Tagelöhner werden benötigt, weil viele Daten, die man im Netz findet, noch immer nicht automatisch gesammelt werden. Man braucht Menschen dafür; etwa um die Adressdaten für die »Gelben Seiten« zu ergänzen und aufzuwerten. Während früher Adresse und Telefonnummer ausreichten, müssen heute noch Öffnungszeiten, Homepage und Besonderheiten oder Spezialisierungen des Unternehmens hinzugefügt werden, damit die Information vollständig und zeitgemäß ist.

Auch Crowd Guru verfährt nach der Methode, die anfallende Arbeit in lauter kleine Einzelteile zu zerlegen. Wenn ein Kunde beispielsweise die Öffnungszeiten von 10 000 Berliner Firmen als Datensatz haben will, zerteilt Crowd Guru die Liste der 10 000 Firmen in 10 000 Einzelaufgaben. Eine Anweisung zu der Aufgabe erklärt, wie die Öffnungszeiten zu suchen und zu speichern sind. Die »Gurus« können dann die Aufgabe Stück für Stück einzeln bearbeiten, so viele sie wollen und können. Für jede erledigte Aufgabe gibt es ein paar Cent – das Muster gleicht dem von Amazon Mechanical Turk. Der Vorteil: Dadurch, dass tausende »Gurus« gleichzeitig an dem Projekt arbeiten, sind solche Aufgaben oft in ein oder zwei Tagen abgeschlossen. Würde man eine kleine Firma damit beauftragen, gingen wahrscheinlich Wochen ins Land. Das Gleiche gilt für kurze Produktbeschreibungen, die Unternehmen wie Zalando oder Otto tausendfach brauchen und die auf den Plattformen einzeln als »Auftrag« ausgeschrieben werden. Das Prinzip ist immer das gleiche: Die große Masse macht's – anonym und schnell und zu geringsten Kosten.

Die Arbeitsmarktforscher sprechen mit Blick auf die Revolution 4.0 und die weltweiten Plattformen von einer »digitalen Entfremdung«, die mit kognitivem Kontrollverlust verbunden ist: Nicht wir nutzen in dieser neuen Welt die Programme, sondern sie nutzen uns.

Die digitale Entfremdung in der künftigen Arbeitswelt ist an fünf Merkmalen zu erkennen: Erstens kann sie darin bestehen, dass der Beschäftigte Algorithmen unterworfen ist, deren Entscheidung er weder hinterfragen noch revidieren kann. Zweitens kann man von digitaler Entfremdung sprechen, wenn sich die Arbeit (wie bei Amazon Mechanical Turk) auf das softwaregestützte Abarbeiten einzelner Schritte und Routinen beschränkt – in diesem Zusammenhang wird auch von »digitalem Taylorismus« gesprochen. Drittens kann die Arbeit entfremdet sein, wenn uns die Computer ein Zeitregime aufzwingen, das mit guter Arbeit nicht mehr in Einklang zu bringen ist – und dann infolge gehäufter Fehler zu Bestrafung in Form von Nichtbezahlung führt. Ein viertes Merkmal liegt vor, wenn der Beschäftigte durch Algorithmen ständiger Überwachung ausgesetzt ist. Und fünftens schließlich ist die Arbeit entfremdet, wenn sie aufgrund ihrer technischen Determination genauso gut vom Computer wie vom Menschen erledigt werden könnte.

Diese Entfremdung, der Verlust konkreter Arbeitsorte in Form von Betrieben und kollegialer Gemeinschaft sowie die exterritoriale Verlagerung von Rechten in die nicht mehr greifbaren Sphären des World Wide Web höhlen die Arbeits- und Lebenswelt der Mittelschicht immer mehr aus. Dieser Prozess wird durch das Internet beschleunigt, hat aber schon vor Jahren in der analogen Wirtschaft seinen Anfang genommen.

Nicht ohne Grund werfen die Gewerkschaften großen Teilen der Wirtschaft vor, sich systematisch und immer häufiger um die Mitbestimmung zu drücken. Nach einer Studie der DGB-nahen Hans-Böckler-Stiftung gibt es insgesamt nur noch 635 Unternehmen in Deutschland, die einen mit Arbeitgebern und Arbeitnehmern paritätisch besetzten Aufsichtsrat aufweisen. Im Jahr 2002 waren es noch 767. Einen solchen Aufsichtsrat schreibt das Mitbestimmungsgesetz für Kapitalgesellschaften vor, die mindestens 2000 Beschäftigte in Deutschland haben.

Zudem gibt es nur noch rund 1500 Unternehmen, in denen die Arbeitnehmer ein Drittel der Aufsichtsratsmandate einnehmen – das ist laut der Studie nicht einmal die Hälfte der Firmen, die wegen ihrer Größe per Gesetz eigentlich dazu verpflichtet wären. Arbeitsrechtsexperte Norbert Kluge beklagt deshalb ein »schleichendes Ausbluten der Mitbestimmung«. Oft genug umgehen die Unternehmen das Gesetz, indem sie Tochtergesellschaften gründen, deren Mitarbeiterzahl knapp unter den Grenzwerten liegt. Oder sie wählen eine Rechtsform für die Unternehmen, die nicht dem Mitbestimmungsrecht unterliegt – zum Beispiel die GmbH & Co. KG oder die Europäische Aktiengesellschaft (SE) oder die Ltd. & Co. KG.

Besonders auffällig ist diese Flucht in die juristischen Schlupflöcher im Handel. Dort arbeiten inzwischen mehr als 400 000 Menschen, die von der Mitbestimmung ausgeschlossen sind, obwohl ihre Arbeitgeber von der Größe her dazu verpflichtet wären. Als Beispiele gelten Aldi, Kaufland, Lidl, C&A, Esprit, H&M, Deichmann und auch Zalando. Dazu passt nicht zuletzt die Tatsache, dass in Deutschland kein einziges großes Internetunternehmen die Mitbestimmung akzeptiert und sich entsprechend organisiert hat. Klaus Zimmermann, ein durchaus gewerkschaftskritischer Ökonom und Arbeitsmarktforscher, rät den Arbeitnehmervertretern deshalb, ihre Strategie zu ändern, um den Beschäftigten in der digitalen Welt noch helfen zu können.

In einer Studie seines Instituts zur Zukunft der Arbeit (IZA) in Bonn empfehlen Zimmermann und Co-Autor Werner Eichhorst, die Werkarbeiter in den Betrieben besser zu organisieren und Regeln für den immer häufigeren Einsatz von Externen mit bloßen Werkverträgen zu vereinbaren. Auch die klassische Tarifverhandlung mit entsprechenden Verträgen sei auf absehbare Zeit unrealistisch in der Arbeitswelt 4.0, so Zimmermann. Aussichtsreicher sei mit Blick auf die Gepflogenheiten des Internets wahrscheinlich die Etablierung von Preisstandards statt Dumpingangeboten.

Auch bei den Gehalts- und Entlohnungsmodellen sehen die Arbeitsmarktforscher Veränderungsbedarf. Wenn die Beschäftigten in der Digitalisierung schon nicht mehr mitbestimmen können, so sollen sie doch wenigstens mitverdienen, also am Erfolg des Unternehmens besser beteiligt werden. Das klingt gut und wird in anderen Zusammenhängen schon seit Jahren gefordert – leider aber ist es bislang nur eine Wunschvorstellung geblieben. In Deutschland partizipiert noch nicht einmal jeder zehnte Arbeitnehmer am Erfolg seiner Firma. Die einzige Form der Beteiligung, die in der Plattformökonomie erfolgversprechend sein könnte, besteht wohl darin, dass die Arbeitnehmer der Internetfirmen deren Aktien erwerben können. Dieses Risiko scheuen jedoch viele in Deutschland. Möglicherweise wäre eine Versorgung der Arbeitnehmer mit Vorzugsaktien eine gute Strategie, um die Beteiligung am Produktivkapital und am Profit auszubauen. Von Gesetzes wegen vorschreiben kann man solche Anlageformen aber nur schwerlich.

Weit entfernt von allen Überlegungen, am Produktivkapital des Auftraggebers teilhaben zu können, sind auch die vielen Fahrer, die das Bindeglied zwischen der digitalen Waren- und Servicewelt und der analogen Zustellung und Beförderung bilden. Ob Taxifahrer im Dienst von Uber, Paketfahrer oder die vielen Fahrradkuriere – in der sogenannten Gig Economy gibt es keine Arbeitsplätze, sondern nur einzelne Aufträge – *gigs* eben, was auf den Jargon der Popmusiker zurückgeht und eigentlich für Auftritte beziehungsweise Konzerte steht. Der Begriff passt aber auch gut in die Arbeitswelt der Boten: Jede Pizza ist ein Gig, jedes Paket ein Auftrag.

Die Fahrer von Foodora radeln täglich bei jedem Wetter 30 bis 40 Kilometer durch die Stadt und verdienen zwischen neun und zehn Euro pro Stunde, indem sie fremden Menschen ihr bestelltes Essen bringen. Der pinkfarbene Rucksack, in dem die Speisen warm gehalten werden, ist schwer, man trägt ihn fast immer auf dem Rücken, während der Fahrt auf dem Rad und vor allem die vielen Treppen in den

Häusern hoch und runter, denn auf der Straße kann man ihn nicht stehen lassen – das Diebstahlrisiko ist zu hoch. Ihr Fahrrad bringen die Kuriere selbst mit und natürlich auch ihr Smartphone. Dass die Räder bei dem Pensum schnell verschleißen und mitunter teure Reparaturen brauchen, ist klar – aber das zahlen die Kuriere selbst und nicht Foodora.

Durch die Trackingfunktion im Handy werden die Fahrer jederzeit geortet, Foodora kann genau sehen, wo man ist, wie schnell man fährt oder ob man eine längere Zeit nur steht. Wer schneller radelt als andere erhält keinen Zuschuss, sondern Aufträge mit weiteren Strecken. Die Arbeit wird den Kurieren per Algorithmus zugeteilt; die Fahrer wissen am Anfang des Monats nicht, wie viele Stunden sie arbeiten dürfen und wie viel Geld sie verdienen. Das Tauschen von Schichten, das spontane Einspringen für kranke oder verhinderte Kollegen ist an der Tagesordnung, und sein Privatleben muss man ständig umdisponieren. »Sei dein eigener Chef«, wirbt Foodora für die Arbeit auf der Straße, ähnlich wie Lieferando oder andere Dienstleister dieser Arbeit. »Lieferhelden« werden die Fahrer auch genannt, und in der Generation der unter Dreißigjährigen sind solche Jobs hip, sportlich und jederzeit zu bekommen.

Doch wenn man etwas genauer hinsieht, dann ist es mit der versprochenen Freiheit eben nicht weit her. Man ist fremdbestimmt durch Algorithmen und allein gelassen, wenn es um soziale Absicherung geht. Dass eine feste Anstellung mit sozialer Absicherung für Krankheit, Arbeitslosigkeit und Alter auch eine Form von Freiheit darstellt, ist den Trendsettern der digitalen Boheme nicht zu vermitteln. »Die digitale Boheme sind Menschen, die sich entschlossen haben, ein selbstbestimmtes Leben zu führen, die Segnungen der Technologie herzlich zu umarmen und die neuen Kommunikationstechnologien dazu zu nutzen, ihre Handlungsspielräume zu erweitern«, schrieben vor zwölf Jahren Holm Friebe und Sascha Lobo in ihrem Buch *Wir nennen es Arbeit*. Dass dieses Manifest mittlerweile im krassen Gegensatz zur Wirklichkeit steht, belegt ein Blick in die heutige Praxis. Die versprochene und gefeierte Freiheit der Arbeit im Netz wurde eingeschränkt, ja pervertiert durch eine Technik, die fast totalitäre Fremdbestimmung und eine vollständige Ausbeutung ermöglicht.

Das Problem ist allerdings, dass dieser verquere, aber bei vielen jungen Menschen noch vorhandene Freiheitsbegriff der modernen Arbeit nicht auf Kuriere, Kreative und Clickworker beschränkt bleibt, sondern sich mehr und mehr auch in der traditionellen Wirtschaft ausbreitet. Die Schlagworte ähneln sich: Entfesselung von Kreativität, Verzicht auf Hierarchie, Flexibilität und freie Arbeitsgestaltung, interaktive Kommunikation mit externen Experten, Coworking Spaces und anderes mehr. Dahinter steckt oft nicht mehr als die Abschaffung von Büroräumen und festen Arbeitsplätzen zugunsten von Heimarbeit oder Outsourcing, die Verlagerung interner Arbeit von Festangestellten auf Fremdfirmen und Zeitarbeiter sowie die Ausweitung der Servicestunden oder Arbeitszeiten durch eine »Flexibilisierung« der Verfügbarkeit. Dass die theoretische Freiheit der nahezu unendlichen Möglichkeiten im Internet nicht mit den tatsächlichen Freiheiten korrespondiert, die man als Freelancer im praktischen Alltag auch wirklich nutzen kann, wird mit der Zunahme der Solo-Selbstständigen im Digitalbereich immer deutlicher. Durch die fortschreitende Entfremdung von Mensch und Arbeit droht die versprochene Freiheit zur Falle zu werden.

Dass sich vor dem Hintergrund der Gesamtentwicklung daran noch etwas Grundlegendes ändert, glauben nicht einmal mehr die größten Optimisten. In der Wissenschaft wimmelt es von Empfehlungen und Ratschlägen, aber wirklich umsetzbar dürften die wenigsten sein. Olaf Arndt vom Prognos-Institut zieht vielmehr ein eher düsteres Fazit: »Begriffe wie Arbeitnehmer und Betrieb verschwimmen in der digitalen Welt ebenso wie feste Arbeitsorte und geregelte Arbeitszeiten. Neue, häufig prekäre Beschäftigungsformen wie Click- oder Crowdworking stellen eine Herausforderung für das soziale Sicherungssystem dar.« Außerdem, so der Prognos-Experte, würden für viele Menschen, die ihre Dienstleistungen über Plattformen vermarkten, keine Sozialabgaben gezahlt. Da die meisten Plattformen ihren Sitz nicht in Deutschland haben, sei das auch nur sehr schwer zu ändern.

Dem ist nichts hinzuzufügen. Es geht nicht nur die Zeit sicherer Arbeitsverhältnisse zu Ende. Unverkennbar auf dem Rückzug ist auch die gesicherte Altersversorgung und das Recht der Arbeitnehmer, in ihrem Arbeitsleben mitreden und mitbestimmen zu können. Die schöne neue Arbeitswelt 4.0 ist auf eine höchst effiziente Weise darwinistisch, digital und diskursfrei.

7. Vom Auto zur App?

Warum die deutsche Industrie in Lebensgefahr ist.
Chancen und Risiken der Revolution 4.0

Als Matthias Müller noch Chef der Sportwagenschmiede Porsche war, ließ er sich von nichts und niemandem beirren. Erst recht nicht von ein paar Youngstern, die im fernen Kalifornien im Auftrag von Google niedliche Kunststoffkisten bauten, die sich ohne Fahrer über die sonnigen Highways bewegten. Mit ihrer rundlichen Form und den quietschbunten Farben erinnerten die Google Cars eher an rollende Riesensmarties als an ein Auto. Auch das fußballgroße Laser-Radar auf dem Dach des ersten autonom fahrenden Wagens im amerikanischen Straßenverkehr imponierte den PS-fixierten Sportwageningenieuren in Deutschland nicht. »Das autonome Fahren stellt für mich einen Hype dar, der durch nichts zu rechtfertigen ist«, sagte der damalige Porsche-Chef Müller dem Fachmagazin *Auto, Motor und Sport*.

Der lockere Spruch fiel 2015, und Müller, der im selben Jahr zum Vorstandsvorsitzenden des VW-Konzerns aufstieg, war nicht der einzige deutsche Autoboss, der vor Selbstbewusstsein nur so strotzte. Sein Nachfolger Oliver Blume lästerte über das autonome Fahren, es sei »so verlockend wie eine Rolex fürs Eierkochen«. Und Rallye-Legende Walter Röhrl ließ seine Landsleute wissen, dass er niemals in ein autonomes Fahrzeug steigen werde. »Ich will selber der Chef am Steuer sein und der Grund, warum das Auto gut fährt«, tönte der populäre Rennfahrer.

Aus heutiger Sicht klingt das recht ignorant, aber Röhrl sprach den vielen Deutschen aus der Seele, die ausgesprochen gern Auto fahren, und das am liebsten mit den ebenso schnellen wie komfortablen Fahrzeugen aus heimischer Produktion.

Machen wir uns nichts vor: Die Deutschen haben bis heute Benzin im Blut und den Bleifuß auf dem Gaspedal. In keinem anderen Land der Welt wird mit staatlicher Billigung so leidenschaftlich gerast wie bei uns, und nirgendwo sonst geben die Leute mehr Geld für ihre Fahrzeuge aus. Das Auto ist »des Deutschen liebstes Kind«, es wurde in Deutschland erfunden, gebaut, ausprobiert und in mehr als 130 Jahren immer weiter perfektioniert. Fahrzeuge *made in Germany* nehmen seit Jahrzehnten eine weltweite Spitzenstellung als Premiumprodukte ein. Bei uns werben die Großen der Branche eben immer noch erfolgreich mit »Freude am Fahren«. Kein Wunder also, dass die »Car Guys« aus Wolfsburg, Stuttgart, München und Ingolstadt die kleinen selbstfahrenden Quietschkisten mit Batterieantrieb aus Amerika anfangs nicht sonderlich ernst nahmen; sie wurden weder als Gefahr noch als Konkurrenz verstanden.

Als auch Apple anfing, sich für Autos zu interessieren, wollte Daimler-Chef Dieter Zetsche das zunächst gar nicht glauben. Erst als in den Jahren danach immer mehr Autoingenieure aus Deutschland weg und in Richtung Silicon Valley zogen, wurde man in der Branche hellhörig. Der Aderlass der Talente blieb nicht ohne Wirkung, vor allem als US-Entwicklungschef Johannes Jungwirth 2015 Daimler verließ. Inzwischen arbeiten mehr als 5000 Topleute im Silicon Valley nur in den Autosparten der großen Internetkonzerne, davon viele aus Deutschland. Ihre Mission ist gewaltig: Im Auftragsbuch steht die Neuerfindung des Autos und der gesamten Mobilität. Damit direkt verbunden

Chancen und Risiken der Revolution 4.0

ist der frontale Angriff auf die beiden bislang führenden Autonationen der Welt: Japan und Deutschland.

Es hat lange gedauert, bis man in Deutschland die Gefahr wirklich ernst genommen hat. Dabei steht nicht weniger auf dem Spiel als die Zukunft der wohl wichtigsten Branche der Bundesrepublik. Vom Auto hängen direkt und indirekt mehr als 1,8 Millionen Arbeitsplätze ab. Die Automobilindustrie und ihre Zulieferer und Partnerfirmen sind für eine gewaltige hoch technisierte Wertschöpfung verantwortlich. Im vergangenen Jahr erwirtschafteten sie einen Umsatz von mehr als 400 Milliarden Euro. Damit wurde im produzierenden Gewerbe jeder vierte Euro mit einem automobilen Produkt umgesetzt. Rund 7,7 Prozent der gesamten Wirtschaftsleistung Deutschlands gehen direkt oder indirekt auf die Autoproduktion zurück. Sie ist nicht nur das Rückgrat der nationalen Volkswirtschaft, sondern auch eine der ökonomischen Lebensgrundlagen der arbeitenden Mitte in Deutschland.

In guten Zeiten zieht die Branche die gesamte deutsche Wirtschaft nach vorn, aber wehe, wenn sie ihre so sicher geglaubte Vormachtstellung einmal verliert. Experten wie Heinz-Rudolf Meißner, Vorstand der Forschungsgemeinschaft für Außenwirtschaft, Struktur- und Technologiepolitik in Berlin, warnen deshalb eindringlich vor einem »volkswirtschaftlichen Klumpenrisiko«. Ähnlich wie die großen Banken seien auch Daimler, BMW, Volkswagen & Co. für die deutsche Wirtschaft »systemrelevant« geworden. Das bedeutet nicht weniger, als dass der Erfolg der gesamten Volkswirtschaft von der PS-Branche abhängt. Kurz gesagt: Wir sind auf die Autoindustrie angewiesen.

Dieser Verantwortung sind die leitenden Herren dort leider nicht wirklich gerecht geworden. Als wäre die ausländische Konkurrenz nicht schon stark genug, leisteten sich einige deutsche Autofirmen neben einer gewissen Verschlafenheit nämlich auch noch einen beispiellosen Skandal. Die Manipulation der Abgassoftware sollte auf betrügerische Weise die Einhaltung der EU-Grenzwerte ermöglichen. Anders war der Widerspruch zwischen den immer größeren und hochmotorisierten Autos und den immer ambitionierteren Klimazielen wohl nicht zu lösen. Obwohl die Autobosse seit Jahren von Umweltschutz reden, bleibt der Verkehrsbereich konstant hinter den Klimazielen zurück. Anstatt sinkender CO_2-Werte weist der Verkehrssektor in Deutschland immer noch steigende Emissionen auf.

Heute wissen wir, dass die wachsende und gefährliche Luftverschmutzung in unseren Städten wohl ohne einen radikalen Neubeginn bei der Antriebstechnik nicht mehr zu lösen ist. Unabhängig von juristischen Fragen, hohen Milliardenstrafen und einer nachhaltigen Schädigung der Kunden: Mit dem Dieselskandal ist der umstrittene Verbrennungsmotor, bislang ein Paradeprodukt der Deutschen, ebenso diskreditiert wie das bislang tadellose Image der Branche.

Mittlerweile sind Daimler, BMW und Volkswagen zur Besinnung gekommen. Der jahrelange Versuch, die Massenfertigung des Elektromotors so weit wie möglich hinauszuschieben, um die satten Gewinne aus den Benzin- und Dieselfahrzeugen nicht zu gefährden, ist unter dem Druck der Ereignisse eingestellt worden. Heute stehen der Elektroantrieb und das autonome Fahren sogar im Mittelpunkt der automobilen Zukunftsstrategie. Der Sinneswandel ist neben dem Dieselskandal im Wesentlichen auf zwei weitere Ereignisse zurückzuführen: Das eine Ereignis heißt »Tesla«, und das andere bestand in einem unscheinbaren Erlass des chinesischen Industrieministeriums.

Der Reihe nach: In der ganzen Diskussion um die Möglichkeiten und Risiken des selbstfahrenden Autos wurde fast vergessen, dass die kleinen Google Cars nicht nur keinen Fahrer mehr hatten, sondern auch keinen Motor mehr besaßen. Während überall auf der Welt an Hybridfahrzeugen, reinen Elektroantrieben und der Brennstoffzelle geforscht wurde, blieben die Deutschen lieber beim Verbrennungsmotor. Man(n) weigert sich hierzulande nicht nur standhaft, das Steuer aus der Hand zu geben und einem Computer zu überlassen; nein, man(n) will offenbar auch das Motorengeräusch und die immer leistungsfähigeren Benzin- und Dieselantriebe nicht missen, die allen Klimaschutzproblemen zum Trotz mit immer höheren PS-Zahlen von den Bändern der hiesigen Hersteller rollen.

Obwohl es in Deutschland seit Jahren hohe Kaufprämien für den Erwerb von E-Autos gibt, fahren auf unseren Straßen gerade einmal zwei Prozent der Wagen mit elektrischem Antrieb – in Norwegen sind es fast die Hälfte. »Mangelnde Reichweiten« und »zu wenig Ladestationen« sind hierzulande die beiden Hauptargumente gegen E-Autos. Dass 80 Prozent der Fahrten innerhalb geschlossener Ortschaften stattfinden und ein Weg im Durchschnitt gerade einmal elf Kilometer beträgt, hat die weitverbreitete Skepsis offenbar nicht zerstreuen können.

Neben sachlichen Erwägungen sind Autos jedoch vor allen Dingen eine Bauchentscheidung. Marke und Image spielen beim Kauf eine dominierende Rolle. Und Elektroautos galten bei uns viele Jahre lang als ausgesprochen uncool – bis Tesla kam. Die schnittige Limousine Modell S der Newcomer-Firma verkaufte sich ohne jede Werbung in dreieinhalb Jahren über hunderttausend Mal. Als Mitte 2017 dann das Modell 3 auf den Markt kam, bildeten sich lange Schlangen von Kaufwilligen vor den Autohäusern – das hatte man bis dato noch nicht gesehen. Obwohl die Kunden 1000 Dollar beziehungsweise 1000 Euro Reservierungsgebühr bezahlen mussten, gingen die Bestellungen ein wie im Taubenschlag. Mehr als 400 000 Tesla Modell 3 sind bereits geordert. Das größte Problem der Firma stellt die Produktion dar; trotz Sonderschichten im kalifornischen Fremont schafft Tesla es nicht, den vielen Kundenwünschen zu entsprechen. Gründer und Firmenchef Elon Musk will deshalb zwei weitere Fabriken bauen lassen – eine in Asien und eine in Europa, wobei der Technikpionier die Höhle des Löwen nicht scheut: Angeblich sucht Musk für seine europäische Giga Factory einen Standort in Südwestdeutschland nahe der Grenze zu Frankreich.

Genauso wichtig wie der Bau der Karosserie ist bei Tesla die Massenfertigung leistungsstarker Batterien – möglichst dicht neben der Autoproduktion. Das viertürige Modell S hat eine Reichweite von über 600 Kilometern, schafft ein Spitzentempo von 225 Stundenkilometern und beschleunigt von 0 auf 100 in 4,4 Sekunden. Dafür braucht es extrem gute Batterien, an deren Optimierung ständig gearbeitet wird. Das bis dahin vorherrschende Gefühl, mit einem Elektrofahrzeug nur ein »halbes« Auto zu besitzen, gehört nach dem Siegeszug des Tesla wohl endgültig der Vergangenheit an.

Für die deutschen Premiumhersteller, die den Bau und Vertrieb von Elektroautos lange vernachlässigt hatten, war Tesla ein Schock: Eine bis dato völlig unbekannte Firma aus Palo Alto im Silicon Valley verkaufte aus dem Stand heraus in wenigen Jahren mehr als eine halbe Million Oberklasse-Fahrzeuge – mit einem lupenreinen, leistungsstarken Elektroantrieb und der Möglichkeit, das Auto auch selbstständig fahren zu lassen. Trotz einzelner Brände in den Fahrzeugen und tödlichen Unfällen bei autonomen Fahrten ist der Nimbus der Marke Tesla bis heute ungebrochen – und das ohne nennenswertes Marketing.

Seit dem Tesla-Erfolg ist klar, dass es für die deutschen Autobauer keine Ausreden mehr geben darf – und mögen sie auch noch so viel an ihren großvolumigen Benzin- und Dieselmodellen verdienen. Und siehe da: Binnen weniger Jahre stellten VW, Audi, BMW und Mercedes bei den einschlägigen Automobilausstellungen ebenfalls vollwertige E-Autos vor. Es geht doch!

Das zweite Ereignis, das zum Umdenken führte, geschah 2016 fast unbemerkt. Nur ein kleiner unscheinbarer Hinweis auf der Website des chinesischen Industrieministeriums kündigte das nahende Unheil an. Niemand hatte den Eintrag bemerkt, bis ein aufmerksamer Diplomat der deutschen Botschaft in Peking die Zeilen las, ihre Tragweite sofort verstand und Alarm schlug. In dem Hinweis auf der Website hatte die chinesische Staatsführung nämlich recht lapidar und ohne jede Vorwarnung mitgeteilt, dass es künftig eine feste Quote für Elektroautos geben werde. Solange diese Quote nicht erreicht sei, würden andere Fahrzeuge nicht mehr zugelassen. Außerdem sollte von den E-Autos ein fester Anteil aus chinesischer Produktion stammen.

Die deutschen Autobauer waren entsetzt, verkaufen sie doch inzwischen mehr Fahrzeuge in China als in Deutschland – vor allem die besonders teuren und lukrativen Topmodelle. Nach längeren Verhandlungen konnte man sich zwar auf einen etwas weniger strikten Fahrplan einigen. Dennoch müssen schon im Jahr 2019 mindestens zehn Prozent der Neuzulassungen in China E-Autos sein – das ist eine deutlich höhere Quote als in Deutschland. In den Jahren danach steigen die von der chinesischen Staatsführung vorgeschriebenen Anteile der Elektrofahrzeuge steil an. Man kann getrost davon ausgehen, dass die deutschen Hersteller alles daransetzen werden, in ihrem wichtigsten Markt sämtliche Auflagen zu erfüllen. In China ist offenbar möglich, was in Deutschland angeblich nicht geht.

Am Ende hatte der unvermittelte Weckruf aus Peking,

wo die Luft aufgrund des höllischen Verkehrs besonders schlecht ist, eine durchschlagende Wirkung: Die Zeit der Verbrennungsmotoren, so die klare Botschaft aus dem Reich der Mitte, geht unweigerlich zu Ende. In wenigen Jahren schon werden andere Fahrzeuge als Elektroautos in China, dem größten Automarkt der Welt, nicht mehr akzeptiert. Auch Kalifornien geht sehr entschieden vor. Im Jahr 2019 müssen fünf Prozent der Autos dort emissionsfrei sein, bis 2025 sogar 22 Prozent. Die EU plant ebenfalls eine solche Quote von 15 Prozent bis 2030.

Von dieser Rigorosität ist die Bundesregierung so weit entfernt wie von ihrem Ziel, bis 2020 eine Million E-Autos auf deutschen Straßen zu haben. Zwar wirbt auch der Sachverständigenrat für Umweltfragen dafür, eine verbindliche Quote festzuschreiben. Aber die starke Lobby der Autoindustrie hat das bisher erfolgreich verhindern können.

Auch wenn die deutschen Branchenführer mittlerweile umgedacht und auf äußeren Druck hin mächtig aufgeholt haben, so ist der Kampf um die globale Vorherrschaft in der Automobilwelt von morgen noch lange nicht entschieden. Der Fortschritt kommt hierzulande oft nur widerwillig und in einem schwer erklärbaren Schneckentempo daher. Es gibt einerseits immer noch enorme Beharrungskräfte, aber andererseits auch bemerkenswerte Erfolge. Zum Beispiel baut Daimler inzwischen den ersten automatisiert fahrenden Serien-Lkw der Welt. Da im Gegensatz zum Pkw der Fahrer beim Lkw ein echter Kostenfaktor für die Speditionen ist, hat Daimler die Entwicklung des selbstfahrenden Brummis schon vor Jahren mit vollem Tempo vorangetrieben.

Heute ist die Wende in den Führungsetagen zumindest verbal vollzogen. »Wir wollen bei der zweiten Erfindung des Automobils ebenso vorne sein wie bei der ersten«, betont Daimler-Chef Zetsche. Auch sein Nachfolger, der Schwede

Ola Källenius, will diese Evolution nicht den Googles und Apples dieser Welt überlassen. Dass mit Källenius übrigens der Entwicklungschef von Daimler an die Konzernspitze rückt, zeigt die Priorität, die der Aufsichtsrat mit dieser Personalentscheidung vollzogen hat.

Man sieht: Die Überraschungserfolge der Internetkonzerne beim selbstfahrenden Auto haben die selbstzufriedenen Nachfolger von Carl Benz und Gottlieb Daimler am Ende doch noch aufgeschreckt und angestachelt. Den Anspruch, beim Thema Auto wieder die Ersten und Besten zu sein, wollen sie nicht aufgeben.

Doch so beeindruckend manche der technischen Fortschritte an den deutschen Fahrzeugen auch sind; von einer Masseneinführung der Elektroautos ist man immer noch ein gutes Stück entfernt – andere sind da schneller. Dabei geht es weniger um technische Machbarkeit, sondern um eine Tradition oder eine sehr deutsche automobile Philosophie: Zunächst einmal soll nämlich jede Neuerung in einer oberen Modellreihe ausprobiert werden, bevor man sie in die gesamte Modellpalette integriert. So hat man es bei den elektrischen Fensterhebern gemacht, beim Airbag und beim ABS-Bremssystem. Und so macht man es auch beim Elektroantrieb und beim autonomen Fahren.

Ob dabei allein der Schnellere gewinnt, der Billigere oder der mit der komfortableren und zuverlässigeren Technik, ist noch offen. Auch neue Anwendungen stehen auf dem Programm, zum Beispiel das Auffinden von Parkplätzen und das selbstständige Hinfahren und Einparken dort. Das Auto der Zukunft setzt den Passagier einfach vor seiner Haustür ab und sucht sich dann selbstständig einen Parkplatz, so eine von zahlreichen Ideen.

Für solche Features braucht man allerdings riesige Datenmengen, und hier liegt ein riesiges Problem, denn die traditionellen Autobauer müssen in diesem Bereich einen enormen Rückstand aufholen. Das selbstfahrende Auto wird eine mobile Datenverarbeitungsmaschine sein. Leider versteht man im Silicon Valley weitaus mehr von Daten und ihrer Nutzung als in Deutschland. Doch Daimler will Daimler bleiben und nicht eine Karosserie mit Stern und einem Innenleben von Apple oder Google. Weil die anderen deutschen Hersteller diese Gefahr genauso einschätzen, hat man sich auf eine nationale Abwehrstrategie verständigt. Als es beispielsweise darum ging, die für das autonome Fahren unverzichtbaren Kartendienste einzukaufen, ließen die Deutschen die amerikanischen Anbieter wie Google Maps und andere bewusst außen vor. Stattdessen gründeten Daimler, BMW und Audi durch den Kauf diverser Anbieter einen eigenen Kartendienst mit dem Namen »Here«.

An dem Navigationsdienstleister haben sich inzwischen auch große deutsche Automobilzulieferer wie Bosch oder Continental beteiligt. Ziel der Zusammenarbeit war es, die Macht von Google und Apple zu begrenzen und ihnen keine Möglichkeit zu bieten, über das strategische Kernsegment Karten und Navigation in die innere Technik der Autos vorzudringen. Die Abschottung vom US-Einfluss war den Deutschen so wichtig, dass sie sich allein das Engagement mit »Here« mehr als 2,6 Milliarden Euro kosten ließen.

Aber nicht nur Navigation, auch die Vermittlung von Fahrten gehört zum neu definierten Geschäft rund um die künftige Wertschöpfung des Bereichs Mobilität. Das können und wollen die Autohersteller nicht den Internetplattformen überlassen. Volkswagen investierte deshalb 300 Millionen Dollar beim Onlinedienst Gett, während Konkurrent Toyota bei der Fahrvermittlung Uber einstieg. Die Idee dahinter: Gett könnte als Grundlage für die Entwicklung neuer Servicemodelle zum Betrieb selbstfahrender Taxen und Kurierfahrzeuge dienen.

Eine Wahl haben die Deutschen nicht, abwarten ist keine Option. Google und Apple arbeiten schon lange an digitalen Geschäftsmodellen rund um das Thema Mobilität. Wenn Roboterautos irgendwann selbstständig Kunden befördern, kann man nämlich nicht nur am Fahrgeld etwas verdienen. Wesentlich lukrativer erscheint den Plattformbetreibern die Tatsache, dass sie bei der Beförderung von Kunden wertvolle Daten über deren Gewohnheiten sammeln. Durch Kooperationen lässt sich damit zusätzlicher Profit erzielen. Beispielsweise könnten autonome Taxen einkaufsbereite Kunden zu Geschäften lotsen, deren Inhaber dafür ein »Anfahrentgelt« zahlen.

Wenn die Hersteller in Deutschland nicht aufpassen, sind sie von diesen Geschäften schneller ausgeschlossen, als ihnen lieb sein kann. Das gilt nicht nur für Autos als Teil der Mobilität, sondern auch für Mietwagenfirmen oder sogar große Unternehmen wie die Bahn. Wenn ein Kunde sich auf einer einzigen Internetseite eine gesamte Beförderungskette zusammenstellen lassen kann, dann wird das Taxi, die Bahn, die Airline oder der Autovermieter schnell zu einer Art Subunternehmer. Wertvolle Dinge wie die Kundendaten, der unmittelbare Kontakt zum Reisenden und ein Teil des Profits werden dann schnell von anderen abgeschöpft. »Es gibt ein paar Dinge, wenn wir die ignorieren, dann haben wir ein Problem«, sagt der für Digitalstrategie zuständige Bahn-Manager Christoph Djazirian. »Wenn man am Ende nur das Unternehmen ist, das in der analogen Welt befördert, und die Wertschöpfung findet überwiegend in der digitalen Welt statt, dann ist das tödlich.« Es gibt den ganz klaren Trend, dass eben nicht nur das Produkt verkauft wird, sondern auch der Produktnutzen.

Die große Furcht der analogen Anbieter besteht deshalb zu Recht darin, eines Tages in die Fänge der großen Internetplattformen zu geraten. Wer nämlich die meistbesuchte Plattform im Internet hat, wird das Geschäft kontrollieren, auch wenn er keine Autos baut, keine Züge fahren lässt oder keine Hotels besitzt.

Wer etwa die Hotelbuchungswebsite »hrs« besucht, weiß aus eigener Erfahrung, dass er bei der Suche nach einer Übernachtungsmöglichkeit auch gleich dort auf der Seite bucht und gar nicht mehr auf die Websites der eigentlichen Hotels geht. Am Ende werden sie gar nicht mehr gefragt, sondern müssen für die Vermittlung ihres Gastes auch noch eine Provision bezahlen. Dieses Geschäft ließe sich noch sehr gut erweitern, wenn zum Beispiel »hrs« auch meine Konsumgewohnheiten kennen würde; etwa über meine Kreditkartenabrechnungen. Dann wüsste der Plattformbetreiber, dass ich oft italienisch esse und abends gern klassische Konzerte besuche. Wenn ich also zu einem bestimmten Datum ein Hotel in einer Stadt gebucht habe, könnte es für die italienischen Restaurants in der Nähe des Hotels lohnend sein, mich durch gezielte Angebote dorthin zu locken. Gleiches gilt für eine Konzertagentur oder für andere Anbieter, die meine Konsum- und Freizeitgewohnheiten kennen.

Es geht eben längst nicht mehr nur um analoge Beförderung oder gar um den reinen Bau und Verkauf von Neuwagen, sondern um die gesamte Mobilität mit allen daranhängenden Geschäftszweigen bis hin zur Reise- oder Hotelbuchung. »Für nutzungsbasierte Mobilitätsdienstleistungen ist global ein Gewinnpool von bis zu 50 Milliarden Euro im Jahr 2030 zu erwarten«, glaubt der Unternehmensberater und Autoexperte Martin Stahl. »Integrierte Mobilitätsanbieter werden für die Autohersteller zu einer großen Bedrohung, wenn sie sich nicht selbst in diese Richtung entwickeln.« Die klassische Autobranche laufe dann Gefahr, zum reinen Zulieferer für Google, Apple oder andere zu werden, mahnt Stahl.

Zu einem ähnlich alarmierenden Fazit kommt eine umfangreiche Studie der Friedrich-Ebert-Stiftung zur Zukunft der deutschen Automobilbranche. Die 2018 vorgestellte Untersuchung sieht »drastische Angebots- und Nachfrageveränderungen, die das bisherige Geschäftsmodell infrage stellen«. Weder politische Regulierung noch einzelne Unternehmensentscheidungen könnten daran etwas ändern, schreiben die Autoren der Studie. Gefordert sei ein »Zukunftspakt für Mobilität« und eine »gesamtgesellschaftliche Verkehrswende«.

Eine weitere, lebensentscheidende Herausforderung für die deutsche Branche besteht in der Umstellung auf den Elektroantrieb. Das Herz eines jeden E-Autos ist die Batterie. Leider sind die Deutschen weder beim Bau noch bei der Entwicklung leistungsstarker Batterien führend; hier liegen seit Jahren asiatische Anbieter wie Samsung, LG oder Panasonic vorne. Die Stärken der Deutschen dagegen werden künftig nicht mehr gebraucht: Das Elektroauto hat weder Motor noch Vergaser noch ein ausgefeiltes Getriebe klassischer Bauart – alle diese Teile werden überflüssig. Damit fällt nicht nur eine gewaltige Wertschöpfung im dreistelligen Milliardenbereich ersatzlos weg, sondern auch viele gut bezahlte Arbeitsplätze. Heute sind noch hunderttausende Menschen in diesen Sektoren beschäftigt; klassische Facharbeiter und Ingenieure aus der Mittelschicht. Schon in wenigen Jahren werden sie sich nach neuen Jobs in ganz anderen Bereichen umsehen müssen. Bei manchen Zulieferfirmen ist der Wandel heute schon zu spüren. Eine entscheidende Stärke der deutschen Hersteller wird künftig obsolet: die Tüftelei an immer besseren Motoren, Fahrwerken und Getrieben für die große Zahl der Kunden, die gezielt »Freude am Fahren« nachfragen und dafür gern mit viel Geld bezahlen.

»Vorsprung durch Technik«, dieses dominierende Element im Wettbewerb mit anderen Autobauern, verliert an

Bedeutung, wenn der Vorsprung sich künftig vor allem an Datenverarbeitung und Batterietechnik orientiert.

Das Alte muss beweisen, dass es auch im Neuen überleben kann. *Change or die* lautet das Motto der digitalen Revolution. Nicht nur die Autobranche, sondern die gesamte für Deutschland überlebenswichtige Industrie befindet sich in einem gewaltigen Abwehrkampf: Ihren Produkten, Fertigungsanlagen und Maschinen soll das alte analoge Gehirn herausgenommen und durch ein neues, digitales Gehirn ersetzt werden. Die Operateure aus dem Silicon Valley arbeiten dabei mit der Übermacht ihrer unermesslichen Datenfülle und einem schier unbeschränkten Kapitalvolumen, das Tag für Tag an den Börsen der Welt in immer größeren Mengen eingesammelt wird.

Die Sorge, aus dem Führerstand der industriellen Paradebranchen herausgedrängt zu werden, treibt nicht nur die Manager um, sondern auch jene Politiker, die etwas weiter blicken als bis zur nächsten Wahl. Die Bundeskanzlerin zählt dazu, aber auch Günther Oettinger. Der CDU-Politiker war Ministerpräsident im Autoland Baden-Württemberg und danach EU-Kommissar für Energie, dann für Wirtschaft und Digitale Agenda und schließlich für Haushalt und Personal. Der Mann kennt sich aus, und er warnte früh vor den Gefahren für die deutsche Wirtschaft. In einem Hintergrundgespräch mit Journalisten in Berlin sagte Oettinger schon Ende 2014 folgende Sätze: »Die deutsche Wirtschaft schwebt in Lebensgefahr. Die Amerikaner wollen mit der Ausweitung ihrer digitalen Dienste auf alle Sektoren der Industrie ihre gesamtwirtschaftliche Überlegenheit ausbauen. Das zielt ins Herz der europäischen und vor allem der deutschen Industrie.« Wenn die großen Konzerne hierzulande nicht aufpassen, so Oettinger weiter, werde die Digitalisierung der Maschinen, Autos und Anlagen zum Trojanischen Pferd für Google, Apple und andere. »Sie bauen überall Chips und digitale Steuerung ein und übernehmen dann das Kommando.«

Wenige Wochen später hatte ich ein offizielles Interview mit Oettinger. Er wiederholte auf entsprechende Fragen hin seine drastischen Warnungen von der »Lebensgefahr« für die deutsche Wirtschaft. Als das fertige Interview dann schriftlich autorisiert wurde, strich er die Passage wieder heraus. Er wolle zwar warnen, sagte er zur Erklärung, aber eher im Hintergrund. Es sei keinem damit gedient, wenn er Unruhe verbreite oder ihm »Panikmache« vorgeworfen werde.

Ich kann aus diesem vertraulichen Gespräch heute so freimütig berichten, weil Oettinger seine Zurückhaltung wenige Monate später aufgab und seine Mahnungen und Warnungen öffentlich in aller Eindringlichkeit aussprach. Zu oft war ihm in seinen vertraulichen Gesprächen mit Industrievertretern damals jene bekannte Mischung aus Ignoranz, Bräsigkeit und Überheblichkeit entgegengeschlagen. Weiterhin in der Öffentlichkeit schweigen mochte Oettinger nicht mehr, deshalb startete er mit einer gezielten Kampagne seinen öffentlichen »Weckruf«.

Auch wenn das Auto als deutsche Leitindustrie bei allen Debatten die höchste Aufmerksamkeit erzielt und deshalb in diesem Kapitel so ausführlich beschrieben wird – es geht bei der digitalen Weichenstellung der Zukunft nicht nur um Elektroantrieb und datengetriebenes autonomes Fahren. Genauso unverzichtbar sind für Deutschland und die arbeitende Mitte unserer Gesellschaft auch traditionelle Erfolgsbranchen wie der Maschinen- und Anlagenbau, die Produktionstechnik und die Logistik. Die Veränderungen in diesen Branchen sieht man nicht nur auf dem Laptop bei Buchungsvorgängen oder in der kaufmännischen Administration; sie machen auch vor den Fabriktoren nicht halt. Das »Internet der Dinge« ist schließlich erst dann perfekt, wenn wirklich alle »Dinge« digital vernetzt sind und miteinander kommunizieren können.

Das bedeutet, dass die immer weiter entwickelten Systeme in der betriebswirtschaftlichen Organisation an die Steuerung der Produktionsmaschinen angeschlossen werden müssen – ebenso wie an die Abteilungen für Forschung und Entwicklung sowie an die externen Kompetenzzentren. Die Maschinen im Betrieb gehen dann dank digitaler Steuerung eine direkte Verbindung mit denen der Kunden und Lieferanten ein. Das schon erwähnte Beispiel aus der Autofabrik der Zukunft zeigt die Richtung an: Jedes am Computer des Händlers individuell zusammengestellte Auto sucht sich künftig im Werk seine Einzelteile zusammen und baut sich dann per automatischer Steuerung quasi selbst. Dass diese von Anfang bis Ende virtuell designten und gefertigten Fahrzeuge schließlich nach erfolgter Endmontage vom Fabriktor aus autonom bis vor die Haustür des künftigen Besitzers rollen, gehört in wenigen Jahren zum selbstverständlichen Service.

Das alles klingt futuristisch, ist aber in Teilen der Industrie schon Realität. Für die vollständige Implementierung bedarf es allerdings eines gigantischen technischen und finanziellen Aufwands. So müssen alle mechanischen Teile künftig neu konstruiert werden, damit sie digital vernetzbar sind. Sie müssen einerseits Betriebsdaten erfassen und weitergeben und andererseits digitale Steuerbefehle entgegennehmen und umsetzen.

Diese digitale Verwandlung ist eine gewaltige Aufgabe, doch es gibt für die hoch spezialisierte Industrie unseres Landes keine Alternative. Wem es nämlich in dieser neuen Fertigungswelt 4.0 nicht gelingt, autonom aktionsfähige Teilsysteme zu liefern, der wird aus den wichtigsten Produktionsprozessen herausfallen und künftig nur noch Zulieferer von geringwertigen und damit leicht austauschbaren Produkten sein. Bildlich gesprochen steigen alle Firmen in die zweite Liga ab, denen die vollständige Digitalisierung ihrer Produkte und Teile nicht gelingt. Für den deutschen Mittelstand, der immer noch die meisten Menschen in unserem Land beschäftigt und ausbildet, ist das eine gefährliche Klippe, an der man leicht zerschellen kann. Zahlreiche Studien und Untersuchungen beweisen, dass sich längst nicht alle Mittelständler dieser Gefahr bewusst sind oder sie ernst genug nehmen. Nur wem es gelingt, sein mechanisches Produkt in den nächsten Jahren mit digitaler Technik auszustatten und so aufzuwerten, der hat eine Chance, auch künftig in der Industrie der Zukunft mitzumischen.

Da diese Veränderungen datengetrieben sind, werden sich auch die Produktzyklen verkürzen. Im Internet werden nicht nur Dienstleistungen, sondern auch Produkte alle paar Monate neu konzipiert – der 3D-Drucker macht's möglich. Im traditionellen Maschinenbau dagegen denkt man eher in Jahren. Die Innovationsgeschwindigkeit wird deutlich zunehmen – auch hier liegt eine große technologische Herausforderung für die Ingenieure der deutschen Industrie, wenn sie weiterhin an der Spitze mitspielen wollen.

Offensichtlich ist, dass die Digitalisierung der Produktionsprozesse nicht nur die Technik verändert, sondern auch die Organisation und die Arbeitsabläufe in den Unternehmen. Die Folgen für die meisten Mitarbeiter sind gravierend. Wenn die Aufträge und Bestellungen von Kunden künftig direkt in die Produktionssteuerung gehen und dort automatisch umgesetzt werden, erübrigen sich viele Arbeitsplätze im Bereich der Disponenten und des Vertriebs. Und wenn die Fertigung irgendwann vollständig von digital gesteuerten Robotern übernommen wird, braucht man in den Werkshallen der Zukunft auch keine Monteure und Lageristen mehr.

Eine weitere Umwälzung kündigt sich bei der Nutzung der digitalen Produktionstechnik an. Während die Herstellung heute immer untrennbar mit einem Unternehmen verbunden ist und dort auch nur von den Mitarbeitern vorgenommen wird, gibt es in den USA bereits erste Ideen für eine Art öffentlich zugänglichen Maschinenpark. Dort soll jeder, der will und kann, seine eigenen Produktideen entwerfen und verwirklichen dürfen. So wie das Internet jedem frei zur Verfügung steht, soll es auch mit der Produktionstechnik sein – der Demokratisierung des Internets folgt sozusagen die Demokratisierung der Herstellung.

Das Konzept für diese visionäre Idee entwickelte der US-Physiker Neil Gershenfeld am renommierten MIT in Boston. Sein »Fablab« besteht aus 3D-Druckern, Laser-Cuttern, Fräsmaschinen und Computern und kann von jedem genutzt werden. Parallel zu dieser »Fabrik für jedermann« begann Gershenfeld eine Vorlesungsreihe, die am MIT mittlerweile Kultstatus erlangt hat. Der Titel der Vorlesung entspricht den großen Ambitionen des Physikers: *How to Make (Almost) Anything* – »Wie man (fast) alles herstellen kann«.

Wer glaubt, dass dieses »Fablab« nur die digitale Bastelstunde eines versponnenen Universitätsprofessors ist, der unterschätzt die Dynamik solcher Entwicklungen. Aus der öffentlichen Werkstatt für digitale Heimarbeiter kann durchaus die Keimzelle für eine weitere Revolutionierung der Produktionsprozesse werden. Und weil die »Fablabs« den Zugang zu digitaler Produktionstechnik öffentlich machen – und damit quasi demokratisieren –, kann von dieser Technik auch eine enorme gesellschaftspolitische Wirkung für die Industrienationen 4.0 ausgehen.

Gershenfeld ist nicht der Einzige, der an diese Vision

glaubt; die Anzahl der »Fablabs« nimmt weltweit exponentiell zu. Inzwischen gibt es mehr als tausend dieser »öffentlichen Fabriken« in Dutzenden Ländern rund um den Globus. Vor allem in den ärmeren Teilen der Welt könnte das eine riesige Chance für ein neues Unternehmertum bedeuten: Jeder kann mithilfe der »Fablabs« zum Produzenten werden – ohne Investition in einen eigenen Maschinenpark und mit nur geringen Nutzungsgebühren für die »Jedermannfabrik«. Sosehr die digitale Technik die Arbeitswelt zulasten der Beschäftigten auch zu verändern vermag, so sehr kann sie gleichzeitig eine neue Grundlage für die freie Entfaltung unternehmerischer Ideenvielfalt bilden.

In den künftigen Veränderungen der Digitalisierung liegt beides begründet: Chance und Risiko, Fortschritt und Rückschritt. Vor allem aber wird die Chance des einen oft zum Problem für den anderen. Was die deutsche und die europäische Industrie im Sturm der Revolution 4.0 verlieren können, werden möglicherweise andere Länder und Unternehmen mit neuen Technologien gewinnen.

Natürlich ist EU-Kommissar Günther Oettinger in dieser Zeit, in der sich so viele gewaltige Umwälzungen ankündigen, nicht der einzige Mahner geblieben. Es gibt hierzulande zahlreiche Manager und Wissenschaftler, die eindringlich und mit guten Argumenten vor einem Bedeutungsverlust der deutschen Industrie warnen. Nach einer intensiven Debatte zwischen Politik und Wirtschaft und nach ungezählten Artikeln, Podiumsdiskussionen und firmeninternen Workshops in den Jahren 2014 bis 2018 herrscht heute sogar ein gewisser Konsens über den Status der Digitalisierung in Deutschland. Man kann den Stand der Debatte in fünf Punkten zusammenfassen:

Erstens: Die Gefahr der digitalen Übernahme und Beherrschung der Realwirtschaft durch die Übermacht der

US-Datenkonzerne wird nicht mehr geleugnet oder verharmlost, sondern ist erkannt worden und wird ernst genommen. Das bedeutet zweitens aber noch lange nicht, dass diese Gefahr auch schon abgewendet worden oder gar vorbeigezogen ist.

Drittens: Ja, wir liegen zurück, sind aber in der Lage aufzuholen. In der Fußballsprache könnte man sagen, wir haben einen 1:3 Rückstand und spielen in der 60. Minute.

Viertens: Die deutsche Industrie ist aufgrund ihrer hohen Technisierung und ihrer guten Forschungs- und Entwicklungskapazitäten unter Umständen in der Lage, bei dem Spiel noch ein Unentschieden herauszuholen.

Fünftens: Ein 4:3-Sieg oder, anders gesagt, die Rückeroberung unseres langjährigen Titels »Exportweltmeister Deutschland« ist dagegen wenig wahrscheinlich. Warum?

Die Antwort kann man in ein Wort fassen: China. Nirgendwo sonst vollzieht sich ein derart dynamischer und tief greifender Wandel. Die einstige Werkbank der westlichen Industriestaaten entwickelt sich in atemberaubendem Tempo zum Innovationstreiber und zum mächtigsten Land der Welt – technologisch, wirtschaftlich und vor allen Dingen militärisch. Jeder der vielen staatlichen Pläne in Peking läuft zentral gesteuert auf ein einziges großes Ziel zu, das spätestens 2030 erreicht sein soll: die Beherrschung der Welt.

Den ersten Platz in der Rangordnung der Staaten einzunehmen, erscheint der Führung in Peking geradezu selbstverständlich – schließlich war China schon über viele Jahrhunderte das mächtigste Land der Erde. Nach dem langen, mehr als 7000 Jahre weit reichenden Geschichtsverständnis der Chinesen stellen die hundert Jahre des Machtzerfalls und der Unterwerfung zu Beginn des 20. Jahrhunderts nur eine Ausnahme dar, eine kurze, vorübergehende Schwächephase. Seit dem langen Marsch 1934 und der Gründung der Volksrepublik 1949 sieht China sich wieder unaufhaltsam auf dem Weg zurück auf seinen angestammten Platz im Mittelpunkt der Welt.

Die Demokratie spielt bei diesem Plan keine Rolle; im Gegenteil ist der alleinige Führungsanspruch der Kommunistischen Partei in den zurückliegenden Jahrzehnten immer weiter gefestigt worden. Das hat viel mit der beeindruckenden ökonomischen Bilanz zu tun, die man entgegen vielen Erwartungen im Westen der chinesischen Wirtschaftsdiktatur nicht absprechen kann. Natürlich wird die Herrschaft der KP auch von einem brutalen Unterdrückungsapparat abgesichert. Aber den Machthabern in Peking ist es unzweifelhaft gelungen, nach der Öffnung der Wirtschaft in nur drei Jahrzehnten hunderte Millionen Menschen aus der Armut zu holen. Eine größere Erfolgsgeschichte in der globalen Armutsbekämpfung ist schwer auffindbar.

Freilich hat sich mit dem ökonomischen Erfolg der chinesischen Diktatur auch die Hoffnung des Westens zerschlagen, man könne neben Maschinen und Autos auch bürgerliche Freiheiten und Rechtsstaatlichkeit exportieren. Der boomende Handel brachte eben keinen politischen Wandel, sondern die beunruhigende Erkenntnis, dass die Chinesen ihre gewachsene Stärke jetzt mit großer Entschiedenheit und Härte gegen ihre einstigen Partner wenden. Rücksichtslos setzt die Führung in Peking überall auf der Welt ihre Interessen durch, betreibt Spionage, kauft strategisch wichtige Firmen auf, macht sich ganze Regierungen gefügig und drangsaliert im eigenen Land deutsche und andere ausländische Unternehmen.

Dabei hat Deutschland den Chinesen viel zu verdanken. Der jahrelang mit Stolz getragene Titel des »Exportweltmeisters« ging zu einem guten Stück auf die Absatzerfolge im Reich der Mitte zurück. Die Qualität der Produkte *made in Germany* wurde hoch geschätzt; jeder wollte sie haben. Anfangs mussten sich die deutschen Manager noch nicht einmal große Mühe geben. Wie ein Schwamm sog das damals noch rückständige Land alles auf, was im Zuge der Öffnungspolitik aus dem Westen importiert werden durfte.

Ein Beispiel mag hier für viele stehen: Als Volkswagen sein Modell Santana 1985 in Deutschland zugunsten neuerer Modelle vom Markt nahm, verschwand das Auto nicht etwa, sondern feierte in China seine erfolgreiche Wiederauferstehung. Die Wolfsburger bauten Teile der alten Produktionstrasse einfach in China wieder auf und boten das Auto dann dort an. Mochte der etwas spießige Viertürer in Deutschland auch ein Auslaufmodell sein, so war er in China der letzte Schrei. Bis 2014 verkaufte VW dort hunderttausendfach ein Auto, das bei uns schon über dreißig Jahre zuvor aus der Mode gekommen war.

Doch so leicht wie mit dem Santana geht es im China-Geschäft schon lange nicht mehr zu. Je mehr Waren eine ausländische Firma in das Reich der Mitte exportiert, desto stärker wird der Druck, auch im Land selbst zu produzieren. Hat man dem Drängen der Machthaber dann einmal nachgegeben und in dem riesigen Land unter zig Auflagen ein Zweigwerk eröffnet, wird der vorgegebene Rahmen immer enger gezogen. China verlangt nicht nur eine Kapitalbeteiligung, sondern auch Mitsprache bei allen wesentlichen Entscheidungen. Die Einstellung von Chinesen auch in Führungspositionen ist Pflicht, ebenso die Zulassung von Parteikadern der KP in den Betrieben. Die größte Bürde besteht nach wie vor im Technologietransfer; wichtiger als alle Produkte sind den Chinesen deren Blaupausen. Mittlerweile reicht auch das nicht mehr: Neben den Produktionshallen sollen die westlichen Firmen gleich ihre ganzen Forschungsabteilungen nach China verlagern.

Das zielt ins Herz der deutschen Industrie. Bislang konnte der Vorsprung immer dadurch gesichert werden, dass man bei Innovationen schneller war als die ehrgeizigen Chinesen. Mochten sie die ausländischen Prototypen auch bis in alle Einzelteile zerlegen, kopieren und nachbauen – kaum war dieses *revers engineering* geschafft, boten die westlichen Ingenieure schon ein weiterentwickeltes Modell an, und die mit Mühe hergestellte Kopie war veraltet.

Über dreißig Jahre lang hat dieser Wettlauf funktioniert; der Westen war immer ein bisschen schneller und konnte sich damit im Markt halten. Doch diese Wette geht immer seltener auf. Große deutsche Konzerne und viele Mittelständler haben im Laufe der Jahre Milliardensummen in China investiert; die kann man nicht einfach abschreiben, wenn es unter dem steigenden Druck der Staatsführung jetzt ungemütlich wird. Außerdem erzielen deutsche Unternehmen heute so große Umsätze und Gewinne in Fernost, dass sie abhängig von diesen Erfolgen geworden sind. Das bedeutet auch, dass sie dem Willen der kommunistischen Funktionäre regelrecht ausgeliefert sind. Man kann nichts dagegen unternehmen, wenn einem tagelang das freie Internet abgedreht wird. Auf diese Weise wird man gezwungen oder trickreich dazu gebracht, Firmenunterlagen auf chinesischen Servern und über chinesische Leitungen zu versenden – eine Art Leseerlaubnis für die KP.

Man habe sich in eine Art »Konkubinenwirtschaft« zwingen lassen, schrieb die *Wirtschaftswoche* einmal, in Joint Ventures mit wenig Mitspracherecht und viel Know-how-Transfer, um nur ja Zugang zum riesigen Markt zu bekommen. Inzwischen ist das Land der Mitte immer weniger auf diesen Liebesdienst angewiesen. Die Chinesen bilden jedes Jahr über 400 000 junge Ingenieure aus – während sie bei uns händeringend gesucht werden. Unverkennbar sind ihre Produkte und Forschungen ständig besser geworden. Nach langem und intensivem Studium westlicher Technik und Produktionsweise können sie uns in vielen Bereichen Paroli bieten.

Die Vorgehensweise dabei ist immer die gleiche: Beispielsweise wurden erst jahrelang Züge aus deutscher Produktion bestellt. Dann entschied die Staatsführung, dass diese Züge in Lizenz in China gebaut werden müssten – natürlich unter Beteiligung chinesischer Ingenieure. Auch das ging einige Jahre gut, bis die einheimischen »Gastarbeiter« offenbar genug gesehen hatten. Heute bauen die Chinesen ohne fremde Hilfe ihre eigenen Züge. Und die werden im Heimatmarkt auf staatliche Weisung hin rücksichtslos durchgesetzt – andere Hersteller finden dort keine Berücksichtigung mehr.

Auch in der Medizintechnik endeten jahrelange Kooperationen mit namhaften deutschen Anbietern in dem Augenblick, als die Chinesen in der Lage waren, eine eigene Medizintechnik aufzubauen. Seitdem werden die Krankenhäuser angewiesen, künftig nur noch die Produkte *made in China* zu kaufen.

Die Wette auf den westlichen Technologievorsprung geht aber auch aus einem anderen Grund nicht mehr auf: Mittlerweile werden nämlich große Know-how-Träger und Technologiekonzerne wie Siemens dazu gezwungen, ihre Forschungsaktivitäten direkt in China anzusiedeln. Nach dem Motto: Wer in China Geschäfte machen will, muss auch in China forschen.

Angesichts dieses Drucks nützen die guten Verbindungen und die weitreichende Erfahrung der Deutschen im China-Geschäft nicht mehr viel. Siemens war eine der ersten ausländischen Firmen vor Ort, die Münchener lieferten schon 1872 Telegrafentechnik und bauten 1899 in Peking die erste Straßenbahn des Landes. Finanziell hat sich das lange Engagement gelohnt. Zuletzt erzielte Siemens in

China einen Umsatz von 6,5 Milliarden Euro – in Deutschland waren es 10,7 Milliarden. Da die Geschäfte im Reich der Mitte wesentlich schneller wachsen als in der Heimat, ist es nur noch eine Frage der Zeit, bis China für Siemens wichtiger ist als Deutschland. Patriotismus wird in deutschen Vorstandsetagen schon lange nicht mehr großgeschrieben, und wenn die Fabrik der Zukunft ohnehin nur eine virtuelle Cloud ist, dann fallen auch Standortentscheidungen künftig nach ganz anderen Kriterien.

Jedenfalls kam Roland Busch, der für Technologie zuständige Vorstand bei Siemens, unter dem steigenden Druck der Führung in Peking nicht mehr umhin, im September 2017 in der ostchinesischen Stadt Suzhou einen folgenreichen Satz auszusprechen: »Siemens siedelt seine globale Forschung für autonome Robotik in China an.«

Diese Entscheidung hat es in sich. Die Robotik, das Zusammenspiel von Mensch und Maschine, ist der entscheidende Schlüssel für die Weiterentwicklung der digitalen Produktionstechnik. Man kann die Münchener verstehen: Natürlich will Siemens ganz vorne mit dabei sein, wenn in dem riesigen Reich der Mitte künftig hochmoderne Fabriken entstehen oder vorhandene umgerüstet werden. Aber das Engagement birgt auch große Gefahren: China hat sich durch die Verpflichtung des deutschen Technologiekonzerns einen Erste-Klasse-Fahrschein für den Weg in seine industrielle Zukunft gesichert. Siemens hilft bei der Entwicklung von Steuerungssystemen für Roboter und bei der Integration von künstlicher Intelligenz in der Fertigungstechnik. Dadurch wird die chinesische Wirtschaft aber überhaupt erst in die Lage versetzt, in der Industriewelt 4.0 an erster Stelle mitspielen zu können – durchaus auch zulasten anderer Firmen in Deutschland.

Man muss kein Pessimist sein, um die Frage zu stellen, ob wir damit nicht sehr kräftig an dem Ast sägen, auf dem wir sitzen. Oder anders gefragt: Wie lange geht es gut, wenn man ein konkurrierendes Land, das ganz offen nach der Weltherrschaft strebt, immer besser ausrüstet? Ist es klug, einen Gegner so stark zu machen, dass er am Ende unbesiegbar ist?

In den nächsten Jahren wird der Siemens-Konzern, der heute schon fast 5000 Forscher und Ingenieure in China beschäftigt, weitere Entwickler nachholen. Die Koordination der Aktivitäten liegt dann in China. Dort laufen auch alle Fäden zur globalen Forschung zusammen. Außerdem verpflichtete sich Siemens noch, für drei Jahre ein Forschungszentrum an der Pekinger Elitehochschule Tsinghua einzurichten. Die Absolventen dort sollen dabei helfen, den Plan »Made in China 2025« umzusetzen. In diesem »Fahrplan zur industriellen Erneuerung« ist von der Staatsführung detailliert festgelegt worden, dass die Anteile chinesischer Anbieter auf Zukunftsmärkten wie Robotik oder Prozesssteuerung von Jahr zu Jahr steigen müssen. Auch das autonome Fahren gehört dazu. Das Ziel ist klar: Irgendwann sollen die von Siemens ausgerüsteten Unternehmen in China so gut sein, dass sie weder Siemens noch andere Anbieter aus dem Ausland brauchen.

Relativ ohnmächtig schauen wir den Chinesen auch dabei zu, wie sie vor unseren Augen in unserem eigenen Land ihren großen Plan zur Weltherrschaft umsetzen. Achtzehn Jahre ist es nun her, dass der damalige Parteichef Jiang Zemin vor seine Genossen trat und ihnen ein kämpferisches *zou chuqu!* zurief, »Schwärmt aus!«. Seitdem kaufen die Chinesen mit den Milliardensummen aus ihren diversen Staatsfonds gezielt Hightech-Firmen ein, um deren Wissen abzuschöpfen. Das Hauptaugenmerk dieser Akquisitionen richtet sich auf Schlüsseltechnologien, oft bei kleinen, aber zukunftsträchtigen Unternehmen. Sie gaben fünf Milliarden Euro aus, um das Kommando beim deutschen Roboterhersteller Kuka zu übernehmen, sie investierten vier Milliarden bei der Deutschen Bank und neun bei Daimler.

Als Teilhaber in diesen Größenordnungen wissen sie also, wer in der deutschen Wirtschaft für welche Projekte Kredit braucht, und sie wissen auch, was Daimler für das Auto der Zukunft plant. Etwas anderes zu behaupten wäre naiv. Den Chinesen gehört der Flughafen Frankfurt-Hahn, und auch an Stromleitungen und anderen lebenswichtigen Infrastrukturen sind die Investitionsplaner aus dem fernen Peking interessiert. Dabei greifen die Investoren in Deutschland hart durch. Sie beginnen nach der Übernahme die deutschen Standorte Schritt für Schritt zu verkleinern oder gleich nach China zu verlegen, wie es beispielsweise beim bayerischen Fernsehhersteller Schneider oder beim Maschinenbauer KraussMaffei passiert ist.

Neben Beteiligungen an Großkonzernen verfolgen die Chinesen aber auch eine explizite Nischenstrategie. Dabei werden bestimmte Branchen und Firmen an strategischen Schnittstellen ganz gezielt ausgesucht. Ein Beispiel von vielen ist der sehr enge, aber wichtige Markt für Betonpumpen. Anfang 2012 kaufte der chinesische Konzern Sany den deutschen Hersteller Putzmeister für 360 Millionen Euro. Wenig später ging auch der Konkurrent Schwing an ein Unternehmen aus der Volksrepublik. Heute ist der Weltmarkt für Betonpumpen mehrheitlich in chinesischer Hand. Kaum ein Wolkenkratzer kann ohne Hilfe aus China gebaut werden.

Ähnlich verhielt es sich mit einem deutschen Mittelständler, der ein Spezialunternehmen für Werkzeuge zum Metallschneiden führt. Seine Produkte kommen – wenn auch nur in geringer Stückzahl – in tausenden Industriebetrieben weltweit zum Einsatz. Insgesamt gibt es weltweit drei Firmen, die in diesem Bereich führend sind. Eines Tages, so erzählte mir der Inhaber, trat eine Investmentbank an ihn heran, um über eine Beteiligung zu sprechen. Er wollte wissen, wer dahintersteckt, erhielt aber keine Antwort. Das machte ihn misstrauisch, und er recherchierte immer weiter, bis er schließlich erfuhr, dass ein chinesischer Konzern der Auftraggeber war. Als der Firmeninhaber Wochen später seine beiden wichtigsten Wettbewerber auf einer Industriemesse traf und mit ihnen ins Gespräch kam, berichteten sie ihm davon, dass sie ebenfalls Besuch von der Bank erhalten hatten. Keiner der drei hat bislang Anteile verkauft, aber zwei der Inhaber sind schon über 60 Jahre alt und haben keine Nachfolger in der Familie.

Größere Summen als in Deutschland geben die Chinesen in Afrika aus. Vor allem Staaten, die über wichtige Bodenschätze verfügen und »seltene Erden« besitzen, sind in den Fokus der Planer in Peking gerückt. Der etwas merkwürdige Begriff »seltene Erden« umfasst siebzehn rare Metalle, die für zahllose Hightech-Produkte gebraucht werden. Ob I-Phone, Hybridauto oder Windturbine – kaum etwas in der modernen Technikwelt könnte ohne diese seltenen Erden gebaut werden. Das gilt übrigens auch für die modernen Waffensysteme.

Die weltweit größten Vorkommen dieser Metalle befinden sich in China, aber das Land fährt seine Förderung seit Jahren massiv zurück. Das hat zwei Gründe: Erstens steigt durch die Verknappung der Preis – in manchen Segmenten bereits um das Zehnfache. Zweitens will China eine riesige strategische Reserve an den unverzichtbaren Metallen behalten – sie dürften zu gegebener Zeit ein weiterer Meilenstein auf dem Weg zur Weltherrschaft sein. In der Zwischenzeit verlegen sich die Chinesen darauf, die Vorkommen in Afrika auszubeuten. Mit Milliardenkrediten an afrikanische Regierungen und speziellen »Zuwendungen« an dortige Diktatoren werden Abhängigkeiten geschaffen, die irgendwann in Abbauverträge und Schürflizenzen münden. Die USA und Europa haben die Gefahr erkannt und versuchen mit allen Mitteln gegenzuhalten und auf dem Schwarzen Kontinent ebenfalls einen Fuß in diesen Markt zu setzen. Doch die Chinesen waren – bis jetzt zumindest – schneller.

Für jeden sichtbar ist schließlich das größte chinesische Projekt, die »neue Seidenstraße«. Der Name ist eine Anlehnung an das uralte Netz von Karawanenstraßen, die den Mittelmeerraum und Persien einst mit dem Reich der Mongolen-Kaiser verbanden und auf dem schon der venezianische Kaufmann Marco Polo seine Entdeckungsreisen begann. Doch mit der romantischen Erinnerung an den berühmten China-Reisenden hat das zentrale außenpolitische Projekt von Staatspräsident Xi Jinping nichts zu tun. Die »neue Seidenstraße« ist ein Netz von Straßen, Eisenbahntrassen, Häfen und Pipelines zwischen China und Europa, das zu ganz wesentlichen Teilen von China finanziert, von chinesischen Ingenieuren entworfen und von chinesischen Arbeitern gebaut wird. Die Punkte des 900-Milliarden-Dollar-Projekts sind sorgfältig ausgesucht. Logistikzentren in Pakistan, Tiefseehäfen in Malaysia, Industriezonen in Weißrussland und Polen und viele andere Knotenpunkte mehr, die für einen florierenden Handel und den Transport von Gütern und Wissen erforderlich sind. In Deutschland gehört der Duisburger Hafen dazu, der größte Binnenhafen Europas. Und in den Wirren der griechischen Regierungspolitik während der Eurokrise war es ein Leichtes für die Chinesen, sich den Hafen von Piräus unter den Nagel zu reißen – einer der größten im Mittelmeerraum.

Viele in den USA und in Europa haben die Seidenstraße unterschätzt oder in ihrer bestechenden Logik nicht verstanden. In Deutschland war man, nicht zuletzt durch die sehr gemischten Erfahrungen mit den Chinesen, von Anfang an skeptisch. Der vormalige Wirtschafts- und Außenminister Sigmar Gabriel sagte bei einer seiner vielen China-Reisen, dass man der Regierung in Peking ihre großen Pläne nicht zum Vorwurf machen könne. Im Gegenteil zeige das Seidenstraßen-Projekt, wie weitsichtig und konsequent dort gedacht und gehandelt werde. Europa hingegen sei von dieser Einheit und Konsequenz weit entfernt, so Gabriel. »Unser größtes Problem ist nicht, dass China eine Strategie hat, sondern dass wir keine haben.«

Man sieht, dass unsere Industrie zahlreichen Gefahren ausgesetzt ist. Manche sind hausgemacht, wie etwa eigene Fehleinschätzungen oder verspätete Reaktionen auf technische Neuerungen wie das autonome Fahren oder der Elektroantrieb. Andere Gefahren kommen von außen; seien es die Expansionsgelüste amerikanischer Internetgiganten oder die chinesischen Pläne zur Beherrschung der Welt.

Unsere Wirtschaft ist leistungsstark und exportorientiert; von ihrem künftigen Erfolg hängt der Wohlstand und das Glück unseres ganzen Landes ab. Gelingt es nicht, den Anschluss zu finden und auch weiterhin unter gänzlich veränderten globalen Bedingungen einen der vorderen Plätze einzunehmen, rutschen wir schneller in eine elementare Krise, als manche heute wahrhaben wollen. Das Ende der Mittelschicht ist keine Drohung, sondern eine mögliche Entwicklung, wenngleich sie das Worst-Case-Szenario wäre. Wie gezeigt gibt es viele beunruhigende Entwicklungen; entscheidend ist, dass wir die Gefahren früh genug erkennen und konsequent gegenhalten – zumindest dort, wo es noch möglich ist.

8. Der perfekte Sturm

Warum Demografie, Digitalisierung und Niedrigzinsen
die Altersversorgung der arbeitenden Mitte zerstören

Reinhard Ströbing hat sein Leben lang gearbeitet. Der 63-jährige Berliner war gelernter Restaurantmeister und unterrichtete nach der Wende als Ausbilder in der Gastronomie den Nachwuchs. Seit September 2017 ist er in Rente. »Ich konnte nicht mehr, die Knochen machen nicht mehr mit«, sagt Ströbing. Sein Arzt hat Arthrose festgestellt. Eine chronische Erkrankung, sehr schmerzhaft, nichts mehr zu machen. »Mit sechzehn habe ich angefangen, mit zweiundsechzig aufgehört«, erzählt Ströbing. »Das sind sechsundvierzig Jahre Arbeit, ich finde, das muss reichen.« Als Rente erhält er heute 925 Euro. Doch das reicht nur so gerade.

Reinhard Ströbing steht zusammen mit seiner Frau Vera in einer Schlange an der Tafel der Evangelischen Kirchengemeinde Prenzlauer Berg. Sie warten auf Lebensmittel, die gespendet wurden und jetzt von der Kirche an Bedürftige verteilt werden. Mindestens fünfzig Menschen stehen hier geduldig an. Es gibt zwei junge Mütter mit kleinen Kindern und eine Familie mit arabischem Aussehen, doch der Großteil der Wartenden sind ältere Leute.

Am Anfang musste sich das Ehepaar Ströbing überwinden. Man komme sich an der Tafel »erst schon ein bisschen komisch vor«, sagt Vera, »fast so wie ein Bettler«. Auch ihr Mann hatte zu Beginn Hemmungen. »Wenn man immer gearbeitet und sein Geld verdient hat, macht man das nicht so gerne.« Aber jetzt sind beide dankbar für die Gelegenheit, umsonst Lebensmittel zu bekommen. »Das hilft uns sehr.« Vor allem frisches Obst und Gemüse seien sehr teuer geworden, sagen sie. »Das sprengt unser Budget, wir müssen auf jeden Cent achten.«

An der Tafel im Berliner Szenebezirk Prenzlauer Berg prallen zwei Welten aufeinander: Rundum sanierte Altbauten, elegante Galerien und schicke Cafés, in denen der Latte macchiato und ein Stück veganer Kuchen fast zehn Euro kosten. Hier direkt neben der Tafel zelebrieren Hipster und Trendsetter das lässige Leben der jungen Großstadtboheme. Alte Menschen mit Billigkleidung fallen sofort auf.

Vera Ströbing ist 58 Jahre alt, sie hat die drei gemeinsamen Kinder großgezogen, zwischendurch immer gearbeitet und in den letzten Jahren ihre Eltern gepflegt. Sie ist jetzt selbst schwer krank, die Ärzte haben einen Tumor festgestellt. »Mir fehlen fünf Jahre bis zur Rente, aber ich kann so gut wie nicht mehr arbeiten«, sagt sie. Vom Sozialamt erhält sie 162 Euro; zusammen mit ihrem Mann hat sie also jeden Monat 1087 Euro zur Verfügung. Allein die Miete für ihre 88 Quadratmeter große Dreizimmerwohnung beträgt mit allen Nebenausgaben 710 Euro. Das ist nicht viel für Prenzlauer Berg. Trotzdem würde das Rentnerpaar gern in eine kleinere und billigere Wohnung umziehen. Aber für weniger als 700 Euro warm bekommt man in dem Viertel heute nur noch eine Einzimmerwohnung. Ganz wegziehen in einen Bezirk mit geringerer Miete wollen die Ströbings nicht, sie leben hier seit fast einem halben Jahrhundert. »Das ist unsere Heimat, hier sind unsere Kinder groß geworden.« Also müssen sie mit 377 Euro pro Monat und den paar Lebensmitteln von der Tafel über die Runden kommen. Man kann so zwar überleben. Aber leben?

So wie den Ströbings geht es vielen Rentnern in Deutschland. Nach einem Leben voller Arbeit stehen sie jetzt an der Schwelle zur Armut. Auch Doris Weiß aus München hat ihr

Leben lang gearbeitet, aber nie gut verdient. Heute bekommt sie eine Rente von gerade einmal 500 Euro im Monat. »Die Miete beträgt rund 470 Euro, da kann man sich ausrechnen, was übrig bleibt«, sagt die 73-Jährige in einer Mischung aus Verzweiflung und Sarkasmus. Zum Glück stockt der Staat ihre Minirente um eine Grundsicherung auf. Zusammen macht das dann 890 Euro im Monat. Abzüglich ihrer für München extrem geringen Miete von 470 Euro verbleiben Doris Weiß also rund 14 Euro am Tag. »Verhungern würde ich nicht«, sagt sie. Aber ist ein Alter in Armut nach einem Leben voller Arbeit gerecht?

Doris Weiß ist ebenso wie das Ehepaar Ströbing aus Berlin eine Ausnahme, denn im Gegensatz zu den meisten Rentnern spricht sie offen über ihre finanzielle Lage. Auch sie geht in München zu einer Tafel, an der Lebensmittel für Bedürftige verteilt werden. Am Anfang hat auch sie sich überwinden müssen, anzustehen und sich etwas schenken zu lassen, so wie eine Almosenempfängerin. Aber weil ihr monatliches Budget so furchtbar knapp ist, blieb der Rentnerin kaum etwas anderes übrig. Mittlerweile, nach mehr als zwei Jahren, hat sie sich daran gewöhnt.

An den Tafeln findet sie Nahrungsmittel, die völlig in Ordnung sind, aber von Supermärkten und Restaurants aussortiert werden, weil sie sich dem Mindesthaltbarkeitsdatum nähern, einen Schönheitsfehler aufweisen oder aus anderen Gründen nicht mehr in den Verkauf kommen. Dass hunderte andere Menschen mit ihr bei jedem Wetter geduldig in der Schlange stehen, macht Doris Weiß den regelmäßigen Gang zur Tafel etwas leichter.

Über 930 dieser meist gemeinnützigen Einrichtungen gibt es im reichen Deutschland, hinzu kommen noch einmal 2100 Tafel-Läden und Ausgabestellen. Mehr als 1,5 Millionen Menschen besuchen die Tafeln regelmäßig; rund ein Viertel davon sind Rentner.

Doris Weiß gehört nicht zur Unterschicht; die Soziologen würden sie eindeutig in die untere Mittelschicht einordnen, ebenso wie das Ehepaar Ströbing aus Berlin. Frau Weiß hat eine kaufmännische Ausbildung absolviert und lange als Verkäuferin gearbeitet. Doch das ständige Heben der Waren über das Band an der Kasse und das Einräumen der schweren Kartons in die Regale hat ihr Körper nicht lange ausgehalten. Erst machte die Bandscheibe nicht mehr mit, dann die Knie. Sie reduzierte die Arbeitszeit, fiel dennoch immer wieder aus, schlug sich mit Minijobs durch. Schließlich machte sie eine Umschulung und half siebzehn Jahre lang in einem Büro mit. »Gearbeitet habe ich immer«, sagt Doris Weiß, »mein Leben lang. Aber es hat trotzdem nicht gereicht.« Oft kommt sie mit anderen Leuten ins Gespräch, wenn sie an der Tafel in der Schlange steht. Dass es vielen Menschen nach einem arbeitsreichen Leben so schlecht geht wie ihr, findet sie nicht in Ordnung. Sie vermisst den Respekt gegenüber der Lebensleistung ihrer Generation, die Jahrzehnte für den Wiederaufbau Deutschlands nach dem Krieg geschuftet hat. Aber auch aus einem anderen Grund versteht Doris Weiß den Sozialstaat nicht mehr. »Wenn ich nicht gearbeitet hätte, hätte ich jetzt gleich viel. Das ist es, was mir aufstößt. Viele sagen, sie arbeiten nicht für 800 Euro, weil sie ohnehin nicht mehr kriegen. Das ist nicht ganz gerecht.«

Man kann es auch anders ausdrücken. Der frühere Bundesarbeitsminister Norbert Blüm spricht heute von einem »übergeschnappten System«. Wenn Millionen Menschen als Geringverdiener den ganzen Tag arbeiten, trotzdem kaum davon leben können und später dann als Rentner sogar noch zum Sozialamt müssen, könne doch etwas nicht stimmen, empört sich der CDU-Politiker. Solche Verhältnisse würden von der Gesellschaft irgendwann nicht mehr akzeptiert. »Ein System, aus dem man mit Beiträgen nicht mehr bekommt als jemand, der keine Beiträge gezahlt hat, erledigt sich von selbst«, warnt Blüm.

An sein eigenes Versprechen wird der immer noch umtriebige Erfolgsautor sozialkritischer Bücher allerdings ungern erinnert. »Denn eines ist sicher: die Rente«, plakatierte Blüm 1986 auf dem Bonner Marktplatz. Das war zwar noch vor der Einheit, in deren Verlauf Millionen Leistungsbezieher hinzukamen. Aber richtig war der Spruch schon damals nicht. Zwar ist die Rente sicher, aber eben nicht mehr deren Höhe.

Es gibt mehrere groß angelegte Studien, die im Ergebnis zu dem Befund gelangen, dass die Armut bei Rentnern in Deutschland seit Jahren steigt und auch in Zukunft immer weiter zunehmen wird. Nach einer von der Bertelsmann-Stiftung in Auftrag gegebenen Untersuchung von Mitte 2017 sind vor allem alleinstehende Frauen, Menschen ohne abgeschlossene Berufsausbildung sowie Zuwanderer betroffen, aber zunehmend auch Menschen aus der Mittelschicht, die vergleichsweise wenig verdienen oder unterbrochene Erwerbsverläufe aufweisen.

Die Berechnungen für die Studie kamen vom renommierten Deutschen Institut für Wirtschaftsforschung (DIW) sowie vom Zentrum für Europäische Wirtschaftsforschung (ZEW) in Berlin. Die Zahlen der beiden Institute legen nahe, dass sich die Lage der Rentner langfristig verschlechtert, auch wenn zum Glück manche drastische Warnung von Politikern und Gewerkschaftsführern übertrieben ist. Der CSU-Politiker Horst Seehofer hatte beispielsweise 2017 davon gesprochen, dass unter Umständen »etwa die Hälfte der Bevölkerung« in der Sozialhilfe landen werde. Mit ähnlichen Schreckensszenarien operierte auch Verdi-Chef Frank Bsirske.

Die Wissenschaftler vom DIW und ZEW schauten genau

hin. Danach erhielten Ende 2016 rund 526 000 Menschen ähnlich wie Doris Weiß aus München eine Grundsicherung im Alter, also das sogenannte »Hartz IV für Senioren«. Ihre Renten und Alterseinkommen sind so gering, dass der Staat einspringen und helfen muss.

Das sind zunächst weniger Betroffene, als oft behauptet wird. Doch die Studie zeigt mit Blick auf die zeitliche Entwicklung einen alarmierenden Trend auf, denn die Zahl der Grundsicherungsempfänger unter den Senioren wächst erheblich und hat sich seit 2003 bereits verdoppelt. Zwar ist die Armut in der Gruppe 65 plus heute immer noch weniger verbreitet als in der Gesamtbevölkerung. Allerdings ist es laut Statistik nur eine Frage der Zeit, bis sich die Verhältnisse umkehren. Außerdem rechnen die Experten mit einer erheblichen Dunkelziffer. Viele Rentner holen sich – sei es aus Scham, sei es aus Unkenntnis – kein Geld vom Sozialamt ab, obwohl ihnen die Grundsicherung zustehen würde.

Nun könnte man auf die Idee kommen und sagen, dass diese bedauerlichen Fälle nur einen kleinen Teil der Ruheständler betreffen und keinesfalls ein Problem der breiten Mittelschicht darstellen. Doch das ist nur halb richtig, denn die hohe und ständig wachsende Zahl der heute prekär Beschäftigten entwickelt sich zur tickenden Zeitbombe für die Rentenversicherung. Rund 7,7 Millionen Menschen sind derzeit gering oder befristet beschäftigt, haben Minijobs oder sind auf Leih- und Zeitarbeitsverträge angewiesen. Das sind rund 20 Prozent der arbeitenden Bevölkerung – Tendenz stark steigend. Anders gesagt: Jeder fünfte Arbeitnehmer kann wegen seiner prekären Beschäftigung später nicht auf eine auskömmliche Rente hoffen.

Zum Beispiel werden alle Arbeitnehmer, die den bis 2018 geltenden Mindestlohn von 8,84 Euro erhalten, im Alter nur eine Rente deutlich unter dem Niveau der Grundsicherung beziehen. Das gilt auch dann, wenn die Beschäftigten

45 Jahre lang in Vollzeit arbeiten. Die leichte Anhebung des Mindestlohns auf 9,19 Euro für 2019 ist nur ein Tropfen auf den heißen Stein. Letztlich müsste der Mindestlohn um mehr als 43 Prozent steigen, damit man als Rentner mehr in der Tasche hat als die Grundsicherung im Alter. Laut Bundesarbeitsministerium liegt der durchschnittliche Bruttobedarf für Empfänger der Grundsicherung derzeit bei 814 Euro im Monat. Um diesen Wert »bei einer wöchentlichen Arbeitszeit von 38,5 Stunden über 45 Jahre versicherungspflichtiger Beschäftigung hinweg zu erreichen, wäre aktuell rechnerisch ein Stundenlohn von 12,63 Euro erforderlich«, rechnet die Bundesregierung in einer Antwort auf eine parlamentarische Anfrage der Linken vor.

Nach Auskunft des Deutschen Gewerkschaftsbundes erhält derzeit jeder fünfte Deutsche einen Stundenlohn von weniger als zehn Euro brutto, darunter viele Minijobber, Teilzeitbeschäftigte und befristet Beschäftigte. Dabei handelt es sich entgegen landläufiger Meinung nicht vornehmlich um gering Qualifizierte. Zwei Drittel der Niedriglohnbezieher haben laut DGB vielmehr eine abgeschlossene Berufsausbildung, weitere 10,5 Prozent sogar einen Hochschulabschluss.

Auch für die knapp eine Million Langzeitarbeitslosen ist die Altersarmut programmiert. Seit 2011 zahlt für diesen Personenkreis niemand mehr auch nur einen Cent in die Rentenkasse ein. Ihr Anspruch für diese langen Jahre der Arbeitslosigkeit liegt also bei null. Oft vergessen werden in den einschlägigen Statistiken schließlich auch die 1,8 Millionen Erwerbsminderungsrentner, deren Minirenten später in ebenso kümmerliche Altersrenten umgewandelt werden.

Die Mittelschicht ist vor diesem Abstieg nicht gefeit, wie massenhafte Beispiele zeigen. Auch Menschen mit einer Ausbildung fallen in Langzeitarbeitslosigkeit. Und Krankheiten oder Unfälle mit der Folge einer dauerhaften Erwerbsminderung können jeden treffen.

Davon unabhängig rollen auf die Altersversorgung in den nächsten Jahren gleich drei bedrohliche Entwicklungen zu, über die in den aktuellen Talkshows kaum diskutiert wird. So gehen erstens ab 2022 die geburtenstarken Jahrgänge in Rente. Das bedeutet, dass dann immer mehr Alte von immer weniger Arbeitnehmern finanziert werden müssen. Anders gesagt: Wenn die Babyboomer demnächst in der Rentenversicherung ankommen, verwandeln sie die demografische Lücke in einen regelrechten Krater.

Zweitens wird der bislang in keiner vorhandenen Rentenstatistik eingerechnete digitale Faktor die ohnehin schon zu geringe Zahl der Leistungserbringer in einer stark ansteigenden Kurve noch einmal drastisch reduzieren. Wenn die im zweiten Kapitel genannten Studien und Prognosen zutreffen und die Digitalisierung wirklich einen digitalen Vernichtungsfeldzug auf unseren heimischen Arbeitsmärkten auslöst, wird die Arbeitslosigkeit steigen und damit die Finanzierung der Renten zu einem fast unlösbaren Problem. Zwar werden auch schon jetzt erhebliche Teile der Rentenzahlungen aus dem aktuellen Steueraufkommen beglichen. Doch die Bereitschaft der arbeitenden Bevölkerung, einen immer größeren Kreis von Rentnern mit immer höheren Milliardensummen zu finanzieren, stößt irgendwann an politische Grenzen. Das kann im Ergebnis sehr leicht dazu führen, dass das Rentenniveau von der Politik allen aktuellen Versprechungen zum Trotz so nicht mehr zu halten ist – zumindest solange die Gruppe der Rentner nicht die Mehrheit der Wähler stellt.

Drittens schlummern in den Bilanzen der Lebensversicherer milliardenschwere Risiken. Was viele Angehörige der Mittelschicht als zusätzliche Absicherung für ihr Alter angespart haben, wird in der versprochenen Höhe nur in wenigen Fällen zur Auszahlung kommen. Gerade bei den kapitalbildenden Lebensversicherungen, dem »bombensicheren« Lieblingsprodukt der vorsichtigen Deutschen, lösen sich die in Aussicht gestellten Ablaufzahlungen gerade in Luft auf.

Auch die betriebliche Altersversorgung gerät in eine gefährliche Schieflage. Das Bundesamt für Finanzdienstleistungsaufsicht (BaFin) sah sich Mitte 2018 gezwungen, angesichts der deprimierenden Zahlen eine eindeutige Warnung auszusprechen. Grund der Probleme: Angesichts der anhaltenden Niedrigzinsphase können die Versicherer und Pensionskassen ihre versprochenen Renditen nicht mehr erwirtschaften.

Das kann zu erheblichen Problemen führen, weil die Betroffenen mit dem Geld rechnen. Oft sollen die Lebensversicherungen bei Renteneintritt beispielsweise ein Immobiliendarlehen ablösen, weil man die Raten in der verbleibenden Höhe als Rentner nicht mehr tragen kann. Fehlen aber erhebliche Summen in der ausgezahlten Versicherung, bricht für viele nicht nur eine auf Jahre angelegte Kalkulation zusammen, sondern mitunter eine ganze Lebensplanung.

Schauen wir uns die drei geschilderten Entwicklungen im Einzelnen an: Die auf die Rentenversicherung zurollende Welle der einstigen Babyboomer ist schon seit Jahren erkennbar. Immer wieder hat die Politik versucht, mit einer Fülle von Rentenreformen gegenzusteuern. Dabei folgte nach Art der Salamitaktik eine Leistungsverschlechterung auf die andere – sehr oft zulasten der Mittelschicht. Beispielsweise wurde die rententechnische Anerkennung der Ausbildungszeiten in mehreren Schritten deutlich gekürzt. Besonders radikal ging dabei die rot-grüne Regierung von Gerhard Schröder vor, als sie zum Verdruss der Akademiker die Studienjahre praktisch gar nicht mehr in die Rentenberechnung einbezog. Auch die mehrfache Aussetzung und Verschiebung von Rentenerhöhungen schlug negativ zu Buche, ebenso wie die schlechtere Bewertung von Zeiten der Arbeitslosigkeit und nicht zu vergessen die hoch umstrittene Beitragspflicht der Rentner zur Krankenkasse.

Außerdem müssen die heutigen Arbeitnehmer wesentlich länger arbeiten als frühere Jahrgänge. Die konnten sich über Jahre hinweg oft noch mit großzügigen Vorruhestandsregelungen zulasten des Staates und der Beitragszahler aus dem Erwerbsleben verabschieden. Willkommener Nebeneffekt dieser millionenfach angewendeten Methode »goldener Handschlag«: Die Regierung polierte ihre Arbeitslosenstatistik auf, und die Unternehmen durften sich ohne großen Aufwand von überschüssigen älteren Mitarbeitern trennen. Zog die Konjunktur dann wieder an, konnte man jüngere und preiswertere Arbeitskräfte einstellen.

Eine deutliche Verschlechterung für die Rentner brachte schon 1992 die neue Berechnung für Rentenerhöhungen. Sie wirkt bis heute nach. Danach sollten die Altersbezüge nicht mehr wie die Bruttolöhne steigen, sondern nur noch wie die Nettolöhne. Mit dem »demografischen Faktor« wurde ab 1998 dann auch die steigende Lebenserwartung mit in die Berechnung der Rentenerhöhungen einbezogen, was ebenfalls zulasten der Betroffenen ging. Die SPD machte seinerzeit dagegen massiven Wahlkampf, um dann Jahre später Norbert Blüms »demografischen Faktor« durch die wesentlich schmerzhaftere Riester-Reform zu ersetzen.

Nicht zuletzt stieg die Altersgrenze kontinuierlich an. Wer nach 1964 zur Welt kam, erreicht nun das reguläre Renteneintrittsalter erst mit 67 Jahren. Wer früher aus der Arbeitswelt ausscheiden will oder muss, hat dann erhebliche Abschläge zu tragen.

Dennoch: Trotz der vielen und zum Teil einschneidenden Maßnahmen wurden die Löcher in den Rentenkassen von Jahr zu Jahr größer. Schuld ist die demografische Entwicklung. Während 1962 noch sechs Arbeitnehmer für einen Rentner aufkamen, ist das Verhältnis heute fast zwei zu eins. Die Schwelle von weniger als zwei Erwerbstätigen für einen Rentner wird schon in wenigen Jahren durchbrochen, wenn nämlich die geburtenstarken Jahrgänge in Rente gehen. Im Jahr 2050 kommen dann auf einen Rentner statistisch nur noch 1,54 Erwerbspersonen. Damit ist die demografische Belastung der arbeitenden Bevölkerung in Deutschland die zweithöchste der Welt – nur in Japan ist das Verhältnis noch ungünstiger.

Um die Beiträge zur Rentenversicherung nicht ausufern zu lassen, zahlt der Staat seit Jahren zusätzlich gigantische Summen in die Rentenkassen ein. Aktuell fließt jeder vierte Euro, den die Bundesregierung einnimmt, in die gesetzliche Altersvorsorge – zusätzlich zu den von Arbeitnehmern und Arbeitgebern gezahlten Beiträgen. Im Jahr 2020 wird der aus Steuermitteln gezahlte Zuschuss des Bundes erstmals die Marke von 100 Milliarden Euro übersteigen. Er wird bereits zwei Jahre später auf 109 Milliarden Euro pro Jahr zulegen und damit mehr als doppelt so stark wachsen wie der gesamte Bundeshaushalt. Hinzukommen 67 Milliarden Euro, die der Staat jedes Jahr für die Pensionierung seiner Beamten und Soldaten ausgeben muss.

Trotz dieser gigantischen Zahlungen ist das Rentenniveau seit 2001 kontinuierlich von 53 auf 48 Prozent gesunken. Wenn es bei der geltenden Rentenformel geblieben wäre, hätte das Rentenniveau nach einer Prognose des Bundesarbeitsministeriums im Jahr 2045 nur noch 41,7 Prozent betragen. Damit wäre eine grassierende Altersarmut bis weit hinein in die Mittelschicht nicht mehr aufzuhalten gewesen. Um das zu verhindern, hat die Große Koalition 2018 beschlossen, dass es bis 2025 eine »doppelte Haltelinie« geben soll. Das bedeutet zweierlei: Das Rentenniveau wird auf dem heutigen Niveau von 48 Prozent abgesichert. Außerdem soll durch den Einsatz weiterer Steuermittel sichergestellt werden, dass der Beitragssatz zur Rentenversicherung 20 Prozent nicht übersteigt. Allein diese Maßnahme erfordert nach Berechnungen des Max-Planck-Instituts für Sozialrecht und Sozialpolitik in München im Jahr 2025 weitere elf Milliarden Euro Zuschuss. Da die Zahl der Rentner immer weiter steigt, werden bereits zehn Jahre später noch einmal 80 Milliarden mehr gebraucht. »Unbezahlbar«, lautet das Fazit der Forscher.

Weil die Bundesregierung diese Zahlen ebenso kennt wie die eindringlichen Warnungen aller Sachverständigen, hat sie beschlossen, eine neue Rentenkommission einzusetzen. Damit hat sich die Große Koalition aber nur etwas Luft verschafft, mehr nicht. Die Probleme bleiben. Die Experten der Kommission sollen bereits 2020 konkrete Maßnahmen vorschlagen, wie ab 2025 weiter verfahren wird. Für die Entwicklung einer großen Rentenreform ist das knapp bemessen. Den Experten läuft die Zeit davon. Mit jedem Jahr des demografischen Wandels wird das Problem größer, das sie lösen sollen. Der FDP-Politiker Johannes Vogel warf der Bundesregierung deshalb nicht ganz zu Unrecht vor, dass sie mit der doppelten Haltelinie erst teure Wahlgeschenke gemacht und danach eine Kommission bestellt habe, die sich Gedanken über deren Finanzierung machen soll. Das ist in etwa so, als bestellte man im Restaurant ein üppiges Menü, ohne zu wissen, wie man es später bezahlen soll.

Sicher ist jedenfalls schon jetzt, dass die Altersarmut steigen und erhebliche Teile der heute noch arbeitenden Bevölkerung treffen wird. Die Autoren der eingangs erwähnten Bertelsmann-Studie prognostizieren, dass bis 2036 sieben Prozent der Neurentner so wenig Altersbezüge erhalten, dass sie auf zusätzliche staatliche Grundversorgung angewiesen sein werden. Das wäre dann ein Anstieg von mehr als 25 Prozent im Vergleich zum aktuellen Wert.

Spürbar steigen wird auch das reine Risiko, in Altersarmut zu geraten. Galten im Jahr 2015, dem Referenzjahr der Studie, noch 16 Prozent der Neurentner als armutsbedroht, so wird es künftig jeden Fünften aus dieser Gruppe treffen – also bis weit hinein in die Mittelschicht.

Als »arm« gelten gemäß einer in der Europäischen Union gängigen Definition alle Haushalte, die über weniger als 60 Prozent des mittleren Einkommens verfügen. 40 Prozent und darunter gelten als Indiz für starke Armut. Zugrunde liegt bei der Berechnung das gesamte Nettoeinkommen eines Haushalts inklusive staatlicher Zuschüsse und Transferzahlungen. Nach dem Armutsbericht 2017 gilt nach dieser Definition als arm, wer als Single weniger als 917 Euro netto im Monat hat. Bei einer Alleinerziehenden mit einem Kind unter sechs Jahren liegt die Schwelle bei 1192 Euro, bei einer vierköpfigen Familie je nach Alter der Kinder zwischen 1978 und 2355 Euro netto.

Nun sind diese Zahlen und Werte umstritten. Einerseits zählen laut dieser Definition auch Studierende und Auszubildende zu den Armen, da sie in der Regel kein eigenes oder zumindest kein hohes Einkommen vorweisen können. Georg Cremer, Generalsekretär der Caritas, warnt deshalb vor einer »überzogenen Skandalisierung« des Armutsbegriffs. Dagegen wendet Ulrich Schneider vom Paritätischen Wohlfahrtsverband ein, dass Armut nicht erst dann beginne, wenn Menschen verelenden. »Man ist in diesem reichen Deutschland nicht erst dann arm, wenn man unter Brücken schlafen oder Pfandflaschen sammeln muss.«

Das trifft leider auch auf die rund 14 Millionen künftiger Rentner zu, die heute noch arbeiten, in der Mittelschicht leben und Durchschnittsgehälter beziehen. Ihre Zukunftsperspektive ist beunruhigend: Jeder dritte vollzeitbeschäftigte Arbeitnehmer in Deutschland musste 2017 mit maximal 2400 Euro brutto im Monat oder mit weniger auskommen.

Wenn diese Arbeitnehmer in einigen Jahren in den Ruhestand gehen, gelten sie statistisch gesehen zwar nicht als arm; sie werden sich aber dennoch mit sehr kleinen Renten am Rande der Armut durchschlagen müssen. Bei den knapp 784 000 Neurentnern, die 2016 erstmals eine gesetzliche Altersversorgung erhielten, betrug die Durchschnittsrente nicht ganz 837 Euro. Das ohnehin schon bescheidene Niveau des bisherigen Mittelstandslebens ist dann schlagartig Vergangenheit.

Das trifft in noch viel stärkerem Maße auf Frauen zu. Rund die Hälfte aller Frauen in Deutschland arbeitet in Teilzeit. Sie erreichen im Schnitt gerade einmal 35,1 anrechenbare Versicherungsjahre. Entsprechend gering fallen ihre Altersbezüge aus: Der durchschnittliche Rentenzahlbetrag für Frauen, die 2016 in Altersrente gegangen sind, betrug 681 Euro. Damit ist frau unbestreitbar arm.

Nun sind viele Frauen aus den rentennahen Jahrgängen noch verheiratet und profitieren von der Versorgung ihres Ehemanns mit. Aber die Zahl der verheirateten Frauen geht wegen der hohen Scheidungsrate kontinuierlich zurück. 2016 betrug die Scheidungsquote knapp 40 Prozent. Das bedeutet, dass vier von zehn Ehen wieder auseinandergehen und künftig mehr Frauen als bisher im Alter alleine dastehen. Außerdem sind zu Recht immer weniger Frauen bereit, allein aus Versorgungsgründen in einer unglücklichen Ehe auszuharren. Hinzu kommt, dass man von den geringen Durchschnittsverdiensten der heutigen Arbeitnehmer auch nur wenig für das Alter sparen oder zurücklegen kann.

Wer aber später als Rentner ohne Partner ist oder wer nicht über abbezahltes Wohneigentum verfügt, sondern in einer Großstadt noch teure Mieten zahlen muss, der gerät schnell unter Druck. Immer mehr alte Menschen sind in den Städten denn auch nicht mehr in der Lage, ihre Wohnungen zu halten. Die fortschreitende Gentrifizierung in den begehrten Szenekiezen und Citylagen beweist das eindeutig. Vor allem die Rentner sind zum Auszug in kleinere und billigere Quartiere am Stadtrand verdammt. Sie müssen ihr gewohntes Lebensumfeld verlassen und gegen ein meist schlechteres eintauschen. Dabei wird es den wenigsten helfen, dass die Große Koalition 2018 beschlossen hat, Geringverdienern mit mindestens 35 Beitragsjahren eine Grundrente zu zahlen, die mindestens zehn Prozent über dem Hartz-IV-Niveau liegt.

Die Simulationsrechnungen von DIW und ZEW zeigen, dass sich die Situation vor allem in Ostdeutschland sehr angespannt entwickelt. Zwischen 2031 und 2036 wird mehr als jeder zehnte Ostdeutsche so wenig Rente beziehen, dass er Anspruch auf Grundrente hat. Damit verdoppelt sich im Vergleich zu heute das Risiko, auf staatliche Hilfe angewiesen zu sein. Das hat im Wesentlichen zwei Gründe: Zum einen wurde im Osten auch in der breiten Mittelschicht weniger verdient als im Westen – eine Differenz, die bis heute besteht. So müssen östlich der Elbe immer noch 31,2 Prozent aller sozialversicherungspflichtigen Vollzeitbeschäftigten mit weniger als 2000 Euro brutto im Monat auskommen. Dass daraus nur eine äußerst geringe Altersversorgung entsteht, kann man sich leicht ausrechnen. Zum anderen waren im Osten nach der Wende viele Menschen für kurze oder auch für längere Zeit arbeitslos. Entsprechend wenig zahlten sie in die Rentenkassen ein, und entsprechend gering fallen dann in einigen Jahren ihre Rentenansprüche aus.

Zwar liegt der Fokus in diesem Buch auf der Mittelschicht. Dennoch sei in diesem Zusammenhang der Vollständigkeit halber erwähnt, dass die Gefahr der Altersarmut bei Langzeitarbeitslosen, Niedrigqualifizierten und Migranten bereits heute schon dramatisch hoch ist und in den kommenden Jahren noch überproportional ansteigen wird. Das bedeutet, dass die Zahl der Menschen am unteren Ende der Gesellschaft wächst und deren Lage immer prekärer wird.

Eine solche Entwicklung ist nicht zwangsläufig. Man kann durchaus etwas tun, um die Situation der vielen Menschen zu verbessern, die aus dem Erwerbsleben ausscheiden. Wie das konkret funktioniert, zeigt sich bereits bei einem Blick über die Grenze. Zwei unserer Nachbarländer gelten nämlich als Vorbild in Sachen auskömmliche Rente: In den Niederlanden gibt es das sogenannte Cappuccino-Modell, ein dreiteiliges System aus einer staatlichen Grundrente, einer betrieblichen und einer privaten Altersvorsorge. Es führt dazu, dass die meisten niederländischen Rentner fast genauso viel Geld zur Verfügung haben wie zu der Zeit, als sie noch gearbeitet haben.

Auch in Österreich gilt als oberster Grundsatz, dass die Rente im Alter den Lebensstandard sichern muss – ein Prinzip, von dem sich Deutschland schon vor Jahrzehnten verabschiedet hat, obwohl es sicher nicht ärmer ist als sein südlicher Nachbar. Nach 45 Jahren im Erwerbsleben erhält ein Rentner in Österreich etwa 80 Prozent seines durchschnittlichen Bruttoeinkommens. Davon können die deutschen Senioren nur träumen.

Adriana van den Berg weiß, wie gut sie es im Vergleich zu anderen Rentnern hat. Die 67-jährige Dame mit den kurzen weißen Haaren und den bunten Brillen lebt in Heerlen, einer holländischen Kleinstadt in der Nähe von Aachen. Dort besucht sie oft ihre deutsche Freundin, die sie in einem Urlaub an der Mosel kennengelernt hat. Während die deutsche Rentnerin buchstäblich jeden Cent umdrehen muss, geht es Adriana van den Berg vergleichsweise gut, obwohl die beiden Frauen den gleichen Beruf hatten: Sie waren Krankenschwestern, haben aber wegen der Kinder öfter ausgesetzt und aus gesundheitlichen Gründen vorzeitig mit der Arbeit aufhören müssen. »Ich habe über dreißig Jahre im Krankenhaus gearbeitet, aber dann konnte ich nicht mehr«, erzählt Frau van den Berg. Rückenprobleme, Bandscheibenvorfälle, Sehnenscheidenentzündung. Sie wechselte den Beruf, arbeitete als Bürokraft in der Verwaltung eines Altenheims, aber die weiten Wege und ihre angegriffene Gesundheit zwangen sie dazu, die Arbeitszeit zu reduzieren. In den letzten Jahren vor der Rente verdiente sie etwas mehr als 1200 Euro pro Monat. Daraus wäre normalerweise eine nur geringe Altersversorgung entstanden, aber in den Niederlanden gibt es eine Mindestrente von 1098 Euro. Diese Zahlung steht jedem Rentner zu, unabhängig davon, wie viel er vorher verdient hat. Einzige Voraussetzung: Er muss mindestens fünfzig Jahre lang seinen Wohnsitz in den Niederlanden gehabt haben.

Außerdem zahlt der holländische Staat jedem Bezieher einer Mindestrente auch einen Zuschuss zur Miete sowie eine Zulage zur Krankenkasse. Im Fall von Frau van den Berg sind das 375 Euro. Außerdem erhält sie noch eine kleine Betriebsrente. Das Krankenhaus, in dem sie jahrelang gearbeitet hat, zahlt ihr 72 Euro monatlich aus – eine in den Niederlanden sehr häufige Zusatzversorgung der Arbeitnehmer. Zusammen ergeben sich damit 1545 Euro pro Monat, weitaus mehr, als Adriana van den Berg in den letzten Jahren ihres Berufslebens zur Verfügung hatte. Nicht zuletzt bietet der holländische Sozialstaat seinen Ruheständlern zahlreiche Vergünstigungen. Das reicht vom einmaligen 100-Euro-Coupon zur freien Verwendung bis zu stark verbilligten Tickets für Bahn, Bus, Schwimmbäder oder kulturelle Veranstaltungen.

»Cappuccino-Modell« nennen die Holländer ihr Modell. Es besteht aus drei Teilen: Der Kaffee ist die Grundrente, dann kommt darauf die Milch in Form einer betrieblichen

Altersversorgung, und schließlich wird ganz oben noch etwas Kakao draufgestreut – gemeint ist die private Zusatzvorsorge, wenn man sie sich leisten kann. Frau van den Berg hatte nie genug Geld, um noch privat vorsorgen zu können, aber trotzdem reicht ihre Rente für ein bescheidenes, aber »schönes Leben«, wie sie findet. »Mir geht es gut«, sagt sie, »wir haben hier in den Niederlanden keinen Grund zur Klage.« Allerdings tut ihr die Freundin aus Aachen leid. Kleine Ausflüge oder einen sonntäglichen Besuch im Café könne die sich oft nicht mehr leisten. »Deutschland ist doch ein reiches Land«, empört sich Adriana van den Berg im Gespräch. »Ich kann nicht verstehen, dass ihr einer fleißigen Krankenschwester wie ihr nur so wenig Rente gebt.«

Nicht nur holländische Rentner können das Glück haben, im Alter finanziell aufzusteigen. Im Unterschied zu Deutschland, wo aus Gering- und Durchschnittsverdienern in aller Regel arme Senioren werden, erhalten Menschen mit kleinen Einkommen auch in anderen EU-Staaten eine deutlich bessere Altersversorgung. In Dänemark und Irland liegt sie häufig über dem früheren Einkommen, in Großbritannien oder in Luxemburg nur knapp darunter.

Katharina Gruber sitzt im Garten ihres Hauses in Ansfelden bei Linz. Mit ihren inzwischen 71 Jahren kann sie zwar »nicht mehr so gut mit der Harke in die Beete«, wie sie sagt, aber ein wenig Arbeit mit ihren geliebten Blumen möchte sie nicht missen. Frau Gruber hat Buchhaltung gelernt, aber sich später noch weitergebildet zur Steuerfachangestellten. Bis zur Geburt ihrer beiden Kinder hatte sie eine volle Stelle, danach ging es halbtags weiter. Damit kam Katharina Gruber auf 1423 Euro netto. Ihr Mann, ein Maschinenbaukonstrukteur, verdiente auch recht gut. »Wir konnten das Haus bauen, in Urlaub fahren und uns auch schon mal etwas leisten«, sagt sie rückblickend. Ihr Sohn studierte, die Tochter machte eine Ausbildung als Bankangestellte, und natürlich haben die Grubers den Kindern auch immer etwas dazugegeben.

In Pension ist Katharina Gruber schon lange. Als sie vor sechzehn Jahren mit der Arbeit aufhörte, war sie gerade erst 55 Jahre alt. Trotzdem musste sie keine Abschläge hinnehmen, wie das in Deutschland der Fall gewesen wäre. Das Renteneintrittsalter für Frauen lag damals in Österreich noch bei 55 Jahren. Heute erhält sie eine Pension von 1214 Euro; damit kommt sie ihrem letzten Gehalt als Aktive ziemlich nahe. Allerdings erhalten die Pensionäre in Österreich vierzehnmal und nicht zwölfmal im Jahr eine Zahlung; zusätzlich im Sommer als eine Art Urlaubsgeld und im Winter in Form eines Weihnachtsgeldes.

Damit sind die gewohnten Urlaubsreisen für die Familie Gruber auch noch im Alter möglich, versichert sie. Und im Vergleich zum großen Nachbarn im Norden müssen die Pensionäre in Österreich auch sehr viel weniger Steuern auf ihre Alterseinkünfte bezahlen. Allerdings sind die monatlichen Beiträge von Arbeitnehmern und Arbeitgebern zur Rentenversicherung mit 22,8 Prozent höher als in Deutschland.

Doch das allein kann die enormen Leistungsunterschiede in der Altersversorgung nicht erklären. Wie also finanzieren die Niederländer und Österreicher die vergleichsweise generösen Renten ihrer Bürger? Schließlich sind Wirtschaftsstruktur und Wohlstand in beiden Nachbarländern durchaus mit Deutschland vergleichbar. In allen drei Ländern zahlt der Staat auch einen relativ hohen Zuschuss zur gesetzlichen Rentenversicherung. Der entscheidende Unterschied aber besteht darin, dass der Kreis der Einzahler wesentlich größer ist als bei uns. Sowohl in den Niederlanden als auch in Österreich werden alle Arbeitnehmer als Beitragszahler für die staatlichen Rentenkassen herangezogen, also auch Freiberufler, Selbstständige, alle Minijobber,

Politiker und auch sehr reiche Menschen, die von den Einkünften aus ihrem privaten Vermögen leben. Vor allem aber müssen auch die Beamten mit zur Stabilität der staatlichen Altersversorgung beitragen; das ist eine große und relevante Gruppe, die in Deutschland sowohl als Aktive wie auch als Pensionäre allein aus Steuermitteln bezahlt wird.

Wenn man den Blick weitet und über Europa hinaus internationale Vergleiche anstellt, dann schneidet das reiche Deutschland geradezu unangenehm schlecht ab. Die Organisation für Sicherheit und Zusammenarbeit in Europa (OSZE) hat 2015 in einer aufwendigen Studie die Rentensysteme in 34 Ländern verglichen. Das beschämende Resultat: Nur in Mexiko, Chile und Japan bekamen die Geringverdiener eine noch niedrigere Rente als hierzulande.

Das Problem der drohenden Altersarmut war im Bundestagswahlkampf 2017 ein wichtiger Bestandteil der Gerechtigkeitskampagne der SPD. Bekanntermaßen hat es den Sozialdemokraten nicht geholfen, die Lage der Rentner zu thematisieren; die SPD erzielte das schlechteste Wahlergebnis in ihrer bundesdeutschen Geschichte. Aber als kleiner Koalitionspartner in der neuen Bundesregierung konnte sie 2018 zumindest durchsetzen, dass die brisante Situation der staatlichen Altersversorgung von einer Expertenkommission noch einmal grundsätzlich beleuchtet wird.

Die entscheidende Frage lautet allerdings, mit welchem Ziel, und vor allem, auf welcher Prognosebasis solche Kommissionen arbeiten. Wird ergebnisoffen nachgedacht, oder soll sich das Resultat innerhalb der politischen Vorgaben bewegen, die von der Regierung gemacht werden? Darf auch über unkonventionelle Lösungsansätze nachgedacht werden, oder soll die Kommission mit ihren Vorschlägen im Korridor der bisherigen Rentenpolitik bleiben?

Die Tatsache, dass zwei sachkundige und untadelige, allerdings auch sehr traditionelle Sozialpolitiker von CDU und SPD der neuen Rentenkommission vorsitzen, lässt nicht gerade den Schluss zu, dass man unkonventionell denken und zu neuen Ufern aufbrechen wird. Man muss den Experten der Kommission allerdings auch zugestehen, dass es ziemlich kompliziert ist, die Entwicklung der Renten vorherzusagen und daraus dann politische Empfehlungen für künftige Reformen abzuleiten. Zwar werden bei den bisherigen Berechnungen stets sehr viele Faktoren zugrunde gelegt, aber oft genug machen schon einzelne Ereignisse die schönste Prognose wieder obsolet.

Beispiele dafür gibt es in der jüngsten Vergangenheit mehr als genug: Noch 2014 ging man von einem kontinuierlich sinkenden Erwerbspersonenpotenzial aus. Kaum vier Jahre später jedoch waren mehr Menschen in Beschäftigung als je zuvor. Auch die Weltfinanzkrise 2008/2009 hatte niemand auf der Rechnung – genauso wenig wie den anschließenden Wirtschaftsboom, der gegen alle bisherigen Erfahrungen mit dem Auf und Ab der Konjunkturzyklen bis heute anhält. Und die Flüchtlingskrise mit mehr als einer Million Zuwanderern in unsere Sozialsysteme fand sich vorher auch in keiner Prognose.

Natürlich gibt es bei Wachstum, Lohnentwicklung, Lebensalter und anderen Eckdaten Durchschnittszahlen und statistische Erfahrungswerte. Aber wir haben in den letzten Jahren gesehen, dass langfristige Voraussagen in unserer sich rasant verändernden Welt immer seltener zutreffen. Wenig vertrauenserweckend ist vor diesem Hintergrund die Tatsache, dass die Bundesregierung die umwälzenden Veränderungen im Zuge der digitalen Revolution überhaupt nicht in ihre Berechnungen einbezieht. Dabei ist der digitale Faktor erheblich und stellt nach der Demografie sicher die zweite bedrohliche Entwicklung da, die in den kommenden zwanzig, dreißig Jahren auf die Rentenversicherung zuläuft. Anstatt sich den Realitäten zu stellen, geht man auf Regierungsseite einfach davon aus, dass unser ungewöhnlich lang anhaltendes Wachstum auch in den nächsten Jahren immer so weitergeht – ganz so, als wäre das Wort »Rezession« aus dem Wortschatz der Großen Koalition gestrichen worden. Und auch bei der Entwicklung der Arbeitslosenzahlen und der Löhne werden in den Ministerien einfach bisherige Erfahrungswerte fortgeschrieben. Das ist schon ziemlich mutig oder – je nach Sichtweise – fahrlässig bis ignorant.

Man kann vielleicht noch nachvollziehen, dass die Bundesregierung sich nicht gleich den schlimmsten Horrorprognosen über die digitale Arbeitsplatzvernichtung anschließen will. Aber so zu tun, als würde gar nichts passieren, ist schlicht unseriös. In jeder Politikerrede zur Digitalisierung wird mehr oder weniger deutlich von den »Herausforderungen« gesprochen, die vor uns liegen. Wie aber kann man dann bei künftigen Prognosen und Berechnungen diese »Herausforderungen« ignorieren? Und das angesichts eines Wandels, der sowohl die Struktur der Arbeitsmärkte als auch die Höhe der durchschnittlichen Bezahlung massiv verändern wird?

Man muss ja nicht Jack Ma glauben, dem Chef des chinesischen E-Commerce-Konzerns Alibaba, der davon ausgeht, dass die vollständige Vernetzung von Computern und Maschinen in den kommenden dreißig Jahren weltweit bis zu 800 Millionen Jobs überflüssig machen wird. Und vielleicht liegt auch das Global Institute von McKinsey falsch, wenn es behauptet, dass bald ein Drittel der deutschen Beschäftigten einen neuen Job suchen muss. Aber wie ist vor diesem Hintergrund die Prognose der Bundesregierung zu bewerten? Sie unterstellt für die nächsten Jahre nicht nur eine anhaltend niedrige Arbeitslosigkeit, sondern malt sogar noch plakativ das Ziel der Vollbeschäftigung an die Wand.

Das klingt zu schön, um wahr sein zu können. Bei Lichte betrachtet sind solche Vorhersagen nicht nur Schönfärberei, sondern reine Vogel-Strauß-Politik. Man sieht den digitalen Sturm kommen und steckt schnell den Kopf in den Sand. Wenn die neue Rentenkommission auf der Grundlage solcher Prognosen rechnet, wird es ihr kaum gelingen, auch nur halbwegs realistische Analysen und Reformvorschläge für die Altersversorgung nach 2025 vorzulegen.

Das Gleiche gilt für die künftige Entwicklung der Gehälter. Auch hier kann man nicht einfach von einer Fortschreibung der bestehenden Verhältnisse ausgehen. Die zunehmende Anwendung künstlicher Intelligenz wird dazu führen, dass die vorhandene Arbeit viel weiter als bislang in einzelne Schritte und Projekte zerlegt wird. Diese Aufspreizung verbindet sich mit einem massiven Outsourcing. Der bisher festangestellte Mitarbeiter wird nicht mehr gebraucht, weil seine Arbeit entweder vom Computer übernommen oder an billiger arbeitende Selbstständige weltweit vergeben wird. Wie im zweiten Kapitel des Buches gezeigt, muss sich in wenigen Jahren ein wachsendes Millionenheer digitaler Arbeitsnomaden künftig auf globalen Plattformen um die zu vergebenden Aufträge bewerben. Dass deutsche Anbieter dabei ihre gewohnte Bezahlung durchsetzen können, ist völlig unrealistisch.

Nicht zuletzt führt die Aufspaltung der Arbeit zu vergleichsweise wenigen hoch qualifizierten und sehr gut bezahlten Jobs und zu viel schlecht bezahlter Arbeit. Man kann diese Entwicklung jetzt schon im Silicon Valley beobachten. Dort verdienen die Angestellten der globalen IT-Konzerne fantastische Gehälter, während die große Zahl der Zulieferer, Servicekräfte und Dienstleister am Rande des digitalen Kosmos sehr hart um ihre Existenz kämpfen müssen. Tägliche Begleiterscheinung dieses Kampfes ist das Akzeptieren einer schlechten oder geringen Bezahlung. In keinem westlichen Industrieland ist die Lohnspreizung so hoch wie im Silicon Valley.

Die fast unvermeidbare Ausdünnung der Mittelschicht und ihr Verlust an Sicherheit und guter Bezahlung findet nach dem Arbeitsleben eine zwangsläufige Fortsetzung bei den Renten. Weniger Verdienst bedeutet weniger Beiträge und entsprechend geringe Renten. Und die wachsende Zahl der zur Selbstständigkeit gezwungenen Clickworker oder anderer Dienstleister wird die klassischen »atypischen Arbeitsverläufe« aufweisen, in deren Verlauf nur unregelmäßige oder oft genug auch gar keine Vorsorge für das Alter getroffen wurde.

Die dritte bedrohliche Entwicklung bei der Altersvorsorge findet im Bereich der betrieblichen Pensionskassen und privaten Versicherungen statt, der sogenannten zweiten und dritten Säule der Altersvorsorge. Hier wird die Mittelschicht besonders hart getroffen, denn keine andere soziale Gruppe investiert so viel Geld in eine zusätzliche Absicherung wie die normalen Angestellten und kleinen Selbstständigen. Befeuert durch staatliche Mahnungen und Anreize sowie durch eine massive Werbung großer Fonds, wurden in den vergangenen zwanzig Jahren Unsummen in die zweite und vor allem dritte Säule investiert. Leider haben sich Sparmodelle wie die »Riester-Rente« oder andere staatlich geförderten Vorsorgeprodukte nicht als Königsweg erwiesen. Der Einzige, der wirklich gut verdient hat, ist der ehemalige Gewerkschaftsführer und Bundessozialminister selbst. Als Namensgeber des »Riester«-Sparens hielt der prominente Sozialdemokrat nach seiner Amtszeit viele gut bezahlte Vorträge – vor allem in der Finanzbranche. Das hat ihm neben reichlich Geld sogar ein Aufsichtsratsmandat und lukrative Beraterverträge eingebracht, aber auch deutliche Kritik. Transparency International bezeichnete Riesters geschäftliche Verbindungen einmal als »Beispiel für politische Korruption«.

Allerdings ist mit Walter Riester auch das allgemeine Bewusstsein darüber gewachsen, dass man sich auf die staatliche Rente allein nicht verlassen kann, sondern besser »riestern« oder anderweitig vorsorgen sollte. Es ist deshalb noch gar nicht so lange her, dass die kapitalbildende Lebensversicherung als die beste und sicherste Empfehlung für die private Altersvorsorge galt. Oft hatte schon der Vater einen solchen Vertrag abgeschlossen, und die Kinder folgten dem Beispiel. Außerdem war alles leicht in die Wege zu leiten: Nach dem Vorbild des Herrn Kaiser von der Hamburg-Mannheimer kam der eingeführte und bestens bekannte Vertreter der Familienversicherung damals noch ins Haus, versprach eine hohe Rendite und verwies auf die Bonität seines seit Generationen bestehenden Instituts.

Anders als Angelsachsen oder Amerikaner bevorzugen die Deutschen Versicherungen und misstrauen Geldanlagen in Aktien oder anderen Wertpapieren. Diese Risikoscheu hängt mit dem kollektiven Nationaltrauma von zwei Hyperinflationen zusammen, die Millionen Bürger um ihr Erspartes brachten. Es gibt wohl kaum einen Angehörigen der Babyboomer-Generation, der nicht von seinen Großeltern die Geschichten darüber gehört hat, wie sie Anfang der Zwanzigerjahre mit einem Sack voller Banknoten um ein paar Lebensmittel anstehen mussten. Und die eigenen Eltern ergänzten diese Schilderungen mit ähnlichen Erfahrungen nach 1945, als die Reichsmark schneller an Wert verlor, als sie im kriegszerstörten Deutschland nachgedruckt werden konnte. Zur Mahnung und Erinnerung wurden den Kindern der Nachkriegszeit gern jene alten Banknoten übergeben, die sechs oder mehr Nullen tragen und die damals gerade einmal für den Kauf von ein paar Kartoffeln reichten.

8. Der perfekte Sturm

Das jahrzehntelange deutsche Misstrauen gegen »Papiervermögen« im weitesten Sinne änderte sich erst mit der New Economy Ende der Neunzigerjahre und schlug dann sofort in Euphorie um. Plötzlich verwandelten sich die risikoscheuen Bundesbürger in Zocker und Spekulanten. Wer damals auf den Partys der Generation Golf kenntnisreich über Aktienkurse reden konnte, galt als cool. In Büros und Kneipen wurde mehr über die Börse gesprochen als über die Bundesliga. Sogar die Hausfrauen tuschelten über die angeblich heißen oder gar geheimen Tipps ihrer Anlageberater. Die Volksaktie der 1996 privatisierten Deutschen Telekom AG schoss im Frühjahr 2000 auf über 100 Euro hoch und löste einen wahren Kaufrausch aus. Doch als wenig später die erste Blase der New Economy platzte, wich auch die Goldgräberstimmung in Deutschland einer generellen Ernüchterung. Man hatte sich die Finger an der überhitzten Börse verbrannt. Fortan wandte die Mehrzahl der Deutschen dem Wertpapierhandel wieder den Rücken zu und kehrte reumütig zur guten alten Lebensversicherung zurück.

Diese Anlageform gilt bis heute als Eier legende Wollmilchsau: klassische Lebensversicherung und gleichzeitig Kapitalanlage. Das Papier ist unverzichtbar bei der Risikoabsicherung und wird von den Banken auch gern akzeptiert, wenn man einen Kredit für eine Immobilie absichern will. Doch inzwischen ist sie zur regelrechten Gefahr für den Wohlstand der Versicherten geworden. Der langjährige Versicherungsmanager Sven Enger, der es bis in den Vorstand namhafter Versicherungsunternehmen schaffte, warnt in seinem jüngst erschienenen Buch *Alt, arm und abgezockt* eindringlich vor den versteckten Risiken. Die einst bei Vertragsabschluss versprochenen Renditen lösen sich seit Jahren Stück für Stück in Luft auf. Als Kunde bekommt man heute bei Weitem nicht mehr das, was einem zu Anfang in Aussicht gestellt wurde, sagt der Branchen-Insider. »Das ist ein schwerer Schlag für alle, die ihre Lebensplanung und ihren Ruhestand darauf aufgebaut haben.« Der Hauptbetroffene: die Mittelschicht.

Warum spitzt sich gerade jetzt die Lage für die Lebensversicherungsbranche und damit für ihre Kunden zu? Gegenwärtig kommen mehrere Faktoren zusammen, die jeder für sich schon gefährlich genug wären, in ihrer Kombination aber höchst alarmierend sind. Zunächst muss man etwas zurückblicken: Am 1. Januar 2005 wurde das Steuerprivileg von Kapitallebensversicherungen weitgehend aufgehoben. Zahlungen aus Verträgen, die nach dem 31. Dezember 2004 abgeschlossen wurden, unterlagen künftig der Steuerpflicht. Als diese Pläne des Gesetzgebers Mitte 2004 bekannt wurden, setzte ein regelrechter Ansturm auf die Kapitallebensversicherung ein. Die Versicherer schoben Nachtschichten, um die Flut der Anträge bewältigen zu können. Was damals für eine Sonderkonjunktur bei den Versicherern sorgte, hat heute Konsequenzen: Die massenhaft abgeschlossenen Policen werden sukzessive fällig, was die Assekuranzen nun gehörig unter Druck setzt. Es mangelt schlicht und ergreifend an verfügbarem Kapital. Um die enorme Liquidität für die anstehenden Auszahlungen zu sichern, wurden bereits umfangreiche Sparmaßnahmen ergriffen und tausende Mitarbeiter entlassen.

Doch der Höhepunkt dieser schleichenden Krise ist lange noch nicht erreicht. Ähnlich wie in der Rentenversicherung kommen auch auf die Lebensversicherer die geburtenstarken Jahrgänge zu. In den nächsten Jahren erreichen die Policen der Babyboomer-Generation die Auszahlungsphase. Der ohnehin schon hohe Liquiditätsbedarf der Versicherer wird dann noch mal erheblich ansteigen. Das ist in der anhaltenden Phase der Niedrigzinsen ein gewaltiges Problem für die Branche, denn sie erzielt nur noch Renditen, die unter denen liegen, die sie den Kunden auszahlen muss.

In ihrer Not greifen einige Versicherer in die Spardose und verkaufen aus ihrem Bestand die wenigen Wertpapiere und Beteiligungen, die noch eine nennenswerte Verzinsung aufweisen. Damit können sie dann zwar kurzfristig den aktuellen Kapitalbedarf decken; doch für die verkauften Papiere werden sie künftig kaum gleichwertigen Ersatz finden. Ohne halbwegs attraktive Zinserträge aber ist das Geschäftsmodell der Kapitallebensversicherung praktisch am Ende. Versicherungsprofi Enger glaubt denn auch, dass für einige Unternehmen der Branche ein Crash nicht mehr zu verhindern ist. »Die Frage ist nicht, *ob* er kommt, sondern *wann* er kommt.«

Natürlich ist die Klage über die lange Niedrigzinsphase weder neu noch besonders originell. Die Versicherungsfirmen und ihre Verbände weisen ständig darauf hin und haben bei der Bundesregierung auch schon diverse Zugeständnisse bezüglich der Garantiezinsen erreicht. Vor allem aber steht Mario Draghi in der Kritik, der Chef der Europäischen Zentralbank. Die Nullzinspolitik des Italieners hat in erster Linie den hoch verschuldeten EU-Mitgliedern im Süden geholfen, ihre gewaltigen Defizitlasten zu schultern. Man darf auch behaupten, dass die niedrigen Zinsen der EZB einige Staatspleiten verhindert haben, in deren Folge möglicherweise das gesamte Gefüge der Europäischen Union ins Wanken geraten wäre. Und auch die Wirtschaft freut sich über niedrige Kreditzinsen. Für Banken und Versicherer jedoch wirken sie wie Gift in kleiner, aber ständiger Dosierung. Man stirbt nicht sofort, sondern langsam.

Allerdings haben die Lebensversicherer auch selbst einiges dazu beigetragen, dass sie sich heute in ihrer Existenz bedroht sehen. Jahrelang haben sie es versäumt, ein effizientes Kostenmanagement zu installieren. Laufende Einnahmen wurden durch üppige Provisionen und ein großzügiges Belohnungssystem gleich wieder verbraucht – die berühmtberüchtigten Lust- und Luxusreisen einiger Versicherungsleute sind nur die Spitze eines Eisbergs. Im Vordergrund steht eher der Verkauf und Vertrieb als der Aufbau eines Schutz- und Solidarprinzips, für das Versicherungen ja eigentlich gegründet wurden.

Weitgehend ungenutzt blieben auch die Chancen der Digitalisierung, sodass die Branche sich heute in einer echten Krisensituation wiederfindet.

Hinzu kommt, dass gerade die Kapitallebensversicherung ein finanztechnischer Zwitter ist. Einerseits sichert sie die Angehörigen des Versicherungsnehmers gegen die finanziellen Folgen seines frühzeitigen Todes ab. Andererseits wird Geld angespart, das man bei Ablauf in Anspruch nehmen kann. Egal was passiert – der Versicherungsnehmer gewinnt praktisch immer. Kein Wunder, dass diese Form so beliebt ist. Kapitalbildende Versicherungen erfordern jedoch einen enormen und dauerhaften Sparprozess beim Versicherer. Für jeden einzelnen Vertrag muss mindestens die zu erbringende Leistung angespart werden. Außerdem muss mit dem gleichen Geld noch das vorzeitige Sterberisiko finanziert werden. Wenn allerdings mit den Prämien der Versicherten keine auskömmliche Rendite mehr erwirtschaftet werden kann, um die laufenden Kosten des Unternehmens und die gegebenen Garantien zu bezahlen, dann ist es nur eine Frage der Zeit, bis das gesamte Konstrukt wie ein Kartenhaus in sich zusammenfällt.

Leider gibt es dafür schon Beispiele im wirklichen Leben. Der Versicherungspionier »Equitable Life« hatte die Entwicklung der Wertanlagen, die er mit dem Geld seiner Kunden getätigt hatte, viel zu hoch angesetzt. Gleichzeitig wurde die steigende Lebenserwartung nur unzureichend berücksichtigt. In der Folge trat eine immer größere Lücke zwischen dem Deckungskapital des britischen Traditionshauses und den Ansprüchen der Versicherten auf. Schließlich musste das erste Versicherungsunternehmen der Welt 240 Jahre nach seiner Gründung im Jahr 2002 bei Gericht einen Vergleich anmelden. Nicht nur Millionen Briten verloren einen beträchtlichen Teil ihrer Altersversorgung, sondern auch viele Deutsche, die von den besseren Konditionen und höheren Überschussbeteiligungen angelockt worden waren.

Nun weisen die Vertreter der Versicherungen gern darauf hin, dass so etwas in Deutschland nicht passieren könne, weil die Unternehmen der gesamten Branche eine Auffanggesellschaft namens »Protector« gegründet und finanziert haben. Diese soll im Fall einer Insolvenz die Ansprüche der Betroffenen bedienen. Allerdings reichen die Rücklagen von »Protector« höchstens aus, um kleine oder mittlere Versicherer zu retten. Falls eine der großen Firmen in Liquiditätsengpässe geraten würde, kann leicht das ganze System kippen. Oder der Staat springt ein, um wie schon in der Weltfinanzkrise 2008/2009 einen völligen Zusammenbruch des Kreditwesens zu verhindern.

Alarmierend ist nicht zuletzt die Tatsache, dass viele Versicherer inzwischen das Geschäft mit den klassischen Lebensversicherungen ganz aufgegeben haben. Damit die defizitäre Sparte nicht das gesamte Unternehmen in Mitleidenschaft zieht, beginnen einige Assekuranzen damit, die Altverträge in eigenständige Gesellschaften auszulagern. Andere verkaufen diese Verträge über den Kopf ihrer Kunden hinweg an spezialisierte Abwicklungsfirmen. In der Branche werden sie »Run-off-Gesellschaften« genannt – frei nach dem Motto: »Take the money and run.« Diese »Entsorger« kaufen die Policen mit ordentlichen Preisabschlägen ein und spekulieren damit, auf der Resterampe der Versicherungsindustrie doch noch ein Geschäft machen zu können. Das Problem wird auf diese Weise natürlich nicht gelöst, sondern nur verlagert.

Ähnlich brisant stellt sich die Lage der Pensionskassen dar, in denen ein Großteil der betrieblichen Altersvorsorge liegt. Die Gründe dafür sind im Wesentlichen die gleichen wie bei den Lebensversicherern. Mit den dauerhaft niedrigen Zinsen lassen sich nicht die erforderlichen Renditen verdienen, um die Ansprüche der Versicherten zu erfüllen. Die Bundesanstalt für Finanzdienstleistungsaufsicht (BaFin), die normalerweise nicht zu Dramatik neigt, warnte im Mai 2018 ausdrücklich vor einer bedrohlichen Schieflage. Die Situation für die 137 Pensionskassen in Deutschland sei »noch ernster als vor zwei Jahren«, hieß es in einem Bericht der Aufseher. »Wenn die Zinsen auf dem aktuellen Niveau bleiben, wird sie sich noch weiter verschärfen.«

Ohne frisches Kapital von außen würden einige Pensionskassen »nicht mehr ihre vollen Leistungen erbringen«, warnte die BaFin. Das ist sehr zurückhaltend formuliert, kann am Ende aber nur bedeuten, dass ohne zusätzliche und außerplanmäßige Stützungszahlungen der betroffenen Unternehmen Millionen Arbeitnehmer weniger Betriebsrenten erhalten, als sie eigentlich gedacht haben.

In Deutschland sorgen derzeit rund sieben Millionen Beschäftigte und ihre Arbeitgeber mithilfe einer Pensionskasse zusätzlich für ihr Alter vor. In diesen Einrichtungen liegen rund 165 Milliarden Euro bereit. Es sind im Wesentlichen die Altersabsicherungen der Mittelschicht, die in Gefahr geraten sind.

Rund 1,3 Millionen Rentner ernten bereits die Früchte dieser Vorsorge und beziehen eine Betriebsrente. Die fällt heute in der Regel noch recht gut aus, weil beim Abschluss der Betriebsrentenvereinbarungen hohe Zusagen gemacht worden sind. Daran sind die Pensionskassen gebunden, obwohl ihre Renditen immer weiter schrumpfen. Die Folge: Zwischen den Ansprüchen der Einzahler und dem erwirtschafteten Kapital klafft eine immer größere Lücke.

Hinzu kommt auch hier das Problem der Demografie. In den nächsten Jahren gehen die geburtenstarken Jahrgänge in Rente. Die Zahl derjenigen, die ihre Ansprüche bei den klammen Pensionskassen geltend machen, wird also sprunghaft steigen.

Natürlich nennt die BaFin keine Namen, um bei den Beschäftigten und den Aktionären der betroffenen Unternehmen keine Panik aufkommen zu lassen. Die unter Druck geratenen Kassen sollen nicht noch zusätzlich in Schwierigkeiten gebracht werden. Klar ist aber, dass es sich bei den »Sorgenkindern« nicht nur um Einzelfälle handelt. Inzwischen stehe jede dritte Pensionskasse unter »verschärfter Beobachtung«, heißt es bei der BaFin. Und um jede zehnte Kasse macht sich die Finanzaufsicht nach Aussage ihres Exekutivdirektors Frank Grund »erhebliche Sorgen«.

Dass die Rechnung auf lange Sicht nicht aufgehen würde, konnte man bei genauem Hinsehen schon nach der Finanzkrise erahnen. In den Jahren nach dem großen Crash mussten bereits 27 der 137 Pensionskassen ihren Rentenfaktor kürzen, also ihre Leistungen zurückfahren. Eine davon war die BVV, in der die Betriebsrenten der Bankangestellten gebündelt werden. Leider ist die BVV zugleich auch die größte deutsche Pensionskasse. Geriete sie in ernsthafte Schwierigkeiten, könnte es leicht einen Dominoeffekt geben.

Wie groß das Problem in den kommenden Jahren noch wird, hängt nicht nur von der weiteren Zinsentwicklung ab, sondern auch von der Bereitschaft der Unternehmen, ihre Betriebsrentenzusagen notfalls durch Sonderzahlungen einzuhalten. Entscheidungen dieser Tragweite kann aber ein Unternehmensvorstand nicht alleine fällen. Auch die Aktionäre haben da ein gewichtiges Wort mitzureden. Fraglich ist jedoch, ob die Anteilseigner dazu bereit sind. Gerade bei den Banken in Deutschland ist die Lage derzeit recht mau; die Deutsche Bank als Branchenprimus steckt selbst in einer tiefen Krise, und ihre Aktionäre haben schon ordentlich Federn lassen müssen. Andererseits ist die Niedrigzinspolitik der EZB eine direkte Folge der Weltfinanzkrise und der sich anschließenden Eurokrise. Als Verursacher der größten Kapitalvernichtung in der Geschichte der Menschheit steht der Finanzsektor selbst am Pranger. Eine grenzenlose Gier, mangelndes Risikobewusstsein, kriminelle Fahrlässigkeit und mangelnde Kontrollen im Bank- und Finanzwesen haben Millionen Menschen in Bedrängnis und wohl auch in Not gebracht. Für das Fiasko wurden nur wenige Bankmanager verantwortlich gemacht, dafür viele Steuerzahler, mit deren Geld die Rettungsaktionen diverser Regierungen bezahlt werden mussten. Insofern sind die Aktionäre der Banken durchaus die erste Adresse, wenn Helfer gesucht werden, um die Schieflage der Pensionskassen auszugleichen. Der Steuerzahler jedenfalls kann nicht noch einmal zur Kasse gebeten werden.

Zur bitteren Ironie unserer weltweit vernetzten Welt gehört nicht zuletzt die Tatsache, dass die normalen Arbeitnehmer und die durchschnittlichen Steuerzahler sehr oft genau jene Entwicklungen in der globalen Wirtschaft und im internationalen Finanzmarktkapitalismus ermöglichen, die sie eigentlich kritisieren und ablehnen. Indem die Mittelschicht beispielsweise immer mehr billige Waren aus Schwellen- und Entwicklungsländern konsumiert, trägt sie mit zu den Zuständen der dort vorhandenen Ausbeutung bei. Die niedrigen Preise der hier gekauften Waren sind oft genug das Resultat von Umwelt- und Sozialdumping in den Produktionsländern. Die in Europa unter besseren Bedingungen produzierten Waren wiederum sind teurer und werden deshalb nicht mehr gekauft, was dann zum laut beklagten Konkurs heimischer Firmen und zum Abbau hiesiger Arbeitsplätze führt. Umgekehrt bietet unser Konsum Millionen

Menschen in den ärmeren Ländern dieser Welt die Chance, etwas herzustellen und zu verkaufen und so ihren Lebensunterhalt zu verdienen. Globalisierung bedeutet auch eine neue Verteilung von Wohlstand. Was die reichere Hälfte infolge der Globalisierung etwa durch Produktionsverlagerungen verliert, kann die ärmere Hälfte gewinnen. Die Tatsache, dass die Menschen in den Entwicklungs- und Schwellenländern nicht so gut leben wie wir und für weniger Geld arbeiten, ist ein Nachteil, den sie aber im globalen Handel in ihren Vorteil verwandeln können.

Noch enger verbunden sind die Akteure im globalen Finanzwesen. Auch hier sind die Angehörigen der Mittelschicht zu zentralen Trägern gesellschaftlicher und ökonomischer Entwicklungen geworden, die sie nicht nur ablehnen, sondern die sich oft genug auch zu ihrem Nachteil auswirken. Die destruktive Wirkung großer Investmentfonds wird am Ende auch mit jenem Geld erzielt, das Millionen Menschen aus der Mittelschicht möglichst attraktiv anlegen wollen. Deswegen haben die großen Pensionskassen und die dahinterstehenden Investmentfonds, in denen sich das ganze Geld sammelt, ein Janusgesicht. Einerseits zweigen die Arbeitnehmer einen Teil ihres Gehalts ab und zahlen es in eine Kasse ein, um gemeinsam Vorsorge für ihr Alter zu treffen. Andererseits muss das Geld der Arbeitnehmer möglichst lukrativ verzinst werden, um eine gute Altersversorgung erwirtschaften zu können. Fast zwangsläufig sehen sich also die Vermögensverwalter der Pensionskassen nach Fonds um, die ihnen die beste Rendite bieten.

Doch wer ist das? Es sind oft die gleichen Fonds, die vielleicht genau das Unternehmen kaufen, zerlegen und abwickeln, in denen der Einzahler einer großen Pensionskasse arbeitet. Ausgerüstet mit den Billionensummen der weltweiten Pensionskassen, kaufen sich die Investmentfonds permanent in Firmen ein, die sie für unterbewertet halten oder die »ungehobene Schätze« und »Restrukturierungspotenzial« bieten. In der Praxis erzwingen die neuen Teilhaber dort dann Einsparungen, Teilverkäufe oder Restrukturierungen, die sich eher an kurzfristigen Gewinnzielen orientieren als an einer langfristigen Unternehmensentwicklung. Mit dem Geld, das der bedrängte Arbeitnehmer also aus Sorge um seine materielle Sicherheit in Fonds einzahlt, gräbt er sich möglicherweise das eigene Grab.

Durch seine Vermögensanlagen trägt der Mittelstand also selbst zur viel beklagten Aushöhlung des Wohlfahrtsstaates bei. Die Fondsgesellschaften sind das Bindeglied zwischen den Geldanlagen der Bürger und der neoliberalen Unternehmenspolitik, die – zum Nutzen ihrer Anleger aus der Mittelschicht – immer höhere Renditen erzwingt. Das wiederum geht sehr häufig mit einer Einschränkung von Rechten und Bezahlung der normalen Arbeitnehmer einher, oder es ist mit der Verlagerung beziehungsweise der Wegrationalisierung von Arbeitsplätzen verbunden. Der in Mittelschichtkreisen gern und oft beklagte »Terror der Ökonomie« wird somit zu einem guten Teil von den Mittelstandsbürgern selbst erzeugt.

Bedauerlicherweise dreht sich das Rad immer schneller. Durch das stetige Wachstum der anlagesuchenden Vermögen entsteht eine permanente Überliquidität, ja sogar ein chronischer Überfluss an Geld, das rund um die Uhr nach gewinnbringenden Investitionsmöglichkeiten sucht. Die Heuschrecken, das kurzfristige Quartalsdenken und die Shareholder-Value-Ökonomie sind Folgen eines Turbokapitalismus an den Börsen, der immer rücksichtsloser wird, je mehr Geld weltweit angelegt und vermehrt werden muss. Erschwerend kommt hinzu, dass die Niedrigzinsen den Druck auf die Fondsmanager noch einmal deutlich erhöhen. Mehr denn je sind sie gezwungen, Rendite um jeden Preis zu erzielen. Weil die staatliche Altersversicherung nicht mehr funktioniert, trägt der Normalarbeitnehmer also mit seiner privaten Vermögensbildung und zusätzlichen Altersvorsorge unfreiwillig mit dazu bei, seine Lage in der bedrohten Mittelschicht immer weiter zu verschärfen.

Was kann man tun, um diese bedrohlichen Entwicklungen aufzuhalten? Die Politik erschöpft sich seit Jahrzehnten damit, die wachsenden Löcher im Rentensystem mit immer mehr Geld zu stopfen. Manche Reformen wie etwa die Anpassung des Renteneintrittsalters an die steigende Lebenserwartung waren unvermeidbar. Aber bei den ständigen Reparaturarbeiten fällt doch auf, dass sie alle nur innerhalb des bestehenden Systems stattfinden. Niemand in den beiden Volksparteien hat wirklich den Mut und die Kraft, dieses inzwischen marode System einmal grundsätzlich infrage zu stellen und zu reformieren.

Wir haben gesehen, dass andere Länder in unserer direkten Nachbarschaft es viel besser schaffen, massenhafte Altersarmut zu verhindern und auch noch bessere Renten zu zahlen. Da sowohl die Höhe des Steuerzuschusses als auch die Höhe der Beiträge kaum noch Spielraum lassen, muss zwingend darüber nachgedacht werden, wie der Kreis der Einzahler vergrößert werden kann – so wie es etwa in den Niederlanden oder in Österreich ist. In Deutschland hat sich eine Klassengesellschaft derjenigen herausgebildet, die entweder reich genug sind, um der gesetzlichen Rente zu entkommen, oder die als Selbstständige und Freiberufler in eigene Versorgungswerke einzahlen. Rechtsanwälte, Architekten, Ärzte, Apotheker und andere freie Berufe haben ihre eigenen Institutionen geschaffen. Da diese Versorgungswerke im Gegensatz zur staatlichen Rentenversicherung nur wenige Solidarleistungen (wie zum Beispiel eine Mütterrente) mitfinanzieren müssen, bieten sie ihren Mitgliedern auch bessere Renditen und damit eine bessere Altersversorgung.

Eine weitere Gruppe, die sich der gesetzlichen Rentenversicherung entziehen darf, sind wie schon erwähnt die 1,7 Millionen Beamten, Richter und Soldaten. Der Staat als Arbeitgeber zahlt keine Beiträge für seine Staatsdiener ein, überweist ihnen aber dennoch jeden Monat üppige Pensionen, von deren Höhe die meisten Rentner nur träumen können. Nun wird oft damit argumentiert, dass im Öffentlichen Dienst nicht so hohe Gehälter gezahlt werden wie in der freien Wirtschaft, weshalb die im Vergleich zur Rente höheren Pensionen einen gewissen Ausgleich darstellen. Auf die gesamte Lebenszeit gerechnet, so die Begründung, würde sich das mehr als ausgleichen. Doch diese Argumentation verliert zunehmend an Bedeutung. Die wachsende Zahl der Geringverdiener und prekär Beschäftigten in der freien Wirtschaft zeigt das ebenso wie die lange Phase der Reallohnverluste für die Arbeitnehmer außerhalb des Staatssektors. Außerdem ist in Zeiten zunehmender Unsicherheit auf dem Arbeitsmarkt der Wert einer unkündbaren Lebensstellung weniger denn je mit Geld aufzuwiegen. Die ungebrochene Attraktivität des Öffentlichen Dienstes und die langen Bewerbungslisten sind dafür ein untrügliches Zeichen.

Auch das Argument, dass der Staat finanziell überfordert werde, wenn er so wie jeder andere Arbeitgeber künftig Rentenbeiträge für seine Beamten überweisen müsse, zieht angesichts der gewaltigen Steuereinnahmen nicht mehr. Seit Jahren wachsen die Einnahmen der deutschen Finanzminister schneller als das Wirtschaftswachstum und doppelt so schnell wie die Einkommen der Arbeitnehmer. Während sich seit 2005 die Einnahmen von Bund, Ländern und Gemeinden um fast 50 Prozent erhöhten, stiegen die nominalen Löhne im gleichen Zeitraum nur um 23 Prozent. Im Jahr 2016 lag das Steueraufkommen zugunsten des Staates bereits bei über 700 Milliarden Euro. Dieser Rekord wird seitdem Jahr für Jahr fortgeschrieben. Schon im Jahr 2022 werden die Steuereinnahmen die 900-Milliarden-Euro-Marke übersteigen. Das sind noch einmal 200 Milliarden mehr in sechs Jahren! Da aber von Steuersenkungen trotz aller Versprechen immer noch nichts zu sehen ist, könnte der Staat diese einmalige Einnahmesituation anderweitig nutzen und zum Beispiel das Rentensystem umstellen. Wenn es eine Gelegenheit gibt, grundsätzliche Entscheidungen zu fällen und diese auch zu finanzieren, dann jetzt. Die Große Koalition verfügt über ausreichend Geld und auch über die politischen Mehrheiten im Bundestag und Bundesrat.

Unter dem Strich bleibt kaum etwas anderes übrig, als die Selbstständigen und Beamten mit in die Rentenversicherung einzubeziehen. Die Zahlen verdeutlichen dies eindrucksvoll: Von den insgesamt 44 Millionen Erwerbstätigen in Deutschland zahlen derzeit nur 32 Millionen in die gesetzliche Rentenversicherung ein, während 12 Millionen Erwerbstätige andere Wege gehen. Wenn es gelänge, mehr als ein Viertel der Beschäftigten Stück für Stück mit heranzuziehen, wären viele Probleme gelöst. Natürlich geht das nicht ruckartig, weil man den Betroffenen schon aus verfassungsrechtlichen Gründen einen Vertrauens- und Bestandsschutz für ihre bereits getroffene Altersvorsorge zugestehen muss. Das gilt auch für das bereits angesparte Kapital. Die berufsspezifischen Versorgungswerke können und sollen ja weiterbetrieben werden, allerdings künftig nur noch als ergänzende und nicht mehr als alleinige Vorsorge.

Bei den angestellten Journalisten funktioniert das übrigens schon seit Jahrzehnten so. Die Redakteure müssen wie jeder andere Arbeitnehmer auch in die gesetzliche Rentenversicherung einzahlen. Darüber hinaus überweisen sie aber noch Beiträge an das Presseversorgungswerk, um eine zusätzliche Altersvorsorge anzusparen. Die Arbeitgeber in den Medien beteiligen sich in aller Regel mit einem eigenen Anteil daran. Das ist zwar dann keine direkte Betriebsrente, aber eine von Beschäftigten und Unternehmen gemeinsam getragene zusätzliche Absicherung. Wenn es gelänge, dieses Modell auch auf andere Berufszweige auszuweiten, würde die sogenannte zweite Säule in der Altersversorgung stärker. Im Vergleich zu anderen Ländern sieht es in Deutschland beim Thema Betriebsrenten oder betriebliche Zusatzversorgung nämlich auch nicht besonders gut aus.

Es braucht in erster Linie eine gehörige Portion Mut, um wirkliche Reformen an der Rente durchzusetzen und nicht nur die lange Liste der Reparaturarbeiten innerhalb des bestehenden Systems fortzuführen. Doch auch wenn Geld und Mehrheiten vorhanden sind, so ist es mit Blick auf die politischen Realitäten leider so gut wie ausgeschlossen, dass unser marodes Rentensystem wirklich zukunftsfest gemacht wird. Die im Sommer 2018 eingesetzte Rentenkommission wird sich hüten, Vorschläge zu unterbreiten, die auf eine Einbeziehung von Selbstständigen und Beamten zielen. Die starke Lobby der freien Berufe und die gut organisierte Verbandsmacht der Staatsdiener haben in der Vergangenheit jeden Versuch verhindert, die kaum noch zu rechtfertigenden Privilegien einzelner Berufsgruppen zu minimieren. Dass die Mehrheit der Bundestagsabgeordneten selbst entweder aus den freien Berufen oder aus dem Öffentlichen Dienst stammt, ist sicher nicht die einzige, aber schon eine ziemlich naheliegende Erklärung dafür, dass sich aller Notwendigkeit zum Trotz in diesem Bereich nichts bewegen wird.

9. Von der Kita bis zum Capital Club

Die Privatisierung der Bildung entwertet
das Aufstiegsversprechen

Das Juridicum in Bonn ist ein nüchterner Zweckbau, in dem die Juristenausbildung der Universität Bonn stattfindet. Der flache Gebäudekomplex mit zwei seitlichen Türmen wurde in den Fünfzigerjahren geplant und schließlich 1967 eröffnet. Seitdem sind zehntausende Jura-Studenten hier unterrichtet worden. Als Bonn noch Regierungssitz war, galt die Rechts- und Staatswissenschaftliche Fakultät als Kaderschmiede für den Juristen-Nachwuchs der Ministerien. Viele Diplomaten und Politiker haben hier Paragrafen gebüffelt. Diese Zeiten sind vorbei, aber beliebt ist das Studium an der Bonner Adenauerallee auch heute noch. Fast 4000 Jura-Studenten drängen sich durch die wenigen Räume, mehr als 600 Studienanfänger kommen jedes Jahr dazu.

Ich selbst habe hier von 1980 bis 1985 studiert. Die Hörsäle und Seminare waren überfüllt, und in der Bibliothek gab es einen ständigen Kampf um die Lehrbücher. Vor den Kopierern bildeten sich regelmäßig Warteschlangen, die wir für Small Talk und neue Bekanntschaften nutzten – das Internet war damals noch nicht verbreitet.

Seit dem Examen bin ich nicht mehr im Juridicum gewesen, bis ein Interview mit dem Bonner Verfassungsrechtler Udo di Fabio mich 2016 noch einmal an meine alte Almer Mater führte. Ich fühlte mich wie in einer Zeitmaschine zurückversetzt in die Achtzigerjahre. Nichts hatte sich seit meinem Studium verändert, bis auf die Computerbildschirme in der Bibliothek und einen neuen Getränkeautomaten in der Cafeteria. Die Hörsäle und Seminarräume, die Wände und Treppenhäuser, alles sah noch genauso aus wie früher: abgestoßene Ecken an den Wänden, fleckige Böden, Kratzer und Beschädigungen im Mobiliar. Alles wirkte stark abgenutzt, ja stellenweise schmuddelig. Man konnte mit einem Blick sehen, dass hier in den vergangenen dreißig Jahren so gut wie nichts investiert worden ist. Eigentlich war ich immer ein bisschen stolz auf meine Uni gewesen, aber diesmal verließ ich das Juridicum mit einem Gefühl der Ernüchterung, ja Enttäuschung. Verglichen mit anderen Hochschulen, die ich nach meinem Studium im Laufe der Jahre im Ausland gesehen hatte, war das Erscheinungsbild des Juridicums blamabel.

Ganz anders stellt sich dagegen die private Bucerius Law School in Hamburg dar, die im Jahr 2000 von der ZEIT-Stiftung Ebelin und Gerd Bucerius gegründet wurde. Der Campus in bester Innenstadtlage besteht aus einer aufwendigen Mischung aus ehrwürdigen, topsanierten Altbauten sowie einem hellen, hochmodernen Neubaubereich. »Als richtungsweisende Hochschule für Rechtswissenschaften verwirklicht die Bucerius Law School das Ideal bestmöglicher Ausbildung«, heißt es ohne falsche Bescheidenheit auf der Website. Man wolle »das deutsche Jura-Studium nachhaltig erneuern und zur Präsenz der deutschen Rechtswissenschaften im internationalen Diskurs beitragen«. Natürlich geht es an dieser ehrgeizigen Law School nicht nur um einen profanen Studienabschluss, sondern um den ganzen Menschen: »Im Sinne des Stifters Gerd Bucerius möchte die Hochschule hervorragend ausgebildete Persönlichkeiten hervorbringen«, heißt es auf der Website.

Bei so viel Perfektion darf eine entsprechende Kinderbetreuung nicht fehlen. »Kein Campus ohne Kita«, verspricht die Law School ihren Studenten. Für die kleinen Besucher wird dort bestens gesorgt. Während die Eltern lernen oder unterrichten, erwartet die Kinder im eigenen Bad ein Erlebnisbecken, das Essen stammt von Öko-Bauernhöfen, und der Tag lässt sich wahlweise in der Forscher- und Lernwerkstatt, dem Atelier oder draußen in der Matschkuhle oder dem Spielhäuschen verbringen. Verlassen müssen die Kleinen ihr Paradies erst wieder um 18 Uhr, wenn Mama und Papa das wollen.

Das Ganze hat natürlich seinen Preis: Studiert wird an der Law School in Trimestern, das heißt in drei Lernperioden pro Jahr. Jedes Trimester kostet 4300 Euro Studiengebühren, das sind 12 900 Euro jährlich. Bis zum Bachelor sind allein an Studiengebühren 51 600 Euro fällig, ohne sonstige Kosten. Wer später als Jurist arbeiten will, kann allerdings mit einem Bachelor-Abschluss nicht viel anfangen. Die Fortsetzung der Ausbildung mit dem Master-Studiengang wird deshalb dringend angeraten – natürlich gegen weitere Studiengebühren.

Eine solche Ausbildung ist nicht nur für die Kinder aus Arbeiterhaushalten unerschwinglich. Auch Eltern aus der Mittelschicht dürfte es äußerst schwerfallen, ihre Söhne und Töchter an privaten Universitäten wie der Bucerius Law School studieren zu lassen. Ein ähnliches Bild bietet sich an den zahlreichen anderen privaten Universitäten, Hochschulen und Business Schools in ganz Deutschland. Studiengebühren von zehntausend Euro und mehr pro Jahr sind dort eher die Regel als die Ausnahme. Trotz der enormen Kosten ist die Zahl der privaten Bildungseinrichtungen steil angestiegen. Mittlerweile entscheidet sich jeder zehnte Studienanfänger für eine private Hochschule. Mit heute 153 Bildungseinrichtungen haben die privaten gegenüber den 237 öffentlichen Hochschulen ordentlich aufgeholt. Viele nehmen einen Kredit auf, um sich die Ausbildung überhaupt leisten zu können.

Die Gründe für den Boom der privaten Bildungseinrichtungen sind vielfältig. Nicht nur private Universitäten locken immer mehr Kinder von gut verdienenden Eltern an. Auch private Schulen schießen wie Pilze aus dem Boden, ebenso wie privat betriebene Kindergärten. Dahinter steht nicht nur der Wille und das Vermögen der Eltern, ihren Kindern die bestmögliche Ausbildung angedeihen zu lassen; es ist auch die wachsende Unzufriedenheit mit dem öffentlichen Bildungsangebot, das die Eltern dazu motiviert, tief in die Tasche zu greifen und sich nicht mehr auf die kostenfreien, aber unzulänglichen Angebote des staatlichen Bildungswesens zu verlassen. Wer es sich leisten kann, verabschiedet sich von öffentlichen Schulen.

Obwohl in jeder politischen Sonntagsrede die Bedeutung der Bildung betont wird, sind Schulen und Universitäten de facto zu den Stiefkindern der Politik verkommen. Obwohl wir ein rohstoffarmes Land sind und deshalb von den Fähigkeiten und dem Wissen unserer Mitmenschen und dem der kommenden Generationen abhängen, gehen wir schlecht mit dieser Verantwortung um. Weder gibt es genug Geld für die Bildung, noch verfolgen wir in Deutschland eine konsistente und erfolgsorientierte Bildungspolitik. Seit den Sechzigerjahren missbrauchen die Parteien Schulen und Universitäten als ideologische Schlachtfelder. Entsprechend verwüstet präsentierte sich die deutsche Bildungslandschaft, als im Jahr 2000 erstmals die Lehrmethoden evaluiert und die Leistungen der Schüler gemessen wurden.

Dass sich damals viele Lehrer und Bildungsfunktionäre durch das »Programme for International Student Assessment« (PISA) ausgeforscht fühlten und sich mit Händen und Füßen gegen die Überprüfung der schulischen Leistungen wehrten, ist wenig verwunderlich. Wahrscheinlich ahnten die Pädagogen das Resultat, denn das katastrophale Ergebnis dieser Tests bei rund 5000 Schülern von 219 Schulen in ganz Deutschland ist als »PISA-Schock« im kollektiven Gedächtnis haften geblieben. Im Lesen, in der Mathematik und in den Naturwissenschaften erwiesen sich unsere Schüler im internationalen Vergleich als weit unterdurchschnittlich. Noch schlimmer war, dass jeder vierte 15-Jährige nicht richtig lesen und schreiben konnte und in eine entsprechende »Risikogruppe« eingestuft wurde. Nur in einem Punkt lag Deutschland international ganz weit vorne: bei der Bildungsungerechtigkeit. In keinem anderen Land war die Leistung in der Schule so stark mit der sozialen Herkunft verknüpft wie hierzulande.

Seit der Veröffentlichung der ersten PISA-Ergebnisse Ende 2001 hat sich zwar einiges getan, doch wirklich beruhigen können die neueren Resultate nicht. Der Hochtechnologie-Standort Deutschland ist schulisch gerade einmal ins Mittelfeld aufgerückt. Ähnlich mau stellt sich auch die Entwicklung bei den extrem leistungsschwachen Schülern dar. Deren Anteil ist von einem Viertel auf ein Fünftel gesunken. Es ist einfach zum Verzweifeln: Knapp zwanzig Jahre nach PISA ist immer noch jeder fünfte Schüler in Deutschland nicht in der Lage, richtig zu lesen und zu schreiben! Und das am Vorabend der digitalen Revolution!

Deprimierend ist auch der politische Umgang mit diesem Desaster. Es wird pausenlos debattiert, es werden ständig neue gute Vorsätze wie die »Bildungsrepublik Deutschland« formuliert, aber an den Strukturen ändert sich nichts. So haben wir nach siebzig Jahren Bundesrepublik immer noch nicht die Kraft aufbringen können, den Bildungsföderalismus als einen der folgenreichsten Konstruktionsfehler des Grundgesetzes zu korrigieren. Bis heute überbieten sich Landespolitiker mit Reformvorschlägen auf dem Rücken der Schüler, Eltern und Lehrer. Fast jedes Jahr wird in einem der sechzehn Bundesländer irgendeine neue pädagogische Mode ausprobiert, bis nach der nächsten Wahl wieder ein neuer Kultusminister mit seinen jeweiligen Parteifreunden die nächste »Reform« einleitet …

Wer mit schulpflichtigen Kindern einmal von einem Bundesland in ein anderes umziehen musste, der weiß, wovon die Rede ist. Dass diese Kirchturmpolitik in Zeiten der Globalisierung längst nicht mehr tragbar ist, wird kaum bestritten, aber ändern tut sich nichts. Kein Parteiführer bringt mehr die Courage auf, seinen Kolleginnen und Kollegen in den Ländern ihre liebste Spielwiese namens Bildungspolitik wegzunehmen und dieses Zukunftsfeld stattdessen mit einheitlichen Bundesgesetzen und Lehrinhalten zu regeln – in denen beispielsweise die Pflichtfächer Wirtschaft und Informatik auftauchen. Wie groß inzwischen der Überdruss der Bürger ist, zeigt sich schon an der Tatsache, dass einige Parteien in den letzten Landtagswahlkämpfen ausdrücklich mit einem »Schulfrieden« geworben haben – also mit dem Versprechen, ausnahmsweise einmal keine neuen Bildungsregeln zu erfinden.

Das Ergebnis dieses Durcheinanders könnte auch knapp zwanzig Jahre nach PISA schlechter kaum sein. In vielen Bundesländern – auffallend oft in SPD-geführten – sind die Schulen in einem erbärmlichen Zustand, und es fehlen Lehrer ebenso wie Lehrmittel. Die ganze Kraft der wuchernden Bildungsbürokratie hingegen geht für Experimente namens G-8/G-9 verloren oder für unsinnige Versuche wie das Schreiben nach Gehör.

Mittlerweile ist der Zustand vieler Schulen so schlecht, dass die Länder den Bund auf Betreiben der SPD erfolgreich dazu gebracht haben, viele Milliarden aus der Bundeskasse in die Bildungspolitik der Länder zu lenken – also praktisch eine Rechnung zu bezahlen, für die laut Verfassung eigentlich die Länder allein zuständig sind. Der Erfindungsreichtum der Großen Koalition gipfelte dann 2018 darin, dass die Länder ihre bildungspolitische Bankrotterklärung gegenüber dem Bund mit dem schönen Begriff »Aufhebung des Kooperationsverbots« verschleiern durften.

Regelmäßig stellt die OECD dem Land der Dichter, Denker und Tüftler ein schlechtes Zeugnis aus. Bei den Bildungsausgaben hinkt die Bundesrepublik nach allen internationalen Vergleichsstudien weit hinterher. Die Hochschulen hierzulande sind ebenso unterfinanziert wie die Grundschulen. Um nur das Durchschnittsniveau der anderen Industrieländer zu erreichen, müsste Deutschland jedes Jahr rund 30 Milliarden Euro mehr in Bildung investieren, sagt Heino von Meyer, der Leiter des OECD-Büros in Berlin. Nötig wären die Mehrausgaben vor allem im Schulbereich und dort besonders in den Grundschulen, rät der OECD-Experte. »Hier werden die entscheidenden Weichen gestellt.«

Die Bildungsausgaben der Bundesrepublik sind im Vergleich zu anderen Ländern bei Weitem nicht ausreichend. Zwar stiegen die Mittel für die Hochschulen in den diversen Etats von Bund und Ländern zuletzt etwas an, aber dieses Wachstum korrespondiert längst nicht mit der Zunahme der Studentenzahlen. Seit dem Jahr 2000 wuchs die Zahl der Studenten von 1,8 auf aktuell 2,8 Millionen. Wenn man sich nicht von den absoluten Zahlen in den öffentlichen Haushaltsplänen täuschen lässt, sondern richtig rechnet, dann sind im Hochschulbereich die Investitionen pro Kopf in nur vier Jahren um elf Prozent gesunken. Am Geld mangelt es freilich nicht. Im gleichen Zeitraum sind allein die Steuereinnahmen des Bundes um 24 Prozent gestiegen!

Der Präsident der Hochschulrektorenkonferenz Horst Hippler fordert daher: »Die Grundfinanzierung der Hochschulen in Deutschland muss endlich konsolidiert werden.« Vergleicht man den Anteil der Hochschulinvestitionen am Bruttoinlandsprodukt, dann liegt Deutschland nicht nur hinter den USA und Kanada, sondern auch hinter Großbritannien, Japan, Frankreich und Russland.

Aber auch am unteren Rand der Bildungsskala besteht dringender Handlungsbedarf: Fast jeder Siebte zwischen 25 und 34 Jahren verfügt über keine abgeschlossene Berufsausbildung. Obwohl dies angesichts der Demografie eine echte Bedrohung für das Funktionieren künftiger Gesellschaften darstellt, wird kaum etwas dagegen getan. Seit rund zwanzig Jahren bewegen sich die Zahlen der Unausgebildeten auf diesem hohen Niveau – in den letzten Jahren stiegen sie sogar noch an. Man muss angesichts dieser ausgesprochen schlechten Bilanz nüchtern feststellen, dass unser Bildungssystem vor allen Dingen im unteren Bereich seit Jahrzehnten kläglich versagt.

Insbesondere Schüler mit Migrationshintergrund und die vielen Kinder der Flüchtlinge brauchen eine besonders intensive Betreuung. Neben mehr Lehrern wären hier auch mehr Sozialpädagogen erforderlich, damit die Defizite dieser Kinder ausgeglichen werden können. Sprachprobleme und familiäre Nachteile sind Belastungen, die ein Schüler nicht jahrelang als frustrierende Erfahrung durch seine Schulkarriere schleppen darf. Wer einen Rückstand nicht zu Beginn relativ zügig ausgleichen kann, verliert schneller als andere die Lust am Lernen und läuft damit Gefahr, in der Schule zu scheitern. Die vergleichsweise schlechten Bildungsergebnisse von Kindern mit Migrationshintergrund belegen das in bedrückender Deutlichkeit. Weil es sich dabei um eine zahlenmäßig starke Gruppe handelt, deren Anteil an der Gesamtbevölkerung kontinuierlich wächst, muss die Bildungspolitik besonderen Wert darauf legen, die offenkundigen Defizite in diesem Bereich zu beseitigen.

Mehr als 28 Prozent der 15-Jährigen, und damit nahezu jedes dritte Schulkind in Deutschland, stammen aus einer Familie mit Migrationshintergrund; bei den Schulanfängern ist der Anteil noch höher. Während die Zahl der Deutschen ohne einen berufsqualifizierenden Abschluss bei neun Prozent liegt, sind es bei den Menschen mit Migrationshintergrund über 35 Prozent und damit fast viermal so viele. Insbesondere die türkischen Frauen, die in späteren Jahren nach Deutschland kamen und hier in aller Regel ihre Landsleute oder deutsche Männer mit türkischen Wurzeln heirateten, waren deutlich weniger gut gebildet als die hier lebenden, hält der neueste OECD-Bericht fest. Das stellt mit Blick auf eine erfolgreiche Integration sowohl für die Frauen selbst als auch für ihre Kinder eine erhebliche Belastung dar. Schließlich werden die Migranten auch bei der Entlohnung klar benachteiligt. Nach den Daten des Statistischen Bundesamtes liegt der Durchschnittsverdienst eines Arbeitnehmers, der in irgendeiner Weise ausländische Wurzeln hat, bei 2001 Euro netto im Monat. Das sind 234 Euro weniger als der Durchschnitt der übrigen Bevölkerung.

Die Konsequenzen der anhaltenden Misserfolge im deutschen Bildungssystem sind eindeutig negativ. Wer die Schule ohne Abschluss verlässt oder wer trotz Schulabschluss danach keine Ausbildung beendet, verharrt in der Regel sein ganzes Berufsleben lang auf diesem unteren Niveau. Niedrigqualifizierte werden auch schneller und häufiger arbeitslos, und natürlich ist ihr Anteil an den Hartz-IV-Beziehern überdurchschnittlich hoch. Selbst wer sich als Geringqualifizierter einen Job erkämpft hat, findet später kaum eine Aufstiegsperspektive. Was in frühen Jahren unterlassen wurde, rächt sich in der Regel ein Leben lang. Zwar wird in jeder politischen Sonntagsrede das Wort »Weiterbildung« wie eine Monstranz hochgehalten; tatsächlich aber beteiligen sich nur wenige Menschen an Weiterbildungsangeboten. Vor allem die Geringqualifizierten bilden sich kaum weiter. Nur etwa jeder Achte ab 25 Jahren hat 2015 an einer allgemeinen oder beruflichen Weiterbildung teilgenommen. Das waren dem »Weiterbildungsatlas 2018« zufolge nur 12,2 Prozent der Bevölkerung.

Nach den Zahlen der Bertelsmann-Stiftung bedeutet das im Vergleich zu den vorangegangenen Erhebungen sogar noch eine leicht sinkende Weiterbildungstendenz – und das angesichts der kommenden Herausforderung der Digitalisierung! Der ohnehin schon niedrige Durchschnittswert wird von der Gruppe der Geringqualifizierten mit einer Quote von weniger als sechs Prozent noch einmal klar unterschritten. »Die Politik propagiert lebenslanges Lernen und appelliert immer wieder an die Bevölkerung, sich zu engagieren«, sagt Stiftungsexperte Frank Frick. »Aber zugleich gehen die Ausgaben von Bund und Ländern dafür seit Jahren deutlich zurück.« Dieser Rückzug gehe vor allem zulasten der Geringqualifizierten ohne einen beruflichen Abschluss. »Die öffentliche Hand hat Weiterbildungsmaßnahmen immer mehr zurückgefahren, und die Menschen investieren selbst privat«, hat Frick beobachtet. »Das können sich Ärmere aber oft nicht leisten.«

Wie soll man alle diese Fakten bewerten? Was ist das Fazit, wenn man die erratische deutsche Bildungspolitik, die unzureichenden staatlichen Bildungsausgaben und die mageren Ergebnisse in den Schulen hierzulande einmal ins Verhältnis zueinander setzt? Man kann meiner Meinung nach nur von einer faktischen Entwertung des öffentlichen Bildungssektors sprechen. Gestützt wird dieses Urteil fatalerweise von einer zunehmenden Flucht der Geistes- und Geldelite aus dem Bereich der öffentlichen Schulen und Universitäten. Damit vollzieht sich hierzulande eine Entwicklung wie in Großbritannien und den USA. Wer es sich leisten kann, meidet den öffentlichen Sektor und lässt seine Kinder in teuren privaten Einrichtungen ausbilden.

Während in den Siebziger- und Achtzigerjahren auch die Söhne und Töchter des Fabrikbesitzers, Bankdirektors und Chefarztes auf das örtliche Gymnasium gingen und danach die Universität besuchten, spaltet sich die deutsche Mittelschicht heute immer mehr auf. Wer Geld genug hat oder das Risiko eines Studienkredits auf sich nimmt, leistet sich eine private Ausbildung. Den anderen verbleiben öffentliche Schulen und Einrichtungen, denen in der Folge immer weniger Wertschätzung entgegengebracht wird. Dieser Prozess ist fast zwangsläufig. Wenn die Entscheidungsträger in Politik, Wirtschaft und Verwaltung ihre Kinder nämlich nicht mehr dem staatlichen Bildungswesen anvertrauen, ist es nur eine Frage der Zeit, bis sich dieses Misstrauen und die faktische Geringschätzung in diesen Kreisen auch in entsprechenden Entscheidungen widerspiegelt.

Es beginnt damit, dass öffentlich Chancengleichheit gepredigt und privat Segregation betrieben wird. Die Ministerpräsidentin von Mecklenburg-Vorpommern, Manuela Schwesig, ist nur eines von vielen Beispielen dafür. Die Sozialdemokratin, engagierte Kämpferin für die Gesamtschule, schickte ihren zehnjährigen Sohn Julian im Herbst 2017 auf eine Privatschule. Offenbar wollte sie ihm die Lebenszeitvergeudung einer sechs Jahre andauernden Orientierungsstufe ersparen, die in Mecklenburg-Vorpommern üblich ist. Die öffentliche Kritik an ihrer Entscheidung versuchte Schwesig mit dem Argument zu dämpfen, dass der Schulweg ihres Sohnes sonst zu lang gewesen wäre.

Die SPD-Politikerin ist nicht die Einzige; es gibt zahlreiche Sozialdemokraten und Angehörige anderer Parteien, die für Bildungsgerechtigkeit und Chancengleichheit kämpfen, ihre Kinder aber auf private Einrichtungen schicken. Je schlechter das staatliche Angebot, desto begehrter ist nun einmal die private Alternative als sicherer Rückzugsort. Das gilt nicht nur für Politiker, sondern für eine zunehmende Zahl von Menschen aus den oberen Gesellschaftsschichten.

Wohin das führt, kann heute jeder feststellen, der in Großbritannien oder den USA einmal öffentliche Schulen in Großstädten besucht. Auch in Deutschland sind die Anzeichen für eine parallele Entwicklung schon unübersehbar; in manchen Berliner Schulen zeigt sich das bereits überdeutlich – und zwar nicht nur in sogenannten »Problembezirken«. Neben beschämenden baulichen Mängeln in Klassenzimmern, Sporthallen und Toilettenräumen sind an vielen Schulen der Hauptstadt Gewalt, Drogen und ethnisch motiviertes Mobbing an der Tagesordnung. Man schätzt in den besseren Kreisen des liberalen Berliner Bürgertums zwar das multikulturelle Flair mancher Wohngegenden. Wenn aber die Einschulung der eigenen Kinder ansteht und der Ausländeranteil an der nächstgelegenen öffentlichen Schule zu hoch ist, schickt man seinen Sprössling doch lieber auf eine Privatschule. Kommt man dann im Gespräch mit gleichgesinnten Freunden auf die Schulwahl zu sprechen, klingt interessanterweise immer ein Rest von schlechtem Gewissen durch – meistens nach dem Motto: »Ich finde das auch nicht gut, aber es ging nicht anders.«

Dazu passt eine aktuelle Studie der Friedrich-Ebert-Stiftung über Privatschulen aus dem Jahr 2018. Danach hat sich zwischen 1992 und 2016 der Anteil der Privatschüler von 4,8 auf 9 Prozent nahezu verdoppelt. Private Schulen bieten denjenigen Eltern, die »auf Abgrenzung und Statussicherung bedacht sind, eine Option«, heißt es in der Studie. Allerdings könne der Trend zur Privatschule »problematische Folgen für den Zusammenhang in der Gesellschaft« mit sich bringen.

Es ist ein schleichender Prozess, der sich aber im Laufe der Jahre in eine eindeutige Richtung entwickelt. Das Aufstiegsversprechen als eine der zentralen Errungenschaften der Mittelschicht wird immer mehr entwertet. In den ersten fünf Jahrzehnten der Bundesrepublik konnte sich jeder, der wollte und fleißig genug war, einen beruflichen und sozialen Aufstieg erarbeiten – unabhängig von der gesellschaftlichen

Die Privatisierung der Bildung 263

Stellung der Familie und dem Geldbeutel der Eltern. Gute, funktionierende öffentliche Schulen, Weiterbildungseinrichtungen und anerkannte Universitäten ohne Studiengebühren machten es möglich. Heute ist es so, dass man als Bewerber mit dem Abschluss einer öffentlichen Bildungseinrichtung deutlich hinter den Wettbewerbern zurückfällt, die eine der teuren Privatuniversitäten durchlaufen haben – inklusive eines Studienjahres im Ausland oder in einem bilingualen Unterrichtszweig.

Die Studenten an Privat-Unis bleiben im Wesentlichen unter sich, man bildet dort seine akademischen Freundeskreise und hilft einander mit eigenen Beziehungen oder denen der Eltern. Mit jedem neuen Jahrgang von Absolventen wachsen diese recht exklusiven Alumni-Vereinigungen zu neuer Größe heran. Diese Verbünde der Ehemaligen vermehren nicht nur beständig den Ruf und die finanzielle Ausstattung ihrer Privat-Universität. Sie knüpfen auch ein immer dichteres Netzwerk, das den erfolgreichen Angehörigen und Absolventen später im Beruf alle Türen öffnet. Gerade an Business Schools wie Witten-Herdecke oder Oestrich-Winkel werden Bewerber ganz offen mit den exzellenten Verbindungen der Schulen in die Topetagen der deutschen Wirtschaft umworben – schließlich sitzen dort jede Menge Ehemalige.

Nicht zuletzt empfehlen sich die Privat-Unis durch ihre äußerst geringen Durchfallquoten. Im Vergleich zu öffentlichen Unis, an denen ein erheblicher Teil der Studenten das Studium abbricht oder im Examen scheitert, führen die Privaten ihre »Lernpartner«, wie die Studenten mancherorts heißen, in ziemlicher Geschlossenheit bis zum erfolgreichen Abschluss. Das hat weniger mit der Intelligenz der dortigen Klientel zu tun, sondern mehr mit den Umständen. Studierende an öffentlichen Unis jobben sehr oft nebenbei und müssen sich in der großen Masse durchschlagen. Die regelmäßig überfüllten Hörsäle und Seminarräume der Hochschulen zu Beginn eines Semesters zeigen das in aller Deutlichkeit. Dagegen liegen die Betreuungsrelationen bei den Privaten oft bei 1:10, das heißt ein Professor kümmert sich um zehn Studenten. In einem so engmaschigen System geht keiner verloren. Es kann viel besser auf individuelle Schwächen und Bedürfnisse eingegangen werden. Kein Wunder, dass 95 Prozent der Studierenden an privaten Hochschulen ihr Studium innerhalb der Regelstudienzeit schaffen. Hingegen bricht ein Drittel der Studenten an öffentlichen Universitäten das Studium ab – ein bedrückend hoher Wert.

Die gesellschaftliche Spaltung durch die Aufteilung der Bildungswege beginnt jedoch nicht erst an den Hochschulen, sondern setzt inzwischen schon im Kindesalter ein. Zwar ist nicht jeder private Kindergarten eine exklusive Einrichtung für den Nachwuchs der bürgerlichen Elite, aber die Segregationseffekte sind die gleichen. Auch hier findet sich bei der Ursachenforschung das gleiche Muster wieder wie bei der Schule – nämlich ein unzureichendes öffentliches Angebot. Wenn der Staat nicht genügend gute Einrichtungen bereitstellt, nehmen die engagierten und wohlhabenderen Bürger die Dinge selbst in die Hand. Zwar beschloss die Politik, dass die Eltern ab dem Jahr 2013 einen Rechtsanspruch auf einen Kitaplatz erhalten sollen.

In der Praxis allerdings löste sich dieses Versprechen oft genug in Luft auf. In den ersten Jahren fehlten bis zu 200 000 Plätze. Daraus machten mehrere Investmentgesellschaften ein eigenes Geschäft, indem sie sogenannte »Kita-Fonds« auflegten. Die Fondsgesellschaft Aviarent konnte 50 Millionen Euro für ihren Fonds »Kinder-Welten I« einsammeln. Nun kann man sich über den Ideenreichtum der Investmentbanker und über die private Initiative freuen – Hauptsache, es gibt genug Kitaplätze. Andererseits kann man in Erscheinungen wie den »Kita-Fonds« auch ein klassisches Beispiel für die Privatisierung öffentlicher Aufgaben sehen.

Nun ist nicht jeder private Kindergarten eine exklusive Einrichtung für den Nachwuchs der Reichen. Sehr häufig sind diese Kitas von engagierten Eltern auch aus Mangel an geeigneten öffentlichen Angeboten entstanden. Es ist aber unverkennbar, dass mit der zunehmenden Gentrifizierung meist innerstädtischer Viertel auch die Herausbildung privater Kitas wächst. Dass sich dort nur vereinzelt Kinder von Migranten, Arbeitslosen oder Sozialhilfeempfängern finden, folgt keinem vorsätzlichen Ausschlussverfahren, sondern ist eine Folge hoher Gebühren sowie der homogenen Bevölkerungsstruktur in den Szenevierteln der innerstädtischen Boheme oder den Goldstaubvierteln der Reichen. Gerade in Großstädten wie Berlin, Frankfurt, Hamburg, Bremen und Köln, in denen viele Familien leben, deren Muttersprache nicht Deutsch ist, zeigt sich ein besonders hoher Anteil privater Kindereinrichtungen und in deren Fortsetzung privater Schulen.

Dazu zählen neben den Waldorf- und Montessori-Schulen auch die kirchlichen Konfessionsschulen sowie die meist bilingualen International Schools. Diese ursprünglich nur für Ex-Pats gedachten Einrichtungen erfreuen sich in Ballungszentren zunehmender Beliebtheit. Die Autoren des offiziellen Bildungsberichts der Bundesregierung 2016 konstatieren denn auch wenig überraschend, dass gerade in Großstädten ein »sozial selektiver Zugang zu Privatschulen« stattfinde. Weiter heißt es dort: »Die in letzter Zeit zunehmenden (vor allem privaten) Initiativen zur Gründung von Schulen deuten auf Mängel in der Bedarfsgerechtigkeit der öffentlichen Bildungsinfrastruktur hin.« So kann man die eigenen Versäumnisse auch formulieren.

Ein anderes Indiz für die starke Zunahme der Privatschulen ist das Entstehen eines neuen Berufs – des Schulberaters. Die Branche ist klein, aber umtriebig. Offizielle Zahlen gibt es nicht, die Angebote reichen vom Einzelkämpfer »mit internationalem Netzwerk« bis zu Beratungsunternehmen, die mit »individueller Bedarfsanalyse« werben. Inzwischen haben auch Nachhilfeanbieter die Schulberatung als Zusatzgeschäft entdeckt. Das Versprechen an die zahlungswilligen Eltern ist indes immer das gleiche: eine Schule im In- oder Ausland zu finden, die perfekt auf die Bedürfnisse des Kindes und der Eltern zugeschnitten ist.

Entsprechend diesem Trend steigen die Konsumausgaben privater Haushalte für Bildung steil an. Waren es 2008 noch 12,6 Milliarden Euro, so werden es 2018 wohl knapp 20 Milliarden Euro sein. Auch diese Zahlen zeigen, dass gute Bildung nicht nur in den USA und Großbritannien, sondern auch in Deutschland zunehmend eine Frage des Geldes geworden ist. Mit unserem Ideal einer breiten, freien und kostenlosen Bildung, die allen Schichten in unserer Gesellschaft offensteht, lässt sich das immer weniger vereinbaren.

10. Geschlossene Gesellschaft – Members only

Drei Generationen nach der »Stunde null«
bleibt die Elite in Deutschland wieder unter sich –
und wird immer reicher

»Der Krieg ist aus!« Diese erlösende Schlagzeile am 8. Mai 1945 konnten die *Aachener Nachrichten* als einzige deutsche Zeitung drucken. Bereits im Oktober 1944 hatten die Alliierten nach der verlustreichen Schlacht in den Ardennen die im äußersten Westen Deutschlands gelegene Stadt eingenommen. Während sich der Rest des »Tausendjährigen Reiches« noch in einem letzten verzweifelten Aufbäumen gegen die von allen Seiten vorrückenden Amerikaner, Briten, Franzosen und Russen wehrte, etablierten die Alliierten im bereits besiegten Aachen eine neue Zeitung. Sie sollte die Bevölkerung informieren, aufklären und natürlich die Bekanntmachungen und Anordnungen der Siegermächte verbreiten. Die *Aachener Nachrichten* erschienen erstmals am 24. Januar 1945 und gingen als erste Nachkriegszeitung Deutschlands in die nationale Pressegeschichte ein.

Es war ein schwieriger Start: Die einzige geeignete Druckerei lag unter Trümmern, ein Bombentreffer hatte das ganze Gebäude zum Einsturz gebracht. Der frühere Miteigentümer der Druckerei und einer der späteren Verleger trommelte im eiskalten Winter 1944/45 ein paar seiner früheren Angestellten zusammen, und gemeinsam räumten sie mit Schaufeln und bloßen Händen die Steine und Mauerreste beiseite, säuberten und reparierten die arg beschädigte

Druckmaschine und begannen ein neues Kapitel in einem neuen Land.

Es gibt noch alte Schwarz-Weiß-Fotos, auf denen die Männer zu sehen sind; schmutzig inmitten der Schuttberge, mit lumpenähnlicher Arbeitskleidung und grauen, müden Gesichtern, die von den Entbehrungen der Kriegsjahre gezeichnet waren. Sie sahen alle gleich erschöpft aus, der Chef und seine Getreuen. Geld konnte er den Männern für ihre Mühe zunächst nicht geben; es reichte aber sein Wort, später alles auszugleichen, wenn die Trümmer beiseitegeschafft waren und die Arbeit wieder beginnen konnte. Und so kam es dann auch. Mit der Presselizenz der Alliierten und großem unternehmerischen Geschick konnte eine florierende Zeitung aufgebaut werden, deren Drucker und Redakteure über Jahrzehnte gut bezahlt und sozial abgesichert wurden.

Die Geschichte des Aachener Zeitungsverlages ist nur ein kleines Beispiel für die vielen wirtschaftlichen Aufbauerfolge der Nachkriegszeit. Fast alle diese Geschichten über den mühsamen Neubeginn der Unternehmen im kriegszerstörten Deutschland sind geprägt von einem großen Gemeinschaftsgefühl und dem unbedingten Willen, zusammen mit anderen etwas Neues zu schaffen. Dass sich in Westdeutschland später die Mitbestimmung und ein soziales Arbeitsrecht durchsetzen konnten, hat auch etwas damit zu tun, dass die allermeisten Unternehmer buchstäblich bei null beginnen mussten und auf ihre Arbeiter und Angestellten angewiesen waren.

Zwei verlorene Weltkriege hatten die alten Ordnungen hinweggefegt, zwei Hyperinflationen die Geldvermögen breiter Schichten vernichtet. Der Adel musste fortan ohne Privilegien leben, die Fabriken vieler Unternehmer waren zerstört, und der Terror der Nazis hatte das gesamte Land in den Untergang gerissen: politisch, moralisch und finanziell. Deutschland war zerbombt, zerstört und durch die Verbrechen des NS-Regimes diskreditiert. Die berühmte »Stunde null« nach der bedingungslosen Kapitulation war eine Zäsur, die einen in der Geschichte einmaligen Neubeginn markierte: in der Wirtschaft, der Wissenschaft und der Politik. Eine nie zuvor da gewesene, durch Krieg und Zerstörung erzwungene Gleichheit vereinte die Deutschen; fast alle waren gleich arm, fast alle hatten Familienangehörige, Besitz und Stellung verloren. Auch die alten Eliten mussten sich, so sie nicht untergetaucht waren oder im Gefängnis saßen, mit Lebensmittelmarken durchschlagen und in die allgegenwärtigen Warteschlangen einreihen.

Über den Mythos und die gesellschaftliche Tiefenwirkung der »Stunde null« ist unter Historikern lange gestritten worden. Manche sagen, dass Teile der alten Eliten sich doch recht gut in die neue Zeit hinüberretten konnten und der Neuanfang deshalb nicht so grundsätzlich war wie oft angenommen. Natürlich gibt es Beispiele für diese These. So stimmt es, dass vor allem im Staatsdienst der späteren Bundesrepublik viele alte Nazis Unterschlupf finden konnten. Es ist auch zutreffend, dass historisch belastete Großkonzerne wie Krupp, Volkswagen oder andere sehr schnell wieder die Produktion aufnahmen – oft genug unter der gleichen Führung wie zu Kriegszeiten. Doch können solche Fälle nichts an der Tatsache ändern, dass nach 1945 das bis dahin vorherrschende deutsche Gesellschaftsgefüge schlicht aufgehört hatte zu existieren. Die alte Ordnung war verschwunden, und es musste sich unter Aufsicht der misstrauischen Siegermächte etwas gänzlich Neues bilden.

Die allermeisten Menschen haben das am eigenen Leib auch so erfahren und erlebt. Es war im wahrsten Sinne des Wortes kein Stein mehr auf dem anderen geblieben. Auch das alte Geld war nichts mehr wert. In den westlichen Besatzungszonen erhielt 1948 jeder Deutsche 60 Mark der neuen Währung in die Hand gedrückt und musste fortan zusehen, wie er damit zurechtkam. Aus der allgemeinen Not erwuchs eine starke gemeinschaftliche Kraft. Der unbedingte Wille, Unrecht, Angst, Zerstörung und Armut hinter sich zu lassen, mündete in eine weltweit bestaunte Aufbauleistung, die später »Wirtschaftswunder« genannt wurde. Das Grundgesetz gab jedem Bürger die gleichen Rechte und Pflichten. Die Menschenwürde, die freie Entfaltung der Persönlichkeit und ausdrücklich auch der Gleichheitsgrundsatz erhielten Verfassungsrang, ebenso wie die Sozialbindung des Eigentums. Nach den Jahren der Diktatur war »Recht und Gerechtigkeit!« das Gebot der Stunde. Das »Wirtschaftswunderland« barg eine bis dahin unbekannte Gerechtigkeitsverheißung in sich: Jeder, der beim Aufbau half, sollte angemessen bezahlt werden und auch Karriere machen können.

Es ist nicht verwunderlich, dass sich die junge Bundesrepublik unter diesen Bedingungen als eine recht egalitäre, kollektive und konsensorientierte Gesellschaft entwickelte. An dieser Grundhaltung änderten auch gesellschaftliche Konflikte wie die Achtundsechzigerrevolte und später der Terror der Rote-Armee-Fraktion nichts. Die RAF stellte den jungen Rechtsstaat im sogenannten »deutschen Herbst« auf eine harte Probe, vermochte aber den demokratischen Konsens und den sozialen Zusammenhalt auf Dauer nicht zu erschüttern.

Mit dem steigenden Wohlstand, der zunehmenden Bildung breiter Volksschichten und der guten Beschäftigungslage bildete sich relativ schnell eine breite Mittelschicht heraus. Sie reichte von den akademischen Fachkräften in Wirtschaft und Verwaltung über kleine Selbstständige und Mittelständler bis zum Handwerker und kaufmännischem Lehrberuf. Darüber lag eine sehr dünne Oberschicht von Menschen, denen größere Unternehmen gehörten oder die als Kaufleute, Chefärzte, Manager oder Rechtsanwälte überdurchschnittlich erfolgreich waren.

Auch die Unterschicht war in den ersten Jahrzehnten der Bundesrepublik noch sehr dünn – das Bild von der Zwiebel mit dem breiten Bauch in der Mitte und den kleinen Zipfeln oben und unten entsprach dem damaligen Gesellschaftsaufbau. Jeder wollte am Aufschwung teilhaben, es gab auch für ungelernte Männer und Frauen Arbeit genug. Die millionenfache Abgabe der Selbstverantwortung an den Sozialstaat war damals noch keine Alternative; der Sozialstaat heutiger Prägung entwickelte sich erst später.

Die Unternehmen machten in den Wirtschaftswunderjahren gute Geschäfte, die sich immer mehr ausweiteten und ab den Achtzigerjahren durch die Internationalisierung des Handels den Aufstieg Deutschlands zur führenden Industrienation und schließlich zum Exportweltmeister ermöglichten. Die Gründergeneration der Bundesrepublik war vorsichtig, sie reinvestierte die steigenden Gewinne und gab das Bild des verantwortungsbewussten Unternehmers auch an die zweite Generation weiter. Die Gehälter der unteren und mittleren Beschäftigten waren, wie schon in Kapitel 2 dargelegt, im Vergleich deutlich besser als heute. Die Geschäftsführer und Vorstände der Unternehmen hingegen waren von den Gehalts- und Boni-Exzessen aktueller Ausprägung noch weit entfernt. Dass ein angestellter Manager mehr als das Hundertfache seiner Arbeiter verdient, war bis Ende der Achtzigerjahre unvorstellbar. Die Gier und die rücksichtslose Selbstbedienung der Spitzenmanager stellten sich erst ein, als in den Neunzigerjahren der Shareholder Value zum Leitbild der Unternehmensführung wurde.

Natürlich gab es in der alten Bundesrepublik Luxus und Statussymbole. Im gehobenen Bürgertum wuchs auch damals schon der Wunsch nach Differenzierung. Aber das demonstrative Zurschaustellen von Reichtum galt im

Gegensatz zu heute als niveaulos. Worte wie »neureich« oder »protzen« haben ihren negativen Klang behalten. Der sich heute vollziehende Rückzug der Oberschicht in eine First-Class-Parallelwelt hatte zu dieser Zeit noch nicht begonnen. Die bei null gestartete Gesellschaft im Nachkriegsdeutschland lebte räumlich und sozial relativ dicht zusammen. Die Kirchen entfalteten damals noch ihre über alle Schichten reichende Bindungswirkung, in den Vereinen wurde gemeinsam Sport getrieben oder musiziert, und die Kinder gingen quer durch alle Schichten auf öffentliche Schulen und Universitäten.

Das staatliche Bildungssystem wurde systematisch ausgebaut, die Länder investierten kräftig in akademische und berufliche Lehranstalten, in Schulen und Volkshochschulen. Diese Einrichtungen standen jedem, der lernen wollte und konnte, zur freien Verfügung. Das Aufstiegsversprechen wurde von der Politik, insbesondere von der Sozialdemokratie, formuliert und von jungen Frauen und Männern hunderttausendfach realisiert. Kinder aus einfachen Verhältnissen bestanden das Abitur, studierten und machten Karrieren, die ihren Eltern und Großeltern niemals möglich gewesen wären. Es wuchs eine neue Generation von Akademikern heran. Sie wirkte als Bindeglied zwischen ihrer familiären Herkunftsumgebung und den neuen sozialen Aufsteigermilieus, in die sie vordrangen oder die sie teilweise sogar völlig neu bildeten.

Der hunderttausendfache Aufstieg von einfachen in gehobene Verhältnisse führte auch dazu, dass sich Angehörige verschiedener Gesellschaftsschichten noch begegneten; sei es im Beruf, im Alltag, in der Familie oder in der Freizeit. Die Bundesrepublik wurde eine echte »Aufsteigerrepublik«. Die sozialen Strukturen waren in Bewegung geraten und hatten sich noch nicht verfestigt.

Wegen des steigenden Wohnraumbedarfs wurde bis in

die Siebzigerjahre hinein schnell, schmucklos und sparsam gebaut. Auch wer sich ein eigenes Haus leisten konnte, blieb dabei im Rahmen – protzige Villen ließen sich nur wenige errichten. Der allgemeine Bauboom und insbesondere der soziale Wohnungsbau führten in der Kombination mit einem sozialen Mietrecht zu vergleichsweise niedrigen und stabilen Mieten; in der Regel war ein Fünftel, maximal ein Viertel des Einkommens dafür fällig. Außerdem wähnte man sich wegen der damals noch guten Rentenanwartschaften für das spätere Alter in Sicherheit. Viele Bürger der alten Bundesrepublik haben deshalb wohl nie den Anreiz oder gar die Notwendigkeit verspürt, Immobilieneigentum zu bilden; in der DDR unterblieb das aus politischen Gründen ganz.

So ist das heutige Deutschland trotz wiederkehrender Appelle und Programme verschiedener Bundesregierungen ein Mieterland geblieben. In kaum einem anderen Land Europas wohnen so viele Menschen zur Miete wie in Deutschland. Wie problematisch das in Zeiten explodierender Mieten und sinkender Altersversorgung sein kann, zeigt sich gerade. Hinzu kommt, dass sich die Politik in den vergangenen Jahrzehnten fast vollständig vom sozialen Wohnungsbau verabschiedet hat. Das in den Nachkriegsjahren ausdrücklich erklärte Ziel, allen Menschen bezahlbaren Wohnraum zu verschaffen, wurde nicht mehr verfolgt. Die Mittel für den sozialen Wohnungsbau sanken kontinuierlich, und heute wird das Wohnen in den Städten vom Menschenrecht zum unerschwinglichen Luxus. Verschärft wird die Lage dadurch, dass zahlreiche Kommunen ihren öffentlichen Wohnungsbestand an Investoren verkauft haben, um ihre leeren Kassen zu füllen. Dass diese Eigentümer ausschließlich auf Rendite setzen und mitunter viel fremdes Geld aus fragwürdigen Quellen in den normalen Wirtschaftskreislauf einspeisen, hat Utta Seidenspinner in ihrem Buch *Wohnwahnsinn* anschaulich beschrieben.

Das recht geringe Wohneigentum der deutschen Mittelschicht ist auch ein wichtiger Faktor, warum in breiten Teilen der Bevölkerung kein oder nur ein geringer Vermögensaufbau stattfindet. Dabei darf nicht übersehen werden, dass es der gesamten ostdeutschen Bevölkerung vierzig Jahre lang so gut wie unmöglich war, Eigentum zu bilden oder nennenswerte Guthaben anzusparen.

Inzwischen macht es schon einen großen Unterschied, ob Immobilien und Eigentum vorhanden sind und immer weiter an die nächste Generation vererbt werden können oder nicht. In unserer siebzig Jahre alten Bundesrepublik wächst gerade die vierte Nachkriegsgeneration heran. Die Verfestigung der bescheidenen Vermögensverhältnisse in der Mittelschicht hat zunehmend mit der Frage zu tun, ob die eigenen Kinder und Enkel zur Erbengeneration gehören oder zur Generation der Besitzlosen. Dieser Befund passt auch zu den Zahlen über die Verteilung des Reichtums in Deutschland. Laut DIW gehört heute fünf Prozent der reichsten Haushalte die Hälfte des gesamten Vermögens. Die Entwicklung ist rasant: Noch 1970 besaßen die reichsten zehn Prozent etwa 40 Prozent des Vermögens. Das bedeutet, dass dazwischen eine gewaltige Umverteilung des erwirtschafteten Reichtums zulasten der Mittelschicht nach ganz oben stattgefunden hat.

Dabei zeigen sich deutliche Unterschiede zu Nachbarländern wie Frankreich oder Spanien. Dort steigt der Vermögensanteil der Reichen bei Weitem nicht so stark an; außerdem besitzen viel mehr Bürger Immobilien, weshalb die Unterschiede zwischen den Bevölkerungsgruppen nicht so groß sind wie bei uns. Im europaweiten Vergleich ist das Vermögen in Deutschland mit am ungerechtesten verteilt; in kaum einem anderen Land besitzen die reichsten zehn Prozent der Bevölkerung größere Vermögenswerte als hierzulande.

Interessant ist auch der Ursprung der Vermögen. Rund 40 Prozent der Millionäre geben an, dass ihre Arbeit als Unternehmer oder Freiberufler die hauptsächliche Quelle ihres Wohlstands ist. Bereits 35 Prozent hingegen nennen ein ererbtes Vermögen als Grund ihres Reichtums. Fast drei Viertel der Millionäre sagen zudem, dass eine Erbschaft beim Aufbau ihres Vermögens eine wichtige Rolle gespielt habe.

Das heißt, mehr als ein Drittel der heute Reichen haben ihr Vermögen ohne eigene Arbeit erhalten, und zwei Drittel konnten beim Vermögensaufbau immerhin auf eine Erbschaft zurückgreifen. Je weiter mit den Jahren das Vererben wachsender Vermögen fortschreitet, desto größer wird zwangsläufig der Anteil derjenigen werden, die leistungslos zu viel Geld gekommen sind oder ein Erbe als Grundlage genutzt haben, um ihren Besitz zu vergrößern. Kein Wunder also, dass die Erhöhung der Erbschaftsteuern ein periodisch wiederkehrendes Debattenthema ist.

Die Zahl der Millionäre in Deutschland ist zuletzt stark gestiegen; mittlerweile gibt es hier 1,4 Millionen Menschen, deren verfügbares Einkommen ohne selbst genutzte Immobilie, Sammlungen und Verbrauchsgegenstände mehr als eine Million Euro beträgt. Gleichzeitig leben hier 8,5 Millionen Menschen, denen weniger als 750 Euro netto monatlich zur Verfügung stehen. Die Auswirkungen dieser Verteilung bekommen schon die Kinder zu spüren: In den vergangenen fünf Jahren ist der Anteil armutsgefährdeter Kinder um 1,5 Prozentpunkte auf jetzt über 20 Prozent gestiegen. Das bedeutet, dass jedes fünfte Kind in Deutschland in armen Verhältnissen groß wird oder an der Schwelle zur Armut lebt.

Dagegen ist nach dem World Wealth Report 2018 der Unternehmensberatung Capgemini das Vermögen der Millionäre allein zwischen 2017 und 2018 um 7,6 Prozent gestiegen. Dabei fielen die Renditen der Superreichen noch deutlich besser aus; sie lagen bei rund 9 Prozent. Auf der anderen Seite verharren die Vermögen der Mittelschicht auf einem niedrigen Niveau, weil sie zumeist in Sparanlagen mit niedrigen Zinsen und in Lebensversicherungen stecken. Aktien, die sich in den vergangenen Jahren deutlich besser entwickelt haben als die Zinsen, werden von den risikoscheuen Deutschen nur mit spitzen Fingern angefasst.

Der Capgemini-Studie zufolge sind die reinen Ersparnisse in Deutschland, also im Wesentlichen die Guthaben der Normalverdiener, auf niedrigem Niveau geblieben. Mit einem Satz: Während die Vermögen der Reichen überproportional wachsen, stagnieren die Vermögen der Mittelschicht. Schließlich steckt hinter den vielen Zahlen auch die Erkenntnis, dass sich drei Generationen nach der »Stunde null« in Deutschland wieder eine Geldelite herausgebildet hat, die im Gegensatz zur schrumpfenden Mittelschicht immer reicher wird und sich deutlich vom Rest der Gesellschaft absetzt. Die seit Jahren erkennbare Spaltung des Landes lässt sich somit auch an der Verteilung und der Entwicklung der Vermögen festmachen.

Gleiches gilt für die Entwicklung der Löhne und Gehälter. Nach einer langen Phase stagnierender und sogar rückläufiger Reallöhne zwischen 1993 und 2007 sind die Einkommen nach der Finanzkrise zwar wieder etwas gestiegen; mit durchschnittlich 1,2 Prozent pro Jahr jedoch nur sehr bescheiden. Zugleich schrumpfte der Anteil von Beziehern mittlerer Einkommen von gut 83 Prozent im Jahr 1998 auf 78 Prozent 2005. Dort verharrt er seitdem. Auch der Niedriglohnsektor stagniert bei einer Rekordquote von über 24 Prozent der Beschäftigten. Die Kaufkraft der unteren 20 Prozent der Lohnbezieher sinkt kontinuierlich. Die deutsche Ungerechtigkeit ist jedoch weniger ein Problem der Unterschicht, bei der notfalls der enorm gewachsene Sozialstaat korrigierend eingreift; die ungerechte Verteilung des Wohlstands trifft vor allem die Mittelschicht, die am Wachstum der Wirtschaft nicht angemessen beteiligt worden ist.

Diese Tatsachen stehen in scharfem Kontrast zu manchen politischen Kontroversen. Es ist schon merkwürdig, wenn vor dem Hintergrund der ungerechten Vermögensverteilung beinhart über jeden Cent Mindestlohnerhöhung gestritten wird. Als würde sich daran die Zukunft des Wirtschaftsstandorts Deutschland entscheiden! Gleiches gilt für die Frage, ob Asylbewerber und Ausländer die Tafeln mit kostenlosen Lebensmitteln nutzen dürfen. Woher kommt diese Hartherzigkeit in einem reichen, christlichen Land? Warum werden ausgerechnet arme Hartz-IV-Bezieher von schneidigen Politikern wie Gesundheitsminister Jens Spahn öffentlich ermahnt, den Steuerzahlern nicht zu sehr auf der Tasche zu liegen? Wie kann es vor diesem Hintergrund sein, dass VW-Chef Matthias Müller für 2017 trotz des Dieselskandals eine Vergütung von mehr als zehn Millionen Euro erhielt?

Es ist wohl dieses krasse Auseinanderklaffen der Einkommen und das um sich greifende Gefühl von Ungerechtigkeit, das Bundespräsident Frank-Walter Steinmeier dazu bewogen hat, der Großen Koalition nach ihrem schwierigen Start 2018 die Mahnung mitzugeben, bloß nicht wie gewohnt fortzufahren. Kein Weiter-so, warnte der Bundespräsident. Die Demokratie, so Steinmeier, stehe vor einer echten Bewährungsprobe. Leider scheint die Große Koalition weder die Mahnung verstanden zu haben noch die Tatsache, dass sie nur auf Bewährung regiert.

Der Zusammenhalt der Gesellschaft ist jedoch nicht nur eine Frage des Geldes. Fast ein Drittel des Bruttosozialprodukts wird in Deutschland für soziale Leistungen ausgegeben – das ist sehr viel. Doch zu oft sind diese Gelder reine Alimentierungen, die im Augenblick ihrer Auszahlung schon wieder konsumiert werden, die Lage der Betroffenen aber auf Dauer nicht verbessern können. Das viele Geld aus den Sozialetats vermag auch grundsätzliche Ungerechtigkeiten wie die schlechte Lohnentwicklung oder die unterschiedlichen Belastungen und Begünstigungen einzelner Bevölkerungsgruppen nicht auszugleichen; hier sind tiefer greifende Korrekturen erforderlich.

Der Sozialstaat in Deutschland ist teuer, kompliziert und missbrauchsanfällig – und aus diesem Grund auch immer wieder Zielscheibe der Kritik. Solange allerdings der Sozialstaat nur der Reparaturbetrieb einer auseinanderdriftenden Gesellschaft ist, wird sich daran wenig ändern. Die politische Linke versucht das mit teilweise brachialen (und deshalb nicht durchsetzbaren) Vorschlägen zu ändern. Im Kern aber ist sie geschwächt und tief gespalten. Sie leidet seit mehr als zehn Jahren unter den Spätfolgen ihres gescheiterten Versuchs, sich den Zwängen der Globalisierung mit einem Programm staatlicher Deregulierungen anzupassen.

Ökonomisch waren diese Reformen der »Neuen Mitte« wie die Agenda 2010 in Deutschland erfolgreich. Allerdings ist es versäumt worden, bei dieser Gelegenheit andere Reformen durchzusetzen, die möglicherweise zur politischen Befriedung beigetragen hätten. Das völlig sinnlose Geschenk der Steuerfreiheit bei der Veräußerung von Unternehmensanteilen beispielsweise führte nach der Jahrtausendwende zwar zur Auflösung der sogenannten »Deutschland AG«; aber verdient haben daran nur Investmentbanker und Aktienbesitzer. Besser gewesen wäre eine steuerliche Begünstigung von Arbeitnehmeranteilen an ihren Unternehmen. Oder im Gegenzug zur unternehmensfreundlichen Deregulierung eine Mitwirkung der Kapitalseite bei der Bildung staatlich gesicherter Unternehmensfonds für Arbeitnehmer.

Die Beschäftigten hätten dann am Wachstum der Wirtschaft teilhaben können und außerdem eine zusätzliche Absicherung für das Alter aufbauen können. Stattdessen gelang es der Versicherungswirtschaft, der rot-grünen Regierung im Pulverdampf des Agenda-Streits noch schnell einen ökonomischen Rohrkrepierer wie das »Riester-Sparen« aufzuschwatzen.

Gerhard Schröder, Tony Blair und Bill Clinton als Anführer der sozialdemokratischen »Modernisierer« haben mutige Reformen gewagt, aber die Spaltung der Linken als politische Konsequenz ihrer Reformen nicht verhindern können. Die USA sind ein völlig zerstrittenes und polarisiertes Land. Die geschwächte Demokratische Partei muss ohnmächtig zusehen, wie Donald Trump allen Skandalen und persönlichen Verfehlungen zum Trotz eine Politik durchsetzen kann, die international großen Schaden anrichtet und in den USA die Zahl der Armen weiter steigen und die Mittelschicht weiter schrumpfen lässt. In Europa scheint der rasante Niedergang der Sozialdemokratie kaum mehr aufzuhalten zu sein. In kaum einem EU-Staat stellen Sozialdemokraten noch die Regierung, dafür gewinnen linke und rechte Populisten an Einfluss oder gelangen wie in Italien sogar an die Macht.

Die wachsende Angst der Bürger ist der Nährboden des Populismus. Die steigenden Abstiegssorgen führen zu Unzufriedenheit und mitunter zu Aggressivität, die sich im gesellschaftlichen Reizklima dieser Tage wiederfindet. Verstärkt wird diese Entwicklung durch den Eindruck zunehmender Ungerechtigkeit und schwindender Hoffnung. Die Politik scheint kaum noch in der Lage zu sein, der arbeitenden Mitte eine Perspektive zu bieten. Wer glaubt heute wirklich noch daran, dass eine durchgreifende Verbesserung der Verhältnisse tatsächlich möglich ist?

10. Geschlossene Gesellschaft – Members only

Nach einer Allensbach-Umfrage von 2018 findet sich die wachsende Verunsicherung sogar bei den gut situierten Bürgern aus der oberen Mittelschicht. Sie betrifft allerdings weniger die aktuelle finanzielle Lage, sondern richtet sich eher auf eine als diffus empfundene Zukunft. So sorgen sich 49 Prozent der gut Situierten um ihre Altersversorgung und 55 Prozent um die Zukunft ihrer Kinder. Zugleich förderte die Studie eine düstere Wahrnehmung der sozialen Verhältnisse zutage: 60 Prozent der Befragten sahen nur noch ein »Oben und Unten«, und 53 Prozent beklagten einen schwindenden sozialen Zusammenhalt. Solange diese Unsicherheit anhält und die Mittelschicht nicht angemessen an dem von ihr ganz wesentlich erarbeiteten Wachstum und Wohlstand beteiligt wird, wird sich keine Veränderung einstellen.

Allerdings ist politisch kaum etwas schwerer zu bewerkstelligen als eine intelligente und gerechte Verteilung von Vermögen. Weil die Reichen fast immer unter dem Zwang stehen, ihren Wohlstand rechtfertigen zu müssen, mischen sich sehr schnell giftige Töne in solche Verteilungsdebatten. Dabei ist Reichtum nicht nur der politischen Linken suspekt. In der Philosophie und den großen Weltreligionen findet sich fast eine Verachtung des irdischen Besitzes – etwa im Buddhismus oder Hinduismus. Auch das Christentum mag keine Kapitalisten: Eher geht ein Kamel durch ein Nadelöhr, als dass ein Reicher in den Himmel kommt. Dieses Gleichnis ist in allen drei synoptischen Evangelien niedergeschrieben. Der Gedanke, dass ein Reicher kein gottgefälliges Leben führen kann, hat neben der religiösen auch eine lange philosophische Tradition, die bis zu Sokrates und seinem Schüler Platon reicht. Sogar der britische Philosoph Stuart Mill, einer der intellektuellen Wegbereiter des Liberalismus im 19. Jahrhundert, war der Meinung, dass es ein Übermaß an Vermögen in der Hand Einzelner geben kann.

Sein Grundgedanke war, dass zu großer Reichtum dem störungsfreien Zusammenleben der Gesellschaft schaden könne.

Heute erforscht der Philosoph Christian Neuhäuser die Schattenseiten des Reichtums. Mit seinem Buch *Reichtum als moralisches Problem* hat er eine sehr kontroverse Debatte ausgelöst. Neuhäuser fordert, dass persönliches Vermögen auf zwei Millionen Euro begrenzt werden müsse. Die Verteilung großen Reichtums auf wenige Köpfe sieht er als Bedrohung für die Würde anderer Menschen.

Geht man von der philosophischen Provokation einen Schritt weiter hinein in die konkrete Politik, werden die Schwierigkeiten bei der Suche nach einer gerechten Verteilungsformel nicht kleiner. Anders gesagt: Die Wirklichkeit ist kompliziert. Zum einen darf nicht übersehen werden, dass das obere eine Prozent der Einkommensteuerpflichtigen mit Einkünften ab 216 000 Euro jährlich schon heute 21,4 Prozent und damit mehr als ein Fünftel des gesamten Aufkommens bei der Einkommensteuer trägt. Das ist fast viermal so viel wie die gesamte untere Hälfte der Steuerpflichtigen mit Einkünften bis zu 29 300 Euro pro Jahr. Unternehmer mit einer Kapitalgesellschaft zahlen gleich mehrfach: Gewerbesteuer sowie Körperschaftsteuern auf Unternehmensebene und Abgeltungssteuer auf Ausschüttungen. Das führt bei vollständiger Gewinnausschüttung einschließlich Soli-Zuschlag zu einer nicht gerade geringen Steuerlast von 48,5 Prozent. Zur Wahrheit gehört allerdings auch, dass es zahlreiche »Gestaltungsmöglichkeiten« oder Schlupflöcher gibt, um die nominelle Steuerlast de facto stark zu senken. Insbesondere große Unternehmen nutzen die Spielräume bei der strategischen Verlagerung von Gewinnen in Steuerparadiese oft weidlich aus.

Die ungleiche Verteilung und Vermehrung von Vermögen lässt sich jedoch nur sehr begrenzt mit Einkommens-

und Unternehmenssteuern korrigieren. Deshalb wird von der politischen Linken – meistens vor Wahlkämpfen – die Wiedereinführung der Vermögensteuer gefordert. Sie wurde zuletzt von der Kohl-Regierung erhoben, bis das Verfassungsgericht in den Neunzigerjahren die Bewertungsgrundlage der damaligen Vermögensteuer verwarf, weil sie gegen das Gebot der Gleichbehandlung verstieß. Das bedeutet nicht, dass eine Vermögensteuer von vornherein verfassungswidrig wäre. Allerdings ist ihre Erhebung sehr kompliziert und würde einen riesigen Verwaltungsaufwand bedeuten. Das Problem besteht darin, dass die wirklich hohen Vermögen in Deutschland größtenteils in Unternehmenswerten stecken und nicht in Banktresoren oder Aktiendepots. Das bedeutet, dass immer genau ermittelt werden muss, wie viel die Anlagen, Maschinen und Grundstücke des jeweiligen Unternehmens gerade wert sind. Dabei treten fast zwangsläufig Abgrenzungsprobleme auf: Ist der Picasso im Chefbüro ein Wertgegenstand des Unternehmens oder eine private Anschaffung? Wie verhält es sich mit einem Ferienhaus oder mit Autos, welche Gegenstände werden unternehmerisch genutzt oder überwiegend privat?

Über jeden einzelnen Gegenstand könnte es Streit geben, der nur mit Gutachtern oder gar Gerichten zu lösen wäre. Und das alles dann Jahr für Jahr bei jeder neuen Steuererklärung. Nicht zuletzt müsste die Vermögensteuer für Unternehmensvermögen auch gezahlt werden, wenn die Firma Verluste macht. Die Steuer müsste dann aus der Substanz entrichtet werden, was den Bestand der Firma ebenso gefährden könnte wie die Arbeitsplätze.

Ähnlich verhält es sich mit der Erbschaftsteuer – die Probleme bei der Erhebung wären vergleichbar. Außerdem hat das Verfassungsgericht dem Staat enge Grenzen gesetzt. Der Fiskus kann auch die Erben von Unternehmen nicht wesentlich stärker schröpfen als die Unternehmen, wenn man die Betriebe nicht in ihrer Substanz beschädigen will.

Es gibt andere und bessere Möglichkeiten, um mehr Gerechtigkeit bei der Vermögensverteilung und der Staatsfinanzierung herzustellen. Das betrifft zum einen die gleichmäßige Besteuerung, also das Schließen vermeidbarer Steuerschlupflöcher, und zum anderen die Beteiligung der arbeitenden Mitte an den Wachstumstreibern der Volkswirtschaft – und das werden in Zukunft vor allem die digital getriebenen Unternehmen und ihre riesigen Aktienvermögen sein. Mehr zu diesem Thema wird in Kapitel 13 ausgeführt.

Das Auseinanderdriften der Gesellschaft macht sich nicht nur beim Vermögen, sondern inzwischen auch beim Wohnen und im täglichen Zusammenleben in unseren Städten bemerkbar. Der ehemalige Investmentbanker und heutige Schriftsteller Alexander Schimmelbusch, der aus einer großbürgerlichen Familie stammt, hat die Verschiebung der Lebensverhältnisse und die wachsende Kluft in der Bevölkerung in einem *Spiegel*-Gespräch Anfang Mai 2018 einmal mit wenigen Sätzen treffend beschrieben: »Der Graben der Bildungsbürger zum einfachen Volk ist viel breiter und tiefer geworden«, sagt er. »Ich bin in Frankfurt am Main aufgewachsen, und vor zwanzig Jahren hatte ich nicht das Gefühl, dass ich massiv weit entfernt war von den Menschen, denen ich auf der Zeil begegnet bin. Das ist heute anders, wenn ich etwa in Berlin mit dem Fahrrad über den Alexanderplatz fahre und diese Verwahrlosung sehe. Armut und Reichtum manifestieren sich heute viel greller, viel vulgärer. Früher gab es zwischen dem Lehrerkind und dem Vorstandskind keinen harten Klassenunterschied, sie gehörten beide dem Bürgertum an. Heute leben sie in völlig unterschiedlichen Welten.«

So weit der Schriftsteller aus reicher Familie. Im Gegensatz zu den meisten Angehörigen seiner Klasse fährt Schimmelbusch aber noch mit dem Fahrrad durch die unschönen Gegenden seiner Stadt – das wollen viele andere aus der Oberschicht sich schon lange nicht mehr zumuten. Sie haben sich auch aus den normalen Vereinen zurückgezogen und bilden lieber eigene, exklusive Zirkel. Man trifft sich nicht mehr in der Öffentlichkeit, sondern hinter verschlossenen Türen in den besseren Wohngegenden. Man bleibt unter sich, sei es im Golfclub zum Sport oder im Capital Club zu vertraulichen Gesprächen bei bestem Essen. Das normale Volk hat dort keinen Zutritt – geschlossene Gesellschaft, *members only, sorry.*

Die Explosion der Immobilien- und Mietpreise befördert die räumliche Abgrenzung der Geld- und Bildungselite. In den begehrten Innenstadtlagen und Szenekiezen der Großstädte hat in den letzten Jahren ein fast vollständiger Austausch der Wohnbevölkerung stattgefunden; die Stadtplaner sprechen mittlerweile nicht ohne Zynismus von »Hartz-IV-freien Innenstadtlagen«.

In attraktiven Wohngegenden entstehen quasi geschlossene Viertel mit einer innerstädtischen Oberklasse – der berühmte Berliner Bezirk Prenzlauer Berg ist ein oft genanntes Beispiel, ähnliche Viertel finden sich auch in München, Frankfurt am Main oder Hamburg. Akademiker und Wohlhabende bleiben dort unter sich. Ohne den nachbarlichen Austausch mit anderen sozialen Schichten bilden sie eine Art geschlossene Gesellschaft, in die von außen kaum jemand vordringt. Die weniger Wohlhabenden werden an den Rand der Städte oder in die unattraktiven Viertel und Vororte gedrängt. Polizisten, Verkäuferinnen oder Servicepersonal legen immer weitere Wege zwischen ihren preiswerteren, oft weit draußen gelegenen Wohnquartieren und den teuren Wohnlagen in den Innenstädten zurück, um die dort lebende Oberschicht zu beschützen und zu bedienen.

Parallel dazu sammeln sich in den Problemkiezen der Städte überproportional viele Sozialleistungsempfänger und Migranten. Diese räumliche Kluft zwischen den Bürgern rührt an den Zusammenhalt einer Gesellschaft, in der eigentlich jeder hingehen kann, wohin er will. Wenn aber ein wachsender Teil der Gesellschaft seinen zunehmend prekären Wohnort nicht mehr aus eigener Kraft verlassen kann, ist nicht nur die soziale Mobilität bedroht; solche Gefühle von Ohnmacht verstärken auch den Frust und die Bereitschaft, in anderen Menschen Schuldige für die zunehmenden eigenen Probleme zu suchen.

Problematisch ist in diesem Zusammenhang auch die Tatsache, dass anerkannte Asylbewerber, sofern sie nicht sofort einen Job finden, erst einmal in das Hartz-IV-System einsortiert werden. Mit der zugewiesenen Wohnung werden diese Menschen dann sehr oft dorthin geschoben, wo ohnehin überwiegend Arme wohnen. Vor allem in ostdeutschen Kommunen sind die Sozialwohnungen nicht über die ganze Stadt verteilt, sondern häufig in den sowieso schon benachteiligten Gegenden gelegen. Soziale Auseinandersetzungen sind dann programmiert. Dass Ausländerfeindlichkeit und die Neigung zu radikalen Wahlentscheidungen gerade in der unteren Schicht der Gesellschaft verbreitet ist, zeigt die Dringlichkeit des Problems.

Marcel Helbig ist Soziologe und Professor für »Bildung und soziale Ungerechtigkeit« an der Universität Erfurt. Gemeinsam mit der Doktorandin Stefanie Jähnen hat er für das Wissenschaftszentrum Berlin die »soziale Architektur« von 74 deutschen Großstädten untersucht. Die Studie hat nicht nur unter Fachleuten für Aufsehen gesorgt. Auch in den Medien wurde bereits die bange Frage gestellt, ob die Armenviertel vergangener Jahrhunderte in unsere Städte zurückkehren.

Nach Helbigs Studie hat in mehr als 60 Städten zwischen 2005 und 2014 die Ballung von Menschen zugenommen, die auf Sozialleistungen wie Hartz IV und andere Hilfen angewiesen sind. Am auffälligsten ist es dort, wo viele Familien mit Kindern und bedürftige Menschen leben. In denjenigen Städten, in denen die Konzentration sozialer Problemgruppen am größten ist, verläuft sie immer schneller. Außerdem gibt es Helbigs Untersuchung zufolge in 36 Städten bereits Viertel, in denen mehr als die Hälfte der Kinder von sozialen Leistungen wie der Grundsicherung lebt. Den stärksten Anstieg hat Helbig in ostdeutschen Städten wie Halle oder Potsdam beobachtet, aber auch in West-Kommunen wie Köln oder Kiel. In Rostock lebt jedes dritte Kind in einem eher armen Viertel, in Berlin, Schwerin oder Saarbrücken ist es jedes vierte Kind. »Aus dem Zusammenspiel von hoher Armutsquote von Kindern und hoher sozialer Segregation von Kindern entstehen Quartiere, in denen sich sozial Benachteiligte in einem Ausmaß ballen, wie wir es eigentlich nur aus Amerika kennen«, warnt Helbig. »In vielen Städten«, so sein Fazit, »ist die Idee einer sozial gemischten Stadtgesellschaft nicht mehr Wirklichkeit.«

11. Geht Demokratie ohne Mittelschicht?

Eine breite Mittelschicht ist das Rückgrat der Demokratie, aber Angst, Verunsicherung und Wut lähmen die Politik und befördern die Radikalen

Normalerweise hätte er darüber hinweggesehen und den merkwürdigen Mann aus dem Erzgebirge einfach ignoriert. Schließlich hat Sigmar Gabriel in seinem langen politischen Leben schon viel Protest, Kritik und auch Häme einstecken müssen. Als Spitzenpolitiker braucht man eine dicke Haut, man darf sich nicht über jeden Schreihals aufregen. Aber als der frühere SPD-Vorsitzende und Vizekanzler erfuhr, dass die sogenannten »Pegida-Galgen« für ihn und Angela Merkel unter der Bezeichnung »Das Original vom Original« als Holzminiaturen im Internet angeboten wurden, hatte er genug. Gabriel zog vor Gericht und gewann. Die 24. Zivilkammer des Landgerichts Hamburg untersagte dem Galgenbauer aus Sachsen im September 2018 den weiteren Verkauf seiner Miniaturen.

Die Galgen waren erstmals im Dezember 2015 bei den Pegida-Demonstrationen in Dresden aufgetaucht und hatten für bundesweite Empörung gesorgt. An den beiden Schlingen waren zwei Schilder befestigt. Auf dem einen stand: »Reserviert Angela ›Mutti‹ Merkel«. Auf dem anderen war zu lesen: »Reserviert Siegmar ›das Pack‹ Gabriel«, wobei der Name des SPD-Politikers auch noch falsch geschrieben war. Der Begriff »Pack« bezog sich auf eine Äußerung Gabriels. Nach den gewalttätigen Ausschreitungen gegen Flüchtlinge im sächsischen Heidenau im Sommer 2015 hatte er die Randalierer als »Pack« bezeichnet.

Das Landgericht Hamburg entschied, dass Gabriel durch den Verkauf der Galgen in seinen allgemeinen Persönlichkeitsrechten verletzt und herabgewürdigt werde. Das gelte, so die Vorsitzende Richterin, auch für die Titulierung als »Volksverräter«, die »auf die NS-Zeit anspielt«. Das vom Beklagten vorgebrachte Argument der Kunst- und Meinungsfreiheit ließ das Gericht nicht gelten. Er nehme mit seinem Werk den Tod Gabriels nicht nur billigend in Kauf, sondern befürworte ausdrücklich seine Hinrichtung, hieß es in der Urteilsbegründung. Der Galgenbauer könne auch nicht den besonderen Schutz der Satire für sich in Anspruch nehmen, so das Gericht. Vielmehr komme in Verbindung mit dem Galgen zum Ausdruck, dass der Beklagte es wegen des »Verrats« am deutschen Volk für gerechtfertigt halte, dass Gabriel »unter besonderer Bloßstellung und Herabwürdigung seiner Person angeprangert und auf martialische Weise hingerichtet« werde.

Wer die Begründung des Gerichts einmal in Ruhe liest und die Bilder von den Pegida-Versammlungen mit den johlenden Menschen und ihren hasserfüllten Gesichtern auf sich wirken lässt, der spürt, was sich in Deutschland während der letzten Jahre verändert hat. Es sind nicht nur einzelne Radikale und ein paar Ewiggestrige, die immer lauter und heftiger ihre Wut zeigen, sei es auf der Straße, in Leserbriefen oder im Internet. Es sind vielmehr hunderte, oft tausende Bürger, die montags bei Pegida und anderen Aufmärschen »Volksverräter!« skandieren und Miniaturgalgen in die Kameras halten, damit auch ja jeder sehen kann, was diejenigen erwartet, die sich ihrem Zorn in den Weg stellen.

Sie brüllen »Wir sind das Volk«, aber sie missbrauchen damit den Freiheitsruf der DDR-Bürgerbewegung. Nicht die Mutigen von 1989 demonstrieren heute, sondern die im sozialen Rechtsstaat inzwischen weich gebetteten Wutbürger. Sie berufen sich auf die Tradition der Montagsdemonstrationen in der DDR, ganz so, als wäre die Kanzlerin und ihre Regierung eine Reinkarnation des SED-Regimes, gegen dessen Unterdrückung es wieder aufzustehen gelte. Tausende klatschen heute bei Versammlungen und Demonstrationen frenetischen Beifall für offen ausländerfeindliche Reden. Normal aussehende Bürger stoßen primitivste Beleidigungen aus, greifen wie zuletzt in Chemnitz wahllos Ausländer an oder bedrohen Journalisten, die dann sogar noch von der sächsischen Polizei festgehalten und an ihrer Arbeit gehindert werden.

Im Internet verbreiten gut organisierte Rechtspopulisten massenhaft dreiste Lügen, nutzen aber selbst ungeniert Begriffe wie »Lügenpresse« oder »Systempresse«, um die kritischen Medien mundtot zu machen. Komischerweise stört sich auch außerhalb rechter Kreise kaum jemand an diesem Kampfbegriff, obwohl schon die Nazis das Wort »Lügenpresse« verwendet haben, um ihre Verschwörungstheorien zu untermauern und ihre Gegner zu diskreditieren. War es früher das »Weltjudentum«, das angeblich die Presse steuerte, so wird heute kolportiert, dass die Medien durch das Kanzleramt gesteuert und beaufsichtigt werden. Und natürlich finden sich in den Echokammern und Filterblasen des Internets jeden Tag neue Behauptungen und geschickt konstruierte Unwahrheiten. Ereignisse werden unvollständig dargestellt, Gerüchte gestreut, Statistiken verzerrt, einzelne Äußerungen aus dem Zusammenhang gerissen und zu »alternativen Fakten« neu zusammengesetzt. So entstehen neue, angebliche »Wahrheiten«, die natürlich von den »zentral gesteuerten linken Systemmedien« vorsätzlich unterdrückt werden.

Das Schlimme ist, dass diese Art von Propaganda immer

häufiger geglaubt wird. Die teilweise mit Computer-Bots gestreuten Gerüchte im Internet verbreiten sich wie ein Lauffeuer und sorgen bei einer wachsenden Zahl von Menschen für Verwirrung, Misstrauen und Wut. Auch offenkundige Hetze gegen Fremde und Andersdenkende fällt auf fruchtbaren Boden, wie man an den zunehmenden Wahlerfolgen der AfD sehen kann. Es gab immer schon Demonstrationen, Provokationen und Trillerpfeifen; auf Helmut Kohl wurden Eier geworfen, auf Joschka Fischer Farbbeutel. Aber kein Politiker in der Bundesrepublik ist bislang mit einem so tief sitzenden, fast hysterischen Hass verfolgt worden wie die Bundeskanzlerin. Seit der Öffnung der Grenzen 2015 gilt Angela Merkel als Symbol einer Elite, die angeblich den Kontakt zu den Menschen und den Blick für ihre Sorgen verloren hat. Die Regierungschefin ist nicht nur für AfD-Anhänger die Personifizierung der »herrschenden Klasse«, sondern auch für viele Menschen in der gefährdeten Mittelschicht. Für die Unzufriedenen gehören »die da oben« irgendwie alle zusammen: sämtliche Politiker der »alten« Parteien, führende Vertreter der Justiz sowie alle leitenden Leute in der Wirtschaft und den Medien.

Gerade im Osten schlägt Angela Merkel, der ehemaligen DDR-Bürgerin, der größte Hass entgegen. Vielleicht liegt das daran, dass sie ihre Herkunft nie besonders betont hat und auch nie der Versuchung erlag, mit ihrer DDR-Sozialisation Extrapunkte in den neuen Ländern zu sammeln. Man muss in der besonderen Abneigung vieler Ostdeutscher wahrscheinlich das Motiv der Enttäuschung, ja des »Verrats« entdecken, das der Kanzlerin inzwischen in jeder Form und Ausschmückung auf Plakaten und Spruchbändern entgegengehalten wird.

Im rechtspopulistischen Milieu von AfD und Pegida zirkuliert seit Jahren das Gerücht, Merkel habe als »IM Erika« ihre früheren Mitbürger in der DDR ausspioniert. Obwohl das eine bösartige Erfindung ist, hält sich die mit wüsten Verschwörungstheorien garnierte Geschichte hartnäckig. Es gibt eben keine Niedertracht, die man der Kanzlerin nicht zutrauen würde. Heute ist sie an allem Schuld, was irgendwie stört: die Globalisierung, die Digitalisierung, der Kapitalismus, die Finanz- und Eurokrise, der Islamismus sowie die angebliche Übergabe der nationalen Souveränität – wahlweise an die EU oder an die USA. Auf den entsprechenden Internetseiten werden Behauptungen aufgestellt und Zusammenhänge konstruiert, die abstruser nicht sein können.

Ähnliches findet sich übrigens auch auf linken Internetseiten. Dort wird zwar weniger gehetzt, dafür aber ein toxischer Mix aus Halbwahrheiten und gezielten Falschinformationen verbreitet, um Empörung zu schüren und Widerstand zu wecken. Auch Drohungen und die Bereitschaft zur Gewalt sind nicht auf Rechtsextremisten begrenzt. Bei aller Empörung über die Vorfälle in Chemnitz sollte man nicht die Ereignisse beim G-20-Gipfel in Hamburg vergessen, als tagelang ein »linksautonomer« Mob plündernd durch die Stadt zog und dabei eine Spur der Verwüstung hinterließ – und übrigens mehr Opfer von Gewalt als in Chemnitz.

Woher kommt diese Wut, fragt man sich, warum glauben immer mehr Menschen an rechte wie linke Verschwörungstheorien und Unwahrheiten? Warum wählt fast jeder Fünfte rechte Populisten, die nur Vorurteile bedienen, aber keine Verbesserungen anbieten? Warum kann Linkspartei-Ikone Sahra Wagenknecht binnen weniger Wochen über 200 000 Menschen dazu bewegen, ihrer Protestbewegung »Aufstehen« zu folgen? Und warum ballen sich diese Fragen besonders im Osten Deutschlands zu einem Knäuel von Problemen zusammen?

Man muss sich den Osten genauer ansehen. Wer beispielsweise durch die Stadt Suhl in Süd-Thüringen fährt, der kann dort einige Antworten finden. Bis zur Wende gab es hier eine funktionierende Waffen- und Fahrzeugindustrie, die viele Arbeiter und Angestellte in die Stadt zog. Nach der Wende gingen diese Betriebe in Konkurs. Es gab keine Jobs mehr, und jeder, der konnte, verließ Suhl, um im nahen Westen Arbeit zu finden. Lebten 1995 noch rund 50 000 Menschen in der Stadt, so waren es 2017 nur noch 35 000. Bis heute ist die Einwohnerentwicklung negativ, vor allem junge Leute ziehen weg.

Bei der letzten Landtagswahl in Thüringen ging im Wahlkreis Suhl/Schmalkalden-Meiningen IV fast die Hälfte der Bürger gar nicht erst zur Wahl. Von denen, die ihr Stimmrecht ausübten, entschieden sich genau 50 Prozent für Linkspartei, AfD und NPD. Wenn man unterstellt, dass unter den Nichtwählern das Protestpotenzial auch weit verbreitet ist, dann bedeutet das unter dem Strich, dass eine Mehrheit in Suhl unser System aus sozialer Marktwirtschaft und liberaler Demokratie ablehnt beziehungsweise Parteien wählt, die dieses System ausdrücklich bekämpfen. Fast dreißig Jahre nach dem Fall der Mauer ist das eine sehr bedrückende Erkenntnis, zumal es in vielen anderen Orten östlich der Elbe kaum anders aussieht. Glaubt man den Umfragen, dann ist Besserung nicht in Sicht. Und das trotz Konjunkturaufschwung, Rekordbeschäftigung und vielen Milliarden Euro, die aus dem Westen in den Aufbau Ost geflossen sind. Was also ist dort so grandios schiefgegangen, dass die breite Mitte den Repräsentanten der Demokratie den Rücken zukehrt?

Vieles hat mit der enormen Frustration zu tun, die sich besonders im Osten aufgestaut hat. Zwar gibt es auch im Westen eine zunehmende Enttäuschung und das Gefühl, stecken zu bleiben und mit den wachsenden Sorgen nicht mehr zurechtzukommen. Aber in den alten Bundesländern wurde den Menschen nie so viel abverlangt wie in den neuen. Erst kam den Ostdeutschen ihr Staat und damit ein Stück ihrer Identität abhanden. Lebensläufe, Ausbildungen, Karrieren, Anerkennungen – plötzlich war das alles wertlos oder nur noch zweitklassig. Dann kollabierte die Wirtschaft, die Betriebe gingen pleite, Millionen Menschen wurden arbeitslos. Viele Hoffnungen zerbrachen ebenso wie viele Existenzen. Schließlich wurden die Stasiakten geöffnet, und das schleichende Gift des Verrats strömte in unzählige Familien, Freundschaften und Kollegenkreise. Von dem Stolz auf die friedliche Revolution blieb wenig übrig; die »Ossis« fanden sich im neuen, wiedervereinigten Deutschland als Bürger zweiter Klasse wieder.

Zu guter Letzt kamen die Westdeutschen und mit ihnen die Treuhand. Die notwendige, aber oft auch kaltschnäuzig durchgezogene Abwicklung der DDR-Betriebe wurde als »Ausverkauf« empfunden. Alte Erfahrungen zählten nicht mehr, der Westen übernahm das Kommando. Viele der neuen Leute waren engagiert und patriotisch, aber es gab auch arrogante, betrügerische und zweitklassige »Aufbauhelfer«. Sie waren mit dem Treck der Abenteurer aufgebrochen, um im »wilden Osten« endlich jene Karriere zu machen, die sie im Westen nicht geschafft hatten. In der Folge nahmen die »Wessis« im Osten fast alle Leitungsfunktionen ein. Bis heute hat sich daran wenig geändert – das weitverbreitete Gefühl der Fremdbestimmung ist deshalb gut erklärbar. Ob Verwaltungen, Unternehmen, Krankenhäuser oder Justiz; nahezu jeder Chef im Osten stammt aus der alten Bundesrepublik. Das sorgt unter der Oberfläche für viel böses Blut, zumal auch die Bezahlung immer noch deutlich schlechter ist als im Westen.

Gleiches gilt für die Renten und die gesamte Wirtschaftskraft. Kein DAX-Unternehmen hat seinen Sitz in den neuen Ländern, kaum einer der Topmanager stammt von dort. Und weil in der DDR keine Vermögen gebildet werden konnten, gibt es in den neuen Ländern heute auch nichts zu vererben. Das macht es oft viel schwieriger, etwas zu wagen und ein Unternehmen zu gründen.

Wenn eine ganze Generation unter dem Eindruck steht, dass die eigene Leistung, Erfahrung und Lebensbiografie nichts wert ist, dann hinterlässt das Wunden. Und weil die Nachwendegeneration die bitteren Erfahrungen ihrer Eltern hautnah mitbekommen hat, sind die Spuren auch bei den Jüngeren noch sichtbar. Nicht zuletzt sind viele von ihnen verärgert, weil sie seit Jahren mit Pegida, rechten Umtrieben oder dem Hass vor den Flüchtlingsunterkünften gleichgesetzt werden. Das »Ossi-Bashing« der »West-Medien«, so der Eindruck, hört auch dreißig Jahre nach dem Mauerfall nicht auf. Das braune Titelbild des *Spiegel*, auf dem nach Chemnitz in Frakturschrift »Sachsen« stand, hat im Osten für Unverständnis, ja Empörung gesorgt. Das Gefühl einer erneuten Demütigung macht sich breit, bei manchen sicher auch eine Art Trotzreaktion. Vielleicht erklärt sich aus dieser Haltung heraus manche schräge Solidarisierung oder gar Verharmlosung rechter Umtriebe; jedenfalls ist die Sensibilität für Political Correctness in Ostdeutschland bei Weitem nicht so ausgeprägt wie die Bereitschaft zur jederzeitigen Empörung in Hamburg.

Neben der materiellen ist auch die mentale Spaltung zwischen Ost und West noch nicht überwunden; das alte Gefühl der Bevormundung und Fremdbestimmung kann schnell wieder hervorbrechen. Je öfter aus dem Westen gleich mit der »Nazi-Keule« auf die Ostdeutschen eingedroschen wird, desto größer wird jedenfalls die Distanz – und desto größer könnte am Ende auch der Anteil der AfD-Wähler im Osten werden. Je schärfer die Kritik und je schneller das Urteil, desto mehr schreitet jedenfalls die Polarisierung im

Lande fort – und das hilft eher den Populisten als den gemäßigten politischen Kräften. Noch wird mehr übereinander als miteinander gesprochen. Dabei täte es gut, einander mehr zuzuhören und zu versuchen, sich besser zu verstehen.

Das Reizklima in der Gesellschaft ist jedoch nicht auf den Osten beschränkt; auch im Westen werden die Töne schriller, der Streit heftiger. Die AfD ist in allen Landtagen vertreten, auch im Westen gibt es Ausschreitungen gegen Ausländer und Asylbewerberheime. Steht Deutschland wieder auf der Kippe? Überfordern uns eine Million Fremde, die hier Schutz suchten oder auch »nur« die Hoffnung auf ein besseres Leben?

Entgegen einer weitverbreiteten Annahme ist die Flüchtlingskrise 2015 weder »die Mutter aller Probleme«, wie Horst Seehofer recht verunglückt formulierte, noch ist sie der Grund für die fortschreitende Radikalisierung in Deutschland. Der Zustrom der vielen Migranten war eher der äußere Anlass, um ein schon länger gärendes Gefühl von Unzufriedenheit und Unsicherheit zu verstärken. Daran haben auch die guten Wirtschaftsdaten in Deutschland nicht viel ändern können, denn die Früchte der vergangenen dreißig Jahre seit dem Fall der Mauer sind höchst ungleich verteilt worden. »In der wachsenden Ungleichheit sehe ich ein historisches Scheitern der Politik«, hat Marcel Fratzscher schon vor Jahren gesagt. Für den Präsidenten des DIW ist die ungerechte Verteilung des volkswirtschaftlichen Wachstums eine der Hauptursachen des Populismus. Umfragen bestätigen diese These: Keine Gruppe in der Gesellschaft sieht so große Defizite bei der Gerechtigkeit wie die Anhänger von AfD und Linkspartei.

Es ist eine große, tief sitzende Enttäuschung, die in den westlichen Industrieländern zu beobachten ist. Nicht überall entlädt sich der Frust und die aufgestaute Wut so deutlich wie bei den Protesten der Gelbwesten in Frankreich.

Aber unverkennbar gärt es in vielen europäischen Staaten unter der Oberfläche eines oft nur statistischen Wohlstands. Überall dort, wo der Kapitalismus erst über die Stränge schlug und dann in der Finanzkrise Milliardenvermögen der Anleger und Steuerzahler vernichtete, wenden sich die Bürger von der demokratischen Mitte ab. Wo keine oder nur eine schrumpfende Mittelschicht existiert, hat es auch die Kultur der demokratischen Mitte zusehends schwer. Zugespitzt könnte man es auch so formulieren: Demokratie geht nicht ohne Mittelschicht, sie ist das Rückgrat der freien Gesellschaft. Zusehends aber lähmen Angst, Verunsicherung und Wut die Menschen und gefährden die demokratische Mitte.

Der amerikanische Historiker Niall Ferguson hat diese Entwicklungen auch in den USA beobachtet und als eine Gefahr beschrieben, die in der Geschichte schon mehrfach nach einem recht festen Muster eingetreten ist. Danach enttäuscht der Kapitalismus die Volksmassen so stark, dass Populisten an die Macht gelangen können. Laut Ferguson lässt sich aus der US-Geschichte eine Art Rezept für die Populisten ableiten, das sich aus fünf Zutaten zusammensetzt: Erstens eine große Zahl von Einwanderern, zweitens eine wachsende Ungleichheit bei Vermögen und Einkommen, drittens der Glaube, dass es im Land Korruption gibt und die Eliten sich zusehends weniger an die Spielregeln halten. Viertens schließlich bedarf es auf dem Höhepunkt dieser Entwicklung einer Finanzkrise, eines Börsencrashs oder eines anderen wirtschaftlichen Schocks, und fünftens müsse ein geschickter Demagoge kommen, der wie Donald Trump den Unmut und die Unzufriedenheit der Massen ausnutzt.

Als historisches Vorbild nennt Ferguson die große Einwanderungswelle in der Mitte des 19. Jahrhunderts in Amerika, die Anhäufung großer Vermögen im Zuge der Erschließung und Besiedlung des Landes, das wachsende Misstrauen zwischen den Bevölkerungsgruppen verschiedener Immigrantenländer, den Bürgerkrieg und schließlich 1873 den Gründercrash. Als Trump dieser Zeit nennt Ferguson den rassistischen Arbeiterführer Denis Kearney in Kalifornien, der damals chinesische Migranten aus Amerika vertreiben wollte und ebenfalls gegen Freihandel und Globalisierung war.

Ferguson sieht nicht nur die USA unter Donald Trump heute wieder an einem solchen Punkt am Ende der fünf verhängnisvollen Entwicklungen. Er glaubt, dass sich auch in Europa dieses Muster sehr genau beobachten lasse: der anhaltende Migrationsdruck aus Afrika, der wachsende Unterschied zwischen Arm und Reich, ein durch das Internet begünstigtes Klima gesellschaftlicher und sozialer Spannungen und schließlich nach der großen Finanzkrise 2008 und der darauf folgenden Eurokrise die in der ganzen EU eingetretenen Wahlerfolge der Populisten, die sogar zum Austritt der Briten aus der Gemeinschaft führten.

Das kollektive Gefühl akuter Frustration wird noch verstärkt, weil keine Besserung in Sicht ist. Im Gegenteil: Die großen Probleme wie Klimawandel und Migrationsdruck bleiben oder verschärfen sich. Und mit der Digitalisierung kündigt sich bereits die nächste tief greifende Umwälzung an, kaum dass die bisherigen Veränderungen schon geschafft oder verarbeitet wären. Gleichzeitig schaut die Politik ohnmächtig zu, wie im Finanzsektor das nächste Krisenmonster heranwächst: Auf der einen Seite wurden in den langen Nullzinsjahren die Sparvermögen der Mittelschicht systematisch entwertet. Auf der anderen Seite bildet sich in Hedgefonds und Schattenbanken wieder eine neue Billionen-Dollar-Blase. Wenn die platzt, wird die Welt in ein ungleich größeres Elend gestürzt als durch die letzte Krise vor gut zehn Jahren. Für diesen Fall steht eine gewaltige Eskalation bevor: Noch einmal werden sich die Sparer und Steuerzahler nicht widerstandslos für die Gier einiger weniger Zocker in Haftung nehmen lassen. Die politischen wie ökonomischen Konsequenzen eines neuen Crashs wären unabsehbar tiefer.

Die meisten Menschen können die komplizierten Zusammenhänge von Finanzmärkten nicht nachvollziehen. Sie lesen auch keine Konjunkturgutachten und keine Studien über Lohnspreizung oder Vermögensverteilung. Dennoch ist das zunehmende Gefühl der Bedrohung vorhanden und empirisch messbar. Das Institut für Demoskopie Allensbach hat in einer Studie »Generation Mitte 2018« festgehalten, dass die deutliche Mehrheit eine kritische Entwicklung des gesellschaftlichen Klimas sieht. Als Merkmale dafür nennen die Befragten eine zunehmende Rücksichtslosigkeit, wachsende Vorbehalte gegenüber Ausländern sowie weniger Respekt und Regeltreue.

Insgesamt verstärkt sich der Eindruck eines sinkenden Zusammenhalts in der Gesellschaft. Die Zunahme weltweiter Krisen, aber auch der Verlust an politischer Stabilität im Innern sorgen demnach für nachhaltige Unsicherheit – trotz einer stabilen Konjunktur und einer persönlichen Situation, die viele als zufriedenstellend bezeichnen. Ein Drittel der Bürger sieht Deutschland sogar auf dem Weg in eine große Krise. »Die meisten denken dabei zurzeit nicht an eine ökonomische Krise, sondern an die Gefahren durch neue Flüchtlingswellen, Terror und Kriminalität«, sagt Allensbach-Chefin Renate Köcher.

Diese Zukunftsangst, die inzwischen bei vielen Umfragen deutlich wird, bezieht sich in den meisten Fällen nicht auf die eigene Lage, sondern auf das Schicksal der Gesellschaft insgesamt. Wenn so viele Menschen glauben, dass Deutschland schweren Zeiten, ja gar dem Untergang entgegenblickt, dann hat das viel mit nationalen Schlüsselereignissen wie der Silvesternacht 2015 am Kölner Hauptbahnhof zu tun. Ein ausländischer Mob machte Jagd auf Frauen, grapschte, nötigte, vergewaltigte und stahl, während die Polizei versagte. Die Menschen hatten plötzlich das Gefühl, nicht mehr Herr im eigenen Haus zu sein, analysierte Köcher später die symbolische Bedeutung der Ereignisse.

Das Gefühl von Kontrollverlust und die Wahrnehmung subtiler Veränderungen finden sich auch im Alltag. Ob am Hauptbahnhof in Köln oder jedem anderen Bahnhof einer deutschen Stadt: Die Eindrücke gleichen sich. Bis 20 Uhr geht dort alles noch seinen Gang. Aber wer später durch Bahnhöfe und verwaiste Geschäftsviertel in den Innenstädten läuft, sieht eine wachsende Zahl von Flaschensammlern, Obdachlosen und verwahrlosten Menschen, die in Mülleimern nach Essbarem suchen. Die meisten verhalten sich unauffällig, aber je mehr Alkohol und Drogen im Spiel sind, desto lauter werden die Unterhaltungen, es wird gebrüllt, und die Bettelei nimmt mitunter bedrohliche Formen an.

Jeder kennt diese Situationen. Auch eine steigende Zahl von gestrandeten Ausländern findet sich an solchen Orten, Osteuropäer und Menschen aus arabischen Ländern. Man weiß nicht, was sie dort suchen, aber Blicke, Auftreten und Gestik sind oft provozierend. Die meisten Passanten machen mittlerweile einen großen Bogen um diese Gruppen, viele Frauen meiden solche Orte ganz. Ich habe Kolleginnen, die sich weigern, abends in Berlin bei Dunkelheit mit den öffentlichen Verkehrsmitteln von Terminen nach Hause zu fahren. Vor allem Frauen müssen viele der kleinen Anzüglichkeiten und Beleidigungen ertragen. Die zahlreichen Nötigungen, Sachbeschädigungen und kleinen Diebstähle bleiben oft unter der Schwelle, ab der sie in der Kriminalstatistik erfasst werden. Aber ob berechtigt oder nicht – es verfestigt sich der subjektive Eindruck, dass man sich vor allem abends nicht mehr wohlfühlt draußen, dass die Unsicherheit im öffentlichen Raum steigt, dass es an Aufsicht, ja Kontrolle mangelt und dass in unserem Alltagsleben etwas ins Rutschen geraten ist.

Indizien für diese Eindrücke sind ausgebuchte Selbstverteidigungskurse, vor allem von Frauen, sowie deutlich gestiegene Verkäufe von Pfeffersprays und Handfeuerwaffen. Das wiederum ist höchst gefährlich. Wenn die Bürger glauben, die Dinge selbst in die Hand nehmen zu müssen, kann schnell eine verhängnisvolle Spirale der Gewalt in Gang gesetzt werden. Die USA und die dortige Neigung zu »vorbeugender Selbstverteidigung« und Selbstjustiz mittels Schusswaffen sollten ein warnendes Beispiel sein.

Eine Aufheizung des politischen und gesellschaftlichen Klimas, verbunden mit einem Gefühl fehlender materieller Gerechtigkeit und abnehmender öffentlicher Sicherheit, ist der ideale Humus für Populisten und Radikale. Täuschen wir uns nicht: In Europa ist dieser Prozess schon weit vorangeschritten. Die Erfolge der AfD in Deutschland, die Wahlergebnisse in Österreich, Polen und Tschechien sowie in Ungarn und Italien zeigen das in bedrückender Deutlichkeit. Der Rechtspopulismus dringt immer weiter in die Regierungszentralen europäischer Hauptstädte vor und ist damit als gravierende Bedrohung Europas höchst lebendig. Und auch wenn der Front National in Frankreich bei der letzten Wahl noch verlor – er wirbt weiterhin unverdrossen und mit großem Echo für den Austritt des Landes aus der EU, was deren sicheres Ende einläuten würde. Wie sehr Europa erschüttert wird, wenn bereits ein großes Land von Rechtspopulisten regiert wird, zeigt sich am Beispiel Italien. Der fortwährende Streit um die gefährliche Verschuldungspolitik der Regierung in Rom und der radikale Umgang mit den Flüchtlingen im Land verschärfen nicht nur die Spannungen mit der Kommission in Brüssel; sie schaffen auch eine Stimmung, in der sich gegenseitige Vorwürfe und politische Provokationen hochschaukeln und in der sich europafeindliche Tendenzen entwickeln. Dass daraus schnell verhängnisvolle Mehrheiten werden, hat man beim Brexit in Großbritannien gesehen.

Obwohl die akute Eurokrise vorüber ist und überall in Europa die Wachstumszeichen nach oben deuten, sind die Narben der Krise noch nicht verheilt. Die Finanzressourcen der Mittel- und Unterschichten bleiben bescheiden, sie erholen sich nur ganz allmählich vom Rückgang ihrer Kaufkraft. Als Fazit der Krise ist in vielen Staaten der EU der Eindruck hängen geblieben, dass die Banken erst vom Staat mit Steuergeldern gerettet wurden, um dann zum Schaden der Wirtschaft die Ausgabe von Krediten zu beschränken. Im Europa von heute, so der nicht unberechtigte Eindruck, werden Gewinne privatisiert und Verluste sozialisiert.

Der Verdacht, dass sich die Banken und ihre reichen Kunden in der Krise auf Kosten der Allgemeinheit gerettet haben, wurde noch erheblich verstärkt, als überall in den angeschlagenen EU-Ländern plötzlich auf Sparpolitik umgeschaltet werden musste. Während in Griechenland die Rentner, Beamten und kleinen Selbstständigen unter sinkenden Zuwendungen und steigenden Steuern litten, schaffte die griechische Finanzelite in Erwartung eines Euro-Austritts ihr Geld außer Landes. Diese Vermögen finden sich heute in britischen Fonds und deutschen Eigentumswohnungen wieder. Vor Ort jedoch fehlt genau dieses Geld, um Griechenland aus seiner immer noch bedrohlichen Schieflage zu befreien.

Auch in Spanien, Portugal und Italien sind die Narben der Eurokrise im Bewusstsein vieler Bürger nicht verheilt. Die Arbeitslosigkeit in diesen Ländern ist immer noch hoch – vor allem unter den jungen Leuten, bei denen teilweise die Hälfte der unter 25-Jährigen keine Beschäftigung findet oder in einem Job arbeitet, der weder ihrer Neigung noch ihrer Ausbildung entspricht. Nichts ist schlimmer für ein Land als eine Jugend, die sich zu großen Teilen ihrer Chancen beraubt sieht und die in ihrer Wut und Ohnmacht Schuldige für die Misere sucht.

Solche negativen Erfahrungen färben auch auf die Familien ab, auf Geschwister und Eltern, die hautnah miterleben, wie deprimierend es ist, nach einer Ausbildung keine oder keine angemessene Arbeit zu finden. Die fehlende Perspektive der jungen Leute aus den Mittelschichten Südeuropas kann schnell in Hoffnungslosigkeit umschlagen. Sie macht eine ganze Generation anfällig für jene Populisten von rechts und links, die dann pauschal »Ausländer« oder die Politik der Europäischen Union und ihrer Bürokraten in Brüssel für die Zustände verantwortlich machen.

Um diese Wahrnehmung zu ändern, müsste die EU-Führung Einigkeit hinsichtlich der grundlegenden Ursachen der Krise erzielen und eine Strategie entwickeln, um eine weitere Krise zu vermeiden. Bislang hat man keine dieser Aufgaben bewältigt, weil es dafür an Einigkeit mangelt. Im Prinzip gibt es zwei Gruppen von Ländern, die mit einander widersprechenden Interpretationen der Problemlage aufwarten. Das eine Lager – dem Griechenland, Italien und in geringerem Maße auch Frankreich angehören – wirft der EU und namentlich dem prosperierenden Deutschland mangelnde Solidarität vor. Italien beispielsweise hat von der Rückkehr zum Wachstum nicht profitiert. Außerdem fürchtet das Land, dass eine europäische Bankenunion seinen Spielraum bei der Sanierung des eigenen maroden Bankensystems einschränken würde. Und mit Frankreich und Deutschland an vorderster Front genießt Italien innerhalb der Union nicht einmal besonderes Prestige.

All das erzeugt Ressentiments, insbesondere unter denjenigen, die sich von Europa abgehängt oder verraten fühlen. Aus diesem Grund gehört Italien – einst glühender Verfechter europäischer Integration – nun zu den Ländern, die einer weiteren Integration mit stärkster Skepsis begegnen und die in provozierender Weise EU-Finanzregeln ebenso verletzen wie andere Regeln der Gemeinschaft. Das Wort vom »Spardiktat« der »hässlichen Deutschen« ist eine weitverbreitete Formel, mit der im Süden Europas Ressentiments geschürt und eigene Verantwortlichkeiten verdeckt werden. Auswüchse wie Kanzlerin Merkel in einer montierten NS-Uniform auf griechischen Zeitungstiteln tun ein Übriges.

Im zweiten Lager – dem neben Deutschland noch Österreich und die Niederlande angehören – beklagt man das Gegenteil. Viele Menschen in diesen Ländern haben das Gefühl, unter der »europäischen Solidarität« gelitten zu haben, obwohl sie selbst schwer arbeiten, um ihren Wohlstand zu sichern. Angesichts dessen sind sie tendenziell der Meinung, dass sich Europa auf eine Vertiefung des Binnenmarktes und nicht auf eine vertiefte fiskalische und politische Union konzentrieren sollte. Auch hier befeuert der Widerstand gegen eine weitere Integration die Unterstützung populistischer Parteien. Nationale Vorurteile gegen vermeintlich »faule Griechen« oder »betrügerische Italiener«, die den ach so fleißigen Deutschen ausnutzen, sind bei uns ebenfalls weit verbreitet. In diesem Zusammenhang darf man nicht vergessen, dass sich die AfD ursprünglich als Anti-Euro-Partei skeptischer Ökonomie-Professoren um Bernd Lucke gegründet hat. Diese frühe AfD erzielte ihre ersten politischen Erfolge, als Griechenland mit Steuermilliarden aus dem Norden gerettet werden musste und in Deutschland die Angst vor einer uferlosen Schuldenunion umging. Als die Eurokrise an Dramatik verlor, war die AfD fast von der Bildfläche verschwunden. Es war dann die 2015 einsetzende Flüchtlingskrise, die sie neu belebte und seitdem immer weiter befeuert.

Ähnlich ist es in anderen Staaten Europas. Die Rechtspopulisten schlugen Kapital aus dem Zuzug der Flüchtlinge und der illegalen Einwanderung. Sie heizen Islamophobie und Rassismus an, was durch die Terrorwelle islamistischer Extremisten in Europa noch begünstigt wurde.

Während Europas Spaltung beim Thema Wirtschaft zwischen Nord und Süd verläuft, besteht die Trennlinie in der Migrationsfrage zwischen Ost und West. Die von Grenzverschiebungen und den Schikanen größerer Staaten geprägte Geschichte der Länder Mittel- und Osteuropas ließ die Kontrolle ihrer kulturellen Grenzen zu einem zentralen Teil ihrer politischen Identität werden. Heute lehnen sie Migration in einem so starken Maße ab, dass sie sich weigern, ihrer Verantwortung als EU-Mitglieder nachzukommen und die Flüchtlingsquoten der Europäischen Kommission zu akzeptieren. Für diese überwiegend homogenen Länder könnte der Zwang zur Aufnahme von Migranten reichen, um eine EU-Mitgliedschaft trotz der damit verbundenen massiven wirtschaftlichen Vorteile uninteressant zu machen.

Durch den Brexit verstärkt sich der Druck auf die EU und schürt das populistische Feuer. Obwohl der Rückzug aus der EU für Großbritannien mit massiven Kosten und Nachteilen verbunden ist, könnten frustrierte EU-Mitglieder mit Nachahmung drohen. Eine Austrittsdrohung könnte zum wirkungsvollen Instrument werden, um sich der Integration im Namen der nationalen Souveränität zu widersetzen. Die diesbezüglichen Entwicklungen in Italien sind Anlass zur größten Sorge. Konnte man das kleine Griechenland unter Anspannung aller Kräfte gerade noch retten und vor dem Rauswurf aus dem Euro bewahren, so erscheint Ähnliches im Fall von Italien unmöglich – dafür sind das Land, seine Volkswirtschaft und sein enormer Schuldenberg einfach zu groß.

Leider kann man nicht darauf hoffen, dass die Welle des Populismus in Europa so bald verebbt. Umso dringender ist die Stabilisierung der Mittelschichten und die Schaffung einer geregelten Einwanderung anstelle illegaler Migration.

Die Konsolidierung Europas kann nicht warten. Die Zeichen am Horizont stimmen alles andere als zuversichtlich. So ist die weltweite Staatsverschuldung seit dem Ausbruch der Finanzkrise exzessiv gestiegen und liegt nun bei 170 Billionen Dollar. Betrachtet man die Entwicklung, muss man ganz nüchtern feststellen, dass die Reaktion auf die Schuldenkrise fatalerweise in einer weiteren Ausweitung der Schulden besteht – in Europa wie den USA. Dazu steigt die Gefahr von Handelskriegen, je schlechter sich die Beziehungen zwischen den USA und China beziehungsweise zwischen den USA und Europa entwickeln – mit unübersehbaren Rückwirkungen auf die Wirtschaft und die Arbeitsplätze. Der Teufelskreis zwischen ökonomischen Problemen, anhaltender Zuwanderung und steigendem Nationalismus muss durchbrochen werden.

Das Phänomen der Wechselwirkung und sich gegenseitig verstärkender Krisenelemente ist nicht neu. Deutschland und die anderen westlichen Nationen erleben gerade das, was der Soziologe Theodor Geiger bereits im Jahr 1930 – drei Jahre vor der Machtergreifung der Nazis – als »Panik im Mittelstand« bezeichnet hat. Es ist genau jene diffuse Mischung aus Sorgen, Ängsten und mangelnder Aussicht auf Besserung, die solche »Panikgefühle« hervorrufen und sich zu einer Stimmungslage verdichten kann, die den Bestand der Demokratie bedroht.

Der Publizist Gabor Steingart hat in seinem »Morning Briefing« einmal sehr nachdenklich an den Schriftsteller

Stefan Zweig erinnert. Dessen Generationenporträt *Die Welt von Gestern* beschreibt sehr präzise das Kippen der gesellschaftlichen Ordnung in Deutschland und das Hineinstolpern Europas in den Ersten Weltkrieg. Die geschilderten Phänomene kommen einem bekannt vor, das macht sein Buch so bedrückend. So klagt Zweig über die damalige Zuspitzung der Debatten, über die aufkommende Hetze, den »Aufpeitschungsdienst« der Schriftsteller und Journalisten; er beschreibt lange vor der Erfindung des Internets und der sozialen Medien die Klänge der »Hasstrommel«, die damals schon überall geschlagen wurde. Unwillkürlich muss man bei der Lektüre des Buchs an die Populisten unserer Tage denken, an Donald Trump, Viktor Orbán, Matteo Salvini, aber auch an Oppositionspolitiker wie Alexander Gauland oder Marine Le Pen, die in Deutschland und Frankreich heute wieder »Hasstrommeln« schlagen und Ressentiments schüren. Politiker, in deren geistiger Gefolgschaft sich Leute ermuntert fühlen, mit Miniaturgalgen für die Regierungsvertreter zu öffentlichen Veranstaltungen zu gehen und diese noch im Internet zum Verkauf anzubieten.

Stefan Zweig diagnostizierte im Deutschland der letzten Kaiserjahre eine »Entzündung der Seele«. Er beschrieb die »unbändige Lust, Gefühle und Ideen noch ganz heiß aus sich herauszustoßen«. Mit Erschrecken stellte der Schriftsteller fest, wie schnell sich unter der scheinbar ruhigen Oberfläche des bürgerlichen Lebens Stimmungswechsel bis hin zu Umstürzen entwickeln konnten: »Das übelste Gerücht verwandelte sich sofort in Wahrheit. Die absurdeste Verleumdung wurde geglaubt. Die Massen, die stillschweigend und gefügig der liberalen Bürgerschaft durch Jahrzehnte die Herrschaft gelassen hatten, wurden plötzlich unruhig, organisierten sich und verlangten ihr eigenes Recht. Das neue Jahrhundert«, so schreibt Zweig, »wollte eine neue Ordnung, eine neue Zeit.«

Vergleichen bedeutet nicht gleichsetzen, aber die Parallelen zu heute sind unverkennbar. Wir müssen uns jetzt schon einige kritische Fragen stellen, Fragen die uns vor ein paar Jahren vielleicht noch etwas weit hergeholt erschienen wären.

Wie fest steht unsere Zivilgesellschaft heute? Wie viele Menschen teilen noch liberale Werte? Wie sicher sind angesichts von schwindenden Volksparteien und zunehmendem Populismus morgen noch die demokratischen Mehrheiten in Europa? Wo war damals in den Jahren vor 1914 das besonnene Bürgertum, um die heraufziehende Urkatastrophe Europas zu verhindern?

Lassen wir Stefan Zweig mit einer erschreckend aktuellen Feststellung antworten: »Wir täuschen uns alle in unserer Gutgläubigkeit und verwechseln unsere persönliche Bereitschaft mit jener der Welt.«

12. Marketing, Manipulation, Machtmissbrauch

Die unheimliche Wirkung der Algorithmen
reicht von der digitalen Entmündigung
der breiten Massen bis zur Gefährdung
der freien Marktwirtschaft und der Demokratie

Wenn man bei gutem Wetter mit dem Schiff auf dem Ontariosee in Kanada fährt und bei westlichem Kurs auf Toronto zuhält, blinkt einem schon von Weitem die imposante Skyline der Wolkenkratzer entgegen. Überragt wird das glitzernde Ensemble der Hochhäuser nur von der gewaltigen Kulisse des Fernsehturms CN Tower. Toronto ist eine dynamische und lebendige Metropole mit 2,6 Millionen Einwohnern, einer modernen Innenstadt, weiten grünen Vororten und einer kilometerlangen Uferpromenade mit kleinen Bootshäfen, Cafés, Restaurants und Liegestühlen entlang des Sees. Man sollte eigentlich glauben, dass die Stadtväter ebenso stolz und glücklich auf ihr Gemeinwesen schauen wie die Einwohner. Doch wirklich zufrieden mit sich und ihrer Arbeit scheinen die Verantwortlichen dort nicht zu sein; offenbar glauben sie, dass andere Leute eine noch bessere, noch schönere, noch funktionalere Stadt errichten können als sie selbst.

Jedenfalls hat die Stadtverwaltung von Toronto im Oktober 2017 einen Vertrag mit der Firma Sidewalk Labs geschlossen, einer Tochter des Google-Konzerns. Infolge des 50-Millionen-Dollar-Deals soll Sidewalk in den nächsten Jahren die alte, lange ungenutzte Hafengegend am östlichen Ende Torontos in eine »Stadt der Zukunft« verwandeln. »Quayside« wird das neue Google-Viertel künftig heißen. Geplant ist ein lückenlos mit dem Highspeed-Internet verbundener Stadtteil, sensorgestützt, verdrahtet und perfekt geeignet für das urbane Modellleben im 24/7-online-Modus. Es geht bei der »Stadt der Zukunft« nicht nur um verkehrsabhängige Ampeln oder ein paar Apps für Schlaglöcher – das kann man inzwischen überall haben. Nein, am Ostende von Toronto will Google endlich seinen Anspruch umsetzen, alles zu verändern, um die Welt tatsächlich in einen besseren Ort zu verwandeln.

Wie alle Pioniere des Silicon Valley sind die Google-Leute getrieben von der zur Gewissheit geronnenen Zuversicht, dass ihre Ideen, verbunden mit perfekter digitaler Technik, alle bestehenden Blockaden aufbrechen und im Zuge eines gewaltigen Umwälzungsprozesses die Probleme dieser Welt lösen können. Voraussetzung dafür ist natürlich, dass diese Welt auch bereit ist, alle ihre Traditionen und bisherigen Gewohnheiten zu missachten und sich ganz der Weisheit der Algorithmen und der ihrer Schöpfer zu unterwerfen.

Der wahre Traum der kalifornischen Technikfreaks ist deshalb ein Ort mit einem gewaltigen konstanten Datenfluss, der in Echtzeit erfasst und fortlaufend analysiert wird, sodass es möglich ist, digitale Dienste aller Art ständig zu optimieren; etwa das selbstfahrende Auto und das Taxi ohne Fahrer in einem digital gelenkten und deshalb staufreien Innenstadtverkehr; oder den Digitalhaushalt, in dem das Einkaufen überflüssig wird, weil der Verbrauch von Lebensmitteln per Schnittstelle im Kühlschrank erfasst wird. Dank digitaler Bestellung kann dann automatisch nachgeliefert werden. Logisch, dass der selbstlernende Computer nach zwei, drei Wochen von alleine weiß, welche Äpfel man mag und wie die Lieblingspizza belegt sein soll.

Selbstverständlich wird in dieser »Stadt der Zukunft« alles und jedes erfasst – sogar die persönlichen Abfälle.

Sidewalk entwirft in Toronto ein Bild von einem Viertel, in dem die Bewohner zum Beispiel nur für den Müll bezahlen, den sie tatsächlich verursacht haben. Intelligente Müllschlucker trennen selbstständig Abfälle von Wertstoffen, lokale Wettersensoren erkennen nahenden Regen oder gar Sturm, und im Winter können die Bürgersteige bereits beheizt werden, bevor der Schnee fällt. Im Sommer schließlich kann man per App in Echtzeit erkennen, ob an der Uferpromenade noch ein Liegestuhl frei ist oder nicht.

Es ist klar, dass eine dermaßen intelligente Stadt fast vollständig auf Daten und Algorithmen basiert und nicht auf menschlichen Entscheidungen. Warum auch? Menschen machen Fehler. Die digitale Stadt hingegen perfektioniert sich dank künstlicher Intelligenz täglich selbst, entwickelt sich automatisch weiter und kann sich laut Firmenprospekt sogar selbst führen.

Es sind Ankündigungen wie diese, die inzwischen Misstrauen bei den Bürgern Torontos erregen. Viele fragen sich, was da am Ostufer ihrer Stadt in Wahrheit entsteht und welche Veränderungen damit verbunden sein werden. Zweifel sind unüberhörbar: Kann eine Datenfirma eine Stadt besser lenken als eine eingespielte Verwaltung? Eine Verwaltung zumal, die von demokratisch gewählten Stadtverordneten kontrolliert wird und nicht von einem Computer, dessen Zentralspeicher irgendwo im Silicon Valley steht? Anders gefragt: Wie weit reicht eigentlich in der schönen neuen »Stadt der Zukunft« der Führungsanspruch von Sidewalk Labs beziehungsweise von Google? Endet er beim Aufbau von Computerschnittstellen? Oder umfasst dieser Führungsanspruch auch das Recht, das Gemeinwesen insgesamt zu lenken, also über einen lebendigen sozialen Organismus zu entscheiden und durch firmeneigene Algorithmen über freie kanadische Bürger zu herrschen?

Solche Diskussionen sind auch andernorts in Gang gekommen. Google kauft bereits Teile der Bay Area rund um San Francisco auf und erwirbt auch große Grundstücke in New York. Die Macht und das Geld des Digitalgiganten sind so gefährlich wie verlockend. Einerseits können überforderte Bürgermeister und chronisch unterfinanzierte Stadtverwaltungen leicht überzeugt werden, ungenutzte, gar verwahrloste Areale an Google zu verkaufen und sie so in ein blühendes, zumindest aber besser funktionierendes Gemeinwesen zu verwandeln, ohne dass dafür Steuergelder verbraucht würden. Kritische Urbanisten hingegen befürchten, dass die kurzfristige Hilfe und das Geld die Städte langfristig auf den falschen Weg führen. Denn der Definition nach bedeutet eine »autonome Stadt« nichts anderes, als dass die täglichen Entscheidungen nicht mehr von Beamten und Vertretern der Stadtparlamente getroffen werden, sondern von Computerprogrammen, über deren Ausgestaltung eine private Firma bestimmt.

Im Gegensatz zu Stadtparlamenten, deren Vertreter man in regelmäßigen Wahlen bestätigen oder abwählen kann, muss sich ein Unternehmen nicht periodisch zur Wahl stellen und damit zu Transparenz und Rechenschaft zwingen lassen. Das ist umso problematischer, weil der ökonomische Erfolg von Google gerade darin besteht, dauerhaft und möglichst ohne Unterbrechung immer mehr Daten zu sammeln. Google-Kritikern wird allerdings entgegnet, dass in solchen voll digitalisierten »Städten der Zukunft« die individuelle Privatsphäre ohnehin verschwinde, weil sie nicht mehr der modernen Lebenswirklichkeit entspreche. Das mache, so die Argumentation, die betroffenen Bürger aber nicht rechtlos, denn die Privatsphäre des Einzelnen werde von einer »kollektiven Privatsphäre« abgelöst.

Es sind nicht nur absurde Argumente wie diese, die einem Sorge bereiten müssen. Es ist auch diese fast beiläufige Selbstverständlichkeit, die einem in der Internetszene inzwischen überall entgegenschlägt, gepaart mit einer unerschütterlichen Technikgläubigkeit. Es gibt keine Zweifel mehr, sondern nur noch Gewissheiten, die allerdings anders heißen. »Standard« lautet das Zauberwort von heute, und alles, was »Standard« ist, darf nicht mehr hinterfragt werden. Egal, ob man als Gast die firmeneigenen Technologiekonferenzen im Silicon Valley besucht oder die Industriemessen in Hannover: Alles, was angeboten wird, ist standardmäßig »smart« und auf unerklärliche Weise allwissend.

Es gibt die »Stadt der Zukunft« als *Smart* City, es gibt das *Smart*phone, die *Smart*watch und das *Smart* Home. »Smart« bedeutet in diesem Zusammenhang nichts anderes als lückenlose Vernetzung und die vollständige Erfassung aller Daten in allen Lebensbereichen.

Bei einem Start-up-Pitch in Palo Alto im Herbst 2017 stellte ein junger Mann den Managern eines deutschen Energiekonzerns eine Reihe von Geschäftsmodellen vor, die allesamt darauf beruhen, dass der Stromlieferant jederzeit den genauen Aufenthaltsort aller seiner Kunden kennt. Auf die Frage, woher dieses Wissen denn stammen soll, kam die ebenso entgeisterte wie kopfschüttelnde Antwort, dass doch wohl jeder Mensch Google, Facebook, Twitter oder WhatsApp auf seinem Smartphone habe oder zumindest einen dieser Dienste nutze. Und damit, so der Start-up-Manager mit milder Nachsicht gegenüber dem naiven Besucher aus good old Germany, ergebe sich doch auch alles andere – oder? »Die wissen schließlich, wo Sie sind, was glauben Sie denn?«

Fast alle Apps, die heute angeboten werden, funktionieren auf der Basis einer fortwährenden Akkumulation riesiger Datenmengen. Staumelder, Verkehrsservices, aber auch so persönliche Dienste wie Bank- und Finanz-Apps sammeln unentwegt Daten ein.

12. Marketing, Manipulation, Machtmissbrauch

Da nichts über Menschen so viel verrät wie ihr persönlicher Umgang mit Geld, interessieren sich neben den traditionellen Kreditinstituten auch die großen US-Internetkonzerne brennend für Bank-Apps. Erst in letzter Minute haben die deutschen Geldhäuser erkannt, dass die Amerikaner im Begriff stehen, ihnen die letzten Reste Butter vom ohnehin schon kargen Brot zu kratzen. Nachdem die Banken sich von PayPal bereits einen Teil des Geschäfts aus der Hand nehmen ließen, war die Gegenwehr der letzten beiden Jahre erfolgreicher. So können die meisten Kunden in Deutschland inzwischen die Debitkarten ihrer Institute auf ihr Handy laden und dann mit diesem kontaktlos bezahlen. Dennoch drängen Google und Apple sehr offensiv mit eigenen Bezahllösungen in den Markt.

Wie der Wettkampf ausgeht, ist noch völlig offen. Den US-Anbietern geht es nämlich weniger um das eigentliche Bankgeschäft oder um Gebühren. Auf die wird man aus Gründen des Wettbewerbs ohnehin ganz oder teilweise verzichten. Viel interessanter für die Internetkonzerne ist der Einblick in die Zahlungsströme und die Vermögensverhältnisse der App-Nutzer. In Kombination mit den vielen anderen Daten, die aus Ortungsdiensten, Suchmaschinen und sozialen Medien gewonnen werden, ergibt das eine unschlagbare Vielfalt an Erkenntnissen – zumal das Bezahlen per App der nächste große Schritt sein soll, um das Bargeld irgendwann ganz abzuschaffen. Erst dann werden nämlich Apple, Google & Co. in der Lage sein, auch den letzten dunklen Winkel in der schon sehr gläsernen Welt der Konsumenten auszuleuchten. Die Barzahlung ist heute die einzig verbliebene Möglichkeit, als Mensch und Konsument keine Spuren zu hinterlassen. Man darf gespannt sein, wie lange noch.

Fast genauso aussagekräftig wie die diversen digitalen Dienste im Finanzsektor sind die zahlreichen Fitness- und

Gesundheits-Apps. Wie die großen Konzerne diese Entwicklung sehen, hat Frans van Houten, der Chef von Philips, einmal in großer Offenheit beschrieben: »Ich sehe Gesundheit nicht als Kostenfaktor, den wir minimieren müssen, sondern als Investment, das wir optimieren können«, sagte der niederländische Topmanager in einem *Handelsblatt*-Interview. »Neue digitale Anwendungen werden uns dazu führen, Dinge noch effizienter zu gestalten und sämtliche Gesundheitsdienstleister miteinander zu vernetzen.« Die Entwicklung werde umfassend und lückenlos sein, so der Philips-Chef. Er glaubt nicht, dass es künftig noch ein einziges Produkt ohne eine digitale Verbindung geben wird. »Jedes Produkt wird irgendwie vernetzt sein«, sagt er. »Wir werden eines Tages vielleicht dazu kommen, dass man Sensoren am Körper tragen wird, die irgendwo diskret versteckt sind.«

Philips ist nicht der einzige Konzern, der an körpereigenen Sensoren arbeitet, um die digitale Überwachung noch perfekter zu gestalten. Die Forschungen in Richtung »Mensch-Maschine« sind, wie bereits geschildert, schon weit vorangeschritten. Natürlich geschieht das alles zum Wohle der Patienten: So können Daten wie Blutdruck und Temperatur per Smartphone an den Arzt übermittelt werden. Der Patient muss künftig nicht mehr zum Doktor, sondern kann sich von diesem per Videotelefonie in der digitalen Sprechstunde beraten lassen. Die zur Diagnose passenden Arzneimittel werden ihm in der volldigitalisierten Welt dann automatisch aus der Apotheke geliefert – versehen mit dem Hinweis, dass andere Patienten mit vergleichbaren Befunden bei Einnahme des Medikaments bereits nach drei Tagen wieder fit waren.

Das klingt alles sehr gut und effizient, aber was machen die Gerätehersteller, Pharmafirmen und Krankenkassen mit all diesen Daten? Woher nimmt der Anbieter der Medizin-App sein ganzes Wissen über Millionen Patienten?

12. Marketing, Manipulation, Machtmissbrauch

Was für naive Fragen! Natürlich wird alles gespeichert und verarbeitet – ohne einen Hauch von Zweifeln oder gar Unrechtsbewusstsein. Ob Gesundheit, Finanzen, Mobilität, Freizeit, Konsum – die Datenmenge, die um uns herumschwirrt und alles über uns verrät, wächst mit jedem Tag. Jedes Einzelne für sich genommen mag harmlos klingen, aber in der Kombination ergibt die digitale Sammelwut den vollkommen gläsernen Menschen. Mein Fitnessarmband überwacht Pulsschlag und Blutdruck ebenso wie meine Laufdauer, die Art des Sports und den Ort, wo ich ihn ausübe. Das Smart Home kennt meinen Stromverbrauch, weiß, wann und wie lange ich zu Hause bin, es registriert, wie oft ich staubsauge, wasche, dusche oder was ich esse und trinke. Und das autonome Auto vor der Tür speichert jede meiner Fahrten sowie deren Ziel, Geschwindigkeit und Dauer. Und das sind nur einige wenige Bereiche.

Dieses aus allen Lebenslagen der Menschen gewonnene Wissen ist Geld und Macht. In der Vergoldung der Daten besteht der wahre Zweck aller Internetkonzerne – hier sprudelt auch die Quelle ihrer Milliardenvermögen. Jede Branche hat spezifische Interessen. Je genauer man den potenziellen Kunden kennt, desto passgenauer können die Angebote ausfallen und desto leichter kann man ihm etwas verkaufen. Die Möglichkeiten sind schier unbegrenzt. Die Branche der Kraftfahrzeugversicherer etwa könnte versucht sein, ihren Kunden für defensives Fahren besonders niedrige Versicherungsbeiträge anzubieten. Überwachen lässt sich der Fahrstil ja ohnehin bald durch permanente Echtzeitdaten aus dem Auto. Vereinfacht gesagt: Wer langsamer fährt, zahlt weniger Beiträge, wer hingegen das Gaspedal durchdrückt, zahlt eben mehr an die Versicherung – schließlich steigt das Unfallrisiko mit der Geschwindigkeit.

Das ist nur ein Beispiel von vielen – und es ist kein rein theoretisches. In den USA gibt es bereits solche Überlegungen; schließlich sehen die Kfz-Versicherer mit dem autonomen Fahren demnächst ein großes Problem auf sich zukommen: Wenn nämlich Computer die Autos steuern, wird das Versicherungsrisiko deutlich geringer ausfallen als bei menschlichen Fahrern. Die Folge: Die Beiträge für die Haftpflichtprämien der Kfz-Versicherer dürften drastisch sinken.

Ähnliche Modelle ließen sich bei Kranken- und Lebensversicherungen vorstellen. Überspitzt gesagt: Je mehr Cheeseburger und Dosenbier man zu sich nimmt, desto teurer wird eben die Versicherung. Die Prämie bemisst sich dann individuell nach Lebendgewicht und Leberwerten. Dagegen könnte tägliches Joggen wieder Pluspunkte auf das dynamische Versicherungskonto lenken.

Was jetzt noch sarkastisch übertrieben klingt, wird in wenigen Jahren Wirklichkeit werden. Den Prozess beginnen werden diejenigen, die sich von der täglichen Datenüberwachung etwas versprechen – also alle, die langsam Auto fahren, sich gesund ernähren, nicht rauchen und ausreichend Sport treiben. Es dürfte leichtfallen, diesen Gruppen »freiwillig« gute Angebote zu machen. Hat sich allerdings erst einmal eine »Gruppe der Guten« gebildet, so ergibt sich die »Gruppe der Schlechten«, also der Menschen mit Risikofaktoren, ziemlich einfach aus dem Umkehrschluss: Alle, die nicht zu den Guten zählen, müssen logischerweise die Schlechten sein. Die Betroffenen haben dann zwei Möglichkeiten: Entweder man akzeptiert diese Eingruppierung und die damit verbundenen höheren Kosten, weil man positive Eigenschaften nicht nachweisen kann oder will. Oder man führt entsprechende Gründe für eine bessere Einstufung an und unterwirft sich zu deren Überprüfung der täglichen Datensozialkontrolle per App oder mit einem Philips-Sensor unter der Haut.

Diese Diskussion ist nicht neu. Die Fortschritte in der

12. Marketing, Manipulation, Machtmissbrauch

Gentechnik haben vor einigen Jahren schon einmal eine ähnliche Debatte über die Grenzen der persönlichen Ausforschung provoziert. Wenn der Gencode erkennen lässt, wie anfällig ein Mensch für Krankheiten ist, könnte das ein ebenso geldwertes Wissen für Kranken- und Lebensversicherer darstellen wie die persönlichen Gesundheitsdaten. In der Praxis hat sich das bisher aber noch nicht durchgesetzt. Ein Gencode mit einer halbwegs aussagekräftigen Gesamtanalyse lässt sich nur durch eine aufwendige Untersuchung ermitteln. Dazu erklären sich natürlich nur wenige aktiv bereit. Dagegen lassen sich heute nahezu alle Menschen digital ausforschen – sei es passiv und unbewusst oder bereitwillig durch die Verwendung aller möglichen Apps. Die Menge der generierten Daten jedenfalls wächst ebenso unaufhörlich wie die Fähigkeit, sie zu aggregieren, sie also aufzubereiten und zu aussagekräftigen Persönlichkeitsprofilen zu verdichten.

Die daraus resultierenden Möglichkeiten der Manipulation sind unermesslich. Es passiert bereits täglich, ohne dass wir es merken. So schlagen die Algorithmen uns beispielsweise vor, in den nächsten Ferien wieder Ski fahren zu gehen, weil wir das schon ein- oder zweimal gemacht und im Internet gebucht haben. Solche Tendenzen verstärken sich selbst. Die Wahrscheinlichkeit ist groß, dass ich auch in den nächsten Urlauben weiterhin Alpinsport betreibe, denn zwischendurch lese ich immer mal wieder die Angebote von Skiausrüstern, die auf meiner Benutzeroberfläche aufpoppen – schließlich bin ich im Computer eindeutig als Wintersportler identifiziert. Oder ich interessiere mich für Hotelangebote aus den Alpen und lese Berichte über neue Lifte und Skiwanderrouten, die mir aus dem gleichen Grund zugestellt werden. Es ist ein sich selbst verstärkender Kreislauf; jeder Klick zum Thema Wintersport verstärkt den Effekt, denn es folgen immer mehr Informationen dazu, immer neue Bilder, Filme und Werbeangebote. Am Ende komme ich gar nicht mehr auf die Idee, eine Städtereise zu buchen oder Urlaub am Strand zu machen. Die dahinterliegenden Algorithmen kreieren mir eine passgenaue eigene »Wirklichkeit« und schaffen einen perfekt auf meinen Geschmack zugeschnittenen Echoraum.

Wir alle riskieren es, immer weiter und tiefer in diese künstlichen Filterblasen hineinzurutschen. Zu diesem Muster passt auch die Ankündigung von Google, dass Google Maps künftig nicht nur die gesuchte Fahrtroute anzeigen werde, sondern gleich auch Ziele vorschlagen wird. Nach welchen Kriterien diese persönlichen Ziele ausgesucht werden, wissen wir nicht; es ergibt sich aber mit hoher Wahrscheinlichkeit aus unserem Nutzerverhalten und dem entsprechenden Algorithmus.

Tatsächlich bewegen wir uns immer weiter in diese Richtung. Inzwischen können die Algorithmen schon vorhersagen, wie wir uns zu bestimmten Angeboten und Informationen verhalten werden. Schließlich stimmen die Angebote und Informationen mit unseren Interessen überein, und außerdem ist es unglaublich bequem, sich etwas vorschlagen zu lassen, anstatt selbst nachzudenken. Bequemlichkeit oder die Vermeidung von Anstrengung ist eine mächtige Triebfeder im Unterbewusstsein des Menschen. Das Problem an diesem Punkt ist deshalb neben der künstlichen Intelligenz auch die menschliche Faulheit; sie steuert uns unablässig und geht in der digitalen Welt eine perfekte Verbindung mit den Algorithmen ein.

Nun mag das Ausmaß der Manipulation bei der Wahl der Urlaubsorte noch harmlos sein. Wir wissen aber alle, dass sich Filterblasen auch bei unserer Lektüre bilden. Lesen wir künftig nur noch Nachrichten einer bestimmten Tendenz oder Weltanschauung, weil uns der Newsfeed anhand vorangegangener Lesestoffe immer wieder in eine bestimmte Richtung führt? Klicken wir nicht automatisch auf die Dinge, die uns im Internet auf den vorderen Plätzen »serviert« werden, sei es bei Google oder den sozialen Medien?

Schon heute ist unbestritten, dass radikale politische Gruppen fast ausschließlich in ihren eigenen Filterblasen leben, dort miteinander kommunizieren und außerdem über diese Seiten die meisten Mitstreiter und Neuzugänge requirieren. Dass in diesen geschlossenen Gruppen neben schlichtem Blödsinn auch viele Lügen und reichlich Hetze verbreitet werden, ist bekannt – aber offenbar kaum zu verhindern. Das Schlimme ist, dass immer mehr Menschen solche Fake News als wahre Nachrichten empfinden.

Wohin die Herrschaft der Algorithmen führen kann, hat Gaspard Koenig anschaulich beschrieben. Der französische Philosoph und Präsident der unabhängigen Denkfabrik »GenerationLibre« sieht uns bereits in einem neuen »Zeitalter des digitalen Feudalismus« gefangen, aus dem es für uns ebenso wenig ein Entrinnen gibt wie damals für die Leibeigenen des Mittelalters. So hat man auch heute in unserer freien, modernen Welt in Wahrheit kaum noch eine andere Wahl, als sich den Großen und Mächtigen dieser Tage per Mausklick zu unterwerfen.

Dieser digitale Kniefall wird regelmäßig vollzogen, wenn wir uns mit langen und verworrenen Nutzungsbedingungen einverstanden erklären, ohne sie zu lesen, geschweige denn zu verstehen. Genau dadurch schaffen wir die Grundlagen der »digitalen Leibeigenschaft«. Wir erlauben ausdrücklich, dass wir von den Plattformen ständig überwacht werden, dass sie alle unsere Daten einsammeln und an Dritte verkaufen dürfen, die uns dann mit Werbung und Angeboten überfluten. Für die Internetkonzerne ist das ein höchst lukratives Geschäft, und es lohnt sich, in die Perfektionierung der Ausforschung und Datenaufbereitung viel

Geld zu investieren. Bis zum Jahr 2020 wird allein der Wert der persönlichen Nutzerdaten rund acht Prozent des europäischen Bruttoinlandsproduktes erreichen. Dass diese in Europa erzielte Wertschöpfung der US-Konzerne in den üblichen Handelsbilanzen der Warenströme nicht auftaucht, sei hier nur am Rande erwähnt. Die gern geführte Klage der US-Regierung über das enorme Leistungsbilanzdefizit zulasten Amerikas würde dann vermutlich schlagartig verstummen.

Gaspard Koenig sieht die Internetriesen der heutigen Zeit in der Rolle der mittelalterlichen Herrscher. Nur wenige Große und Mächtige bereichern sich an den Daten von Millionen rechtlosen Nutzern, ohne etwas dafür zu bezahlen. Die angebotenen »Gratis«-Dienstleistungen in Form von Informationen, Kurzmitteilungsdiensten oder sozialen Medien bewertet Koenig nicht als adäquate Gegenleistung. Deshalb sei es an der Zeit, genau wie vor 700 Jahren, diese Eigentumsrechte an der neuen Technologie zu revolutionieren. Historische Vorbilder gibt es reichlich; Koenig nennt die intellektuellen Eigentums- und Urheberrechte als Folge der Erfindung der Druckmaschine oder die im Zuge der industriellen Revolution entstandenen Patentrechte. Die Kehrseite dieser Medaille wäre allerdings, dass alle Nutzer, die ihrer Datenhingabe nicht zustimmen, für die zahlreiche Dienste im Internet etwas bezahlen müssten, anstatt sie einfach so zu konsumieren.

Ob eine solche Alternative durchsetzbar wäre, ist schwer zu beurteilen. Pessimisten wie der israelische Historiker Yuval Noah Harari von der Hebräischen Universität in Jerusalem sehen eher schwarz und sagen bereits die Entstehung eines »Dataismus« voraus, in dem der freie Wille auf dem Altar des Algorithmus geopfert wird.

Wie immer man zu dieser Einschätzung stehen mag – unverkennbar hat sich eine neue Form des Wirtschaftens herausgebildet. Entstanden ist ein kapitalistisches System, das nicht auf Produktionsmitteln, Waren und Arbeitskräften beruht, sondern auf der Akkumulation von Daten und der beständigen Kontrolle und Manipulation der Datenlieferanten. Da diese durch eine immer genauere Digitalsteuerung inzwischen perfekt gelenkt und in eine nahezu beliebige Richtung gedrängt werden können, ist dieser Überwachungskapitalismus auch nicht auf die natürliche Wechselwirkung von Angebot und Nachfrage angewiesen. Vielmehr wird die Nachfrage mittels Algorithmen erst geschaffen, dann in den persönlichen Echokammern weiter stimuliert und schließlich mit den Angeboten der zahlenden Werbekunden in Übereinstimmung gebracht. Zu Beginn des modernen Kapitalismus erwirtschafteten die Unternehmer ihre Profite noch aus ihren Produkten und Dienstleistungen. Dann wurden vermehrt Gewinne aus Spekulationen gezogen, während heute die größten Gewinnspannen aus der Überwachung der digitalen Welt stammen.

Die emeritierte US-Wirtschaftswissenschaftlerin Shoshana Zuboff von der Harvard Business School hat in ihrem jüngsten Buch die Entstehung dieses beispiellosen »Überwachungskapitalismus« genau beschrieben. »In diesem System geht es um den Verkauf eines Zugangs zum Echtzeitfluss unseres alltäglichen Lebens mit dem Ziel, unser Verhalten direkt zu beeinflussen, zu verändern und daraus ein Geschäft zu machen«, schreibt Zuboff. »Der Angriff auf Verhaltensdaten ist derart durchschlagend, dass er sich nicht länger mit dem Begriff der Privatsphäre und ihres Schutzes umschreiben lässt. Hier handelt es sich um eine Herausforderung anderen Kalibers, die den existenziellen und politischen Kanon der modernen liberalen Ordnung bedroht, jener Ordnung, die auf Prinzipien der Selbstbestimmung basiert, deren Herausbildung Jahrhunderte oder gar Jahrtausende gebraucht hat.«

Ermöglicht wurde der Überwachungskapitalismus durch eine Symbiose, die in dieser Ausprägung wohl nur in den USA möglich war: Das so rücksichtslose wie gleichgültige Börsen- und Finanzsystems der Wall Street verband sich mit der gewaltigen Macht der digitalen Technik aus dem Silicon Valley. Schließlich konnten die führenden Internetkonzerne zu ihrer heutigen Größe heranwachsen, weil sie an den Finanzplätzen dieser Welt mit nahezu unbeschränkten Geldmitteln versorgt werden. Die Kurssprünge und die fast schon irrationalen Wertzuwächse der Hightech-Aktien locken nach wie vor unablässig Kapital an und beflügeln die Fantasie der ebenso gierigen wie risikobereiten Investoren. Die damit einhergehende Konzentration der Finanzbranche auf die Unternehmen der digitalen Welt bringt es mit sich, dass auch unscheinbare Zwei-Mann-Buden ohne einen Cent Eigenkapital mit einer lediglich vagen Geschäftsidee fast mühelos Millionen Dollar an Wagniskapital einsammeln können. Vergleichbares gelingt Unternehmern aus der alten Welt der Industrie nur unter Anspannung aller Kräfte.

Begünstigt wurde die Entstehung des Überwachungskapitalismus ferner durch die weitgehende Rechtlosigkeit des Cyberspace. Die ersten Siedler in der neuen, bis dahin noch unentdeckten Welt des Internets verhielten sich so wie ihre Vorfahren bei der Besiedlung Amerikas. Sie nahmen das neue Land einfach in Besitz und profitierten dabei von der Gesetzlosigkeit des »Wilden Westens«, der seinen Namen ja nicht zu Unrecht trug. Auch im Cyberspace herrscht weitgehende Rechtlosigkeit, wie kein Geringerer als Google-Chef Eric Schmidt gleich auf der ersten Seite seines Buchs über das digitale Zeitalter voller Stolz erklärt. Das Internet sei »kaum durch Gesetze beschränkt«, so Schmidt, sondern »der größte unregulierte Raum der Welt«. Daran hat sich wenig geändert. Trotz vieler Versuche der Politik gelingt es

12. Marketing, Manipulation, Machtmissbrauch

einfach nicht, die Gesetze aus der analogen Welt wirkungsgleich auf die digitale Welt zu übertragen. Ein wichtiger Grund dafür ist, dass die Durchsetzung von Recht meist aufgrund nationaler Gesetze durch nationale Gerichte erfolgt. Das aber ist im World Wide Web enorm schwierig und aufwendig. Nicht zuletzt scheitert die Rechtsdurchsetzung regelmäßig an der mangelnden Kooperation einzelner Staaten. Entweder halten die USA ihre schützende Hand über ihre Internetkonzerne – vor allem, wenn es um Klagen aus Europa geht –, oder aber die Internetfirmen nehmen ihren Sitz in Steuerparadiesen. Viele bauen ihre Server und ihren Gerichtsstand auch in Ländern auf, die sich durch laxe Gesetze und Behörden empfehlen und sich Vorteile davon versprechen, namhafte Digitalfirmen in ihren Handelsregistern zu führen.

Der kaum kontrollierbare Überwachungskapitalismus und die Verwandlung der Nutzer in digitale Leibeigene führen nicht nur zu den beschriebenen ökonomischen Auswüchsen. Die weitreichenden Möglichkeiten der Kontrolle und Manipulation gefährden auch die politischen Freiheitsrechte der User. Sie können sich in den Händen der falschen Leute zu einer ernsthaften Bedrohung entwickeln. Es ist möglich, Demokratien digital zu unterwandern und auszuhöhlen. Und Diktaturen können mithilfe der Algorithmen und der künstlichen Intelligenz perfektioniert und in ein furchterregendes Unterdrückungssystem verwandelt werden.

Mit zwei Milliarden Usern weltweit und zehn Milliarden Dollar Gewinn pro Jahr ist Facebook zur größten Medienmarke der Erde aufgestiegen. Hinzu kommen noch WhatsApp und Instagram, ebenfalls an der Milliardengrenze. Alles, was Facebook und seine Töchter tun, hat eine Wirkung. Jede Bewegung des Kolosses hinterlässt Spuren und mitunter Verwüstungen. Jeder einzelne Politiker überlegt sich deshalb ernsthaft, ob er sich mit der mächtigen Firma des schmächtigen T-Shirt-Trägers Mark Zuckerberg anlegen soll oder ob er es nicht lieber bleiben lässt. Fast immer lassen sie es bleiben, dabei gäbe es genug Gründe, mit dem Unternehmen hart ins Gericht zu gehen. Ohne Frage trägt Facebook fast am meisten zur Bildung dieser riesigen Echokammern bei, in denen Lügen und Hetze verbreitet werden, durch die demokratische Meinungsvielfalt untergraben wird und über die hunderttausende Fake News ungestört um den halben Planeten gesendet werden. Allein die Nachricht, der Papst unterstütze offiziell Donald Trump, wurde in wenigen Tagen fast eine Million mal auf Facebook geteilt. Es war eine Lüge, doch gelingt es, die Wahrheit dagegenzusetzen?

Das Silicon Valley glaubt an Fortschritt und Weltverbesserung, aber die Hoffnung auf wachsenden Wohlstand, gepaart mit zunehmender Freiheit, wird mittlerweile ausgerechnet von den Kräften bedroht, die sie erfunden und ermöglicht haben. Der digitale Fortschritt mag viele Gewinner hervorgebracht haben, aber auch viele Trump-Wähler, Le-Pen-Sympathisanten und AfD-Wähler – von anderen, noch radikaleren Zeitgenossen gar nicht erst zu sprechen. »Move fast and break things« hat Facebook einst als Firmenmotto ausgegeben, doch inzwischen ist zu viel zerbrochen worden. Twitter ist heute der Lieblingskanal für Populisten und Autokraten vom Schlage Donald Trumps oder Recep Erdoğans; der Kanal hilft ihnen auf die denkbar einfachste Weise, ihre Anhänger zu mobilisieren und ihre Lügen, Behauptungen und zurechtgebogenen »Wahrheiten« zu verbreiten.

Nicht bewiesen, aber sehr plausibel ist der Vorwurf, Facebook habe die Wahl von Donald Trump 2016 erst möglich gemacht. Vor allem für seine Rolle bei der Verbreitung russischer Propaganda steht der Konzern in der Kritik, ebenso wie für die massenhafte Überlassung von Wählerdaten, mit deren Hilfe die Firma Cambridge Analytica passgenaue Botschaften für die gezielte Ansprache potenzieller Trump-Wähler entwickelte.

Die Aufarbeitung der US-Wahl 2016 ist bis heute nicht abgeschlossen. Allerdings gehen die Versuche weiter, durch die Erstellung von Facebook-Konten neue Plattformen für die Verbreitung manipulierter Nachrichten und Propaganda zu schaffen. Inzwischen beteiligt sich Facebook an der Aufspürung verdächtiger Konten; vor den Zwischenwahlen im Herbst 2018 wurden zahlreiche neue Propaganda-Accounts gelöscht. Allerdings bietet das Unternehmen durch den Verkauf von Millionen Daten jederzeit die Möglichkeit, daraus bestimmte Gruppen zu aggregieren und so dabei zu helfen, Wahlen durch ein Mikro-Targeting gezielt zu beeinflussen, wenn nicht gar zu manipulieren – die Grenzen bei dem Instrument des internetbasierten Mikro-Targeting sind fließend.

Das geballte Wissen der Internetkonzerne und die globale digitale Kommunikation interessieren natürlich auch die Geheimdienste – egal ob in Schurkenstaaten oder westlichen Demokratien. Die Enthüllungen von Edward Snowden im Sommer 2013 haben die Dimension der Ausforschung publik gemacht. Doch verändert hat sich seitdem nichts – das ist der zweite und eigentlich noch viel größere Skandal in der NSA-Affäre. Trotz aller öffentlichen Empörung hat der damalige Präsident Barack Obama die Befugnisse seiner Geheimdienste im Prinzip unangetastet gelassen – und von seinem Amtsnachfolger Donald Trump hat man ohnehin nie etwas anderes erwartet. Ähnlich haben sich auch die Regierungen von Großbritannien und anderen Staaten verhalten, deren Geheimdienste ebenfalls großflächig spionieren, aber sehr geschickt im politischen Windschatten der US-Dienste agierten. Auch in London und anderen Hauptstädten gilt deshalb weiterhin »business as usual«.

Die Folge: Noch immer schneidet der britische Geheimdienst GCHQ in Bude, Cornwall, permanent den gesamten transatlantischen Internetverkehr mit. Noch immer knacken die Geheimdienste der »Five Eyes« USA, Großbritannien, Kanada, Australien und Neuseeland routinemäßig verschlüsselte Internetverbindungen, lesen E-Mails mit und hören Gespräche ab. Und das alles selbstverständlich ohne Wissen oder gar ein Widerspruchsrecht der Betroffenen. Noch immer werden Internet- und Telekommunikationsfirmen unterwandert, angezapft oder sogar ganz offen zur Kooperation gezwungen.

Es gibt keine Rechtsgrundlage, auf der die NSA oder andere Dienste Zugriff auf die private Kommunikation deutscher Staatsbürger nehmen dürften; dennoch geschieht es täglich. Und weil die Dienste zu ihrer eigenen Überraschung erleben durften, dass die Snowden-Enthüllungen trotz großer Schlagzeilen für ihre eigene Arbeit praktisch keine Konsequenzen hatten, machen sie jetzt mit einer Unverfrorenheit weiter, die jedem demokratischen Anspruch an Kontrolle und Rechenschaft hohnspricht. Anfang September 2018 erdreisteten sich die Geheimdienste der »Five Eyes« sogar, in einer öffentlichen Stellungnahme »allen Anbietern von Informations- und Kommunikationstechnologie« ernste Konsequenzen anzudrohen, sollten sie eine Zusammenarbeit verweigern. Konkret gemeint ist damit der Einbau von Hintertüren in die Verschlüsselungssysteme der großen IT-Konzerne, sodass die Dienste jederzeit Zutritt zu den Daten erhalten. Falls die Firmen nicht kooperieren, so die schriftlich formulierte Drohung, werde man mit »technischen Mitteln, Strafverfolgung, gesetzlichen und anderen Maßnahmen« reagieren und für Zutritt sorgen.

12. Marketing, Manipulation, Machtmissbrauch

Ungefähr so habe ich mir immer den Umgang der Stasi mit dem Fernmeldeamt der DDR vorgestellt, jedoch nicht den Umgang von Geheimdiensten westlicher Demokratien mit privaten Unternehmen in einer freien Marktwirtschaft.

Wenn es aber schon in demokratischen Rechtsstaaten so zugeht, wie beschrieben – was wird sich dann erst in Ländern mit autokratischen Herrschern oder regelrechten Diktaturen abspielen?

Wenn es so leicht ist für die Regierungen und Geheimdienste der Welt, das ganze digitale Wissen der Internetkonzerne für sich zu beanspruchen, verknüpft sich dann nicht auf verhängnisvolle Weise die technische Macht privater Unternehmen mit dem offenbar unersättlichen Machthunger und Kontrollwahn der Regierungen – zumal wenn diese Technik es immer besser vermag, Menschen zu manipulieren und zu kontrollieren?

Was die Unternehmen für ihre Gewinnmaximierung einsetzen, können Regierungen auch perfekt für ihre Machtausübung nutzen – und niemand sollte daran zweifeln, dass sie es tun. Ist eine Technik erst einmal da, dann wird sie auch genutzt und eingesetzt. Die Massenvernichtungsmittel sind dafür ein trauriges Beispiel, wie die gesamte Geschichte von der Erfindung des Schießpulvers bis zur Atombombe zeigt. Das gilt auch für die Entwicklung der künstlichen Intelligenz, und hier ganz besonders für die bislang gefährlichste Technik der digitalen Welt: die Gesichtserkennung.

»Ach, da kommt der Meister! Herr, die Not ist groß! Die ich rief, die Geister, werd' ich nun nicht los.« Diesen Ausruf des Zauberlehrlings in Goethes gleichnamiger Ballade muss wohl Brad Smith im Kopf gehabt haben, als er im Sommer 2018 einen Essay über die Gefahren der Gesichtserkennung veröffentlichte. Darin appellierte er an die US-Regierung, diese Technik streng zu regulieren. Das Besondere an dieser dramatisch formulierten Warnung ist die Tatsache, dass sie auf der Firmenwebsite von Microsoft veröffentlicht wurde und vom Chefjustitiar des Unternehmens stammt. Brad Smith verlangt Regelungen, um »die Freiheit des amerikanischen Volkes und die Daten seiner Bürger zu schützen«.

Es ist sehr unwahrscheinlich, dass der Chefjustitiar von Microsoft lediglich eine spontane Privatmeinung äußerte oder irgendwie übertrieben hat. Wenn jemand beurteilen kann, welche Dimension die durch künstliche Intelligenz beschleunigte Entwicklung der automatischen Gesichtserkennung hat, dann ist es ein Topmanager von Microsoft. Schließlich arbeitet auch der Softwarekonzern aus Redmond, Washington, an solchen Programmen zur Personenidentifizierung. Gerade aber weil man bei der Arbeit genau beobachten könne, wie rasant die Effektivität der Gesichtserkennung voranschreitet, müsse man ethische Grundsätze entwickeln, schreibt Smith. Schließlich werfe diese Technik Fragen auf, die »an die Substanz der Verteidigung fundamentaler Menschenrechte wie Privatsphäre und Meinungsfreiheit« gehen. Eine mit solchen Risiken behaftete Technologie dürfe man nicht unreguliert dem Markt und damit dem Gutdünken einzelner Konzerne überlassen, warnt der Microsoft-Chefjustitiar. »Eine Welt mit mächtigen Regularien für Produkte, die nützlich, aber potenziell gefährlich sind, ist besser als eine Welt ohne gesetzliche Standards.« Die Regulierung für die Entwicklung von Arzneimitteln, so das zutreffende Argument, überlasse man ja auch nicht einfach den Produzenten.

Wenige Wochen vor Microsoft ist schon die American Civil Liberties Union (ACLU) gemeinsam mit einem Dutzend anderer Bürgerrechtsorganisationen an die Öffentlichkeit gegangen. Sie forderten den Amazon-Konzern auf, den Verkauf der hauseigenen Gesichtserkennung »Rekognition« an die US-Behörden und damit an den amerikanischen

12. Marketing, Manipulation, Machtmissbrauch

Staat zu stoppen. »Rekognition« sei ein »zu mächtiges Überwachungssystem« und »prädestiniert für einen Missbrauch durch die Regierung«.

Das System kann übrigens von jedem gekauft werden und ist nicht besonders teuer. Amazons Preisübersicht zeigt, dass man lediglich 10 Cent pro Minute Videoerkennung und 12 Cent für eine Videominute Live-Überwachung bezahlen muss. Das Speichern von tausend identifizierten und mit Schlagworten kategorisierten Gesichtsdaten kostet gerade einmal einen Cent. Kein Wunder, dass die Nachfrage steigt.

Definitiv nicht zu den Kunden von Amazon zählt die Firma Sensetime. Das chinesische Unternehmen ist längst nicht mehr auf die Software des US-Onlinehändlers angewiesen. Hinter der schlichten Glasfassade seines Hauptquartiers in Peking hat sich Sensetime binnen weniger Jahre zum wertvollsten Start-up der Welt in Sachen Gesichtserkennung gemausert. Die Investoren weltweit sind begeistert – im Frühjahr 2018 sammelte Sensetime Kapital in Höhe von 600 Millionen Dollar ein. Mittlerweile ist die chinesische Firma mehr als drei Milliarden Dollar wert.

Gesichtserkennung ist ein Aushängeschild für die Entwicklung künstlicher Intelligenz im Reich der Mitte. China sei kein Land mehr, das globalen Technologietrends hinterherlaufe, jubelte die staatliche Nachrichtenagentur Xinhua Ende 2017. Heute setzen die Chinesen selber Trends, vor allem in der digitalen Technik. Erklärtes Ziel der Führung in Peking ist der Aufstieg des Landes zur führenden Nation in Sachen künstlicher Intelligenz. Im Jahr 2030, so der Plan, soll es so weit sein. In den USA, die noch Platz 1 behaupten, ist deshalb in den Medien schon von einem *space race* des 21. Jahrhunderts die Rede. So wie früher mit Raumfahrtprogrammen um die Technologieführerschaft gerungen wurde, entscheidet sich heute das Kräftemessen der großen

Staaten bei der künstlichen Intelligenz. Wer hier vorne liegt, hat den Schlüssel zur Weltherrschaft in der Hand. Überflüssig zu erwähnen, dass Europa bei der Entwicklung dieser Technologie kaum eine Rolle spielt.

Im Gegensatz zu Microsoft haben die Chinesen kein Problem mit der ethischen und rechtlichen Dimension der KI-gesteuerten Identifizierungstechnik. Im Gegenteil: Stolz werden die Besucher bei Sensetime in Peking über die weltweiten Aktivitäten der Firma informiert. Völlig unbefangen präsentieren die leitenden Angestellten dort die digitale Gesichtserkennung als modernste Form der Sicherheitstechnik und als perfektes Instrument zur Kriminalitätsbekämpfung.

Zu den Kunden von Sensetime zählen Unternehmen und Regierungen auf der ganzen Welt – allen voran natürlich die chinesische Regierung. Kein Wunder: Die KP Chinas hat die Technologie als zentrales Mittel für ihr eigenes Überleben und für die Sicherung und den weiteren Ausbau ihrer Herrschaft identifiziert. Die Technik ist auf beängstigende Weise perfekt: Sie kann aus einer riesigen Menschenmenge heraus in Echtzeit einzelne Gesichter erkennen und herausfiltern, auch wenn diese nicht ununterbrochen aufgenommen, sondern beispielsweise in einer Menschenmenge für einige Sekunden von anderen überdeckt werden. Man kann damit einzelne Menschen durch die ganze Stadt verfolgen, weil überall Überwachungskameras hängen und deren Zahl kontinuierlich erhöht wird.

Die lokale Überwachung riesiger Menschenmengen ist jedoch nicht alles. Die Programme zur Gesichtserkennung können auch herausfiltern, wie alt eine Person ist, aus welcher Region sie stammt und ob sie im Moment der Aufnahme gleichgültig, heiter oder verärgert ist. Damit lassen sich beispielsweise Menschenaufläufe und Demonstrationen erkennen, bevor sie sich bilden. Sollten sich zu viele Menschen mit aggressivem oder wütendem Gesichtsausdruck auf einen bestimmten Punkt zubewegen, ist die Polizei bereits gewarnt. Überflüssig zu erwähnen, dass alle diejenigen, die als politisch unzuverlässig eingestuft werden oder schon als Demonstranten oder gar Regimekritiker aufgefallen sind, in jeder Menschenmenge erkannt und gegebenenfalls herausgeholt werden können.

Sensetime mischt bei diesen Überwachungstechniken an vorderster Stelle mit. Die Gesichtserkennungskameras der Firma laufen auf Smartphones und in Handy-Apps und helfen der Polizei und den Geheimdiensten überall in China. Im Jahr 2016 zählte das Land noch 176 Millionen Kameras im öffentlichen Raum, bis 2020 sollen es 600 Millionen sein. Es gibt viel zu tun: Sensetime will sich auf 2000 Angestellte vergrößern. Das frische Geld der Kapitalgeber soll in neue Supercomputer und einen Dienst namens »Viper« investiert werden. Damit können Netzwerke aus 100 000 Kameras automatisch ausgewertet werden. Dass die Bilder der Gesichtserkennung mit den Ortungsdaten der chinesischen Handy-Besitzer und ihrer elektronischen Kommunikation kombiniert und zu einem engmaschigen, lückenlosen Kontrollsystem verbunden werden können, überrascht niemanden mehr. Parallel dazu werden automatische Systeme zur Erkennung von Stimmen entwickelt, um den Telefonverkehr besser abhören zu können.

Wer jemals dachte, dass eine Regierung niemals in der Lage sein werde, 1,4 Milliarden Menschen ständig zu überwachen, der sieht sich in China eines Besseren belehrt. Auf die Spitze getrieben wird diese Entwicklung aber noch von dem sogenannten »Sozialkreditsystem«, das von 2020 an alle Chinesen und alle in China tätigen Unternehmen erfassen soll. Dahinter verbirgt sich ein landesweites Punktesystem, mit dem Bürger und Firmen bewertet werden. Belohnt wird, wer sich an sämtliche Gesetze hält, der Partei und dem Staat loyal gegenübersteht und sich nichts zuschulden kommen lässt. Dazu zählt auch die pünktliche Rückzahlung von Krediten, was in China offenkundig nicht so selbstverständlich ist.

Wer bei diesem Punktesystem allerdings ein schlechtes Rating hat, wird direkt oder indirekt sanktioniert. Egal ob säumiger Schuldner, politisch Unzuverlässiger oder Straftäter: Wer einmal aufgefallen ist und nicht genügend Punkte auf dem Konto hat, darf zum Beispiel nicht mehr verreisen. Das Buchen einer Flugreise ist den Betroffenen genauso unmöglich wie die Reservierung eines Fernzuges. Gleiches gilt für Leute, die sich abfällig über die KP oder einen ihrer Repräsentanten geäußert haben, für Leute, die Ordnungswidrigkeiten begehen oder Strafzettel nicht pünktlich bezahlen, für Menschen, die einer unliebsamen Religion angehören, als Leser verdächtiger Literatur aufgefallen sind oder sonst irgendwie »verdächtig« erscheinen. Wer dieses Damoklesschwert ständig über sich weiß, wird sich Unbotmäßigkeiten aller Art genau überlegen – vor allen Dingen, wenn die perfekte Überwachungstechnik allerorten das Entdeckungsrisiko auf nahezu hundert Prozent steigert.

Erstaunlich ist jedoch, dass die meisten Chinesen dieses Punktesystem befürworten. Der Grund ist keine perverse Sehnsucht nach Überwachung, sondern die Hoffnung, damit im persönlichen Leben Vorteile erringen zu können. Eines der großen Probleme für Chinesen besteht beispielsweise darin, etwas auf Kredit kaufen zu können. Von den staatlichen Banken gibt es für Normalbürger praktisch nie Geld und auch das inzwischen extrem beliebte Onlineshopping funktioniert nur, wenn man seine Zuverlässigkeit als Schuldner unter Beweis stellen kann. Daran aber scheitern regelmäßig Millionen Verbraucher, die sich ihre Konsumwünsche nicht in der erhofften Weise erfüllen können. Auch kleinere Firmen haben extreme Schwierigkeiten, Darlehen zu erhalten.

12. Marketing, Manipulation, Machtmissbrauch

Nicht zuletzt glauben offenbar viele Chinesen, dass ihr gesamtes Leben leichter wird, wenn sie eine gute Bewertung vorweisen können. In einem Land, in dem von der Ausbildung bis zur Arbeitsstelle, von der Wohnung bis zum Wohnort nahezu alles von staatlichen Genehmigungen abhängt, ist das ein Stück weit nachvollziehbar. Nicht zuletzt, weil komischerweise eine berechtigte Hoffnung besteht, dass ein solches automatisches System »gerechter«, zumindest aber vorhersehbarer und weniger willkürlich ausfällt als das heutige.

Man muss ganz nüchtern feststellen, dass China gerade dabei ist, mithilfe von künstlicher Intelligenz und Algorithmen eine digitale Überwachungsdiktatur zu errichten, die alle düsteren Visionen aus George Orwells Dystopie *1984* in den Schatten stellt. Wie nirgendwo sonst zeigt die Digitalisierung in China ihren Januskopf: Auf der einen Seite bringt sie technischen Fortschritt mit allen darin liegenden Chancen; auf der anderen Seite erweist sie sich als furchtbar effektives Werkzeug in den Händen von Regierungen, die es mit den Menschenrechten, der Gewaltenteilung, der Transparenz und der Privatsphäre ihrer Bürger nicht allzu genau nehmen.

Dass zu diesem Kreis nicht nur China zählt, haben wir bereits erleben müssen. Auch in den USA und in anderen westlichen Demokratien ist der Respekt vor den Bürgerrechten auf erschreckende Weise gesunken. Es gibt jedenfalls mehr als genug Gründe, sich berechtigte Sorgen um die Sicherheit unseres demokratischen Systems zu machen. Das betrifft nicht nur die gestiegenen Möglichkeiten der Überwachung und Manipulation. Eine große Gefahr liegt auch darin, dass die Optimierung der Digitaltechnik durch künstliche Intelligenz so straff organisierte Diktaturen wie China in effiziente Monster verwandeln kann. Frei von rechtsstaatlichen Verfahren, Kontrollen und Widerspruchsmöglichkeiten können solche Regierungen sich auf die zentral gesteuerte Eroberung von einzelnen, strategisch wichtigen Märkten konzentrieren und brauchen nicht ihre Kräfte im Wettbewerb zweitrangiger Sektoren zu verschleißen. Und da, wo sich ein Erfolg nicht einstellen will, wird frei von rechtsstaatlichen Skrupeln bedenkenlos mit rigiden staatlichen Eingriffen nachgeholfen; sei es mit der wettbewerbswidrigen, aber gezielten Subventionierung von Schlüsselindustrien, sei es mit der trickreichen Behinderung der Konkurrenz oder mit einem breiten Instrumentarium an Industrie- und Wirtschaftsspionage.

Auf diese Weise hat die staatlich gelenkte Wirtschaftsdiktatur chinesischer Prägung bereits beachtliche ökonomische Erfolge erzielen können. Offen ist, wie sich die jetzt beginnende lückenlose Überwachung und Kontrolle der Bevölkerung wirtschaftlich auswirkt. Zu glauben, dass fehlende Freiheit immer negativ auf die Leistung abfärbt und die Motivation oder Kreativität der arbeitenden Masse lähmt, könnte sich als reine Wunschvorstellung liberaler Markttheoretiker erweisen. Das Argument, der Kommunismus im früheren Ostblock sei schließlich auch an der Ineffektivität der Planwirtschaft zugrunde gegangen, ist zwar historisch richtig, stimmt aber nur für die Vergangenheit. Für die Zukunftsaussichten einer digital gesteuerten planwirtschaftlichen Kommandowirtschaft muss das nicht gelten. Unsere jahrzehntelang gehegte Überzeugung, die freie Marktwirtschaft in der Demokratie sei allen anderen Wirtschaftssystemen weit überlegen, könnte sich in der künftigen digital beherrschten Welt als tragischer Irrtum erweisen.

Ausblick: Was muss getan werden?

Revolutionen kennen keine Regeln, aber ohne Regeln droht die nächste Revolte. Roadmap für den Weg zum digitalen Gesellschaftsvertrag

Als der französische Abgeordnete Pierre Vergniaud am 31. Oktober 1793 auf dem Weg zu seiner Hinrichtung war, stieß er eine laute Klage aus. »Die Revolution, gleich Saturn, frisst ihre eigenen Kinder.« Obwohl Vergniaud einer der führenden Köpfe der französischen Revolution war, fiel er ihr sehr schnell selbst zum Opfer. Nur neun Monate nachdem König Ludwig XVI. auf der Place de la Concorde sein Leben unter der Guillotine verloren hatte, ereilte Vergniaud das gleiche Schicksal. Die Revolution war außer Kontrolle geraten. Das Fallbeil arbeitete ununterbrochen, und Tausende wurden im Furor der Jakobiner geköpft.

Die Geschichte ist reich an Revolutionen. Meistens gingen sie gewaltsam vonstatten, denn das Wesen der Revolution ist der Sturz der Herrscher und die Überwindung der bestehenden Ordnung. Oft genug allerdings ersetzten die Anführer der Aufstände nur das alte Schreckensregime durch ein neues. Es ist mitnichten so, dass Revolutionen automatisch zu einer Verbesserung der Verhältnisse führen. Eine der wenigen glücklichen Ausnahmen ist die friedliche Revolution in der ehemaligen DDR. Die SED-Diktatur wurde beendet und die Mauer gestürmt, ohne dass ein einziger Schuss fiel.

Wenn wir heute von der »digitalen Revolution« sprechen, dann soll durch den Begriff die umwälzende Wirkung der

Veränderung bis hin zur Vernichtung des Bestehenden beschrieben werden. Weil dieser digitale Umsturz vom Silicon Valley ausging, wird neben dem Wort »Revolution« gern noch der englische Begriff *disruption* verwendet. Auch diese »Zerstörung« oder »Umwälzung« im Sinne einer tief greifenden Veränderung läuft nicht immer friedlich ab. Ebenso wie politische Aufstände und Umstürze können auch technische Revolutionen durchaus zu Entwicklungen führen, die in Gewalt und Chaos münden. Die Erfindung des Buchdrucks beispielsweise vergrößerte das Wissen der Welt ebenso wie die Zahl der Konflikte. Auch die industrielle Revolution war ein extrem harter Einschnitt. Die Erfindung von immer mehr Maschinen brachte die Arbeiter um Lohn und Brot und führte zur Verelendung breiter Volksmassen. Es gab Unruhen und blutige Kämpfe. Fabriken wurden gestürmt und die verhassten Maschinen zerstört. Der Aufstand der schlesischen Weber ist bis heute im Gedächtnis geblieben.

Zwar führte der Kampf der Arbeiter gegen die Fabrikanten als Herren der neuen Technik letzten Endes zum modernen Wohlfahrtsstaat. Aber wir sollten nicht vergessen, wie viel Elend, Ungerechtigkeit und Gewalt dem vorausgegangen waren und welche großen politischen Veränderungen dafür erkämpft werden mussten. Wenn wir heute über die Konsequenzen der digitalen Revolution nachdenken, sollten wir deshalb durchaus die Geschichte der industriellen Revolution studieren und aus diesen Ereignissen unsere Schlüsse ziehen. Geschichte wiederholt sich zwar nicht, aber wir wären Narren, wenn wir nicht aus der Geschichte zu lernen versuchten.

Auch die digitale Revolution führt zur Verbreitung von Hass und Gewalt sowie zu einer gewaltigen Akkumulation von Macht und Geld. Schon heute ist absehbar, dass Internet und künstliche Intelligenz zwar als Technologie funktionieren, aber nicht in ausreichendem Maße der Gesellschaft dienen. Wir müssen uns sogar fragen, ob die Digitalisierung heutigen Zuschnitts nicht grundsätzlich in eine falsche Richtung führt. Zumindest hat sie eine Ausprägung angenommen, die der Gesellschaft insgesamt mehr schaden als nutzen kann. Die Entwicklung der großen Plattformen zu einer neuen Art des Überwachungskapitalismus, die Ausbeutung von Millionen Clickworkern und die Entmündigung der Menschen durch eine fortschreitende, von Algorithmen getriebene Manipulation werfen Fragen nach einer notwendigen Korrektur auf. Das gilt auch für die massive Beeinflussung der demokratischen Willensbildung durch die millionenfache Verbreitung von Lügen und Fake News, wie wir es täglich auf Facebook und anderen Plattformen beobachten. Nicht zuletzt müssen wir ohnmächtig zusehen, wie China und andere autoritäre Regime die digitale Technik zum Aufbau totalitärer Überwachungsstaaten missbrauchen. Wenn also die Digitalisierung hauptsächlich dazu dient, die Macht weniger auf Kosten der Freiheit vieler zu zementieren, muss die politische und gesellschaftliche Gegenwehr einsetzen.

Die Digitalisierung ist keine Naturgewalt, die einfach über uns kommt und die wir machtlos erdulden müssen wie Blitz und Donner. Sie ist eine menschengemachte Veränderung, die das Leben nahezu aller Menschen betrifft und die in das Leben nahezu aller Menschen massiv eingreift. Daraus leitet sich zwingend das Recht der Betroffenen ab, diesen Eingriff Dritter in ihr Leben unter Erlaubnisvorbehalt zu stellen, zumal es sich bei diesen Dritten um private Unternehmen und nicht um eine demokratisch legitimierte Staatsmacht handelt. Die entscheidende Frage lautet allerdings, ob die Gesellschaft und die Politik heute überhaupt noch in der Lage sind, die erkennbaren Fehlentwicklungen der Digitalisierung zu korrigieren. Die großen Internetkonzerne sind mittlerweile so reich und mächtig geworden, dass sogar amerikanische Präsidenten davor zurückschrecken, sich mit diesen Giganten anzulegen. Es sind Unternehmen entstanden, die mehr Geld haben als die meisten Staaten, die jeden Tag mehr Menschen erreichen als jeder Regierungschef und die durch ihre weltweite Vernetzung bis in die hintersten Winkel des Globus eine Meinungsmacht ausüben, der keine Regierung mehr etwas entgegensetzen kann.

Diese Unternehmen sind auch juristisch schwer zu fassen, da sie strategisch wichtige Entscheidungen in Staaten verlagern, die kaum Steuern erheben und sich auch sonst durch eine Kultur des Wegsehens »auszeichnen«. Aber selbst wenn im Streitfall US-amerikanisches oder europäisches Recht zur Anwendung kommt, ist die Rechtsdurchsetzung extrem schwierig. Will man den großen Internetkonzernen in ihrem Stammland juristisch beikommen, stellt sich jede US-Administration schützend vor sie. Und natürlich wird von Washington aus auch alles getan, um beispielsweise der EU-Kommission ein Verfahren gegen Google oder andere so schwer wie möglich zu machen. Außerdem lassen sich die Konzerne und Plattformen nicht in die Karten schauen. Anfragen werden ignoriert, Auskunftsersuchen nicht oder nur lückenhaft beantwortet. Die meisten Verfahren, in denen staatliche Institutionen eingeschaltet sind, gehen unglaublich zäh vonstatten und werden stets so angelegt, dass sie irgendwann im Sande verlaufen. Oft genug gelingt das auch deshalb, weil eine finanzstarke und einflussreiche Lobby bei Streitfragen wichtige Regierungspolitiker rechtzeitig auf ihre Seite zieht.

Die GAFAs, aber auch andere Internetkonzerne, fühlen sich mittlerweile so stark, dass sie sich über Gesetze bedenkenlos hinwegsetzen. Ob es sich um Datenschutz, Wettbewerbsrecht, Tarif- und Arbeitsrecht oder im Fall von Uber um Bestimmungen zur Personenbeförderung handelt – Vorschriften werden einfach ignoriert. Und sie werden so lange erfolgreich umgangen, bis man schließlich auffällt, verklagt wird und dann nach langen Verfahren von höchster Instanz schließlich zu einer Korrektur gezwungen wird. Das alles dauert Jahre. Häufig ist die Sache dann schon erledigt, weil die technologische Entwicklung darüber hinweggegangen ist.

Oft genug wird von den international tätigen Unternehmen auch versucht, die jeweiligen nationalen Rechte auszuhebeln, indem man auf eigene globale Company Rules verweist. Man macht sich halt lieber seine eigenen Regeln und setzt sie mit kalter Selbstverständlichkeit über staatliches Recht.

Im Dauerkonflikt zwischen Staaten, Zivilgesellschaft und Digitalunternehmen wird heute ganz offen und selbstbewusst die Machtfrage gestellt. Die digitale Revolution spielt sich nicht nur technisch ab, sondern wird auch politisch geführt: als tägliche Provokation und Rebellion gegen Regierungen und ihre Gesetze. Die Gemeinschaft der demokratischen Rechtsstaaten steht deshalb vor einer enormen Herausforderung: Sind wir als Subjekte der digitalen Revolution überhaupt noch in der Lage, das Recht gegen die Internetgiganten durchzusetzen? Oder frisst die digitale Revolution bereits ihre eigenen Kinder? Revolutionen kennen zwar keine Regeln. Aber ohne Regeln kann auch eine digitale Gesellschaft nicht funktionieren, ohne dass die nächste Revolte ausbrechen würde. Wir brauchen deshalb Regeln, die auch in der digitalen Welt beachtet werden; ich nenne es einmal einen digitalen Gesellschaftsvertrag. Außerdem brauchen wir eine Art Zukunftsagenda 2030, also eine Verständigung darüber, wie die wichtigsten globalen Probleme in den nächsten zehn, elf Jahren gelöst werden können.

Nach der Flüchtlingskrise ist viel über das schwindende Vertrauen in den Rechtsstaat geklagt worden. Die Öffnung der Grenzen, so der häufig erhobene Vorwurf, habe zu einem Kontrollverlust des Staates geführt und die Unsicherheit im Land spürbar ansteigen lassen. Dieses Gefühl von Ohnmacht und das Erleben partieller Rechtlosigkeit gilt vielen sogar als Hauptursache für den Anstieg des Rechtspopulismus. Wenn in bestimmten Bereichen Regeln nicht mehr gelten oder einfach nicht mehr respektiert werden, wächst die Sehnsucht nach einer »ordnenden Hand« oder nach einem »starken Mann«, der »einmal aufräumt« und »wieder Ordnung schafft«. Diese einschlägigen Begriffe sind für sich genommen schon problematisch – als Gesamtbotschaft bereiten sie den Boden für Rechtspopulisten.

Natürlich war es ein Fehler, hunderttausende Menschen einfach ins Land zu lassen, ohne dass die Behörden wussten, um wen es sich handelt. Heute wissen wir es aber; die allermeisten Migranten sind registriert, obwohl es in einem offenen und freien Land immer Schlupflöcher für Illegale gibt. Wenn man sich jedoch anschaut, was inzwischen täglich im Internet passiert, ohne dass der Staat noch eingreifen kann, dann muss schon die Frage gestellt werden, ob wir in der digitalen Welt nicht einen viel größeren und schlimmeren Kontrollverlust des Staates erleben als während der kurzen Zeit der Flüchtlingskrise – zumal die Rechtlosigkeit im Netz und die Ohnmacht des Staates in diesem Bereich keine vorübergehenden Erscheinungen sind, sondern sich zu einem Zustand permanenter digitaler Anarchie zu entwickeln drohen.

Im Mittelpunkt dieses Prozesses steht das größte Netzwerk der Welt. Mit 2,3 Milliarden Nutzern weltweit und 4,3 Milliarden Dollar Jahresgewinn fühlt sich Facebook mittlerweile unangreifbar. Jeden Tag werden über Facebook mehr

Hassbotschaften und Lügen verbreitet, täglich werden mehr Nutzerdaten und Konsumentenprofile verkauft, mögen die Staaten und Regierungen auch noch so viel über die Auswüchse des Netzwerks klagen. Hinzu kommen Instagram und der Chat-Dienst WhatsApp, ebenfalls Teil des Imperiums von Mark Zuckerberg. Während sich in westlichen Ländern die Debatte um Fake News auf Facebook konzentriert, ist in Schwellenländern wie Indien, Indonesien oder Brasilien eher WhatsApp der Treiber. In Indien enden Fake News regelmäßig tödlich. Zuletzt berichtete die BBC von einem Fall von Lynchjustiz an zwei Männern, die aufgrund von Bildern in WhatsApp für Kindesentführer gehalten wurden. Über dreißig Menschen sollen bereits bei solchen »WhatsApp lynchings« umgekommen sein.

Das sind extreme Auswüchse, aber sie bilden nur die Spitze eines riesigen Eisbergs. Unter der Oberfläche wachsen täglich Billionen von Chats, Fotos, Videos und Mitteilungen zu einem unentwirrbaren Kommunikationsknäuel zusammen, in dem sich Lügner, Hetzer, Radikale sowie die Hersteller und Konsumenten von Kinderpornografie tummeln. Facebook versucht zwar, gegen die schlimmsten Auswüchse anzugehen. Im Alltag allerdings überwiegt wie bei allen großen Plattformen die Haltung des Laisser-faire. Warum restriktiv eingreifen, wenn man am stetigen Wachstum der Netzwerke prächtig verdient? Grundlegende Korrekturen bleiben aus, die großen Plattformen regen sich nur bei einzelnen öffentlichkeitswirksamen Fällen und kurieren dann lediglich an Symptomen. Im Kern gibt es keine Veränderungsbereitschaft – sie wird für Politik und Öffentlichkeit nur simuliert.

Der Kampf um die Durchsetzung des Rechts ist auch deshalb so schwer, weil wir alle Kunden, User, und damit auch willige »Opfer« der großen Netzwerke und Plattformen sind. Man kann vielleicht noch auf WhatsApp,

Instagram oder Facebook verzichten. Man muss auch nicht twittern und bei Amazon einkaufen. Aber unser tägliches Leben, unsere gesamte Kommunikation und vor allem unsere Wirtschaft ist inzwischen so dicht mit den Netzwerken und Plattformen verbunden, dass es keine wirkliche Alternative gibt. Warum auch? Die Vorteile und Möglichkeiten des Internets sind überwältigend. Es geht deshalb auch nicht um die Alternativen »Nutzung oder Abstinenz«. Es geht einzig und allein um den Anspruch der Gesellschaft, dass die Internetfirmen Verantwortung für Inhalte übernehmen und rechtmäßig mit den Daten umgehen, die sie von den Nutzern generieren. Die Rechtmäßigkeit ergibt sich dabei ausschließlich aus der Beachtung geltender Gesetze – und nicht aus der Zustimmung zu irgendwelchen Geschäftsbedingungen oder Company-Rules.

Untauglich ist das Argument, dass wir die Erlaubnis zum täglichen Datenraub bereits erteilen, indem wir auf den Internetseiten surfen und bei jedem Update regelmäßig per Click den neuesten Geschäftsbedingungen »zustimmen«. Diese Art von Einverständnis mit der Maustaste kann bei Lichte besehen nur eine »Erlaubnisfiktion« darstellen. In Wahrheit hat man keine Wahl, da ohne Zustimmung das Netzwerk, die Plattform oder die Software ab sofort und ohne Vorankündigung nicht mehr zur Verfügung stehen. Man könnte auch vom Ausnutzen einer monopolartigen, zumindest aber marktbeherrschenden Stellung sprechen. Jedenfalls können die per Click bestätigten Geschäftsbedingungen der Internetkonzerne auf Dauer keine juristische Grundlage für den gigantischen Datenmissbrauch bilden, dessen Umfang mittlerweile jedes Maß sprengt.

Immerhin hat sich die EU aufgerafft, dieser Datenausbeutung mit der Europäischen Datenschutz-Grundverordnung einen ersten rechtlichen Riegel vorzuschieben.

Grundsätzlich wird durch die Verordnung untersagt, willkürlich personenbezogene Daten zu sammeln. Allerdings ist diese Untersagung rechtlich gesehen nur ein »Verbot mit Erlaubnisvorbehalt«. Einzelpersonen und Unternehmen sollen die Datenverarbeitung auf »das notwendige Maß« beschränken. Wichtig ist dabei die Umkehrung der Beweislast. Nicht der, dessen Daten abgeschöpft werden, muss die Beschränkung auf »das notwendige Maß« beweisen, sondern derjenige, der die Daten erhebt, speichert und nutzt. Blankovollmachten für den unbeschränkten Datengebrauch können demnach jedenfalls nicht mehr erhoben werden.

Natürlich erfordert die Umsetzung dieser Verordnung von jedem, der Daten sammelt, etwas Mühe. Wenn man sich aber ansieht, welchen Sturm der Entrüstung diese Verordnung auslöste, dann fragt man sich schon, ob die Kritiker in Verbänden und Politik wirklich begreifen, worum es dabei geht. Was ist schon ein bisschen Bürokratie bei der Umsetzung der Verordnung im Vergleich zu den drohenden Nachteilen einer unbeschränkten Datenherrschaft der Internetkonzerne? Wenn uns als Gesellschaft schon die Datenschutz-Grundverordnung überfordert, dann brauchen wir den Kampf gegen die Digitalgiganten auf ihrem Weg zur Weltherrschaft gar nicht erst aufzunehmen.

Was den Unternehmen das Wissen über jeden einzelnen User wert ist, zeigte sich Ende 2018 an einem bezeichnenden, aber öffentlich wenig diskutierten Beispiel: Der Softwarekonzern SAP plant, für acht Milliarden Dollar das US-Unternehmen Qualtrics zu übernehmen. Diese Firma betreibt Onlinemarktforschung. Sie ermittelt in Echtzeit, wie zufrieden oder unzufrieden die Kunden sind. Umfragen, Äußerungen in den sozialen Medien und das Kundenfeedback der Hotline werden ausgewertet und – darin liegt der Clou der Übernahme – mit der übrigen Betriebssoftware von SAP verbunden. Die acht Milliarden Dollar Kaufpreis sind das Zwanzigfache des Qualtric-Umsatzes – so hoch wird das Gewinnpotenzial eines gläsernen Kunden heute eingeschätzt.

Darauf müssen wir reagieren können. Die Wahrung und Durchsetzung des Rechts ist deshalb der erste und wichtigste Abschnitt, mit dem ein neuer Gesellschaftsvertrag für die digitale Zukunft beginnen muss. Das klingt einfach, ist aber in Wahrheit der zentrale und wohl auch schwierigste Punkt überhaupt. Das Recht ist unteilbar. Es muss in der digitalen Welt genauso gelten und angewendet werden wie in der analogen Welt. Anders gesagt: Freiheit ist ein hohes Gut, aber sie ist nicht schrankenlos. Weder im wirklichen Leben noch im World Wide Web kann jeder einfach machen, was er will, auch wenn viele das inzwischen glauben oder wie die Piratenpartei sogar ausdrücklich auf ihre politische Agenda schreiben.

So muss für Start-ups wie für große Internetkonzerne gelten, was für jedes andere Unternehmen in der analogen Welt auch gilt. Beispielsweise unterliegen Eingriffe in die Rechte der Kunden (und nichts anderes ist die Nutzung der persönlichen Daten) dem Gebot der Transparenz und der Rechtmäßigkeit. Solche Eingriffe müssen nachvollziehbar sein, sei es durch den Einzelnen, sei es durch Verbraucherorganisationen oder durch Regierungen als gewählte Repräsentanten einer Mehrheit.

Da vor allem die großen Plattformen mit Millionen Nutzern in der ganzen Welt einen riesigen Einfluss ausüben und eine gewaltige Wirkung entfalten können, müssen sie sich ihren rechtlichen Verpflichtungen und ihrer gesellschaftlichen Verantwortung stellen. Wir haben ein Recht auf Fragen, und die Unternehmen haben eine Pflicht zu antworten. Was sich so selbstverständlich anhört, ist jedoch äußerst kompliziert. Die Kämpfe der EU-Kommission und der Bundesregierung mit den Internetriesen zeigen das überdeutlich. Je reicher, mächtiger und einflussreicher die Konzerne sind, desto schwieriger wird es für die Politik, ihnen Einhalt zu gebieten – zumal die Großen nicht nur beherrschende Marktteilnehmer sind, sondern durch Datenmanagement, Platzierungen und Algorithmen auch die Funktionsweise der Märkte bestimmen.

In Streitfällen entscheidet in der Praxis heute die größte Plattform. Mit dieser neuen Rolle der »funktionalen Souveränität« wird von privaten Unternehmen eine Regelungsbefugnis beansprucht und wahrgenommen, die normalerweise dem Gesetzgeber und der Justiz zustehen. Wenn der Staat weiterhin dabei zusieht, wie sich einzelne Marktteilnehmer zum Herrscher riesiger Märkte aufschwingen, ist es nur noch ein kleiner Schritt bis zum totalen Kontrollverlust.

Die Gegenwehr ist äußerst schwierig, wie wir bei der Datenschutz-Grundverordnung gesehen haben. Aber auch das harte Ringen um das Netzwerkdurchsetzungsgesetz zeigt überdeutlich, wie schlecht es inzwischen um die Fähigkeit des Staates bestellt ist, dem Recht im Internet noch Geltung zu verschaffen. Mit allen Mitteln des Lobbyings und der Gegenkampagne versucht zum Beispiel Facebook, sich dem staatlichen Regelungsanspruch zu entziehen. Dahinter steht das fast exterritoriale Selbstverständnis der Silicon-Valley-Gemeinde, ganz so als wären Netzwerke und Plattformen in der digitalen Welt sakrosankt und unerreichbar durch Gesetze, die angeblich noch den alten Denkmustern der analogen Vergangenheit verhaftet sind. Gespeist wird dieser Anspruch auf digitale Autonomie durch das hehre Ziel, die Welt mithilfe der Digitalisierung zu einem besseren Ort zu machen. Das Internet wird als Freiheitsraum verklärt, ja als ein neues Zeitalter der Aufklärung. Was für ein Irrtum!

Auch wenn sich viele der enthusiastischen jungen Menschen in Kalifornien als überzeugte Weltverbesserer verstehen, so hat das Menschenbild des Silicon Valley im Kern nichts mit dem zu tun, was wir in Europa mit der Aufklärung verbinden. Die zentrale Erkenntnis der Aufklärung war, dass der Mensch frei ist und seinen Verstand frei benutzen soll. Das Silicon Valley und seine Hightech-Gurus folgen dagegen den Gesetzen der Kybernetik. Danach ist der Mensch ein lernender Organismus, der auf Einwirkungen und Reflexe reagiert.

Entsprechend arbeiten auch die Techniker, die in den IT-Laboren der großen Internetkonzerne Daten auswerten, Gewohnheiten erfassen und daraus Persönlichkeitsprofile erstellen. Mithilfe der passenden Algorithmen wissen diese Leute nicht nur, was wir als User wollen, sie wissen auch, wie sie uns steuern und in eine bestimmte Richtung lenken können. Es ist so wie mit den Versuchskaninchen im Labor. Man setzt durch Futter einen wiederkehrenden Belohnungsmechanismus in Gang, an dessen Ende sich das Verhalten der Kaninchen lenken und vorhersagen lässt. Bei den Menschen ist es genauso. Nur dass unser Futter nicht aus Mohrrüben besteht, sondern aus genau jenen Inhalten und Angeboten im Netz, für die wir uns interessieren und auf die wir positiv reagieren. Indem man uns immer mehr und schließlich irgendwann nur noch mit diesen Inhalten füttert, degenerieren wir zu einem menschlichen Reflexmechanismus. Vom freien und frei denkenden Homo sapiens im Sinne der Aufklärung sind wir dann schon ziemlich weit entfernt.

Im erkennbaren Widerspruch zum Weltverbesserungsanspruch des Silicon Valley steht auch die Ablehnung jeglicher Verantwortung, wenn es um das eigene Kerngeschäft geht. Gern brüstet man sich zwar mit Sozialprojekten aller Art, um auf diese Weise gesellschaftliches Engagement zu demonstrieren. Sobald aber Verantwortung für die eigenen Netzwerke und deren Inhalte übernommen werden soll, dreht sich schlagartig der Wind und bläst den Kritikern als Sturm ins Gesicht. So versucht ausgerechnet Facebook, sich seiner Verantwortung für millionenfache Hetze, Lügen und Fake News mit dem Argument zu entziehen, man sei nur eine Art digitaler Briefträger und könne als solcher nicht für den Inhalt der transportierten Briefe zur Rechenschaft gezogen werden.

Das Argument ist inakzeptabel, denn das Gegenteil ist der Fall. Auch wenn Mark Zuckerberg stoisch wiederholt, dass sein Netzwerk nur ein »Technologieunternehmen« sei – Facebook bildet zusammen mit Instagram und WhatsApp das größte Medienhaus der Welt. Fast die Hälfte der US-Amerikaner beziehen ihre Nachrichten ausschließlich von Facebook. Und in dieser Rolle ist das Unternehmen selbstverständlich verantwortlich für alles, was auf seinen Netzwerken passiert. Schließlich wird auf den Newsfeed eines jeden Nutzers genau die Auswahl von Nachrichten und Inhalten gelenkt, die der von Facebook gestaltete Algorithmus ausgewählt hat. Facebook stellt also automatisch für 2,3 Milliarden Menschen täglich die Nachrichten zusammen – und ist damit ohne Zweifel nicht als ahnungsloser digitaler Briefträger zu bewerten, sondern als Medienunternehmen im medienrechtlichen Sinne. Und so wie jede kleine Lokalzeitung für die Auswahl ihrer Veröffentlichungen verantwortlich ist, muss das auch für Facebook und andere Netzwerke gelten.

Nach wie vor versuchen die Betroffenen, der Verantwortung und Kontrolle dadurch auszuweichen, dass man immer wieder Abhilfe verspricht und darauf verweist, dass für die Inhalte und Veröffentlichungen bereits feste Unternehmensregeln gelten, an die man sich auch halte. Allein die Dreistigkeit dieser Argumentation verschlägt einem die Sprache. Für jedes Unternehmen der Welt gelten zuallererst einmal die Gesetze der Länder, in denen sie tätig sind. Eigene

Standards sind gut und schön, aber weder stehen sie über dem Gesetz, noch können sie Gesetze ersetzen.

Entgegen hartnäckigen Behauptungen geht es bei diesem Streit auch nicht um eine Frage von Freiheit und Zensur. Es gibt weder einen Anspruch noch ein allgemeines Menschenrecht, auf Facebook jeden Inhalt veröffentlichen zu dürfen. Wer das Netzwerk nutzt, um Lügen, Unwahrheiten, Beleidigungen oder Hetze zu transportieren, muss damit leben, dass seine Inhalte nach einer Überprüfung gelöscht oder gesperrt werden – auch wenn sie »legal« in dem Sinne sind, dass sie nicht unter das Strafrecht fallen. Kein Medienunternehmen der Welt ist verpflichtet, jeden beliebigen »legalen« Inhalt zu drucken oder online zu stellen. Wer sich im Internet zu Unrecht gesperrt oder zensiert fühlt, ist weder schutzlos noch wehrlos ausgeliefert, sondern er kann dagegen vorgehen – auch wenn es aufwendig ist. Oder er kann seine Inhalte auf eigenen Websites verbreiten.

Dass die Politik recht schnell etwas tun kann, hat im November 2018 die französische Nationalversammlung gezeigt. Das Parlament in Paris beschloss zwei Gesetze, damit man sich gegen Gerüchte und Falschaussagen zur Wehr setzen kann. Vorgesehen ist, dass Parteien oder Kandidaten in den drei Monaten vor einer landesweiten Wahl mithilfe eines Richters im Eilverfahren gegen öffentlich verbreitete Unwahrheiten vorgehen dürfen. Zudem sollen sich soziale Netzwerke zu größerer Transparenz verpflichten, wenn sie Inhalte gegen Bezahlung verbreiten. Die beiden Gesetze sind umstritten. Aber sie zeigen zumindest eine Initiative des Gesetzgebers und den politischen Willen Frankreichs, sich die Rechtsetzung im öffentlichen Raum nicht von zwei oder drei großen Internetkonzernen aus der Hand nehmen zu lassen.

Natürlich gibt es bei der Beurteilung von Inhalten Abgrenzungsprobleme. Nackte Busen werden gelöscht, rassistische Abbildungen oder herabsetzende Fotomontagen nicht. Das liegt daran, dass der Computer das Erste leichter erkennt als das Zweite. Diese Unzulänglichkeiten dürfen aber weder das Prinzip noch das Recht außer Kraft setzen. Bei Alkoholkontrollen im Straßenverkehr werden auch viele Fahrer angehalten und durch Tests und Fragen belästigt, obwohl sie nichts getrunken haben. Niemand käme aber deswegen auf die Idee, auf solche Tests gänzlich zu verzichten. Man muss eben zwischen den gefährdeten Rechtsgütern abwägen. Im Polizei- und Verkehrsecht führt das dazu, dass man lieber einmal einen Unbescholtenen anhält, als betrunkene Fahrer einfach passieren zu lassen. Ähnliches muss bei der Inhaltskontrolle der sozialen Netzwerke gelten. Der gesellschaftliche und politische Schaden, den millionenfache Lügen, Fake News und Hetztiraden anrichten, ist eine echte Gefahr für die Demokratie. Dagegen steht die Beeinträchtigung der Meinungsfreiheit einzelner Autoren oder Gruppen, deren Texte und Seiten zumindest so missverständlich und grenzwertig sind, dass sie schon bei einer sehr grobmaschigen Inhaltskontrolle auffallen.

Nicht zuletzt wird gern das Argument verwendet, dass man schlicht nicht in der Lage sei, die Inhalte und Posts von mehr als zwei Milliarden Nutzern zu kontrollieren. Das Argument der Größe ist jedoch zweischneidig. Was würde man beispielsweise einem Reeder sagen, dessen Schiffe so groß sind, dass er sie nicht mehr zu beherrschen vermag? Würde man ihm sagen: »Fahre ruhig weiter auf den Meeren herum«, oder würde man ihn nicht zwingen, seine Schiffe so zu verkleinern, dass er sie beherrschen kann?

Wenn ein Unternehmen so groß wird, dass der Chef den Überblick verliert, spricht viel dafür, die Größe so weit zu verringern, bis man die Kontrolle wiedererlangt. Facebook war schon ein erfolgreiches Unternehmen mit hunderten Millionen Nutzern, bevor es 2007 den Newsfeed einführte.

Der Grund für diese Erweiterung war, dass man die Nutzer länger auf der Seite halten wollte. Bei der Installierung des Newsfeed ging es nicht mehr um den ursprünglichen Zweck, Menschen miteinander zu verbinden. Das Ziel bestand vielmehr darin, den Menschen immer mehr Inhalte vorzusetzen, die sie interessieren und die sie gleichzeitig zu einem immer längeren Verweilen bei Facebook bewegen sollten. Dadurch wurden nicht nur die Nutzerzahlen und der Traffic enorm vergrößert, sondern auch das Datenvolumen – und der Gewinn.

Wenn Facebook jetzt erklärt, man sei wegen der gigantischen Größe des Netzwerks nicht mehr in der Lage, die von den eigenen Algorithmen gesteuerten Newsfeeds zu managen und von Fake News sowie strafbaren Inhalten zu befreien, dann ist das nichts anderes als eine technische, rechtliche und moralische Bankrotterklärung. Falls sich das Problem der Fake News und Hassbotschaften nicht zufriedenstellend durch technische Filter lösen lässt, muss eben die Größe des Netzwerks wieder auf ein Maß zurückgeschnitten werden, das eine Übersicht über die Inhalte ermöglicht. Notfalls muss Facebook seinen Newsfeed abschalten und wieder zu dem werden, was es einmal war: ein Netzwerk, auf dem Privatpersonen miteinander kommunizieren und nicht Lügner und Hetzer.

Die Frage kann deshalb nicht lauten, ob man Facebook und andere beim ungehemmten Wachstum behindern *darf*. Weil dieses Wachstum mit so nachteiligen Konsequenzen verbunden ist, *muss* es sogar eingeschränkt werden. Wenn die Rechtsgemeinschaften das Recht nicht mehr gegen Quasi-Monopolisten im Netz durchsetzen können, darf als letztes Mittel auch die Zerschlagung solcher Kartelle kein Tabu mehr sein.

Die USA haben das bei der Standard Oil Company von John D. Rockefeller Anfang des 20. Jahrhunderts schon einmal erfolgreich durchexerziert. Der Ölmagnat hatte ein Kartell errichtet und die Preise diktiert, weshalb sein Konzern entflechtet wurde. Was früher das Öl war, sind heute die Daten als Schmierstoff der Digitalwirtschaft. Man kann deshalb gut hundert Jahre nach der Zerschlagung von Standard Oil durchaus fragen, wer dem demokratischen Gemeinwesen mehr Schaden zufügen kann: Big Oil oder Big Data. Es spricht vieles dafür, dass Mark Zuckerberg heute gefährlicher für die Demokratie und den Zusammenhalt der Gesellschaft ist, als John D. Rockefeller es zu seinen Lebzeiten jemals war.

Leider haben sich viel zu viele Politiker, Manager und Meinungsführer in den Medien die Sichtweise des Silicon Valley aufschwatzen lassen, wonach Wachstum im digitalen Zeitalter ausschließlich auf der Nutzung von Daten beruhen kann, die im Verborgenen erhoben und unter völlig intransparenten Bedingungen aggregiert und wieder verkauft werden. Die Netzwerke und Plattformen würden auch sehr gut verdienen, wenn man beispielsweise für die Nutzung von Google oder Facebook ein paar Euro im Monat bezahlen würde, aber dafür jederzeit Herr seiner Daten wäre oder zumindest wüsste, was damit angestellt wird. Wahrscheinlich wären auch viele Bürger bereit, für Plattformdienste oder Car Sharing ein paar Cent mehr zu bezahlen, wenn dafür nicht jeder Schritt analysiert und als geldwertes Persönlichkeitsprofil an Firmen verkauft wird, die alle ausspionierten Konsumgewohnheiten ausnutzen.

Ich frage mich ernsthaft, warum es bei uns eine so große Sympathie für die Datenkraken aus Amerika gibt, die hier in Europa kaum Steuern bezahlen und durch ihre Marktmacht viele kleinere Firmen verdrängen oder aufkaufen. Warum lassen wir diese heranwachsenden Kartelle einfach weiter gewähren und im Verborgenen ihre Datennetze ausbreiten? Warum lassen wir es zu, dass wir abgeschöpft, ausgeforscht, manipuliert und verkauft werden? Warum zwingen wir sie nicht zu Transparenz? Es ist so absurd wie gefährlich, wenn zwei, drei Privatunternehmen den gesamten öffentlichen Raum für sich beanspruchen und ihn nach ihren Regeln gestalten und ausbeuten.

Der Umgang mit den Daten entscheidet über die Zukunft der digitalen Gesellschaft. Es gibt aber außerhalb dieses Rechtskreises noch eine ganze Reihe anderer Konflikte, in denen sich der demokratische Rechtsstaat und die Zivilgesellschaft behaupten und zu neuen Vereinbarungen finden müssen. Natürlich ist es leichter, wenn man im eigenen Land mit eigener Rechtssetzungsbefugnis beginnt. Wir haben aber in den vergangenen Jahren die Erfahrung machen müssen, dass nationale Alleingänge nicht nur nicht helfen, sondern sogar schädlich sind, weil einzelne Staaten leicht gegeneinander ausgespielt werden können. Die zweite Regel für einen neuen Gesellschaftsvertrag im digitalen Zeitalter lautet deshalb: Multilateral handeln! Mindestens im europäischen Rahmen, besser noch auf Ebene der OECD oder der G-20.

Aber auch das lässt sich leichter aufschreiben als durchsetzen. Im Wochenrhythmus erleben wir die Uneinigkeit der EU – angefangen bei großen Fragen wie dem Schutz der Außengrenzen und der Verschuldung der einzelnen Staaten bis hin zu kleinen Fragen im Bereich von Normierungen oder Verwaltungsverfahren. Wenn Europa aber in der digitalen Welt der Zukunft gegen so große Player wie China und die USA überhaupt noch eine Chance haben will, dann muss bei den Regierungen und letzten Endes auch bei den Bürgern die Einsicht wachsen, dass Einigkeit in grundlegenden Fragen zwingend geboten ist. Eine der wichtigsten Forderungen ist deshalb die Abschaffung des Konsenszwangs innerhalb der EU und die Ausweitung des Mehrheitsprinzips. Das monatelange öffentliche Ringen um

Kompromisse auf der Basis des kleinsten gemeinsamen Nenners vermittelt den Bürgern viel zu oft den Eindruck, dass es in Europa nicht weitergeht und die Regierungsvertreter in stundenlangen Konferenzen zusammensitzen, ohne dass sich etwas Entscheidendes tut.

Absolut schädlich ist auch der in der politischen Klasse weitverbreitete Reflex, sich zu Hause erst mit Maximalforderungen zu profilieren und dann anschließend die in Brüssel gemachten Kompromisse als Versagen der »europäischen Bürokraten« zu brandmarken. Jeder Bürger weiß, dass in einer Gemeinschaft mit 27 Staaten Kompromisse unumgänglich sind. Und jeder weiß auch, dass man sich nicht immer durchsetzen kann. Wenn diese Sachzwänge von der Politik und den Medien besser erklärt und mit der Darstellung der Vorteile verbunden würden, die jedes Land aus der Gemeinschaft der EU zieht, wären wir schon einen entscheidenden Schritt weiter.

Im Gegenzug für die Ausweitung des Mehrheitsprinzips könnte man die Zuständigkeit der EU selektiver auf wirklich wichtige Fragen beschränken. Ohne eine Neuausrichtung des europäischen Arbeitsprinzips bleiben die 27 Mitgliedsstaaten in ihrem mühsamen Modus der Minimalkompromisse gefangen. Solange ein einziges Land bedeutende Projekte der anderen 26 EU-Mitgliedsstaaten durch Einspruch aufhalten kann, ist es um Europa schlecht bestellt. In der aktuellen Verfassung hat die EU kaum die Fähigkeit, die zukünftige Weltordnung wirksam mitzugestalten. Die wichtigen Zukunftsfragen in der digitalen Welt können nicht mehr von einzelnen Staaten, sondern nur noch von einer möglichst großen Staatengemeinschaft gelöst werden. Ganz vorne müsste dabei die Realisierung einer europäischen Digitalunion stehen, mit massiven Investitionen in die digitale Infrastruktur, eine europäische Cyber Security und eine einheitliche digitale Normierung.

Der dritte Punkt eines neuen Gesellschaftsvertrags müsste den grundlegenden Ausbau der Bildungssysteme beinhaltenden. In jeder Sonntagsrede wird über Bildung als *die* entscheidende Ressource gesprochen. Aber weder die Ausstattung der Schulen noch die Anzahl der Lehrer spiegeln das wider.

Der erste Schritt wäre die Abschaffung des deutschen Bildungsföderalismus. In einer Welt, die immer mehr zusammenwächst, sind Schulreformdebatten zwischen dem Kultusminister des Saarlands und der Bremer Bildungssenatorin geradezu lächerlich. Nichts gegen den Wettbewerbsgedanken im Föderalismus, aber angesichts einer äußerst ineffektiven sechzehnfachen Bildungsbürokratie auf dem Rücken der Lehrer, Schüler und Eltern mutet die deutsche Kleinstaaterei seltsam gestrig an. Das gilt umso mehr, weil die in diesem System produzierten Ergebnisse eher schlecht, bestenfalls mittelmäßig sind, wie alle bisherigen Untersuchungen zu den »Bildungs«-Erfolgen« deutscher Schulen beweisen. Notwendig ist ferner eine nachhaltige Ausbildung von genügend Lehrern. Wenn zwischen Lehrerschwemme und Lehrermangel nur wenige Jahre und wenige Kilometer und Landesgrenzen liegen, kann mit der Planung etwas nicht stimmen. Auch das spricht für einen bundeseinheitlichen Ansatz.

Allerdings müssen Teile der Lehrerschaft auch digital qualifiziert sein. Der Laptop im Klassenzimmer ist sinnlos, wenn die Schüler damit besser umgehen können als ihre Lehrer. Umgekehrt können Lehrer keine Computertechniker ersetzen, die eigentlich an jeder größeren Schule gebraucht würden. Erforderlich sind ferner verpflichtende Fächer im Bereich der Informationstechnologie. Das reicht vom Programmieren bis zum Umgang mit Medien. Wenn die heutigen Schüler später im Berufsleben mit selbstlernenden technischen Systemen zu tun haben, müssen sie grundlegend darauf vorbereitet werden, mit diesen wohl mächtigsten Werkzeugen der Zivilisationsgeschichte auch angemessen umzugehen.

Unverzichtbar ist ferner ein besserer Umgang mit den eher schwächeren Schülern. Da heute die Herkunft immer noch viel zu sehr über den späteren Bildungserfolg entscheidet, müssen die Schulen familiäre, soziale und individuelle Defizite stärker als bisher ausgleichen. Dazu sind neben Lehrern auch Sozialarbeiter erforderlich. Grundsätzlich sollte jede Schule als Ganztagseinrichtung ausgebaut werden. Mittagessen, Nachmittagsbetreuung und Hilfe bei den Hausaufgaben würden den viel zu hohen Anteil der Schulabbrecher in Deutschland enorm verringern. Und für die leistungsstärkeren Schüler bestünde die Möglichkeit zu vertiefenden Kursen und Lernveranstaltungen. Das System sollte so flexibel sein, dass Raum bleibt für individuelle Betätigungen der Schüler in Vereinen oder im musischen Bereich.

Das Prinzip der nachsorgenden Betreuung sollte auch bei den Berufsschulen gelten. Die hohe Abbrecherquote in der Berufsausbildung ist eine gewaltige Hypothek für ein Land, das ohnehin zu wenig junge Menschen hat. Insbesondere in Mangelberufen muss der Staat notfalls mit mehr Zuschüssen und Anreizen Abhilfe schaffen.

Das alles lässt sich nur mit mehr Personal und mehr Geld bewerkstelligen. An den Finanzen kann und darf eine Veränderung zum Besseren nicht scheitern. Das Geld ist da, die Steuereinnahmen wachsen unentwegt. Und höhere Bildungsinvestitionen zahlen sich in wenigen Jahren aus, wenn weniger Bildungsverlierer später auch weniger soziale Reparaturkosten verursachen.

Mindestens ebenso reformbedürftig wie das Schulwesen sind die Universitäten und Hochschulen in Deutschland. Es gibt keinen Professor, der nicht zu Recht über die Hemmnisse einer überbordenden Bildungsbürokratie klagen würde.

Der Staat sollte seinen Aufsichtsanspruch über die Universitäten deshalb deutlich zurückfahren und sie viel eigenständiger arbeiten lassen. Einzige Voraussetzung: Jeder mit Abitur oder mit einem Berufsabschluss als Meister muss genommen werden. Außerdem muss die Ausbildung innerhalb der Regelstudienzeit kostenfrei sein. Sinnvoll wäre auch die Einführung von Trimestern, weil die langen vorlesungsfreien Monate zwischen den Semestern von den meisten Studenten nicht wirklich effektiv genutzt werden.

Die Höhe der Zuweisung der staatlichen Mittel an die Universitäten würde dann von deren Erfolg oder Misserfolg abhängen: Wie viele Abschlüsse werden erzielt, wie hoch ist die Zahl der Studienabbrecher, wie viele Preise und Auszeichnungen erhält die Universität, wie präsent ist sie bei Veröffentlichungen und in der wissenschaftlichen Forschung und Lehre?

Nicht zuletzt muss es den Hochschulen viel mehr als heute erlaubt werden, Kooperationen mit der Wirtschaft einzugehen. Ob im Bereich Bio- und Gentechnik, Biomedizin, ob in der Chemie, Physik und Pharmazie oder im Bereich Fahrzeug- und Maschinentechnik – in allen diesen Schlüsselfeldern lassen sich durch anwendungsbasierte Forschung und Entwicklung enorme Ressourcen und Erkenntnisse gewinnen. Die erfolgreichsten Universitäten in den USA pflegen solche Kooperationen mit der Wirtschaft in viel stärkerem Maße als unsere Hochschulen. Die besten Unternehmen der Welt buhlen darum, mit Stanford, dem MIT oder Harvard zusammenarbeiten zu dürfen. Daraus erwachsen nicht nur erstklassige wissenschaftliche Resultate, sondern auch Verbindungen, die ein einzigartiges Netzwerk schaffen, das sich dann auch bei finanziellen Fragen auszahlt. Allein die nahe dem Silicon Valley gelegene Stanford-Universität verfügt über ein Stiftungsvermögen von 18 Milliarden Dollar. Das bei uns vorhandene akademische Misstrauen in Privatunternehmen ist in Stanford unbekannt. Gerade weil die Hochschule so intensiv mit dem Silicon Valley zusammenarbeitet, hat sie die meisten Nobelpreise im technischen Bereich errungen. Warum ist die Zusammenarbeit der deutschen Universitäten mit den großen Stiftungen und Unternehmen so mühsam?

Mindestens ebenso wichtig wie die Erstausbildung an Schulen, Berufsschulen und Universitäten ist die in der digitalen Zukunft unverzichtbare Weiterbildung und Umschulung im späteren Berufsleben. Gerade die vom digitalen Wandel am stärksten betroffenen Arbeitnehmer in Routineberufen und einfachen Tätigkeiten haben heute in aller Regel keinen Zugang zu betrieblicher Weiterbildung. Sie können auch vorbeugend so gut wie nichts tun, sondern sind dazu verurteilt, so lange weiterzuarbeiten, bis irgendwann ihr Beruf oder ihr Arbeitsplatz von einem Computer ersetzt wird. Erst wer arbeitslos geworden ist und merkt, dass er keine Stelle im alten Beruf mehr findet, denkt an Weiterbildung oder Umschulung. Dann ist es aber schon sehr spät, manchmal zu spät. Entscheidend ist deshalb die Einrichtung einer vorausschauenden Qualifizierungspolitik. Jede Wissensgesellschaft muss daran gemessen werden, wie gut es ihr gelingt, ihre Angehörigen mitzunehmen und entsprechend den veränderten Bedingungen mit ausreichender Bildung zu versorgen.

Wir brauchen deshalb nicht nur eine Kultur der Weiterbildung, sondern wir müssen sie zur Regel machen. Eine institutionalisierte Weiterbildung muss selbstverständlich sein und als integrierter Teil in unseren Bildungssystemen verankert werden. Dazu bedarf es entsprechender Einrichtungen, die weit über die heutige Erwachsenenbildung und die bestehenden Fortbildungseinrichtungen hinausgehen. Da in naher Zukunft Millionen Arbeitnehmer durch die Digitalisierung gezwungen werden, in neuen Berufen ihr Geld zu verdienen, muss die Planung für einen riesigen Umschulungs- und Qualifizierungssektor rechtzeitig begonnen werden.

Dabei sind schwierige finanzielle Fragen zu klären. Wer soll beispielsweise für die Zeit der Weiterbildung den Lebensunterhalt und den Ausfall bei der Renten- und Krankenversicherung bezahlen? Hier werden Staat und Wirtschaft zu einem Kompromiss finden müssen. Man kann diese Aufgabe nicht allein den Unternehmen aufbürden; umgekehrt kann es aber auch nicht sein, dass die Wirtschaft als Profiteur der digitalen Technik ihre nicht mehr benötigten Arbeitnehmer einfach den Sozialkassen überantwortet und sich dann auf dem Arbeitsmarkt derer bedient, die auf Kosten der Allgemeinheit für die digitale Welt neu ausgebildet wurden.

Die Unternehmen müssen die neuen Kompetenzbedarfe ihren Angestellten rechtzeitig mitteilen und sie nach Möglichkeit dafür umschulen. Die Weiterbildung und das Lernen am Arbeitsplatz erhalten eine ganz neue und für den Erfolg der Unternehmen auch entscheidende Bedeutung. Hier ist noch viel zu tun. In den Planungen der meisten Firmen lässt sich zu diesem Thema nicht allzu viel finden.

So wie wir erkannt haben, dass mit zunehmender Lebenserwartung die Pflege der alten Menschen einer eigenen Vorsorge und entsprechender Einrichtungen bedarf, so müssen wir es auch mit dem lebenslangen Lernen halten. Ohne entsprechende Instrumente und ohne die Bereitschaft zur ständigen Neuorientierung und Qualifikation werden wir die jetzt einsetzende zweite Welle der Digitalisierung in unserer Industrie kaum erfolgreich gestalten und sozial abfedern können. Das künftige Arbeitsleben wird eine Abfolge des neuen Lernens und Weiterbildens sein. Dafür bedarf es der Vorsorge, guter Einrichtungen und einer gerechten Finanzierung.

Fast zwangsläufig schließt sich an die Qualifizierungsfrage der vierte Punkt eines neuen Vertrags für die digitale Gesellschaft an: Was machen wir mit den digitalen Verlierern? Wir werden allen Bildungsanstrengungen zum Trotz künftig eine große Zahl von arbeitslosen Menschen haben, die wir nicht einfach sich selbst überlassen können. Da unsere Renten- und Krankenkassen aber heute schon an der Belastungsgrenze stehen, muss die Frage der sozialen Sicherung in der digitalen Welt völlig neu gedacht und ausgehandelt werden.

Eine beliebte, aber auch reichlich einfache Antwort besteht im Versprechen eines bedingungslosen Grundeinkommens. Während dieses Alimentierungsmodell gerade von namhaften Unternehmern befürwortet wird, lehnt es die Politik zu großen Teilen ab. Wenn jedem Menschen in Deutschland ein Grundeinkommen von 1000 Euro monatlich gewährt würde, entstünden Kosten von einer Billion Euro im Jahr. Das ist schlicht nicht finanzierbar, auch wenn man die monetären Sozialleistungen des Staates für die privaten Haushalte in Höhe von 470 Milliarden Euro abziehen würde.

Jenseits der fiskalischen Erwägungen sticht aber vor allem das Argument, dass viele Menschen Geld erhielten, obwohl sie es nicht brauchen, und andere mit dem Geld bloß ruhiggestellt und abgeschoben würden. Er sei gegen eine »Stilllegungsprämie für Menschen«, sagt deshalb auch Bundesarbeitsminister Hubertus Heil (SPD) im Interview am Ende dieses Buchs. Vielmehr müsse man sich um alle kümmern, die im Arbeitsleben den Kampf gegen den Computer zu verlieren drohen. Mit sozialen Stillhalteprämien mache es sich die Wirtschaft zu einfach.

Nicht zuletzt besitzt Arbeit in unserer Gesellschaft zu Recht einen eigenen Stellenwert. Man hat soziale Kontakte, eine Aufgabe, Anerkennung, und man kann stolz darauf sein, nicht von anderen abhängig sein zu müssen.

Wenig überzeugend ist auch das Argument, dass mit einem Grundeinkommen viel mehr Menschen soziale Arbeit und karikative Aufgaben übernehmen könnten. Schon jetzt werden Millionen Menschen mit Sozialhilfe oder Arbeitslosengeld alimentiert. Diese Menschen haben Zeit genug, aber der Anteil derjenigen, die gesellschaftliche Arbeiten auch tatsächlich übernehmen, ist verschwindend gering. Man sollte deshalb nicht zu viele Hoffnungen für einen sogenannten »dritten Arbeitsmarkt« hegen. Wer sich wirklich nicht mehr qualifizieren oder umschulen lässt und in keinem anderen Beruf mehr unterkommt, ist wahrscheinlich nur noch in Maßen für gesellschaftliche Arbeit geeignet. Das bedeutet nicht, dass man solchen Menschen keine entsprechenden Angebote machen soll. Nur erscheint es wenig wahrscheinlich, dass diese Art von Beschäftigungsprogrammen in relevanter Weise helfen, das Problem der digitalen Verlierer auf dem Arbeitsmarkt zu lösen.

Natürlich wird es unvermeidbar sein, die steigende Zahl von Arbeitslosen, die sich nicht mehr für einen neuen Beruf in der digitalen Welt umschulen oder qualifizieren lassen, angemessen zu unterstützen. Für die Arbeitslosenversicherung und die Sozialkassen wird das eine enorme Anstrengung mit sich bringen. Auch die Rentenversicherung wird das spüren, denn Menschen ohne Job zahlen nicht in die Altersvorsorge ein. Es werden also Kosten von vielen Milliarden Euro zusätzlich entstehen. Da eine weitere Erhöhung der Beiträge zu den sozialen Sicherungssystemen kaum noch darstellbar sein dürfte, muss der Staat das Geld aufbringen. Das wird neben den dringend notwendigen höheren Investitionen in Infrastruktur und Bildung dann nicht mehr aus den vorhandenen Mitteln zu finanzieren sein. Was tun?

Bislang wird die soziale Absicherung der Beschäftigten in Deutschland fast ausschließlich mit den Beiträgen von

Arbeitnehmern und Arbeitgebern aus dem Normalarbeitsverhältnis finanziert. Wie wir aber gesehen haben, wird dieses Normalarbeitsverhältnis zur Ausnahme. In der digitalen Arbeitswelt der Zukunft werden immer mehr Beschäftigte zu Solo-Selbstständigen oder Arbeitnehmern mit unterbrochenen Erwerbsbiografien. Weder sie noch ihre Auftraggeber zahlen in die Rentenversicherung ein. Wenn die Finanzierungsbasis der Altersversorgung aber Stück für Stück wegbricht, muss das Modell verändert werden. Um die wachsenden Löcher in der Rentenversicherung stopfen zu können, braucht der Staat neue Einnahmequellen. Diese sollten gerechterweise bei denjenigen gesucht werden, die einerseits die sozialen Folgekosten der Digitalisierung durch Kündigungen und Computereinsatz verursachen und andererseits durch die Digitalisierung enorme Gewinne anhäufen – also bei den Unternehmen der Digitalwirtschaft.

Nicht ohne Grund wird in der EU über die Einführung einer Digitalsteuer nachgedacht. Mit dieser Diskussion sind wir beim fünften Punkt des neuen digitalen Gesellschaftsvertrags angelangt, nämlich bei der wichtigen Frage, wie Wachstum und Ertrag in der digitalen Marktwirtschaft künftig gerechter verteilt werden können. Was also muss getan werden, damit Staat und Gesellschaft nicht auf den negativen Folgekosten der Digitalisierung sitzen bleiben, während andererseits bei privaten Unternehmen durch die Digitalisierung riesige Vermögen und Gewinne entstehen? Neben der Frage der Absicherung muss auch nach Wegen gesucht werden, wie die Arbeitnehmer in diesem Prozess besser als bisher an den Gewinnen der Unternehmen beteiligt werden, für die sie arbeiten. Es geht also um nichts Geringeres als die Neuverteilung der digitalen Dividende.

Die EU sieht in der Digitalsteuer eine gute Möglichkeit, um die enormen Profite der Digitalunternehmen besser abzuschöpfen und die gerade in der Digitalwirtschaft weitverbreitete Steuervermeidung besser bekämpfen zu können. Digitale Geschäftsmodelle sollen sich weder der Besteuerung entziehen können noch grundlos niedriger besteuert werden. Konkret geplant sind drei Prozent Steuern auf die Erträge aus digitalen Geschäften. Darunter fallen Erträge aus dem Platzieren personalisierter Werbung, aus Vermittlungsdiensten und dem Verkauf von Nutzerdaten. Allerdings soll die Digitalsteuer nur ein Zwischenschritt sein auf dem Weg zu einer grundlegenden Neuregelung der internationalen Unternehmensbesteuerung.

Es gibt – vor allen Dingen vonseiten der Wirtschaft – verschiedene Argumente gegen diese Digitalsteuer. Die einen finden das erzielbare Aufkommen im Vergleich zum Erhebungsaufwand zu gering, andere beklagen mehr Bürokratie oder befürchten Gegenreaktionen der USA, weil es vor allem um die Besteuerung der großen US-Digitalkonzerne geht. Es sei gerade der Exportnation Deutschland nicht gedient, wenn die US-Regierung gegen die EU-Digitalsteuer Gegenmaßnahmen ergreift, lautet die Begründung.

Unter dem Strich können diese Argumente nicht überzeugen, zumal keine konstruktiven Gegenvorschläge gemacht werden. Den europäischen Staaten entgehen durch gezielte, legale »Steuergestaltung« schon im Bereich der analogen Wirtschaft zweistellige Milliardensummen pro Jahr. In der digitalen Welt ist die Steuervermeidung noch wesentlich umfangreicher. Es muss den Staaten beziehungsweise der europäischen Staatengemeinschaften gelingen, die in Europa erwirtschafteten Gewinne der Digitalunternehmen auch angemessen zu besteuern. Es kann nicht sein, dass jeder Handwerksmeister oder Mittelständler auf den Cent genau veranlagt wird, während sich die Datenkonzerne entweder ganz der Besteuerung entziehen oder die Staaten mit geradezu lächerlichen Summen abfertigen. Ohne eine gerechtere Besteuerung sind die Regierungen künftig nicht mehr in der Lage, die gewaltigen sozialen Folgekosten der Digitalisierung zu bezahlen.

Eine andere, durchaus auch zusätzliche Möglichkeit liegt in der Börsensteuer. Dieses seit Jahrzehnten ergebnislos diskutierte Instrument ist eine Kapitalverkehrssteuer und soll aus dem Umsatz beim Handel mit Wertpapieren erhoben werden. Da heute dank Computerhandel und Digitalisierung jeder Cent Handelsvolumen an den Börsen erfasst wird, wäre eine Börsenumsatzsteuer vergleichsweise leicht und ohne großen Aufwand zu erheben.

Mit der Börsensteuer würde auch der Tatsache Rechnung getragen, dass der Anteil der Löhne und Gehälter am Bruttosozialprodukt immer weiter zurückgeht, während Umsätze aus Digitalgeschäften und Börsenhandel einen wachsenden Anteil einnehmen. Diese Bereiche werden aber gar nicht oder nur sehr gering besteuert, während die Arbeitnehmer und Unternehmer immer noch einer sehr starken Besteuerung unterliegen. In Deutschland beträgt die Kapitalertragssteuer gerade einmal 25 Prozent, während Arbeitnehmer bereits ab 54 950 Euro Jahresverdienst den Spitzensteuersatz von 42 Prozent zahlen müssen. Um diese Unwucht zu beseitigen und dem Verfassungsgebot der gleichmäßigen Besteuerung aller Wirtschaftsbereiche gerecht zu werden, wird die Einführung der Börsenumsatzsteuer bis heute gefordert. In einigen EU-Staaten gibt es sie bereits, aber bislang ist die EU-weite Regelung am Widerstand der Londoner City beziehungsweise der britischen Regierung gescheitert. Vielleicht bietet aber der Brexit die Gelegenheit, die Börsensteuer ohne die ausgeschiedenen Briten endlich auf EU-Ebene zu verankern. Damit würde den Staaten die Möglichkeit eröffnet, die riesigen Handelsvolumen der börsennotierten Internetkonzerne wenigstens ein bisschen für die Finanzierung des Gemeinwesens heranzuziehen.

Nicht fehlen darf bei diesem Punkt »Neuverteilung der digitalen Dividende« auch der Versuch, die Arbeitnehmer stärker als bislang an den Gewinnen der Unternehmen zu beteiligen. Nun sind gerade die Deutschen aus historischen Gründen kein Volk von Aktionären; nur jeder Siebte besitzt Aktien. Deutschland und die anderen alten Industrieländer in Kontinentaleuropa brauchen aber gemeinsame und neue Wege, um die Sozialversicherungen krisenfester zu machen und über die Teilhabe der Beschäftigten am Produktivkapital etwas mehr Gerechtigkeit bei der Verteilung des Wirtschaftswachstums walten zu lassen. Solche Regelungen müssen notwendigerweise von einer langjährigen Beschäftigung im gleichen Unternehmen entkoppelt werden und idealerweise auch länderübergreifend in der gesamten EU gelten.

Allerdings können die Beschäftigten nur dann für solche Beteiligungsmodelle zusätzlich zu ihrem Rentensystem gewonnen werden, wenn sie keine Ansprüche einbüßen – ganz gleich welche Erwerbsbiografie sie aufweisen. Zugleich muss notfalls mithilfe des Staates die private Altersvorsorge im Bereich der Beteiligungsmodelle gegen extreme Schwankungen der Finanzmärkte geschützt werden. Am besten ginge das mit einem Versicherungsmodell mit Elementen einer Staatsgarantie – bei den Hermes-Exportbürgschaften oder beim Einlagensicherungsfonds der Bankguthaben funktionieren diese Formen der Risiko-Minimierung sehr gut.

Jedenfalls bietet die Marktwirtschaft genug Möglichkeiten, um die zunehmende Konzentration der Vermögen auf wenige zu stoppen oder zumindest etwas abzubremsen. Der Gesetzgeber könnte auch viel mehr Anreize bieten, damit die Beschäftigten nicht nur auf das äußerst bescheidene Lohnwachstum angewiesen sind, sondern auch Aktien oder Unternehmensanteile erwerben und damit an einem viel größeren Wachstum teilnehmen. So sind heute gerade einmal 360 Euro steuerfrei, wenn Beschäftigte in das Unternehmen investieren, bei dem sie angestellt sind. Ein Witz. In Österreich ist es zehnmal so viel. Auch schlappe 51 Euro Werbungskosten für Aktionäre können nicht der Weisheit letzter Schluss sein, wenn man für den Ausbau der privaten Vorsorge werben will. Ein großer Anreiz wäre außerdem gegeben, wenn bei langfristiger Anlage in Unternehmensanteilen – etwa für die Altersvorsorge – der Wertzuwachs steuerfrei bliebe.

Natürlich sind solche Anlageformen nicht völlig risikofrei. Wer als Beschäftigter Anteile an dem Unternehmen hält, für das er arbeitet, verliert im Konkursfall beides: Job und seine Finanzanlage. Finanzfachleute nennen so etwas »Klumpenrisiko«. Um das zu vermeiden, hat der Bundestag bereits 2009 ein Gesetz über ein »Mitarbeiterbeteiligungs-Sondervermögen« verabschiedet. Es sollte den Arbeitnehmern Anteile an Fonds verschaffen, die sowohl in die eigene Firma investieren als auch Anteile anderer Unternehmen erwerben. Doch offenbar war das Gesetzeswerk zu kompliziert. Bis 2013 ließ sich keine einzige Firma darauf ein, und etwas später beerdigte der Bundestag seine Idee wieder. Diese negative Erfahrung mit dem nie genutzten Fonds zeigt, wie schwierig es in der Praxis ist, die strikte Trennung der Produktionsfaktoren Kapital und Arbeit zu überwinden. Doch das kann nicht bedeuten, dass die Politik mit Blick auf die ungleiche Vermögensverteilung und die Kapitalkonzentration der digitalen Wirtschaft nicht einen erneuten Versuch unternimmt, ohne die alten Fehler zu wiederholen. Garantien und stärkere Steueranreize für langfristige Anlagen zur Alterssicherung könnten erfolgversprechend sein. Angesichts der auf uns zukommenden Probleme bei der Rente wäre es sträflich, nicht zu handeln.

Jenseits finanzieller und volkswirtschaftlicher Fragen wird kein Vertrag für die digitale Gesellschaft ohne ethische Grundregeln für den Umgang mit künstlicher Intelligenz auskommen. Die digitale Ethik wäre der sechste Punkt unserer Zukunftsagenda, und wie wichtig er ist, zeigt sich spätestens bei der Programmierung von Robotern. Welchen Code gibt man diesen Maschinen ein? Gibt es überhaupt so etwas wie ein »ethisches Programmieren«?

Auf die Frage, was *the next big thing* der Digitalisierung sei, gab der frühere Google-CEO Eric Schmidt folgende Antwort: In fünf bis zehn Jahren können technische Systeme eigenständige kognitive Leistungen erbringen, die der Verleihung eines Nobelpreises würdig wären. Er wünsche sich deshalb, dass die Regierungen rasch lernen, die Digitalisierung zu steuern. Ohne Governance, also ohne staatliche Regeln und Lenkung, würde sich eine ungesteuerte Digitalisierung entwickeln, die unseren Gesellschaften über den Kopf wächst. Wenn der Mitgründer von Google solche Prognosen abgibt und die Staaten dringend zum Eingreifen auffordert, muss man das unbedingt ernst nehmen. Die Herrschaft der Roboter über den Menschen ist kein Horrorszenario aus einem Science-Fiction-Roman, sondern eine reale Bedrohung. Wir müssen deshalb Antworten und Festlegungen zu wichtigen Fragen finden:

Setzen wir Grenzen der künstlichen Intelligenz fest? Wenn nein, was machen wir dann mit den selbstlernenden Systemen, die in relativ kurzer Zeit die menschliche Intelligenz übertreffen werden und sich nicht mehr beherrschen lassen? Sollten Menschen nur von Menschen oder auch von Algorithmen beurteilt werden? Wie programmieren wir autonome Systeme? Gibt es einen »Moral Code«, und wenn ja – nach welchen Grundsätzen wird er aufgestellt? Kann man ihn verpflichtend für alle gestalten, oder ist das nicht sinnvoll?

Nicht zuletzt: Was tun wir mit unlösbaren Konfliktsituationen? Ein beliebtes Beispiel ist das autonome Auto, das beim Ausweichen entscheiden muss, ob es nach links ausweicht, wo ein Kind steht, oder nach rechts, wo sich ein Erwachsener befindet. Sind solche Grenzfälle überhaupt programmierbar? Und wer entscheidet darüber?

Mindestens genauso schwierig ist die Grenzziehung beim *brain hacking*, also der Verknüpfung von künstlicher mit menschlicher Intelligenz. Wie weit wollen wir diese Verschränkung von Menschen mit technischen Systemen treiben, um Menschen zu optimieren: physisch, psychisch, kognitiv, mental? Daran schließt sich die Frage an, ob es Felder in Wirtschaft und Gesellschaft gibt, in die wir künstliche Intelligenz nicht vorlassen wollen. Zumindest muss Einigkeit bestehen, dass bei Genforschungsprojekten, sozialpsychologischen Experimenten und biomedizinischen Versuchen am Menschen eine unabhängige Ethikkommission eingeschaltet werden muss. Aber auch unterhalb dieser Schwelle muss sich die »unbeaufsichtigte« Entwicklung und Anwendung von Algorithmen an starken ethischen Richtlinien orientieren. Wenn wir schon den Krümmungsgrad von Gurken in der EU per Verordnung festlegen – ethische Richtlinien in der Digitalisierung sollten uns um einiges wichtiger sein.

Bei all diesen Fragen drängt einerseits die Zeit, weil wir sonst den KI-Supermächten China und USA mit ihren eigenen »Wert«-Maßstäben das Feld überlassen. Andererseits brauchen wir auch Zeit, um unsere eigene europäische Antwort zu finden. Darin sollte sich mehr wiederfinden als nur die Beherrschungsbedürfnisse von zwei konkurrierenden Supermächten. Der Mensch und seine unteilbare Würde muss im Mittelpunkt einer jeden europäischen Regelung stehen, die Grenzen für künstliche Intelligenz und autonome Systeme festlegt.

Der siebte Punkt der Zukunftsagenda betrifft die Lüge in unseren Preisen oder, anders ausgedrückt, die ökologische Dimension der Digitalisierung. Damit sind nicht nur die gewaltigen Energiemengen gemeint, die für eine volle Digitalisierung der Welt und damit für Milliarden neuer Computer und Hochleistungsrechner noch aufgebracht werden müssen. Es geht auch um die analoge Auswirkung der digitalen Wirtschaft. Natürlich offeriert das Internet eine Unzahl an Services, die zunächst einmal kostenfrei sind. Aber wie wir wissen, zahlen wir den Preis mit unseren Daten, ohne dass dieser Aspekt jemals in einer transparenten Kalkulation, einer Steuerrechnung oder einer volkswirtschaftlichen Statistik auftaucht. Wenn aber nicht mehr Angebot und Nachfrage die Preise bestimmen, sondern Algorithmen jedem einzelnen Nutzer künftig individuelle Preise diktieren, müssen wir die Spielregeln des Überwachungskapitalismus überprüfen und gegebenenfalls neu definieren.

Eine weitere Fragestellung in diesem Zusammenhang betrifft die Funktion des Internets als weltweite Preisvergleichsmaschine. Es lassen sich heute in den entferntesten Winkeln der Erde Anbieter aufstöbern, die preisgünstiger sind als heimische oder regionale Firmen. Da unsere Transportpreise im Verhältnis so niedrig sind wie nie zuvor, wird bedenkenlos alles geordert, was in einen Schiffscontainer passt. Die Folge ist zwar ein reger, aber kein gerechter Welthandel. Dafür bräuchten wir ehrliche Preise, denn die aktuellen Preise sagen nicht die Wahrheit. Alle unsere »Made in China«-Produkte, alle unsere »Made in Bangladesh«-Klamotten können für uns nur deshalb so billig sein, weil anderswo auf der Welt andere Menschen den wahren Preis für diese Güter bezahlen. Das betrifft alle Arten von Umwelt- und Sozialdumping bis hin zur Ausbeutung.

Das Problem ist nicht neu, sondern schon vor Jahrzehnten unter dem Stichwort »Internalisierung der externen

Kosten« diskutiert worden. Leider ist es bei diesem theoretischen Diskurs geblieben. Heute sind wir weiter denn je von einer Lösung entfernt. Im Gegenteil verschärft die fortschreitende Digitalisierung die Ungerechtigkeit der Preisbildung, indem sie die ungleiche Lastenverteilung bei der Zuordnung der wahren Kosten begünstigt. Eine zentrale Rolle spielen dabei die Transportpreise, das Lebenselixier der Globalisierung. Die großen Schiffe auf unseren Weltmeeren dürfen Raffinerieabfälle verbrennen, den billigsten, aber auch schmutzigsten aller Treibstoffe. Doch das ist nicht alles. Was kaum jemand weiß: Der Schiffsverkehr ist von allen Klimaschutzverträgen freigestellt, ebenso wie der rasant wachsende Flugverkehr. Keine Airline zahlt Mineralölsteuern, kein Fernflieger Mehrwertsteuer. Die ökologischen Kosten tauchen in keiner Quittung auf – egal ob beim T-Shirt aus Vietnam, den Garnelen aus Indonesien oder dem I-Phone aus China –, alles wird bequem online bestellt und »kostenlos« vor die Haustür geliefert. Da die beginnende Digitalisierung aller Lebensbereiche den globalen Warenhandel (ebenso wie den regionalen Lieferverkehr) enorm erhöhen wird, darf die Lüge in den Preisen unseres Welthandels nicht weiter verschleiert werden.

Wir müssen in den internationalen Handelsrunden nicht nur über Zölle und alle Arten von Handelshemmnissen sprechen, sondern auch über die ökologischen Konsequenzen des Welthandels infolge ungerechter, aber politisch steuerbarer Preisbildungsprozesse. In diesen Komplex gehört auch die oft verdrängte Lebenslüge der EU-Agrarpolitik. Europa schirmt sich zum Schaden afrikanischer und südamerikanischer Produzenten nicht nur mit Zöllen gegen deren preiswertere Agrarerzeugnisse ab. Die EU exportiert in diese Länder auch ihre eigenen hoch subventionierten Lebensmittel und zerstört damit die Existenz der regionalen Produzenten. Wir sollten als reicher Kontinent die

Kraft und den politischen Willen aufbringen, diesen protektionistischen Irrsinn zu beenden.

Neues und ganzheitliches Denken ist auch erforderlich, um nicht nur den *digital gap* zu überwinden, also den digitalen Graben zwischen Industrie- und Entwicklungsländern, sondern vor allem den Wohlstandsgraben. Zu jedem gesellschaftlichen Zukunftsvertrag gehört deshalb achtens der unbedingte politische Wille, die Ursachen globaler Probleme an der Wurzel zu fassen und mit allen verfügbaren technologischen und finanziellen Möglichkeiten zu lösen, um die Kette verhängnisvoller Konsequenzen zu durchbrechen. Es beginnt mit Krankheiten wie Malaria oder mit Bakterien in verunreinigtem Wasser. Allein daran erkranken Jahr für Jahr Millionen von Menschen. Sie sterben und hinterlassen Kinder, die auf sich gestellt sind. Oder sie können infolge von Krankheiten nicht mehr voll arbeiten, was oft zu dauerhafter Armut führt. Hunger, Mangelernährung und Elend wiederum münden in Konflikten und Kämpfen. Kriege und Verwüstungen wiederum vergrößern das Elend und führen unweigerlich zu Flucht und Vertreibung.

So bildet sich ein Teufelskreis, dem immer mehr Menschen entkommen wollen. Laut UNO sind weltweit bereits 66 Millionen Menschen auf der Flucht. Entwicklungshilfeminister Gerd Müller fürchtet sogar 100 Millionen Flüchtlinge allein aus Afrika, wenn nicht gegengesteuert wird. Zwar haben sich in den letzten drei Jahrzehnten Gesundheit und Wohlbefinden der Menschheit insgesamt verbessert – auch in den Entwicklungsländern. Aber die Digitalisierung hat die Welt auch enger zusammenrücken lassen. Bilder und Berichte von Landsleuten, die es nach Europa geschafft haben und die oft genug ihr neues Leben dort nur von der besten Seite schildern, werden in den Entwicklungsländern millionenfach auf Handys und Laptops gespielt. Der Wunsch, den schlechten Verhältnissen in der Heimat zu entkommen, erfasst deshalb nicht nur die Hungernden und Elenden, sondern immer mehr Menschen aus afrikanischen, arabischen und asiatischen Mittelschichten, die für sich und ihre Kinder keine Perspektive mehr sehen.

Umgekehrt erleben wir gerade in Europa, dass uns die ungesteuerte Migration und die Ankunft von Millionen Flüchtlingen politisch überfordert haben. Zwar gab es in der EU (und auch in Deutschland) schon vor der Grenzöffnung 2015 nationalistische und rechtspopulistische Parteien. Aber der massive Zuzug der vergangenen Jahre hat diese Kräfte gestärkt und unsere Demokratie geschwächt. Auch wenn hinter Fremdenhass und Ablehnung vieler Bürger oft genug nachvollziehbare Sorgen und Abstiegsängste stehen, so müssen wir uns eingestehen, dass die Aufnahmebereitschaft und die Integrationsfähigkeit der EU an ihre Grenze gekommen ist. Dem gegenüber stehen 750 Millionen Menschen auf dieser Welt, die allem technischen Fortschritt zum Trotz immer noch in extremer Armut leben, das heißt mit weniger als 1,90 US-Dollar pro Tag auskommen müssen. Das betrifft vor allem bäuerlich-ländliche Familien in der afrikanischen Subsahara und in Südasien.

Man kann nicht behaupten, dass Europa die Hände in den Schoß legt. Unverkennbar ist die »Bekämpfung von Fluchtursachen« ganz oben auf die politische Agenda gerückt. Man muss allerdings fragen, ob dabei die Prioritäten richtig gesetzt werden. Noch wird vor allem über den Bau von Flüchtlingscamps in Nordafrika gesprochen. Die EU versucht mit viel Geld, die dortigen Regierungen nach dem Vorbild des Türkei-Deals zur zentralen Sammlung und Rückführung der Migranten zu bewegen. Das ist für sich genommen nicht falsch, weil durch solche Restriktionen das Entstehen neuer großer Fluchtbewegungen vielleicht etwas aufgehalten werden kann.

Aber wichtiger und nachhaltiger wäre es, die wirklichen Ursachen von Flucht und Vertreibung zu bekämpfen: Klimawandel, Krankheiten und Hunger sowie Korruption und schlechte Regierungsführung in den Herkunftsländern. Letzteres kann mit der Einschränkung oder Konditionierung von Entwicklungshilfe etwas gesteuert, aber ganz sicher nicht verhindert werden. Es ist ein mühsamer Prozess, aber einige unverkennbare Fortschritte zeigen, dass sich das Bohren dicker Bretter lohnt. Auch der Klimawandel ist ein allmählicher Prozess, der nicht binnen weniger Jahre gestoppt, allerdings durch verantwortungsvolle Politik verlangsamt werden kann. Zur Wahrheit gehört, dass viel mehr möglich wäre. Der Elan der Klimaschutzbewegung und ihrer politischen Unterstützer hat spürbar nachgelassen. Auch Deutschland, einst stolzer Vorreiter ökologischer Verantwortungsethik, schafft die selbst gesetzten Klimaziele seit vielen Jahren nicht.

Bei den Ursachen für Not, Konflikte und Flucht könnte man hingegen relativ rasch ansetzen. Der Kampf gegen Krankheiten und Hunger ist eher zu gewinnen als der gegen Klimawandel und Korruption. Gelänge es beispielsweise, nach den Pocken auch die Malaria und Aids auszurotten und allen Menschen Zugang zu sauberem Wasser zu ermöglichen, wäre schon viel gewonnen. Kämen dann noch resistente und nahrhaftere Pflanzensorten und Saatgut hinzu, das sich auch in trockenen Erdgegenden entwickelt, wäre man wieder einen Schritt weiter. Nicht zuletzt kann die Digitalisierung einen wichtigen Beitrag zur Bildung und Ausbildung von Kindern in Schwellen- und Entwicklungsländern leisten. Alle diese Dinge sind möglich, wie erste Ansätze in Forschung und Entwicklung zeigen.

Gelingen kann das aber nur, wenn wir in Punkt neun unserer Zukunftsagenda den unbedingten Willen formulieren, in den kommenden Jahren alle entsprechenden Kräfte der Wissenschaft zu fördern und zu bündeln. Viele Kernprobleme in den ärmeren Regionen der Welt lassen sich mit Technik und Geld lösen. Da die künstliche Intelligenz nicht nur die Wirtschaft, sondern auch die Forschung beflügelt, sollte Europa die besten Wissenschaftler dazu bringen, einen Beitrag zu leisten. Voraussetzung ist allerdings die richtige Prioritätensetzung. Man kann sich darüber freuen, dass wir ein halbes Jahrhundert nach der Mondlandung jetzt auch eine Sonde zum Mars gebracht haben. Besser für die Menschheit wäre aber wie beschrieben die Ausrottung von Malaria, Aids und anderen Krankheiten, die Entwicklung neuer Impfstoffe sowie die Produktion von besseren Pflanzensorten und von Saatgut, das auch in heißen Ländern gedeiht.

Deutschland kann dabei eine große Rolle spielen. Man denke nur an Robert Koch, den Begründer der modernen Bakteriologie, der vor hundert Jahren mit dem Nobelpreis geehrt wurde. In seiner Nachfolge sind viele Kompetenzzentren der Biomedizin und Landwirtschaft entstanden. Geforscht wird an Impfstoffen, neuen Medikamenten und in Kooperation mit der Bill & Melinda Gates Stiftung und Bayer sowie BASF am genetischen Aufbau von Pflanzen. Wer satt in einem reichen Land sitzt, kann leicht über die Gefahren dieser Techniken debattieren. Wir sollten aber eine konstruktive Haltung einnehmen und bei aller berechtigten Vorsicht die Chancen der modernen Technik nutzen, um Millionen notleidenden Menschen zu helfen. Wäre es nicht ein lohnenswertes Ziel, den Hunger und die schlimmsten Krankheiten bis 2030 besiegt zu haben – und dafür alle Anstrengungen auf sich zu nehmen? Ist es wirklich erstrebenswerter, zum Mars zu fliegen, als die Menschheit satt und gesund zu machen?

Bei aller Bedeutung globaler Probleme sollten wir die

daraus resultierenden Gefahren für uns in Europa nicht unterschätzen. Wir müssen uns eingestehen, dass 74 Jahre nach dem Ende des Zweiten Weltkriegs unsere mühsam errungene Freiheit und Demokratie ernsthaft gefährdet sind. Der zehnte und letzte Punkt des digitalen Gesellschaftsvertrags muss deshalb der Verteidigung der Demokratie gelten. Die beschriebenen Einschränkungen von Freiheit und Rechten dürfen unter keinen Umständen weiter voranschreiten. Was immer wir tun, erlauben oder zulassen, welche Gesetze und Maßnahmen wir auch immer beschließen und durchsetzen mögen – die Auswirkungen auf Demokratie und Rechtsstaatlichkeit müssen in jedem Fall mitbedacht und abgewogen werden. Dazu gehört auch, die bereits eingetretenen Veränderungen kritisch zu bewerten und auf ihre Unumkehrbarkeit zu prüfen. Da, wo es möglich ist, sollten Verbesserungen angestrebt werden – ich habe in diesem Buch viele Beispiele genannt.

Die vielfältigen Sorgen und Ängste in den unteren und mittleren Schichten unserer Länder zehren an den Kräften der gesellschaftlichen und ökonomischen Dynamik. Sie zerren auch an den Betroffenen und ihren Angehörigen. Sie sind konkret erlebbar und nicht nur eine abstrakte Projektion. Die Folgen von Globalisierung und Digitalisierung können in ihrer Dramatik gar nicht überschätzt werden. Sie können Gesellschaftsordnungen gefährden, ja vernichten. Die Menschen spüren das. Die Verunsicherung kann in Fatalismus und Resignation, aber auch in Wut umschlagen. Wir beobachten bereits im täglichen Umgang die Verschärfung des gesellschaftlichen Klimas und die politische Radikalisierung unserer Debatten. Die Auswirkungen auf das einst so erfolgreiche Modell einer breiten und wohlhabenden Mittelschicht sind erheblich. Das Ende der Mittelschicht ist nicht zwangsläufig, aber es lässt sich nur mit neuem Denken und entschlossener Gegenwehr verhindern.

Zum Schluss: »Lassen Sie uns reden!«

Interview mit Bundesarbeitsminister Hubertus Heil

Im Interview für dieses Buch spricht Bundesarbeitsminister Hubertus Heil (SPD) über Gefahren und Chancen der Digitalisierung. Wir diskutieren auch über die Macht der Daten, die Ohnmacht der Politik, die Neuverteilung der digitalen Dividende und die Gestaltung der Arbeitswelt 4.0. Die Risiken des Wandels sind dem Sozialdemokraten bewusst, deshalb sagt er: »Wer die Digitalisierung zur Ausbeutung benutzt, hat mich zum entschiedenen Gegner.«

Hubertus Heil ist das Thema nicht nur wichtig; für ihn ist die Digitalisierung sogar *die* soziale Frage des 21. Jahrhunderts. Meine Bitte, einmal in Ruhe ein ausführliches Gespräch zu diesem Thema zu führen, beantwortet er innerhalb recht kurzer Zeit mit einem konkreten Terminangebot. Und so sitzen wir am 13. September 2018 um 14.30 Uhr in seinem betont nüchtern eingerichteten Berliner Büro. Der riesige Schreibtisch ist aufgeräumt, Heil ist ein strukturierter Mensch, der Chaos nicht genial findet. Es gibt Kaffee, ich schalte das Band ein, der Minister nickt konzentriert, und dann geht es los. Heil spricht schnell, er ist gut vorbereitet, man merkt, dass er etwas loswerden will.

Herr Minister, Ihre beiden Kinder sind noch klein. Welchen Beruf würden Sie ihnen empfehlen, damit sie in der digitalen Welt später noch eine Arbeit finden? Vielleicht Programmierer oder Webdesigner?

Das müssen die beiden selbst entscheiden. Im Moment möchte mein Sohn Astronaut werden und meine Tochter Tierärztin. Wenn sie das in ein paar Jahren immer noch wollen, dann können sie das auch gerne tun.

Es gibt zahlreiche Studien zu den Folgen der Digitalisierung für den Arbeitsmarkt. Fast alle sagen voraus, dass Routinetätigkeiten und einfache Jobs in den nächsten Jahren automatisiert werden und fast die Hälfte der Berufe verschwindet. Teilen Sie diese Einschätzung?

Nein, die teile ich nicht. Nach unseren Studien werden in den nächsten Jahren ungefähr eine Million Tätigkeiten automatisiert. Der Prozess der Automatisierung geht derzeit eher schleichend voran. Und es ist noch lange nicht ausgemacht, dass dann auch gleich die Jobs wegfallen. Die gute Nachricht ist zudem: Uns wird die Arbeit nicht ausgehen, denn im gleichen Zeitraum werden mindestens ebenso viele neue Jobs geschaffen werden. Richtig ist: Es wird andere Arbeit sein, flexibler, digitaler, menschenzentrierter. Die Politik kann und sollte den Wandel nicht aufhalten, aber mein Anspruch dabei ist, die Veränderungen der Arbeitswelt im Sinne der Beschäftigten zu gestalten.

Was bedeutet das?

Nehmen Sie die jüngste Studie des Instituts für Arbeitsmarkt und Berufsforschung. Danach werden in der nächsten Zeit vor allem die Bereiche Produktion, Verwaltung und klassische Bürotätigkeit von der Automatisierung betroffen sein. Wir erleben auch im Einzelhandel und bei Banken und Versicherungen einen enormen Umbruch. In all diesen Bereichen werden Tätigkeiten verschwinden, das stimmt. Aber es werden gleichzeitig zahlreiche neue Berufe entstehen.

Aber was wird denn aus den vielen Buchhaltern, ein klassischer Frauenberuf übrigens, was wird aus den vielen Sachbearbeitern in Verwaltungen, Versicherungen oder Banken? Kreditwürdigkeit kann heute jeder Computer prüfen. Alle diese Tätigkeiten fallen doch der Automatisierung zum Opfer.

Dafür entstehen doch neue Aufgaben, wo viele Beschäftigte gebraucht werden. Es bleibt genug zu tun, es wird nur anders organisiert sein. Die Frage, ob uns die Arbeit ausgeht, ist in der jüngeren Geschichte schon oft gestellt worden. Bei der Industrie 1.0 im 19. Jahrhundert, bei 2.0, als das Fließband eingeführt wurde, und auch in den 1970er-Jahren, als die ersten Roboter und Computer kamen. Der Unterschied ist: Heute geht es viel rasanter voran mit den Veränderungen der Arbeitswelt. Aber klar ist auch, dass wir denjenigen, die vom Strukturwandel betroffen sein werden, die Sorge um ihren Arbeitsplatz haben, frühzeitig eine Zukunftsantwort geben. Hier sind Unternehmen gefragt, gemeinsam mit den Betriebsräten präventiv ihre Fachkräfte zu halten, weiterzubilden oder gar umzuschulen. Und die Politik braucht einen »Strukturwandel-Airbag«, der neue Sicherheiten schafft und zugleich Chancen zum Fortkommen ermöglicht. Mit dem Qualifizierungschancengesetz und der Förderung von Weiterbildung geben wir darauf die ersten Antworten.

Im Gegensatz zu früher haben wir jetzt ein exponentielles Wachstum bei Computer- und Speicherkapazitäten. Noch 2004 sagten alle, dass es nie ein selbstfahrendes Auto geben wird, weil das für einen Computer zu komplex ist.

Und nur zehn Jahre später ließ Google schon das erste Auto ohne Fahrer über die Straßen in Kalifornien fahren, ich weiß.

Zum Schluss: »Lassen Sie uns reden!«

Diese rasante Entwicklung wird es sicher auch für die ganzen Bots geben, für die Roboter in der Industrie und für fast alle Tätigkeiten, die jetzt noch von Menschen gemacht werden. Empfinden Sie das nicht als Bedrohung?

Nein, wir brauchen einen realistischen Blick auf die Entwicklung. Und der heißt: Das alles wird sich vollziehen. Ökonomisch, weil es Produktivitätsfortschritte und neue Geschäftsmodelle mit sich bringt; und technisch, weil niemand Forschung ausbremsen oder Entdeckungen verhindern kann – und der Verbraucher am Ende dies auch nachfragt. Ob das am Ende alles in eine gute oder schlechte Zukunft führt, hängt von der Frage ab, ob Staat, Wirtschaft und Gewerkschaften jetzt die richtigen Weichen stellen.

Die Digitalisierung macht vielen Menschen Angst, aber mit Angst kann man keine Wahlen gewinnen. Ist die Politik deshalb so vorsichtig bei diesem Thema?

Nein. Die Digitalisierung wird *die* soziale Frage des 21. Jahrhunderts sein. Und wir kümmern uns darum, und das seit geraumer Zeit. Man darf die Wucht des Wandels nicht unterschätzen, aber Angst ist kein guter Ratgeber. Der menschenzentrierte Einsatz der neuen Technologien ist unser Prinzip.

Dann lassen Sie uns doch einmal einige Berufe durchgehen. In Deutschland gibt es mehr als eine Million Berufskraftfahrer. Was machen die, wenn das selbstfahrende Auto kommt?

Die Durchbrüche beim autonomen Fahren werden noch einige Jahre dauern. Und selbst wenn die Technik voranschreitet, wird es immer noch Berufskraftfahrer geben.

Interview mit Bundesarbeitsminister Hubertus Heil

Oder glauben Sie, dass in den neuen Zeiten keine Logistiker mehr gebraucht werden?

... was ist mit dem Handel? Allein im Einzelhandel arbeiten drei Millionen Menschen, die meisten als Verkäufer und Kassierer. Deren Arbeit macht auch recht bald schon der Scanner und der Logistik-Computer ...

Ich bestreite ja nicht, dass es zu umfassenden Veränderungen kommen wird. Gerade im Einzelhandel ist die Entwicklung teilweise dramatisch. Wir werden uns dieses Themas mit unserer neuen Denkfabrik annehmen. Aber nur weil sich der Handel wandelt, weil das Onlinegeschäft im Kundenbereich expandiert, weil sich Lieferstrukturen verändern, bedeutet das eben nicht, dass es keine andere Arbeit mehr geben wird. Denn klar ist auch, dass in der Digitalisierung viele neue Jobs entstehen werden. Und nicht nur dort: Ich bin der festen Überzeugung, dass die sozialen Berufe wachsen werden – die Dienste an den Menschen, welche nicht so leicht automatisiert werden können. Und nicht nur in der Pflege, sondern durchaus auch im Handel ...

... Sie haben eben selbst gesagt, dass es bei Verwaltungen, Banken und Versicherungen riesige Umbrüche geben wird. Finanzdienstleistungen werden in wenigen Jahren von Apps und Bots gesteuert. Wir haben bis jetzt nur über wenige Bereiche geredet, aber allein hier addiert sich die Zahl der Betroffenen schon zu Millionen.

Sie unterstellen, dass jeder Job, der grundsätzlich irgendwann einmal automatisierbar ist, auch in jedem Falle automatisiert wird. Das glaube ich nicht, und unsere Studien legen diesen Schluss auch alles andere als nahe. Bei Automatisierungsfragen spielen auch immer unternehmensorganisatorische oder Rationalisierungserwägungen eine Rolle. Und schlimmer noch: Wer die Digitalisierung zu einem schieren Angstszenario aufbaut, der wird spüren, dass die Akzeptanz für Veränderungen schwindet. Lassen Sie uns doch einmal über die Chancen für die Menschen reden.

Gerne – woran denken Sie da?

Monotone Arbeit wird abnehmen, körperliche Arbeit kann entlastet werden, schlimmste Arbeitsunfälle werden durch Roboter verhindert, Beruf und Familie lassen sich leichter vereinbaren. Dies alles zu fördern, das ist Aufgabe einer gemeinwohlorientierten Digitalpolitik.

Was sehen Sie denn als Risiko?

Wir werden sehen, dass Tätigkeiten, die leicht skalierbar sind, sich also stets wiederholen, künftig von maschinell lernenden Computern gemacht werden. Das verändert die Berufsbilder, und dort sind vor allem Geringqualifizierte bedroht. Einer sich abzeichnenden Spaltung der Arbeitsgesellschaft durch die Digitalisierung müssen wir vorbeugen und neue Jobs auch für sie schaffen.

Was meinen Sie konkret?

Lassen Sie mich ein Beispiel nennen: In meinem Wahlkreis gibt es ein großes, erfolgreiches Unternehmen, das Ingenieurdienstleistungen für die Automobilindustrie erbringt. Das größte Problem für diese Firma bestand bislang darin, ausreichend Fachkräfte zu finden. Die Ingenieure waren alle auf Verbrennungsmotoren spezialisiert. Jetzt kommen aber neue, andere Antriebe. Also müssen die Ingenieure weiterqualifiziert werden. Das kostet fast 100 000 Euro pro Stelle.

Viel Geld für ein mittelständisches Unternehmen.

Das stimmt – und darüber müssen wir reden. Wie wird in Qualifizierung investiert? In welche Richtung wird qualifiziert? Ordnungspolitisch betrachtet ist das zunächst Aufgabe der Unternehmen selbst. Aber infolge der Veränderungen durch die Digitalisierung müssen wir neu denken. Zum Beispiel, indem wir solche Unternehmen mit dem neuen Qualifizierungschancengesetz unterstützen.

Konkret?

Vorgesehen sind Finanzierungszuschüsse für Arbeitsentgeltausfall, wenn beispielsweise jemand mehrere Monate lang wegen einer Qualifizierungsmaßnahme nicht arbeiten kann. Und die Unternehmen erhalten Kostenzuschüsse zu den Weiterbildungsmaßnahmen selbst. Das Ganze wird gestaffelt nach der Größe der Unternehmen; kleine erhalten mehr als mittlere und die wiederum mehr als große.

Ist das nicht Sache der Firmen? Warum springt der Steuerzahler ein?

Es geht nicht darum, die Weiterbildungskosten der Unternehmen durch den Staat und die Bundesagentur übernehmen zu lassen. Es geht darum, dass wir die dringend notwendige Entwicklung beschleunigen und unterstützen müssen. Wir brauchen einen Hebel, damit die Firmen jetzt gezielt in Qualifizierung und Fachkräftesicherung investieren, sodass die Beschäftigten von heute auch die Arbeit von morgen machen können.

Aber Qualifizierung und Umschulung haben doch Grenzen. Aus einem Trucker, dessen Lkw irgendwann autonom fährt, machen Sie doch keinen Programmierer!

Man darf keine Illusionen verbreiten. Aus einem Trucker wird im Regelfall kein Softwarespezialist. Es wird Bereiche geben, in denen es nicht um Weiterqualifizierung geht, sondern um eine völlige Umschulung. Da reden wir nicht über betriebliche Qualifizierung, sondern über den vollständigen Wechsel von Berufsbildern und über komplette Neustarts im Erwerbsleben. Aber das muss ja nicht schlecht sein, sondern kann für Menschen auch neue Perspektiven eröffnen.

Was bedeutet das politisch?

Ich möchte dafür sorgen, dass aus der Arbeitslosenversicherung längerfristig eine Arbeitsversicherung wird. Sie soll eine entscheidende Rolle bei der Qualifizierung von Menschen spielen, die durch die Digitalisierung ihren alten Job verlieren und für einen neuen fit gemacht werden müssen.

Wir wollen Arbeitslosigkeit möglichst vermeiden, bevor sie entsteht, und deshalb muss man vor allem die Beschäftigungsfähigkeit sichern. Für einige Arbeitnehmer heißt das Neustart im Betrieb. Für andere heißt der Neustart Umschulung. Dafür ist es übrigens wichtig, die Beschäftigten gut zu beraten. Deshalb werden wir jetzt einen Rechtsanspruch auf Weiterbildungsberatung bei der Bundesagentur für Arbeit schaffen. Warum sollte das Prinzip der zweiten Chance eigentlich nur für arbeitslos gewordene Menschen gelten, es muss auch für Beschäftigte im Strukturwandel eingelöst werden.

Der US-amerikanische IT-Forscher Martin Ford sagt: »Fast jeder Job, bei dem jemand vor dem Bildschirm sitzt

und Informationen verarbeitet, ist bedroht.« Was sagt der deutsche Arbeitsminister?

Ich halte mich an das sehr solide rechnende Institut für Arbeitsmarkt- und Berufsforschung. Die Experten dort gehen davon aus, dass in den nächsten zehn Jahren jeder vierte Beschäftigte von der Automatisierung betroffen ist. Das halte ich für eine plausible Annahme.

Das wären bei mehr als 44 Millionen Beschäftigten in Deutschland über elf Millionen Betroffene!

Betroffen bedeutet noch lange nicht arbeitslos – wir haben ja über die Bedeutung von Weiterbildung, Qualifizierung und Umschulungen gesprochen. Zudem muss man die Demografie des Arbeitsmarktes mitberücksichtigen. Grundsätzlich gilt: Eine absolute Gewissheit gibt es nicht. Wer so tut, als wüsste er heute schon alles, der unterschätzt, dass wir bei der künftigen Entwicklung der Digitalisierung und der Arbeitsmärkte ausnahmsweise mal in unkartierte Gewässer hineinfahren.

Das klingt nach einer Irrfahrt ...

Nein, das wird es nicht. Aber wir sollten ehrlich sein und keine Allwissenheit vortäuschen. Wir haben plausible Annahmen, wie die Zukunft aussehen kann, aber keine absoluten Gewissheiten. Wir haben Erkenntnisse aus vielen Branchen. Aber wir haben auch sehr widersprüchliche Arbeitsmarktstudien. In jedem Fall müssen wir jetzt sehr konzentriert daran arbeiten, um große Verwerfungen zu vermeiden oder zumindest abzufedern. Der Umbruch geht schnell voran, und er kann zu tiefen Brüchen führen, aber genau dagegen leiten wir jetzt richtige Schritte ein.

Was wollen Sie denn konkret tun, wenn Millionen Jobs vom Computer übernommen werden?

In der aktuellen Überleitungsphase zur digitalen Arbeitswelt brauchen wir vor allen Dingen die Sozialpartnerschaft. Je mehr Tarifbindung wir wieder hinbekommen, desto besser kann man den Wandel mitgestalten und bei wichtigen Fragen mitverhandeln. Wenn wir aber nur zuschauen, wie die Tarifbindung abnimmt, wird es Konflikte geben, die dazu führen, dass die Menschen immer stärker staatliches Handeln einfordern. Das kann dann zu Regulierungen führen, die über das Ziel hinausschießen und sogar manchmal Entwicklungen abwürgen können. Das will ich vermeiden.

In den Internetkonzernen gibt es kaum Gewerkschaften, und ich kenne auch kein Start-up mit Tarifbindung.

Die Digitalisierung findet nicht nur in Start-ups statt, sondern sie erfasst alle Bereiche der Wirtschaft, also auch die Unternehmen, die Tarifverträge und Betriebsräte haben. Wir sind mit der Mitbestimmung in Deutschland immer gut gefahren, und wir sollten diesen fairen Ausgleich der Interessen in der Arbeitswelt nicht aufs Spiel setzen. Auch die Digitalisierung braucht einen Betriebsrat. Mitbestimmung ist in der Transformation ein Vorteil für Unternehmen. Und auch unsere Digitalkonzerne werden über kurz oder lang merken, dass das europäische Wertschöpfungsmodell mit starken Betriebsräten und einer kooperativen Unternehmenskultur mittelfristig erfolgreicher ist.

Jeff Bezos, der Chef von Amazon, will keine Betriebsräte im größten Onlinekaufhaus der Welt ...

… und an diesem Punkt hat er mich zum entschiedenen Gegner. Bezos glaubt, er brauche keine Gewerkschaften mehr als Vermittler. Und ich sage: Doch! Die Digitalisierung hebt ja nicht auf, dass es zwischen Unternehmensleitung und Beschäftigten unterschiedliche Interessen gibt. Meine Überzeugung ist: Wenn die Menschen schutzlos in so massive Veränderungen wie die Digitalisierung der Arbeitswelt gedrängt werden, bekommen sie Angst. Und wenn sie Angst haben, verlieren wir auch wirtschaftlich an Geschwindigkeit. Dann drohen in den Betrieben massive Widerstände. Meine Überzeugung ist zudem: Wer keine Maschinenstürmerei will, muss auf Mitbestimmung setzen.

Der Staat kann keine Betriebsräte oder Tarifverträge verordnen …

Nein, aber der Staat kann Anreize setzen. Tarifbindung schafft auch Planungssicherheit, man kann belastbare Vereinbarungen schließen über Weiterbildung, Arbeitszeiten und andere wichtige Fragen. Außerdem haben wir überall da, wo es hohe Tarifbindung gibt, eine angemessene Lohnentwicklung, bessere Arbeitsbedingungen und übrigens langfristig auch erfolgreichere Unternehmen. Überall, wo es keine Tarifverträge gibt, sind im Schnitt die Lohn- und Arbeitsbedingungen schlechter, zum Beispiel bei sozialen Dienstleistungen in der Altenpflege. Und die Frage ist: Haben wir die Kraft, diesen Trend zu immer weniger Tarifbindungen umzukehren?

Was kann man dafür tun?

Wir müssen bei Unternehmen und Beschäftigten den persönlichen und den ökonomischen Mehrwert von Tarifbindung wieder ins Gedächtnis rufen. Der Wandel der Arbeitswelt bedeutet ja nicht ein Ende von Interessen.

In der Plattformökonomie sehen wir riesige Umsätze, kaum Mitarbeiter und keine Gewerkschaften. Der Organisationsgrad bei Airbnb, YouTube oder eBay ist nicht messbar ...

Das stimmt, aber soll ich deshalb jetzt aufgeben und sagen: Ist ja eh nichts mehr zu machen? Dafür bin ich nicht in die Politik gegangen.

Aber was wollen Sie denn machen? Die Arbeitgeber sind künftig Plattformen im Internet, die in einer Art digitaler Ausschreibung weltweit Aufträge an selbstständige Projektarbeiter vergeben. Dann gibt es weder einen »Betrieb« noch einen »Betriebsrat« noch eine Festanstellung.

Richtig ist, dass im heutigen Arbeits- und Mitbestimmungsrecht Veränderungen notwendig sein werden. Die klassische Mitbestimmung geht zum Beispiel von einem festen Betriebsbegriff aus. In der Plattformökonomie fehlt aber die Bindung zum Unternehmen. Wir werden mehr atypische Beschäftigung zwischen Selbstständigkeit und abhängiger Beschäftigung haben, und dafür müssen wir Lösungen finden, damit die Arbeitnehmerinteressen nicht unter die Räder kommen.

Wie können diese Lösungen aussehen?

Es gibt viele Ideen. Wir sind dazu auch mit unseren europäischen Partnern im Gespräch, die schon Lösungen im Bereich des Arbeitnehmer- und Betriebsbegriffs geschaffen haben. Aber ich möchte jetzt auch nicht gleich wieder alles regulieren, weil wir moderne Entwicklungen fördern und nicht bremsen wollen. Dennoch muss es auch für Plattformbeschäftigte ein Recht geben, sich zusammenzuschließen, ein Interesse zu vertreten, Mitbestimmung zu haben und auch die ganz normalen Arbeitnehmerrechte beanspruchen zu können. Wer Digitalisierung mit Ausbeutung verwechselt, hat mich zum entschiedenen Gegner.

Es gibt aber viele Beispiele, in denen die Plattformökonomie benutzt wird, um Arbeitnehmerrechte auszuhebeln. Wann haben Sie zuletzt online eine Pizza bestellt?

Die letzte Pizza habe ich mit meinen Kindern selbst gebacken ...

Haben Sie noch nie im Internet Essen bestellt?

Doch, natürlich. Ich weiß auch genau, worauf Sie rauswollen ...

... zum Beispiel auf die Essens- und Bestelldienste.

Genau. Ich kann Ihnen da auch einen Namen nennen. Die Firma Deliveroo in Köln hatte befristet eingestellte Fahrradkuriere, so wie viele andere Bestelldienste auch. Für die Unternehmen ist das super, für die Gaststätten ist das super, und die Verbraucher finden das auch prima. Aber die Rückseite der Medaille sind die Fahrradkuriere. Die waren abhängig beschäftigt, nur befristet eingestellt, mit einem schlechten Lohn. Die Kuriere mussten ihr Fahrrad selbst mitbringen, und ihr Handy übrigens auch. Dann wollten die Kuriere bei Deliveroo in Köln eine Arbeitnehmervertretung gründen, und plötzlich sind alle ihre Arbeitsverträge ausgelaufen, und die Kuriere wurden nur als Freelancer wieder neu eingestellt. Das ist schon nach heutigem Arbeitsrecht wahrscheinlich eher Scheinselbstständigkeit, aber so etwas passiert laufend. Deshalb muss man dieser Sache und ähnlichen Fällen konsequent nachgehen. Geschäftsmodelle, die disruptiv sind und auf dem Rücken der Beschäftigten bis hin zur Ausbeutung basieren, werden die volle Härte des Gesetzes zu spüren bekommen. Auch das ist soziale Marktwirtschaft.

In der Debatte um die Folgen der Digitalisierung hat sich auch Siemens-Chef Joe Kaeser zu Wort gemeldet und den Abstieg der Mittelschicht vorausgesagt. Eine seiner Schlussfolgerungen lautet: Wir brauchen ein bedingungsloses Grundeinkommen für alle, die das Rennen gegen die Roboter verlieren. Hat er recht?

Bei dieser Debatte wird die Bedeutung menschlicher Arbeit für das Leben der meisten Menschen unterschätzt. Für die meisten geht es nicht nur um Arbeit als Broterwerb, sondern auch um Kontakte zu Kolleginnen und Kollegen, es geht darum, etwas zu leisten und auch stolz sein zu können. Wer das nicht glaubt, der sollte mal mit langzeitarbeitslosen Menschen sprechen, dann sieht man sehr schnell, was Beschäftigungslosigkeit anrichten kann.

Sie halten also nichts vom Grundeinkommen?

Diese Gesellschaft darf auch im digitalen Wandel kein gestörtes Verhältnis zu ordentlicher Erwerbsarbeit bekommen. Wenn Idealisten vom bedingungslosen Grundeinkommen träumen, finde ich das noch sehr sympathisch. Aber wenn das jemand wie Herr Kaeser macht, dann werde ich hellhörig.

Weil der Mann genau weiß, worüber er redet? Kaum jemand kennt sich mit der Digitalisierung und ihren Konsequenzen so gut aus wie der Siemens-Chef.

Bei allem Respekt vor Herrn Kaeser – die Politik darf nicht zulassen, dass die Wirtschaft in der Digitalisierung die Gewinne macht und die Verluste in Form überzähliger Arbeitskräfte an den Staat übergibt, der dann mit Grundeinkommen oder anderen Maßnahmen die Aussortierten finanzieren soll. Das wäre eine soziale Entpflichtung der Unternehmen. Ich bin der Meinung, die Unternehmen sollen vielmehr ihre Beschäftigten qualifizieren und nicht entlassen. Ich möchte, wenn Sie einen bösen Begriff hören wollen, keine Stilllegungsprämie für Menschen.

Die meisten Studien gehen aber davon aus, dass es in der Arbeitswelt 4.0 einige sehr gut bezahlte und viele schlecht oder unregelmäßig bezahlte Jobs geben wird – und ein großes digitales Prekariat, das in der hoch technisierten Arbeitswelt nicht mehr vermittelbar ist. Was geschieht mit denen?

Wenn wir nicht das Richtige tun, kann die Digitalisierung dazu führen, dass sich die Verteilungskonflikte verschärfen. Aber das ist kein Schicksal, sondern eine Sache des politischen Gestaltungswillens. Ich plädiere zum Beispiel für eine deutliche Aufwertung sozialer Berufe. Hier müssen die Arbeitsbedingungen und die Löhne verbessert werden, damit diese Jobs attraktiv werden. Sie sind auch gesellschaftlich notwendig. Daher leiten wir mit der »Konzertierten Aktion Pflege« und dem Versuch, zu besseren Löhnen für Pflegerinnen und Pfleger zu kommen, die ersten Schritte ein.

Zum Schluss: »Lassen Sie uns reden!«

Die Digitalisierung kennt keine Grenzen. Mit nationaler Politik können Sie gegen die Auswüchse der Revolution 4.0 nicht viel ausrichten. Selbst im EU-Rahmen und auf der Ebene der G-20-Staaten gibt es wenig Einigkeit.

Das stimmt, aber es wird wegen der bevorstehenden Umwälzungen einen zunehmenden Druck auf die Politik geben, ihren Gestaltungsauftrag wahrzunehmen. Wir hatten das im Prinzip auch schon einmal im 19. Jahrhundert. Da kam der mechanische Webstuhl in das schlesische Revier und hat Arbeitsplätze vernichtet und die Leute ins Elend gestürzt. Das war eine echte »Disruption«. Die Arbeiter haben in ihrer Ohnmacht die Fabriken gestürmt und die mechanischen Webstühle zerstört. Sie wollten die technische Entwicklung mit Gewalt aufhalten und haben verloren. Es gab aber auch eine andere Entwicklung ...

... die sozialen Bewegungen, die zu politischer Gestaltung führten.

Richtig. Damals gründeten sich die ersten Arbeiterbildungsvereine, die Gewerkschaften und die Sozialdemokratie. Wir waren nie Maschinenstürmer, sondern haben immer gesagt, wir müssen aus technischem oder aus wirtschaftlichem Fortschritt sozialen Fortschritt machen. Wir müssen das gestalten. Das ergibt sich nicht von alleine, das ist ein schwieriger Kampf. Daran hat sich bis heute nichts geändert.

Im Kern geht es doch um die Frage, wie die mitunter gewaltige digitale Rendite künftig verteilt wird und wer die Kosten der Disruption trägt.

Es gibt drei Bereiche, auf die wir uns konzentrieren müssen: Der erste betrifft unsere sozialen Sicherungssysteme, die sich bis heute ganz wesentlich über den Faktor Erwerbsarbeit finanzieren. Das fand ich immer richtig. Maschinensteuern und Ähnliches habe ich immer abgelehnt; weil ich es nie gut gefunden habe, Produktivitätsfortschritte zu besteuern.

Das klingt so, als ob Sie gerade Ihre Meinung ändern.

Ich bin zumindest sehr nachdenklich geworden. Wenn sich künstliche Intelligenz in zehn bis fünfzehn Jahren zu einem erheblichen Produktionsfaktor entwickeln sollte, stellt sich die Frage, welchen Beitrag dieser Produktionsfaktor zur Finanzierung der sozialen Sicherungssysteme leistet. Alle reden von »Disruption«, also von Umwälzung und Zerstörung. Wenn diese »Zerstörung« friedlich ablaufen soll, dann spielen die sozialen Sicherungssysteme als Stabilisator gerade im Zeitalter der Digitalisierung eine erhebliche Rolle – und damit auch die Frage ihrer Finanzierung. Es ist doch letztlich die alte Frage des Kapitalismus: Wer streicht die Produktivitätsgewinne ein? Wenige oder alle?

Die Digitalisierung zieht riesige Mengen Kapital an. Apple und Amazon sind mehr als eine Billion Dollar wert, und die Zahl der »Einhörner«, also der Start-ups mit Aktienbewertungen oberhalb einer Milliarde, steigt täglich. Davon profitieren die Firmenchefs und wenige Aktionäre, aber sonst kaum jemand, weil die meisten dieser Firmen so gut wie keine Steuern zahlen. Ist die Politik da machtlos?

Das ist eine Frage der internationalen und der europäischen Politik. Es ist nicht einfach, weil es viele nationale Egoismen gibt. Wir stehen da am Beginn eines großen Prozesses. Als Charles Lindbergh 1927 über den Atlantik flog, gab es noch keine Regeln für den Luftverkehr. Heute würde die Welt ohne internationale Luftverkehrsregeln nicht funktionieren. Und genauso müssen wir uns jetzt an die große Aufgabe machen, weltweite Regelungen für das Internet und die Digitalisierung zu vereinbaren. Da geht es um Privatsphären, Urheberrechte, um den Umgang mit illegalen Inhalten, um die Wertschöpfung und deren Abschöpfung durch gerechte Steuern und auch um die Frage der drohenden Monopolbildung.

Bleiben wir einmal bei den Steuern. Apple hat 2015 in Deutschland gerade einmal 25 Millionen Euro Steuern gezahlt – und das bei fantastischen Umsätzen und Gewinnen. In den weltweiten Steueroasen hat der Konzern jetzt über 230 Milliarden Dollar ersparter Steuern auf Konten gesammelt. Und Apple ist nur eins von vielen Beispielen.

Solche Fehlentwicklungen zu korrigieren ist ein weiter Weg. Deshalb ist es naheliegend, mit dem zu beginnen, was wir in Deutschland, in der Eurozone und der EU tun können. Ein erster Schritt wären gemeinsame Bemessungsgrundlagen zur Unternehmensbesteuerung. Die Versuche großer Datenkonzerne, uns gegeneinander auszuspielen, sind ja auch schon am Einschreiten der EU-Kommission gescheitert ...

... die Kommission hat Apple zur Nachzahlung von 13 Milliarden Euro Steuern an Irland verurteilt.

Mindestens ebenso wichtig wie die Steuern ist die Frage, wie wir mit der Herausbildung einzelner Monopole umgehen. Wenn bei datengetriebenen Geschäftsmodellen ein einzelner Wettbewerber eine klar marktbeherrschende Stellung einnimmt, muss von Staats wegen ein Wettbewerb organisiert beziehungsweise ermöglicht werden. Das ist ziemlich kompliziert. Wer hat Zugang zu den Daten? Wie zwingt man den Platzhirsch dazu, die Daten auch anderen zur Verfügung zu stellen, damit die auch ihre Geschäftsmodelle entwickeln können?

Herr Minister, wir haben in unserem Gespräch viele wichtige Themen behandelt, viele Fragen gestellt, aber bislang nur ganz wenige Antworten gefunden. Ist die Politik bei der Digitalisierung hintendran?

Keinesfalls. Ja, wir haben Zeit verloren, und wir könnten schneller sein, das will ich einräumen. Aber wir kommen jetzt in die konkrete Umsetzungsphase. Und die beginnt damit, dass wir die richtigen Fragen stellen und die richtigen Analysen durchführen, statt Horrorszenarien an die Wand zu malen. Das führt dann auch zu einer Lösung im Sinne richtiger Antworten.

Herr Heil, vielen Dank für das Gespräch.

Quellenverzeichnis

Seite 70: Joseph Schumpeter, *Theorie der wirtschaftlichen Entwicklung*. Nachdruck der 1. Auflage von 1912. Herausgegeben und ergänzt um eine Einführung von Jochen Röpke / Olaf Stiller, Berlin 2006

Seite 79: Erik Brynjolfsson / Andrew McAfee, *The Second Machine Age. Wie die nächste digitale Revolution unser aller Leben verändern wird*, Kulmbach 2014

Seite 102: Lynda Gratton, »*The future of work*«, *Business Strategy Review* 2010 / Q 3

Seite 102: Jay R. Galbraith, *Designing Matrix Organizations that Actually Work. How IBM, Procter & Gamble and Others Design for Success*, New York 2008

Seite 108: Roland Busch, »Jobkiller? Nein, Jobmotor!« Gastbeitrag in der *Wirtschaftswoche* vom 20. 7. 2018

Seite 113: Andrea Nahles, *Arbeit weiter denken*, Weißbuch des Bundesministeriums für Arbeit und Soziales, November 2016

Seite 126: Miriam Meckel, *Mein Kopf gehört mir. Eine Reise durch die schöne neue Welt des Brainhacking*, München 2018

Seite 128: Armin Grünwald, »Die Grenze ist überschritten«, Interview in der *Süddeutschen Zeitung* vom 28. 1. 2018

Seite 150: Jeremy Rifkin, *Die Null-Grenzkosten-Gesellschaft. Das Internet der Dinge, kollaboratives Gemeingut und der Rückzug des Kapitalismus.* Frankfurt am Main 2014

Seite 151: Christian Rickens, »Big Data: Wie die Daten den Kapitalismus umwälzen«, *Handelsblatt* vom 3. 5. 2018

Seite 163: Aldous Huxley, *Brave New World*, London 1932

Seite 164: Laura Meschede, »Die Mensch-Maschine«, *Magazin der Süddeutschen Zeitung* vom 23. 3. 2018

Seite 178: Holm Friebe / Sascha Lobo, *Wir nennen es Arbeit. Die digitale Bohème oder: Intelligentes Leben jenseits der Festanstellung*, München 2006, S. 15

Seite 203: Simon Book u. a., »Verraten und verkauft: Wie China zum größten Geschäftsrisiko der deutschen Wirtschaft wird«, *Wirtschaftswoche* vom 22. 3. 2018

Seite 236: Sven Enger, *Alt, arm und abgezockt. Der Crash der privaten Altersvorsorge und wie Sie sich darauf vorbereiten können*, Berlin 2018, S. 55 ff.

Seite 273: Utta Seidenspinner, *Wohnwahnsinn. Warum Mieten immer teurer und Eigentum unbezahlbar wird*, München 2018

Seite 281: Christian Neuhäuser, *Reichtum als moralisches Problem*, Berlin 2018

Seite 283: Alexander Schimmelbusch, »Relikt der Rambo-Kultur«, Interview in *Der Spiegel* vom 5. 5. 2018

Seite 295: Marcel Fratzscher, »Die Lüge von der Gerechtigkeit«, im *Stern* vom 17. 12. 2016; siehe auch Marcel Fratzscher, *Verteilungskampf. Warum Deutschland immer ungleicher wird*, München 2017

Seite 296: Niall Ferguson, *Türme und Plätze. Netzwerke, Hierarchien und der Kampf um die globale Macht*, Berlin 2018; siehe auch *Der Niedergang des Westens. Wie Institutionen verfallen und Ökonomien sterben*, Berlin 2013

Quellenverzeichnis

Seite 298: Renate Köcher u. a., *Generation Mitte*. Studie des Instituts für Demoskopie Allensbach, 2018

Seite 305: Theodor Geiger, »Panik im Mittelstand«, Aufsatz in der Monatszeitschrift *Die Arbeit*, herausgegeben vom Allgemeinen Deutschen Gewerkschaftsbund, 1930; siehe auch Geigers Buch *Die soziale Schichtung des deutschen Volkes*, Stuttgart 1932

Seite 306: Stefan Zweig, *Die Welt von Gestern. Erinnerungen eines Europäers*, London / Stockholm 1942

Seite 315: Frans van Houten, »Philips erfindet sich neu«, Interview im *Handelsblatt* vom 17. 9. 2017

Seite 320: Gaspard Koenig, »Wir, die digitalen Leibeigenen«, Gastbeitrag im *Handelsblatt* vom 8. 8. 2018

Seite 321: Yuval Harari, *21 Lektionen für das 21. Jahrhundert*, München 2018

Seite 322: Shoshana Zuboff, »Wie wir Sklaven von Google wurden«, Gastbeitrag in der *Frankfurter Allgemeinen Zeitung* vom 3. 3. 2016; siehe auch *Das Zeitalter des Überwachungskapitalismus*, Frankfurt am Main 2018

Seite 323: Eric Schmidt / Jared Cohen, *Die Vernetzung der Welt. Ein Blick in unsere Zukunft*, Reinbek bei Hamburg 2013, S. 8

Umschlagrückseite: Joe Kaeser auf der Digital-Life-Design-Konferenz, München 2016